FRIEDRICH KAULBACH

NIETZSCHES IDEE
EINER EXPERIMENTALPHILOSOPHIE

NIETZSCHES IDEE EINER EXPERIMENTALPHILOSOPHIE

von

FRIEDRICH KAULBACH

1980

BÖHLAU VERLAG KÖLN WIEN

Gedruckt mit Unterstützung der Deutschen Forschungsgemeinschaft

CIP-Kurztitelaufnahme der Deutschen Bibliothek

Kaulbach, Friedrich:
Nietzsches Idee einer Experimentalphilosophie / von Friedrich Kaulbach. – Köln, Wien: Böhlau, 1980.
ISBN 3-412-03980-2

Copyright © 1980 by Böhlau Verlag GmbH, Köln
Alle Rechte vorbehalten

Ohne schriftliche Genehmigung des Verlages ist es nicht gestattet, das Werk unter Verwendung mechanischer, elektronischer und anderer Systeme in irgendeiner Weise zu verarbeiten und zu verbreiten. Insbesondere vorbehalten sind die Rechte der Vervielfältigung – auch von Teilen des Werkes – auf photomechanischem oder ähnlichem Wege, der tontechnischen Wiedergabe, des Vortrags, der Funk- und Fernsehsendung, der Speicherung in Datenverarbeitungsanlagen, der Übersetzung und der literarischen oder anderweitigen Bearbeitung.

Satz und Druck: Gebr. Nettesheim oHG, Köln
Buchbinderische Verarbeitung: Josefsheim Bigge, Olsberg

Printed in Germany
ISBN 3 412 03980 2

INHALT

Vorwort IX

I. KAPITEL

NIETZSCHES DENKEN IM SPANNUNGSFELD ZWISCHEN NATUR UND FREIHEIT

1. Die philosophische Tradition: Freiheit der Natur und Freiheit des Menschen 1
2. Der Standpunkt der Natur: „Grund-stellungen" des Denkens 15
   a) Der Leib als philosophischer Gedanke 15
   b) Sein und Bewußtsein: Was ist „Denken?" 21
3. Sinn-Notwendigkeit 30
4. Der Standpunkt der Freiheit: Kritik der „idealistischen" Willensfreiheit 37
5. Die Bedeutung des monadologischen Gedankens für Nietzsche: Kritik der philosophischen Sprache und das Ich-tun 49

II. KAPITEL

DER PERSPEKTIVISCHE CHARAKTER DER WIRKLICHKEIT UND DIE METHODE DES PERSPEKTIVENGEBRAUCHS

1. Welt als perspektivische Interpretation 59
2. Die Logik in der Geschichte der Befreiung und die Rangordnung der Perspektiven 66
3. Symbol des Höhersteigens 77
4. Nietzsches „Aufstieg" und Hegels „dialektische Bewegung" in der „Erfahrung des Bewußtseins" 82
5. Nietzsches Stellung in der Geschichte des Kritik- und Entlarvungsprogramms: Sinn-notwendigkeit und Sinn-erklärung 90
6. Kritische Sinn-erklärung: Genealogie des Nihilismus 105
7. Ewige Wiederkehr des Gleichen als Weltperspektive und als Ausdruck des amor fati 116

III. KAPITEL

SELBSTBEGRÜNDUNG DER PHILOSOPHIE DURCH EXPERIMENTELLE METHODE: DAS PROBLEM DER METHODE ÜBERHAUPT

1. Radikalisierung des Cartesischen Zweifels und Nietzsches Version der Copernicanischen Wendung: Die Umkehrung in der Abhängigkeit von Wahrheit und Sinn 131
2. Das Experiment der Vernunft im Denken Kants 144
3. Experimentelle Sinnmotivation bei Nietzsche: Nicht Wahrheit, sondern Bedeutsamkeit 152
4. Schein und Realität: Das Experiment mit der „züchtenden" Wirkung der Weltperspektive 166
5. Das Experiment mit dem „Inhalt" der ewigen Wiederkehr: Der Begriff der Ewigkeit 174

IV. KAPITEL

GERECHTIGKEIT UND PHILOSOPHISCHE ERKENNTNIS

1. Metakritik der Erkenntniskritik: Auseinandersetzung mit Descartes und der Gerichtshof der Vernunft 186
2. Der Philosoph als Richter und als Künstler: Die „Tugend" der Gerechtigkeit und der Wille zur Macht 199
3. Die Aporie der Gerechtigkeit und ihre Überwindung: Vernunft und Gerechtigkeit 207
4. Kritik der Leidenschaft und deren Erhebung zum Niveau der Gerechtigkeit 212
5. Gerechtigkeit als mittleres Maß und ihre Welt: Das Strafrecht 218

V. KAPITEL

DER WILLE ALS MACHT UND DER WILLE ZUR MACHT

1. Das lebendige Sein: Nietzsches Theorie des Willens 229
2. Gegen die idealistische und naturalistische Interpretation des Willens: Motivation des Denkens 238
3. Der Wille zur Macht als Wille zum Schaffen 248
4. Das Paradox der abendländischen Geschichte: Die „Stärke" der Schwachen und die „Schwäche" der Starken: Vergleich mit Hegels Herr-Knecht-Dialektik 256

5. Macht als Erfahrung der Überlegenheit und der ästhetische Zustand: Der Künstler als Prototyp für den Philosophen 270
6. Der „moderne" Künstler: Polemik gegen die Vernunftphilosophie und Reformierung der Vernunft 281
7. Rehabilitierung der Vernunft und ihre ästhetische Gestalt: Spätere Auffassung des Dionysischen 289

Personen- und Sachregister 299

VORWORT

In einem bedeutenden philosophischen Konzept sind Inhalt und Methode unlösbar verbunden. Das wird bei Denkern anerkannt, die sich als Schöpfer philosophischer Methoden ausdrücklich präsentiert haben. Nietzsches Philosophieren und seine philosophische Sprache scheinen dagegen Wege zu wählen, die dem methodischen Denken fremd sind, wenn sie sich nicht gar bewußt von ihm abkehren. Dieser Anschein dominierte in der bisherigen Nietzsche-Interpretation. Hier wurde kaum die Aufmerksamkeit darauf gelenkt, daß Nietzsche einer profilierten philosophischen Methode folgt, über die er selbst reflektiert hat. Sie wird in diesem Buche als Resultat einer Methodenreflexion dargestellt werden, deren Tradition in der Geschichte besonders der neuzeitlichen Philosophie nachweisbar ist. An die Auseinandersetzungen Nietzsches mit dem methodischen Ansatz Descartes' und der Methode der Kantischen Erkenntniskritik ist hier zu erinnern.

Nietzsche weiß sich als in einer Tradition stehend, wenn er seine Methode des Experimentierens praktiziert und zugleich auch reflektiert. Die folgende Darstellung wird durch die Absicht bestimmt, der bekannten These von Heidegger, Nietzsches Philosophie stelle eine Endgestalt der europäischen Metaphysik dar, die Behauptung an die Seite zu stellen, daß dies auch für sein philosophisches Methodenkonzept zutrifft. Auch die Methode des Experimentierens, die dieser Metaphysik entspricht, ist als radikales Endergebnis anzusehen, sofern sie den im bisherigen Methodenbewußtsein wirkenden „Glauben an die Vernunft" entkräftet, aber auf einem Wege, dessen Plan in der traditionellen Philosophie der Vernunft angelegt ist.

Es ist meine Absicht, den Nachweis zu führen, daß die „Inhalte" der Metaphysik Nietzsches seiner Experimentalmethode angemessen sind und zu ihr gehören. Die weitere Behauptung lautet, daß diese Experimentalmethode Züge der kritischen wie der dialektischen Philosophie ebenso in sich aufnimmt und sie wirksam werden läßt, wie sie sich von dieser distanziert. Nietzsche fordert freie Souveränität über jede „Überzeugung" und jeden „Glauben" als solchen: von diesem Standpunkt aus übt er Kritik am „moralischen" Glauben an „Vernunft" und die von ihr gegründete „Gewißheit" und „Wahrheit". Er sieht in dem traditionellen Anspruch auf Gewißheit und Wahrheit, der auch in der cartesischen Methodenlehre maßgebend ist, einen „moralischen" Zug, sofern er auch Verbindlichkeit für die Maßstäbe und Normen der „Vernunft" einschließt. Nietzsche selbst dagegen geht vom Standpunkt des „Lebens" und des von ihm getragenen Sinn-bedürfnisses aus, bei dem es um die Antwort auf die Frage nach dem Wozu, nach dem „Sinn" des Denkens und Handelns geht. Der Gültigkeitsanspruch einer philosophischen Weltperspektive darf von hier aus gesehen nicht auf ihre theoretische „Wahrheit", sondern auf ihre Bedeutsamkeit für eine bestimmte Stufe und Verfassung des Lebens gegründet werden. Diese Bedeutsamkeit für die Sinnmotivation des Lebens, dem seiner geschichtlichen Epoche gemäß eine bestimmte Willensverfassung eigentümlich ist, gilt vom Stande dieses Denkens aus als Kriterium der „Wahrheit" im Sinne der Annehmbarkeit je einer Weltperspektive für das „lebendige Sein". Der Erweis dieser Bedeutsamkeit ist durch ein Experiment des Denkens mit sich selbst zu leisten.

Der Gebrauch des experimentellen Verfahrens bedeutet natürlich nicht gedankliche Willkür oder Verzicht auf ernsthaftes Philosophieren. Vielmehr werden Ernst und innere Notwendigkeit des Denkens gerade dadurch bestimmt, daß der „Versuchs"-charakter je eines philosophischen Entwurfes erkannt wird, durch welchen das Denken die Aufgabe zu erfüllen trachtet, dem „Leben" jeweils in seiner Gegenwart die ihm nötige Welt zu ver-schaffen. Vom Erfolg des Versuches hängt es ab, ob das Leben gelingt oder nicht.

Zu den Erfahrungen des philosophischen Denkens mit sich selbst und seiner Methode gehört, daß es seine Aussagen nicht auf einzelwissenschaftliche Weise, weder nach dem Vorbild der Mathematik noch nach dem der Erfahrungswissenschaften, begründen kann. Zu dieser Erfahrungsgeschichte gehört auch die Einsicht Kants, daß eine philosophische Weltinterpretation nicht theoretisch beweisbar oder widerlegbar, ja, daß sie überhaupt nicht als theoretisches Aussagensystem über Seiendes zu interpretieren ist. Vielmehr hat sie eine Welt über Seiendes darzustellen, in die sich der Denkende und Handelnde hineinstellt, um auf ihrem Boden sein Bedürfnis nach Sinn für den handelnden Einsatz für die Verwirklichung der von der Vernunft gestellten Aufgaben erfüllen zu können. Die Rede Kants vom Primat der praktischen Vernunft vor der theoretischen deutet in diese Richtung. Danach ist das Kriterium für die „Wahrheit" je einer philosophischen Weltperspektive nicht in deren theoretischem Erkenntniswert, sondern in deren Motivationskraft für Sein und Handeln zu finden.

Dem Verfasser dieser Darstellung liegt daran, gedankliche Konsequenz als eine ausgesprochene noetische Tugend Nietzsches erkennbar werden zu lassen. Zu dieser Konsequenz gehört es, daß er sich seiner eigenen „Metaphysik" der ewigen Wiederkehr alles Gleichen gegenüber dieselbe kritische Stellung freier Souveränität gibt, wie er sie gegenüber jedem „Glauben" und jeder „Überzeugung" einnimmt, deren Herr er sein will, statt von ihnen beherrscht zu werden. Die Gültigkeit der Weltperspektive der ewigen Wiederkehr wird er dann nicht als theoretische „Wahrheit" mißverstehen. Wenn er ihr Wahrheit zubilligt, dann in der Bedeutung des Wortes, welche die experimentelle Methode zuläßt: in derjenigen der „Bedeutsamkeit" je einer philosophischen Weltperspektive für die Sinnmotivation eines Willens, dessen zu seiner geschichtlichen Situation passende Verfassung derart ist, daß sie diese Weltperspektive „nötig" hat. Das experimentelle Verfahren zeigt: es ist der jasagende Wille, dessen Sinnbedürfnis durch die Metaphysik der ewigen Wiederkehr erfüllt wird. Durch den Entwurf dieser Weltperspektive und durch die Entscheidung für sie versucht das Leben, sein Bedürfnis nach Verewigung des Augenblicks auf „diesseitige" Weise zu erfüllen, sofern dieser ewig wiederkehrt. Der Handelnde orientiert sich an dieser Interpretation des Kosmos in der Weise, daß er sich so verhält, daß er die Wiederkehr jedes Augenblickes seines Lebens wollen kann.

Auch auf Nietzsches Gebrauch des metaphysischen Modells der Monadologie wird in diesem Zusammenhang hingewiesen. In diesem Modell versucht Nietzsche, dem jasagenden Willen eine Selbstinterpretation zu verschaffen, derer er bedarf, um sein Plädoyer für den Leib, die Erde, für Schaffen und Sinngebung dadurch wirksam werden zu lassen, daß er es auf philosophische Begriffe bringt. Der Gebrauch des monadologischen Modells dient dem antiidealistischen Affekt Nietzsches, sofern dieses die Möglichkeit darbietet, die Verfassung des lebendigen Seins nicht als unter dem Diktat eines über den „niederen" Begehrungsvermögen thronenden vernünftigen Bewußtseins stehend, sondern als aus affektiven Einheiten, aus „Willensquanten" bestehend zu begreifen. Jedes dieser Quanten ist der Stand eines Denkens und Wollens, dem eine Weltperspektive entspricht.

Der durch dieses Buch hindurchführende gedankliche Weg wird in folgende Etappen eingeteilt:

Thema des ersten Kapitels ist die Auseinandersetzung zwischen Freiheit und Notwendigkeit bzw. „Natur" im Denken Nietzsches. Hier wird auch der Grund für einen Begriff von Notwendigkeit gelegt, der im späteren Verlauf des gedanklichen Weges eine maßgebende Rolle spielen wird: er wird als derjenige der ,,Sinn-notwendigkeit" bezeichnet. Das erste Kapitel mündet in den Begriff der ,,freien" Notwendigkeit bzw. der ,,notwendigen" Freiheit aus.

Mit dieser Wendung ist ein philosophisches Programm bezeichnet, das im zweiten Kapitel entwickelt wird: es befaßt sich mit der perspektivischen Natur des philosophischen Denkens und Sprechens. Hierbei wird die Aufmerksamkeit auf die Befreiung und die ,,große Loslösung" gelenkt, die Nietzsche seiner eigenen Aussage gemäß seit der in ,,Menschliches – Allzumenschliches" erreichten Position vollzogen hat. Eine Philosophie wird jetzt nicht als theoretisches Lehrstück mit Wahrheitsanspruch oder als Gegenstand einer ,,Überzeugung", sondern nur als Sinn-perspektive für die Auslegung der Welt gewertet werden. In diesem Zusammenhang kommen Begriffe wie ,,Herrschaft" und ,,Macht" in den Blick, die nicht primär im Aspekt von Unterdrückung und Nötigung, sondern in demjenigen der Über-legenheit eines gedanklichen Standes und der Freiheit betrachtet werden. Es wird auf einen ,,normativen" Begriff der Macht hingewiesen, der die überlegene Fähigkeit der Vereinigung zweier zueinander in Spannung stehender Richtungen des Denkens bedeutet. Das Prinzip der einen der Bewegungsrichtungen ist die gedankliche Ausweitung des Horizontes und der Einholung einer Pluralität von Weltperspektiven; Sache der anderen ist die Herstellung eines entschiedenen Willens zu einer einzigen umfassenden Weltperspektive. Im Begriff der gedanklichen Perspektive ist auch derjenige des ,,Standes" enthalten, den der Denkende im Vollzug seiner philosophischen Erfahrungen gewonnen hat. Der dabei gegangene Weg führt zu immer höheren, überlegeneren Standpunkten: die ihm entsprechende Bewegung ist die des Höhersteigens. Sofern Nietzsche die Entwicklung philosophischen Denkens in dieser Weise begreift, ist es seinem eigenen Philosophieren angemessen, von der gedanklichen Kunst der Kritik Gebrauch zu machen, die sich Einschränkung, Relativierung, Entlarvung und die Sinnerklärung der überholten Perspektiven zur Aufgabe macht. Bei dieser Gelegenheit wird auf die dialogisch-dialektische Tradition des kritischen Verfahrens seit Plato (Höhlengleichnis) eingegangen werden.

Die Frage, zu welcher Weltperspektive sich der auf dem über-legenen Stande angekommene Philosoph selbst zu entscheiden habe und wie er die Gültigkeit seiner eigenen Weltauslegung begründen will, wird durch den Hinweis auf die Methode des Experimentierens beantwortet: damit ist das Thema des dritten Kapitels angesprochen. Der Gebrauch der Experimentalmethode als derjenigen, durch welche die Wahl der Weltperspektive motiviert wird, zu der sich ein denkender Wille entschließt, ergibt sich als Konsequenz der Forderung Nietzsches, auch noch über den cartesischen Zweifel hinauszugehen und insofern noch radikaler zu zweifeln als es darum geht, sich nicht von theoretischen Vernunftgewißheiten abhängig zu machen.

Das folgende, vierte Kapitel stellt diejenige Tugend des philosophischen Erkennens dar, der Nietzsche den Namen: Gerechtigkeit gibt. Zur gerechten Handhabung der Kritik gehört es z. B., die Amphibolie von Weltperspektiven wie derjenigen des Idealismus, des Christentums, der Moral zu erkennen. Nietzsches Begriff der Gerechtigkeit wird in eine Tradition gestellt, in der auch die Kantische Rede vom Gerichtshof der Vernunft eine maßgebende Rolle spielt, sofern auch bei Nietzsche philosophisches Erkennen im Grunde als Urteilsentscheidung über Recht und Unrecht von Weltperspektiven aufzufassen ist.

Wird in diesem Kapitel ein Zusammenhang zwischen Gerechtigkeit, Kunst und Vernunft hergestellt, so wird im letzten, fünften Kapitel auch noch der Begriff der Macht in diesen eingeholt. Macht wird als Charakter der „Stärke" in der Bedeutung von Über-legenheit interpretiert. Hier wird die Frage gestellt, ob es Nietzsche darauf ankam, eine Alternative zum großen abendländischen Prinzip der „Vernunft" zu finden, oder ob sein Denken vielmehr auf eine Ausweitung der Möglichkeiten ausgeht, welche Vernunft in ihrer bisherigen Geschichte verwirklicht hat. Die Antwort weist in die Richtung der zweiten Alternative. Nietzsche geht es darum, für das Sein des Menschen einer Gestalt der Vernunft den Weg zu bahnen, in welcher die idealistische Entwertung der Natur, des Leiblichen, des Irdischen, der Leidenschaften überwunden wird. Dieser Gestalt der Vernunft entspricht es auch, daß sich der Wortführer des Lebens nicht in Abhängigkeit von fremden Instanzen der Sinngebung begibt, sondern in Autarkie selbst Quelle der Sinngebung sein will.

Das Programm der Umwertung der Werte will auch die Möglichkeit des abendländischen Vernunftprinzips innerhalb ihrer Grenzen bestätigen und dieses rechtfertigen. Es geht dabei aber um eine über-legenere Art von Vernunft, die sich dort im Keime jedenfalls andeutet, wo etwa Kant und seine großen Nachfolger bis zu Hegel gegen dieses Prinzip dasjenige des „Verstandes" abgrenzen. Nietzsches Konzept des „starken" Menschen deutet in die Richtung einer Vernunft des Leibes, welche die Spannung zwischen Entschiedenheit zu einer Weltperspektive und umfassender Weite des Horizontes, zwischen Notwendigkeit und Freiheit, Macht und Liebe, Ernst und leichter Heiterkeit, Standnehmen und Überholung jeweils des eigenen Standes erträgt und die Freiheit des Experimentierens mit sich selbst übernimmt.

Die Entfaltung von Grundbegriffen Nietzsches im Horizont des Experimentalgedankens geschieht in diesem Buche nicht im Sinn eines entwicklungsgeschichtlichen Programms. Wo die Entwicklung des Denkens Nietzsches angedeutet wird, geschieht dies in einer Perspektive, die dem Standpunkt des „späten" Nietzsche entspricht, der vor allem in seinen in den achtziger Jahren geschriebenen Vorreden auch zu frühen Schriften eine Handhabe zu diesem Verfahren gegeben hat.

Für Anregung und Kritik habe ich Herrn Dr. Volker Gerhardt zu danken, ebenso den Herren Manfred Middendorf und Konrad Rülander für wertvolle Hilfe bei der Korrekturarbeit. Ebenso gebührt mein Dank Fräulein Stephanie von Beverfoerde für Verständnis und Sorgfalt beim Schreiben des Textes.

Zitiert wird meist aus der sogenannten Großoktavausgabe, gelegentlich auch aus der im Erscheinen begriffenen kritischen Ausgabe zitiert als „KGW"). Um den Leser in ein Bild zu setzen, in das auch entwicklungsgeschichtliche Züge einzutragen sind, werden die Hauptschriften auch mit ihrem Titel zitiert. Dabei werden folgende Abkürzungen gebraucht: F.W. = Die fröhliche Wissenschaft, E.h. = Ecce homo, G. = Götzendämmerung, G.d.M. = Zur Genealogie der Moral, J. = Jenseits von Gut und Böse, M. = Morgenröte, M.A. = Menschliches Allzumenschliches, W.z.M. = Wille zur Macht, Z. = Also sprach Zarathustra. Die Orthographie der Zitate wurde in einigen Fällen der heutigen Regelung angeglichen.

I. Kapitel

NIETZSCHES DENKEN IM SPANNUNGSFELD ZWISCHEN NATUR UND FREIHEIT

1. Die philosophische Tradition: Freiheit der Natur und Freiheit des Menschen

Nietzsche stellt das philosophische Denken in das Spannungsfeld zwischen den Standpunkten der Natur und der Freiheit. Die Termini: Natur und Freiheit gehören der idealistischen Sprache an, deren Denken Nietzsche überwinden will. Gleichwohl ist sein Philosophieren von der Logik der Tradition bestimmt, sofern es sich die Aufgabe stellt, eine übergreifende Einheit über den Gegensatz einander widerstreitender Positionen herzustellen, die in der Tradition seit alters, mit besonderer Pointe seit Spinoza unter dem Namen: „Natur" bzw. „Notwendigkeit" und „Freiheit" aufgetreten sind. Nietzsche wendet sich aber gegen die idealistische Auslegung dieses Gegensatzes. Er deutet ihn von einem Standpunkt aus, den er zunächst auf dem Boden einer der streitenden Parteien nimmt: er stellt sich auf die Seite Spinozas und seiner Apologie der Natur bzw. der Notwendigkeit. Dreimal heilig gilt ihm der Boden des spinozistischen Denkens und amor fati nennt er seine „letzte Liebe". Seine „Natur" freilich, von deren Notwendigkeit er spricht, fällt nicht mit derjenigen der Gott-Natur Spinozas zusammen. Sie ist aber auch nicht die Natur der neuzeitlichen Naturwissenschaft, die man als „gefesselte Natur" bezeichnen[1] kann, sofern sie der Bereich ist, über den der menschliche Verstand das Netz der gesetzlichen Notwendigkeit wirft. Nietzsche hat vielmehr die „freie" Natur als den Bereich der Bildungskräfte der Erde, unseres Leibes und seiner „großen" Vernunft, als Kosmos der ewigen Wiederkehr des Gleichen im Auge.

Auf der andern Seite propagiert er die radikale Befreiung zum „Schaffen", worunter er ein Entwerfen von Weltinterpretationen und „Wertetafeln" versteht. Der cartesische Zweifel ist ihm noch nicht radikal genug, weil Descartes immer noch Glaubensinhalte wie diejenigen an die wissenschaftliche Gewißheit des als deutlich und klar Eingesehenen und an den Wert dieser Gewißheit außer Zweifel gesetzt hat.

---

[1] Vgl. meine „Philosophie der Beschreibung", Köln/Graz 1968, S. 109f.

Spinoza gebraucht seine große Formel: Deus sive natura auch in der Absicht, die cartesische Betonung der Ich-bin-Gewißheit und der von dieser getragenen methodisch-wissenschaftlichen Interpretation der Natur zu überwinden. Natur geht in dieser Interpretation darin auf, Objekt der mathematischen Naturwissenschaft zu sein. Spinozas philosophische Absicht dagegen geht dahin, Natur als absolute göttliche Substanz zu fassen, in die wir uns, die Subjekte naturwissenschaftlichen Erkennens wie auch deren Objekt, die „Natur", als zurück-genommen zu betrachten haben. Wir haben uns wie auch die Objekte der zu unserer Verfügung stehenden Natur als „Modifikationen" der ursprünglichen, „eigentlichen" Natur, der natura naturans, zu begreifen. Der natura naturans wird von Spinoza die absolute Kraft des Aufsaugens der Individualität, der Vielheit, der Raumorte und der geschichtlichen Augenblicke, des Reichtums der Welt verliehen. Es gibt keine selbständige „Natur" einer Sache. Der Schein der Selbständigkeit eines endlichen Dinges beruht auf dessen Charakter des „Modus"-seins: sein „Wesen" und seine Existenz ist geliehen vom Absoluten. Treffend nennt Hegel daher den Spinozismus „Akosmismus".

Im Gegensatz dazu sieht Leibniz die Vollkommenheit Gottes in dessen Fähigkeit, die individuellen Weltwesen unendlich reich auszugestalten und ihre Autarkie dadurch zu begründen, daß er jedes von ihnen Spiegel der Welttotalität sein läßt. Die Vollkommenheit Gottes zeigt sich nach Leibniz darin, daß er die Natur in ihrer Selbständigkeit und Freiheit möglichst vollkommen ausstattet, so daß sie z. B. im Gegensatz zum kosmologischen Konzept Newtons keines gelegentlichen Eingriffes mehr von seiten Gottes bedarf, wenn es darum geht, ihre Bewegungen und Prozesse in Gang zu halten. Leibniz wählt, um diesem seinem Hauptgedanken der unendlichen Fülle jedes Augenblicks und jedes Ortes sowie jeder individuellen Wesenheit Rechnung zu tragen, das Modell der Monadologie: als Monade faßt er diejenige Wesenheit auf, die in individueller Weise gemäß dem point de vue, den sie behauptet, das Universum im Ganzen „repräsentiert", wobei dieses Wort in der zweifachen Bedeutung des Vor-stellens und des Dar-stellens zu verstehen ist. In der Monadologie versucht er, ein Gleichgewicht zwischen dem Anspruch des menschlichen Subjekts auf Freiheit der Verfügung über die Natur und demjenigen der Natur auf Selbständigkeit herzustellen: sein Interesse am Ausbau der Mathematik und mathematischen Naturwissenschaft wiegt gleichschwer wie dasjenige an der Individualität jedes Naturwesens[2].

Kant radikalisiert die gedankliche Situation insofern, als er in seiner Copernicanischen Wendung der Alternative des Hammer- oder Amboßseins Geltung verschafft: entweder wird dem Naturobjekt Selbständigkeit und Freiheit zugebilligt, was die Unfreiheit des denkenden und handelnden Subjekts bedeuten würde, oder dieses erfüllt s e i n e n Anspruch auf Freiheit dadurch, daß es die Natur in Unfreiheit setzt und verfügbar macht. Daher darf der Erkennende keine „Dinge an sich selbst" als seine Objekte zulassen, denn diese wären selbständig im verwegenen Sinne des Wortes: sie würden sich dem Bestimmungsanspruch des Subjekts widersetzen, da sie schon von ihrer „Natur" her voll bestimmt wären. Das erkennende Subjekt muß den Dingen daher die Stellung des „Erscheinung"-seins anweisen, sie als bestimm-bar behandeln und damit unter s e i n e Bestimmungsgewalt bringen. Das geschieht durch Gesetzgebung von seiten des Verstandes, welcher der Natur „allgemeine" Gesetze vorschreibt. Zu diesem im Kantischen Sinne „transzendentalen" Konzept gehört die Her-stellung derjenigen Stellung des Subjekts den Objekten gegenüber, derzufolge jenes seine Gegenstände in die von ihm herangebrachten Perspektiven von Raum und Zeit versetzt und das Netz der Notwendigkeit über sie wirft. So läßt es die Natur nicht in ihrer Freiheit gelten, sondern legt ihr Fesseln an[3]. Fesselung der Natur geschieht durch Entmündigung der Natur. Ihr selbst wird Vernunft, Freiheit, Sprache versagt. Schelling hat die von Kant geschaffene Situation mit besonderer Schärfe gesehen und charakterisiert. Er kennzeichnet sie so: „Was O b j e k t für mich ist, kann nur e r s c h e i n e n ; sobald es mehr als Erscheinung für mich ist, ist meine Freiheit vernichtet"[4]. In diesem Zusammenhang ist es auch verständlich, wenn Kant gelegentlich erklärt, daß der „Lehrbegriff des transzendentalen Idealismus", der auf der transzendentalen Idealität von Raum und Zeit besteht, den einzigen Weg zeigt, um dem Spinozismus zu entgehen.

Die Aufgabe, die sich Kant stellt, für das menschliche Subjekt den Primat der Freiheit gegenüber der Natur auf jeden Fall zu retten, wird in dem Moment schwierig, in welchem es darauf ankommt, den Ansprüchen der freien Natur Rechnung zu tragen: das zeigt sich in der

---

[2] Zur Bedeutung des monadologischen Modells für Nietzsches Denken vgl. dieses Kapitel, Abschn. 4.
[3] Zum Unterschied zwischen der „gefesselten" und „freien" Natur vgl. meine „Philosophie der Beschreibung", Köln/Graz 1968, S. 109 f.
[4] Schellings Werke (Schroeter), München 1927, Bd. I, S. 171.

Philosophie des Organischen, in der Moralphilosophie, in der Philosophie der Kunst und in der Philosophie der Geschichte[5].

In diesen Bereichen des Denkens der freien Natur achtet Kant darauf, daß es nicht zur Konkurrenz zwischen der Freiheit des Subjekts und der Freiheit der Natur kommt. Daher hütet er sich vor jeder dogmatischen Aussage über die „freie" Natur und besteht auf dem kritischen Vorbehalt, daß Sätze über sie als vom freien Subjekt selbst behauptet verstanden werden und daß die Anerkennung der Freiheit der Natur eine freie Handlung des Denkenden sei. Dieser bestätigt geradezu dadurch den Primat seiner Freiheit gegenüber derjenigen der Natur, daß er diese in Freiheit ebenso setzen kann wie er sie in die Perspektive der Notwendigkeit zu rücken vermag. So normiert Kant das Urteilen über Lebendiges in folgender Weise: er trägt der Urteilskraft auf, den Organismus so zu be-urteilen, „als ob" er zweckmäßig verfaßt und in ihm ein technisch bewußtes und zielstrebiges Leben am Werke sei. Entsprechend wird die „Natur", von der in der Geschichtsphilosophie Kants die Rede ist, als bloße „Idee" deklariert. Als Inhalt einer Idee kann ihr der Denkende unter kritischem Vorbehalt geschichtliche Absichten unterstellen, die sie mit dem Menschen und seiner geschichtlichen Entwicklung verfolgt. Er kann von ihr im Sinne eines „als ob" aussagen, sie leite den Geschichtsprozeß auch über die Köpfe der Menschen hinweg in einer fortschreitenden Entwicklung zum Ziele einer weltbürgerlichen Rechtsgesellschaft hin.

Auch Fichtes Standpunkt ist derjenige eines radikalen Entweder-Oder. Für ihn gibt es nur zwei alternative Weltinterpretationen: diejenige Spinozas, dessen Natura-naturans-Idee angeblich den Freiheitsspruch des Ich außer Geltung setzt oder den Standpunkt der Ich-Freiheit, von dem aus freilich die Natur relativiert, entmündigt, gefügig gemacht und vernotwendigt werden muß. Natur ist für Fichte „Material der Pflichterfüllung". Er baut den Begriff einer gefesselten Natur weniger von der Seite der Erkenntnis- und Wissenschaftstheorie als von derjenigen der Moralität aus auf.

Die Position Fichtes mag vom point de vue der Auseinandersetzung her betrachtet werden, die Schelling in seiner Schrift „Darlegung des wahren Verhältnisses der Naturphilosophie zu der verbesserten Fichteschen Lehre"[6] austrägt. Schelling gebraucht den Namen „Naturphilo-

---

[5] Da diese Filiationen der Philosophie einer „freien" Natur in meinem Buch: Das Prinzip Handlung in der Philosophie Kants, Berlin 1978, behandelt wurden, beschränke ich mich in diesem Zusammenhang auf Andeutungen.
[6] Tübingen 1806.

sophie" als Kennzeichnung für sein philosophisches Programm überhaupt, welches von der Behauptung der Identität von Natur und Freiheit bestimmt ist. Der Natur und ihrer Freiheit versucht er dadurch absolute Anerkennung zu verschaffen, daß er sie in dieser Periode seines Denkens als den Gegenstand der Philosophie überhaupt deklariert, sofern die Philosophie das Absolute zu erkennen habe, welches in nichts anderem als in der absoluten Natur, d. i. Gott, gesucht werden müsse.

Es kommt Schelling in dieser Auseinandersetzung darauf an, Fichte auf seine ursprüngliche Position der Freiheit des Ich und der Unfreiheit der Natur möglichst scharf und klar festzunageln, um sein eigenes Plädoyer für eine freie vernunftdurchdrungene Natur dagegenzustellen. Die von ihm als genuine Auffassung Fichtes erklärte Denkweise gibt er so wieder[7]: „... die Natur sei eine leere Objektivität, bloße Sinnenwelt; sie besteht allein in Affektionen unseres Ich, beruhe auf unbegreiflichen Schranken, in die sich dieses eingeschlossen fühlt, sie sei wesentlich vernunftlos, unheilig, ungöttlich; allenthalben endlich und durchaus tot; die Basis aller Realität, aller Erkenntnis sei die persönliche Freiheit des Menschen; das Göttliche könne nur geglaubt, nicht erkannt werden; auch dieser Glaube sei bloß moralischer Art, und so er mehr enthalte, als aus dem Moralbegriff gefolgert werden könne, sei er ungereimt, abgöttisch..." Demgegenüber behauptet Schelling die Möglichkeit des Erkennens des „Absoluten" als der Identität von Natur und Vernunft bzw. Gott. Philosophie ist Wissenschaft des Göttlichen als „des allein Positiven", und so ist sie „Wissenschaft des Göttlichen als des allein Wirklichen in der wirklichen oder Natur-Welt, d. h. sie ist wesentlich Naturphilosophie"[8]. Der Boden, von dem aus Schelling diese Definition der Philosophie als der Philosophie der Natur bzw. der „Naturphilosophie" unternimmt, ist derjenige der Identität von Natur und Freiheit, von Wirklichkeit und Vorstellung, von Sein und Denken[9].

Schelling fordert Unterordnung des „Verstandes" unter die Herrschaft der „Vernunft". Diese Forderung sieht er in der Transzendentalphilosophie Kants und Fichtes nicht erfüllt, in deren Umkreis der Verstand „entweder sich selbst zu einem transzendentalen Vermögen hinaufgedacht hat, oder ... zwar von der Eitelkeit frei zu werden wünscht,

---

[7] ibidem S. 21. (Bei Schelling ist der ganze Passus gesperrt).
[8] ibidem.
[9] Die Schellingsche Position hat ihre eigentümliche Bedeutung in der Geschichte des Gedankens der freien Natur, auch wenn er später über den Standpunkt der Schrift von 1806 hinausgegangen ist.

und sich sehnt nach der Herrlichkeit der Vernunft, aber doch nicht den Willen hat, sich dieser zu unterwerfen"[10]. Vernunft sei zu Rate zu ziehen, wenn es gilt, Freiheit in der Natur und Natur im Denken, Gedankliches in der Wirklichkeit und Wirklichkeit im Gedanklichen zu finden. Daher richtet sich der Angriff Schellings hauptsächlich gegen den „Subjektivismus" der Transzendentalphilosophie Kants und Fichtes und gegen die These, daß nur diejenigen Einheiten in der Natur a priori erkennbar sind, welche der menschliche Verstand in diese hineingelegt hat. Dem entgegen lautet Schellings Behauptung, daß, „was als Eines ist, in dem Sein selbst, notwendig ein Band seiner selbst als Einheit, und seiner selbst als des Gegenteils, oder als Vielheit sein müsse, und daß dies Band eines Wesens als Eines mit ihm selbst, als einem Vielen, eben selber die Existenz dieses Wesens sei"[11]. Am Ende kommt es darauf an, daß der Mensch wieder „frei und froh in dem Buche der Natur selbst" lese, „dessen Sprache ihm durch die Sprachenverwirrung der Abstraktion und der falschen Theorien längst unverständlich geworden ist[12].

Die Natur spricht selbst: sie ist nicht das sprach- und vernunftlose Material, welchem der Verstand in der Form exakter Naturwissenschaft Sinn und Bedeutung zu geben hätte. Fichtes „letzte Vorstellung und Meinung von der Natur" sei gewesen, „daß sie in Affektionen des Ich bestehe, welche den Qualitäten der gelben und grünen Farbe, des süßen und bittern Geschmacks, des Schalls der Violine oder Trompete entsprechen..." Das Ich sei es in Fichtes „Bestimmung des Menschen" gewesen, welches diese seine Affektionen in Objekte verwandelt, sie über Flächen verbreitet habe und das „Stehende oder Bleibende" dazuproduziert habe[13]. Allgemein habe Fichte das Bild einer Natur als eines absolut häßlichen und unheiligen Bereiches gemalt, der keine selbständige Einheit aufweist. „In allem verrät sich kein anderes Gefühl der Natur, als das des rohesten, verrücktesten Asketen, solcher, die sich in spitzigen Dornen gewälzt, nicht aus Heiligkeit, sondern um damit ihrer Unheiligkeit und innersten Unreinheit zu entfliehen"[14]. Aus der Vorstellung einer solchen Natur, die nur wert ist, in Werkzeuge und Hausgeräte umgeschaffen zu werden", spreche die „blindeste Verachtung aller Natur,

---

[10] ibidem S. 34/35.
[11] ibidem S. 54.
[12] ibidem S. 69.
[13] ibidem S. 112.
[14] ibidem S. 117.

die da kühnlich meint, den Menschen nicht kräftiger schmähen zu können, von dem sie sagt: Es sei eine Naturkraft, die in ihm produziert und denkt"[15]. Der Degradierung der Natur zu einem bloß den menschlichen Bedürfnissen dienenden Bereich entspricht es auch, die Natur in uns verächtlich zu machen und sie als das bloß „Begehrliche", der Vernunft Fremde und ihr zu Unterwerfende aufzufassen. Von hier aus gesehen ist der Schritt nicht mehr weit, der „Naturphilosophie" den Makel der Immoralität anzuhängen, wozu Schelling sagt: „Zu allen Zeiten haben erbitterte und zugleich schwache, oder eine schwache Sache verteidigende Menschen, als die letzte Lehre jenes Mittel ergriffen, die Behauptungen ihrer Gegner auf den unsittlichen Charakter derselben zu schieben, und aus diesem als ihrer verborgenen Quelle herzuleiten..."[16].
Aber das Programm der „Naturphilosophie", welches in der absoluten Identität von Natur und Freiheit verankert ist, enthält weder für die Freiheit des Menschen noch für diejenige der Natur Möglichkeiten, welche befriedigen könnten. Es setzt einerseits die Arbeit des naturwissenschaftlichen Verstandes voraus, der sich mit der gefesselten Natur und ihren endlichen und abgegrenzten Dingen und deren Verhältnissen befaßt, andererseits fordert es dessen Auflösung in die „Vernunft". Wird bei Spinoza die Vielheit der Welt als Mannigfaltigkeit behandelt, die unmittelbar in das göttliche Wesen hineinfällt, so kommt es analog bei Schelling zu einem unmittelbaren Sprung von den Endlichkeiten der Verstandesdinge zum Absoluten: so daß einerseits die Freiheit des Subjekts, welche sich in der Bearbeitung der Natur erweist, ebenso verloren geht wie die Freiheit der Natur selbst, die keine Möglichkeit der selbständigen Ausbildung individueller Gestalten hat, weil alle Differenzen in die „Nacht des Absoluten" (Hegel) getaucht sind. Daher stellt Hegel sein Absolutheitsdenken unter die Voraussetzung einer dialektischen Bewegung, in der das Absolute erst auf dem Wege der Vermittlung durch die individuellen Weltgestalten hindurch auf der Stufe der Philosophie des Absoluten zu seiner Wahrheit kommt. In der von diesem Denken aufgebauten Weltarchitektur spielt Natur die Rolle eines anfänglichen und unmittelbaren Zustandes, den die weitere Geschichte des Geistes überholt und erst zu seiner Wahrheit bringt. Im Verlauf dieser weiteren Geschichte tritt auch diejenige Gestalt des Geistes auf, in

---

[15] ibidem S. 142.
[16] ibidem S. 145. Die Verbindung von Schwäche und strategischem Gebrauch moralischer Wertungen, auf die hier angespielt wird, läßt frappierend ein Hauptthema Nietzsches anklingen.

welcher dieser die Naturwissenschaft im neuzeitlichen Sinne entwickelt und den Gedanken einer gefesselten Natur faßt, über den die dialektische Bewegung hinauszugehen hat.

Das dialektische Denken der Natur macht die „Natur selbst" zum Gegenstand, es sieht sie nicht primär in der Brechung des naturwissenschaftlichen Denkens. Es hat die „freie", nicht die „gefesselte" Natur zum Thema. Natur wird in diesem Kontext als Form des geistigen Seins, als dessen „Außer-sich-sein" deklariert. Sie wird nicht aus dem Bereich der Freiheit und Vernunft ausgeschlossen, um von da aus in Verfügung genommen zu werden; vielmehr gehört sie zur Vorgeschichte des Geistes.

Eine andere Wendung vollzieht Schopenhauer, der sich unter dem Einfluß der Kantischen Kritik von der Hegelschen Identisierung von Vernunft und Macht und damit auch Geist und Natur distanziert. Als das Prinzip der Macht und als Ursprung der Handlungs- und Verwirklichungsantriebe erklärt er nicht die Vernunft, sondern den vernunftlosen Willen: er faßt ihn als Inbegriff blindgieriger Kräfte und Impulse auf. Die Natur in ihren Gestalten wird als Objektivation des Willens erklärt. Durch die objektivierende Kraft des Willens werden in der Natur Vorbilder und „Ideen" verwirklicht. Das Naturgesetz ist nach Schopenhauer die „Beziehung der Idee auf die Form ihrer Erscheinung"[17]. Formen der Erscheinung sind Zeit, Raum und Kausalität: „Durch Zeit und Raum vervielfältigt sich die Idee in unzählige Erscheinungen: die Ordnung aber, nach welcher diese in jene Formen der Mannigfaltigkeit eintreten, ist fest bestimmt durch das Gesetz der Kausalität..." Hier wird deutlich, daß bei Schopenhauer die Unterscheidung Kants zwischen der gefesselten und der freien Natur aufgehoben wird: denn Zeit, Raum und Kausalität werden im Sinne der Naturwissenschaft verstanden, ohne aber als solche erkannt zu werden: vielmehr werden sie unkritisch als Formen der Natur selbst deklariert. Damit hängt der undifferenzierte Erscheinungsbegriff Schopenhauers zusammen.

Von dieser Vergröberung Kantischer Begriffe mag aber jetzt abgesehen werden. Sie zeigt sich auch in solchen Sätzen Schopenhauers, in denen er z. B. die „Kraft", von der die Physiker sprechen, unmittelbar metaphysisch umdeutet und sie als „Erscheinung des Willens" deklariert[18]. Die Natur wird von ihm als Stufenbau von Objektivationen verstanden,

---

[17] Die Welt als Wille und Vorstellung (Arthur Schopenhauers sämtliche Werke, Ausg. Deussen, München 1911) Bd. I, S. 159).
[18] ibidem S. 162.

wobei er zwischen den Stufen des Organischen und des Anorganischen unterscheidet. Wie sehr auch bei einem der Kantischen Philosophie ergebenen Denker wie Schopenhauer die Grundsätze der Kritik durch den Einfluß der Nivellierungen durch Schelling und Hegel vergessen worden sind, zeigt sich an der Sorglosigkeit, mit der er ausspricht, daß „in allen Ideen, d. h. in allen Kräften der unorganischen und allen Gestalten der organischen Natur, **einer und derselbe Wille** es ist, der sich offenbart, d. h. in die Form der Vorstellung, in die **Objektivität**, eingeht"[19]. Daß Vorstellung, Erscheinung, Objektivierung auf transzendentale Handlungen des Subjekts begründet werden müssen, ist hier vergessen worden.

Daß Nietzsche in der Schopenhauerschen Philosophie der Natur Ansatzpunkte für seine eigene Konzeption finden konnte, zeigt ein Blick auf Aussagen Schopenhauers, in denen er z. B. in der Natur überall Streit, „Kampf und Wechsel des Sieges" feststellt[20], und darin die dem „Willen wesentliche Entzweiung mit sich selbst" objektiviert sieht. Jede Stufe der Objektivation des Willens mache der andern Materie, Raum, Zeit streitig. Jede Naturform möchte „ihre Idee" offenbaren und zur Wirklichkeit bringen; sie tritt in einen Daseinskampf mit den andern, die sich ebenfalls gierig „zum Hervortreten" drängen und einander die Materie entreißen, deren sie zu ihrer Verwirklichung bedürfen. Auf der höheren Stufe des Lebendigen weist er als Zeitgenosse Darwins auf den allgemeinen Kampf in der Tierwelt und demgemäß auch in der Menschenwelt hin.

In diesem Zusammenhang erinnert Schopenhauer bemerkenswerterweise an die dynamische Theorie der Materie, wie sie Kant und nach ihm Schelling und Hegel vertreten haben[21]. Diese Theorie erklärt Gestalt und Bewegung der Körper aus dem Gegeneinander- und Zusammenwirken der Kräfte der Konzentration einerseits und der Ausdehnung andererseits.

Hervorzuheben ist auch die Beurteilung der Vernunft, mit der Schopenhauer auf der Stufe der menschlichen Natur die „Besonnenheit" auf die Bühne treten läßt, welche die Möglichkeit des Überblicks über Zukunft und Vergangenheit, der Überlegung, der Sorge als Fähigkeit des vorausschauenden Handelns und des „völlig deutlichen Bewußtseins der eigenen Willensentscheidungen als solcher" bietet. Zugleich

---

[19] ibidem S. 170.
[20] ibidem S. 174.
[21] vgl. ibidem S. 177.

aber tritt mit der Vernunft auch Schwanken, Unsicherheit und die Möglichkeit des Irrtums auf. Die unmittelbare, fraglose und geradlinige Objektivation des Willens durch instinktive Handlungen wird jetzt vieldeutig, und das Handeln wird „Wahnmotiven" ausgesetzt. Zwar geht „Erkenntnis" aus dem Willen ursprünglich selbst hervor[22], aber sie ist nur Werkzeug wie die Vernunft selbst, welches für die Erhaltung des Individuums gebraucht wird. Erst in ihren höchsten Formen gelingt ihr die Verselbständigung; in ihnen vermag sie es, sich der Dienstbarkeit des Willens zu entziehen, „ihr Joch abzuwerfen und frei von allen Zwecken des Wollens" rein für sich zu bestehen, als „bloßer klarer Spiegel der Welt, woraus die Kunst hervorgeht..."

Der dem „Wesen des Willen an sich" eigentümliche Charakter ist insofern von dem der Vernunft radikal verschieden, als er durch den Zug des „endlosen Strebens" bestimmt ist, durch „Abwesenheit alles Zieles, aller Grenzen"[23]. In diesem Zusammenhang bringt Schopenhauer aufs neue die schon bei der dynamischen Theorie der Materie angesprochene Polarität der Bewegungen zur Sprache, die eine grundlegende Bedeutung für das Denken Nietzsches gewinnen wird: Konzentration einerseits und Ausdehnung, Ausweitung und Expansion andererseits ergeben eine spannungsvolle Einheit. Bei Schopenhauer wird diese Polarität durch die Entgegensetzung zwischen Zentripetalkraft und Zentrifugalkraft vor Augen geführt. Auf der niedrigsten Stufe der Objektivität des Willens, auf derjenigen der Schwere zeige sich schon ein immerwährendes Streben der Vereinigung alles Materiellen zuletzt in einem zentralen Punkte. Es wird in Schranken gehalten durch die entgegengesetzte Zentrifugalkraft, deren Eigentümlichkeit in einem in entgegengesetzter Richtung wirkenden Streben des Ausdehnens besteht, das ins Endlose weist.

Schließlich ist ein weiteres Thema der Schopenhauerschen Naturphilosophie zu erwähnen, welches für das Denken Nietzsches Bedeutung gewonnen hat: es betrifft die Rolle des Leibes im Vollzug des menschlichen Denkens und Handelns. Abgesehen davon, daß der Leib als „Objekt der Anschauung" in Frage kommt, ist er als unmittelbare Objektivation des Willens zu verstehen. Die Bewegungen des Leibes müssen als identisch mit den ihnen entsprechenden einzelnen Willensakten begriffen werden, durch welche diese für die Vorstellung objektiv

---

[22] ibidem S. 181.
[23] ibidem S. 195.

faßbar werden[24]. Gegen diese Unmittelbarkeit wird Nietzsche später opponieren: er wird den Intellekt einbeziehen, von dem er sagt, daß er die dem Willen entspringenden Handlungen als auf bestimmte Zwecke hingerichtet interpretiert[25]. Es ist Schopenhauers Auffassung, daß das auf dem Willen basierende Handeln als leibliche Bewegung in die Erscheinung tritt und daß die Frage nach der Motivation meines Handelns nur im Bereich dieser leiblichen Erscheinung gestellt und beantwortet werden kann: daß sie aber nicht den Willen selbst angeht, der als „grundlos" anzusprechen ist. So, wie der Leib im Ganzen jeweils einen Willen im Ganzen zur Erscheinung bringt, so wird auch eine einzelne Aktion des Willens in jeweils einer besonderen Bewegung des Leibes für das vorstellende Begreifen zugänglich. Frage ich nach der Begründung einer in leiblicher Bewegung in Erscheinung tretenden Handlung, so führt mich die Antwort nicht auf den Willen als solchen zurück, sondern sie gibt als Grund eine andere in den Bereich des leiblichen Willensausdrucks, d. h. der Erscheinung fallende Bewegung an. Ebenso muß die physiologische Theorie der Funktionen des Leibes Aufgabe der Erklärung durch Zurückführung einer Erscheinung auf eine andere erfüllen[26]. Aber vom philosophischen Denken müssen die Teile, aus denen sich der leibliche Organismus aufbaut, als sichtbarer Ausdruck der „Hauptbegehrungen" des Willens aufgefaßt werden, die nicht für uns frei verfügbar sind und die daher als notwendig bezeichnet werden müssen.

Zum Handeln genügt es nicht, Zweckvorstellungen durch die praktische Intelligenz gefaßt zu haben: vielmehr gehört eine „Kraft" dazu, handelnd einen Prozeß in der Wirklichkeit in Gang zu bringen. Der Begriff der Kraft wird von Schopenhauer auf den des Willens zurückgeführt, von dem wir ein unmittelbares Wissen haben, da unser Denken und Handeln dessen Objektivation ist. Kraft bedeutet die aus dem „Willen" fließende Fähigkeit jeweils z. B. meines Armes, durch seine den Willen objektivierenden Bewegungen Ursache für Wirkungen zu sein.

Auch auf eine Erörterung Schopenhauers über das Verhältnis von Wille und Intellekt sei hingewiesen. Der letztere wird nach den Vorstel-

---

[24] vgl. ibidem S. 126/127.
[25] vgl. S. 273 f.
[26] ibidem S. 129: „Überhaupt kann ... jede ätiologische Erklärung nie mehr angeben, als die notwendig bestimmte Stelle in Zeit und Raum einer einzelnen Erscheinung, ihren notwendigen Eintritt daselbst nach einer festen Regel: hingegen bleibt das innere Wesen jeder Erscheinung auf diesem Wege immer unergründlich, und wird von jeder ätiologischen Erklärung vorausgesetzt und bloß bezeichnet durch die Namen Kraft, oder Naturgesetz, oder, wenn von Handlungen die Rede ist, Charakter, Wille."

lungen der idealistischen Philosophie als leitend und spontan zwecksetzend für den Willen begriffen. Danach nimmt der Wille, der die Entscheidung für die vom Intellekt ihm als die beste der offenstehenden Möglichkeiten empfohlene trifft, die Gestalt des „freien" Willens an. Nach Schopenhauer aber ist der Wille nicht „freier" Wille, da er nicht aus dem Stoffe des Intellekts bzw. der Vernunft gewebt ist. Er läßt den „Intellekt" zur Quelle der Illusion werden, in welcher der Wille angeblich über entgegengesetzte Möglichkeiten, zwischen denen er sich entscheiden kann, verfügt. Diese Illusion entsteht durch die prinzipielle Unfähigkeit des Intellekts, das Wollen des Willens und seine N o t w e n d i g k e i t erkennen zu können. Die Entscheidung des Willens ist schon immer determiniert und scheint nur unbestimmt für den „Zuschauer", den eigenen Intellekt zu sein. Der Intellekt erfährt nach Schopenhauer die Beschlüsse des Willens „erst a posteriori und empirisch"[27]. Er kann nichts „weiter tun, als die Beschaffenheit der Motive allseitig und scharf beleuchten; nicht aber vermag er den Willen selbst zu bestimmen; da dieser ihm ganz unzugänglich, ja sogar ... unerforschlich ist[28]. Schopenhauer übt Kritik an der idealistischen Vorstellung vom intellektuellen Ursprung unseres Wollens und von der beherrschenden Rolle der „Sache", „die ursprünglich ein e r k e n n e n d e s , ja eigentlich ein abstrakt d e n k e n d e s Wesen wäre und erst in Folge hiervon auch ein w o l l e n d e s , daß man also den Willen sekundärer Natur machte, statt daß, in Wahrheit, die Erkenntnis dies ist"[29].

In der Absicht, die genauere Bedeutung der nun folgenden Sätze später zu explizieren, mögen Gemeinsamkeit und Unterschied zwischen Nietzsche und Schopenhauer in folgenden Punkten kurz angedeutet werden:
1. Nietzsches Denken ist ungleich reflektierter als dasjenige Schopenhauers. Man wird an Schopenhauer z. B. die Frage stellen, wie der als vernunftlos, blind und triebhaft erklärte Wille im Stande sein soll, dann doch Intellekt, Vernunft, Bewußtsein aufzubringen, deren er angeblich als Werkzeug zu seiner Selbsterhaltung bedarf. Zwar stimmt Nietzsche Schopenhauer in dem Punkte zu, daß das rein intellektuelle Bewußtsein nicht als leitend, maßgebend, diktierend und zwecksetzend für Handeln

---

[27] ibidem S. 342.
[28] ibidem S. 344.
[29] ibidem S. 345. Wenn Schopenhauer der idealistischen Philosophie vorwirft, daß sie den Menschen als „moralische Null" auf die Welt kommen lasse, der erst die Möglichkeiten des Handelns zu überlegen habe und darauf beschließe, der oder jener zu sein, so oder so zu handeln, so kann er damit auf keinen Fall Kant treffen. Vgl. mein Buch: Das Prinzip Handlung in der Philosophie Kants. Berlin 1978.

anerkannt werden darf, sondern daß der Handelnde vielmehr von einer Notwendigkeit seines Willens bestimmt ist, die der Intellekt freilich nachträglich in „Freiheit" des Willens umfälschen kann. Man denke an den Raubmörder, von dem Zarathustra sagt, er sei zu verbrecherischem Handeln durch seine Gier nach Blut angetrieben worden, während sein Intellekt nachträglich vor dem Richter und der übrigen Bürgerschaft seine Tat aus Scham verfälscht, indem er als ihr Motiv die Absicht auf Raub ausgibt. Aber Nietzsches „Wille" ist kein blindes, gieriges, vernunftloses Ungeheuer, sondern er ist sinn-bezogen: er bedarf des Entwurfes einer Welt, in der er sich einzurichten vermag.
2. Der Wille Nietzsches ist auch deshalb ein anderer als der Schopenhauers, weil er nicht dualistisch im Sinne eines „Dinges an sich" von der sogenannten „Erscheinung" getrennt wird, sondern jeweils den Machtzustand eines wollenden konkreten Individuums bedeutet. Das Wort: Wille deklariert Nietzsche als Bezeichnung für eine gegenwärtige Verfassung je meines individuellen Organismus, die er sich nach folgendem Modell zurechtlegt: mein „Sein" ist in jeder Gegenwart Ergebnis eines Zusammenwirkens vieler leiblicher Einheiten, die ein System etwa von der Art eines Staates bilden, der hierarchisch nach dem Prinzip des Herrschens und Beherrschtseins aufgebaut ist. Jedes der Glieder repräsentiert die Perspektive einer Welt- und Wertordnung, die es zur Herrschaft im Streit mit den andern bringen will. Jede Gegenwart des Willens stellt den Zustand eines bestimmten Macht- und Herrschaftsverhältnisses dar, in welchem je ein perspektivisches Zentrum seine Weltinterpretation und Wertetafel den andern „befiehlt". Man sieht, daß hier ein monadologisches Modell begegnet.
3. Auch wird der Wille von Nietzsche nicht als das der Zeit und dem Raum entrückte Ding an sich auf dem Grunde der Erscheinungen verstanden, sondern als historisch sich wandelnder Charakter: als Inbegriff wechselnder Herrschaftszustände. In der Geschichtsphilosophie, die aus Nietzsches Aussagen herauslesbar ist, spielt der Gedanke des geschichtlichen Kampfes zwischen zwei Willensverfassungen eine maßgebende Rolle: zwischen dem Willen zur Macht der eigentlich „Schwachen", Lebensverneinenden und derjenigen, die das Leben in der ganzen Ausdehnung seiner bisherigen Geschichte bejahen, ohne von ihm Geschenke zu erwarten.
4. Eine weitere Differenz zeigt sich in der Beurteilung des Leibes. Auch bei diesem Thema macht Nietzsche vom Modell eines Systems der um Herrschaft kämpfenden perspektivischen Zentren Gebrauch; er beurteilt

den „Zustand" einer leiblichen Verfassung nach der Perspektive, die in einer gegenwärtigen Situation des Leibes über die andern herrschend geworden ist. „Herrscht" z. B. im Augenblick heitere Stimmung vor, dann ist darin ein Symptom für einen entsprechenden Herrschaftszustand der Einheit zu erblicken, die ich bin. So ist der Leib nicht, wie bei Schopenhauer, als Objektivation der blinden Gier des Willens aufzufassen, ebensowenig wie in seinen Organen die verschiedenen Willenstriebe zur Erscheinung kommen: vielmehr ist das den Namen „Leib" tragende System, das als hierarchischer Aufbau von Kraftzentren deklariert wird, die zur Einheit und zum Ganzen eines Lebensprozesses zusammenwirken, als „vernünftig" zu begreifen: das System der affektiven Leibperspektiven wird sogar als „große" Vernunft bezeichnet, welche die Notwendigkeit menschlichen Denkens und Handelns bestimmt und auch der „kleinen" Vernunft unseres Ich-Bewußtseins zugrunde liegt.

5. Nietzsches Auffassung vom Dienst, den der Intellekt dem leiblichen Organismus und dem in ihm lebendigen Willen zu leisten hat, weicht von derjenigen Schopenhauers bedeutend ab. Während Schopenhauer vor allem die Brauchbarkeit des Intellekts für die Selbsterhaltung im Auge hat, kommt es für Nietzsche auf Machtgewinn an. Das ist so zu verstehen, daß er dem Intellekt die Aufgabe stellt, nicht nur für die Mittel der vom Willen verfolgten Zwecke der Selbsterhaltung zu sorgen, sondern jeweils eine Perspektive zu erfinden, deren Anwendung dem Willen die Welt verschafft, in der es ihm erst möglich ist, dem Programm der Selbsterhaltung, des Sich-Durchsetzens Sinn und Bedeutung zu geben. Es ist die weltschaffende, interpretierende und perspektivensetzende Kraft des Intellekts, die diesem seine prinzipielle Bedeutung im Aufbau des Lebens verleiht und ihn rechtfertigt. Nietzsche trennt den Intellekt nicht vom Willen ab, sondern ordnet ihn diesem als das Vermögen zu, mit Hilfe dessen er sich seine Welt aneignet. Daher ist der Sinn der Betonung, welche Nietzsche auf die Notwendigkeit im Gegensatz zur Beliebigkeit des freien Wählens legt, ein anderer als in Schopenhauers entsprechenden Erklärungen. Wenn Nietzsche nicht die Freiheit des „Ich will", sondern die Notwendigkeit des „Ich bin"[30] als maß-gebend für Handeln und Geschehen erklärt, so gilt ihm diese Notwendigkeit nicht als grund-loses Diktat des Willens, sondern als Modus der von der Vernunft des Leibsystems, durch welche Weltperspektiven zur Geltung gebracht werden, begründeten Handlungsantriebe.

---

[30] Vgl. Karl Löwith, Nietzsches Philosophie der ewigen Widerkunft des Gleichen. Berlin 1935, S. 36 ff.

2. Der Standpunkt der Natur: „Grund-stellungen" des Denkens

a) Der Leib als philosophischer Gedanke

Als ersten Zugang zur Naturphilosophie Nietzsches kann man Wege wählen, die seine Kritik an der Naturwissenschaft geht. Er entlarvt naturwissenschaftlich maßgebende Kategorien wie Kausalität, Zahl, Gesetz, Relation und Funktion als Symptome dafür, daß nicht der angebliche Wille zur Wahrheit, sondern der Wille zur Macht in der Naturwissenschaft maßgebend ist. Diesen Kategorien ist die Absicht anzusehen, die Natur berechenbar, verfügbar, beherrschbar und reif für erfolgreichen menschlichen Eingriff zu machen. Nietzsches Analysen dieses Willens der neuzeitlichen Naturwissenschaft fügen sich nahtlos denen Kants an, der die Natur in der Stellung des Gefesseltseins charakterisiert und das sie in diese Stellung bringende Denken der Naturwissenschaft rechtfertigt und zugleich kritisch begrenzt. Jenseits der Grenzen des Gebietes der naturwissenschaftlichen Interpretation der Natur im Sinne Galileis öffnet Kant den Blick auf die Natur des Lebendigen, in welcher er die Züge der aristotelischen „Physis" wiedererkennt, deren Gebilde sich frei von sich aus bilden, gestalten und bewegen: daher mag hier von der „freien" Natur gesprochen werden. Von dieser allein ist dann nach Kant in Schellings „Naturphilosophie" die Rede.

Der „gefesselten" Natur wird vom naturwissenschaftlichen Subjekt, das sich die Stellung der in Freiheit das „Objekt" bestimmenden Instanz gibt, die Stellung der Verfügbarkeit und Vorhersagbarkeit angewiesen. Die dieser Kon-stellation entsprechende Erkenntnistheorie deklariert die Naturwissenschaft als das Arbeitsfeld des theoretischen Subjekts, welches dadurch seine „Freiheit" begründet und sichert, daß es der Natur das Netz der Notwendigkeit überwirft. Es versteht seine Subjektivität als Charakter „reinen" Bewußtseins ohne „empirische", also auch leibliche Beimengung. Indem Nietzsche den Wahrheitsanspruch des theoretischen, sich die Stellung der „Freiheit" gebenden Subjekts als Maske eines dahinterstehenden Willens zur Macht entlarvt, bahnt er sich den Zugang zur „Natur selbst", die nicht die Natur der Naturwissenschaft ist. Indem er dem naturwissenschaftlichen Bewußtsein und dessen Perspektive der gefesselten Natur in den Rücken sieht, gewinnt er einen Durchblick auf die freie Natur, die dieses Bewußtsein trägt. Diese tritt ihm in der Form nicht eines „Objekts", sondern als Leibsystem des konkreten naturwissenschaftlichen Subjekts in den Blick. Sie begegnet in der Gestalt des dem naturwissenschaftlichen Subjekt zugrunde liegenden konkreten Ich-bin und dessen Notwendigkeit. Das Plädoyer Nietzsches für den Leib steht in Zusammenhang mit seiner Forderung, die „richtige" Stellung des Denkens und Handelns der freien Natur bzw. der „Natur selbst" gegenüber wiederzufinden, die durch Platonismus, Christentum, Herrschaft der Moral und die daraus resultierende falsche Stellung verdorben wurde, welche das neuzeitliche naturwissenschaftliche Subjekt der Natur gegenüber einnimmt. Von „Grund-stellungen" des Denkens ist bei ihm dort die Rede, wo er verschiedene philosophische Interpretationen charakterisiert, von denen er sagt, daß sie Konsequenzen entsprechender „Wertschätzungen" dessen bzw. Maßstäbe dafür sind, was als „Realität" anzuerkennen ist[31]. Zum Programm der Um-stellung gehört eine Veränderung der Stellung, die wir unserem Leib gegenüber einzunehmen haben. Wir müssen lernen, ihn nicht als empirisches „Objekt" aufzufassen, sondern als Sub-jekt, als Basis unseres eigenen Sprechens und Denkens zu begreifen.

Die Rehabilitierung der freien Natur und ihrer gestaltenden, zeugenden, wiederherstellenden und heilenden Kräfte geschieht im Horizont eines philosophischen Denkens, das sich selbst als Symptom einer Veränderung des Willenscharakters begreift. Diese den Leib, die Natur, ihre Notwendigkeit und Freiheit anerkennende Philosophie versteht sich als Ausdruck eines Willenscharakters, der sich zu Leib, Leben und Erde bejahend verhält. Die Rehabilitierung der freien Natur im philosophischen Denken muß mit einer Umerziehung, einer Verwandlung des Willens und seines Charakters selbst Hand in Hand gehen.

Ist der jasagende Wille hergestellt, so spricht er sich in einer Philosophie aus, welche nicht dem Bewußtsein, dem „Ich denke" die entscheidende Rolle überträgt, sondern dem richtig interpretierten Leib: in der dadurch zur Geltung kommenden philosophischen Terminologie wird der Leib als die „große" Vernunft, als „Selbst" angesprochen, während dem von der idealistischen Philosophie zur Herrschaft gebrachten „Bewußtsein" dem „Ich" ihrer Interpretation, die Rolle des bloßen Wortführers dieser großen Vernunft übertragen wird. Vom „Ich" in der Auffassung des leiblichen Standpunktes sagt Nietzsche, daß es von seinem „Sein", der großen Vernunft, dem Leib und seiner Willensverfassung rede. Vom „Stande" dieses Willens und seines Ich aus beurteilt, ist die idealistische Herrschaftsstellung des Ich-Bewußtseins als

---

[31] W. z. M. Aph. 580 (XVI, S. 76).

Symptom und Ausdruck einer Verfassung des Leibes zu beurteilen, in welcher dieser an sich selbst und an der Erde „verzweifelt" ist. Das „Ich denke", welches zu dieser Verfassung gehört, muß die wahren Abhängigkeitsverhältnisse umkehren und nicht dem Leib, sondern dem Ich, dem Bewußtsein und dem intellektuellen Willen den Namen der „großen" Vernunft geben. Sie muß eine Philosophie der Verachtung des Leibes sein, in welcher dieser sich in der Form leibfeindlicher Metaphysik selbst die Stellung der Unfreiheit, des von der „Idee" Beherrschtseins gibt. Auch der Leib-müde will noch durch ein zur-Geltung-bringen seiner Jenseitigkeitsmetaphysik zur Macht kommen. Die bisherige Geschichte Europas zeigt den Erfolg dieses Willens der Lebens-müden, Schwachen, dem Leib und der Erde Feindlichen, welche im Kampfe mit den eigentlich Starken, Freien und Vornehmen dadurch die Macht gewonnen haben, daß es ihnen gelungen ist, leibfeindlichen Welt- und Wertinterpretationen Geltung zu verschaffen.

„Leib" ist in der Sprache Nietzsches nicht in bloß anthropologischer oder physiologischer Bedeutung zu verstehen; er ist als ein jeweils einer geschichtlichen Gegenwart eigentümlicher Zustand des „Gesund"- oder „Krank"-seins, der „Stärke" oder „Schwäche" aufzufassen. Der unserer geschichtlichen Epoche eigentümliche Leib und seine Vernunft zeigen einen andern Charakter als der des antiken Menschen: unser leibliches Sein ist durch Verlust der natürlichen Wohlgeratenheit, Unschuld, Unbefangenheit in der Selbstdarstellung bestimmt. Der Leib, der den Geist anstiftet, eine Metaphysik der Jenseitigkeit zu ersinnen und lebensfeindliche Perspektiven zu entwerfen und „mächtig" werden zu lassen, verrät sich als dekadent. Er verdient dann nichts anderes, als im Sinne der von ihm selbst angestifteten Metaphysik behandelt zu werden und zugrunde zu gehen[32].

Aber auch in den Epochen, in denen der Leib zu sich selbst in einem gebrochenen, unglücklichen Verhältnis steht, zeigt sich an der Intensität, mit der ihn die dazugehörige Philosophie der Verachtung preisgibt, immer noch in pervertierter Weise der Wille zum Leib. Wenn das Ich redlich ist, dann findet es „Worte und Ehren für Leib und Erde". Zarathustras Ich als Wortführer seines „neuen" Leibes und seiner „neuen" Gesundheit lehrt ihn einen „neuen Stolz": „nicht mehr den Kopf in den Sand der himmlischen Dinge zu stecken, sondern frei ihn zu tragen, einen Erden-Kopf, der der Erde Sinn schafft!" Damit ist ein

---

[32] vgl. Z. Von den Hinterweltlern (VI, S. 41).

Kopf gemeint, der sich nicht vom Leibe durch eine vom idealistischen Denken gezogene Grenze trennt, sondern der sich, als zum Leibe gehörig, als dessen Wortführer versteht, der diesem die seinem ,,Charakter" gemäße Welt verschafft. Versteht sich unsere irdische Vernunft in dieser Rolle, so verschafft sie Leib und Erde ihren Sinn. Von dem Stande aus, den Zarathustra auf dem Wege der Über-windung seines eigenen leidenden Zustandes, den er mit der idealistisch erkrankten Menschheit geteilt hatte, gewonnen hat, vermag er den Verächtern des Leibes sein Wort zu sagen. Er entlarvt das Denken, in dem diese Leib und Erde der Verachtung preisgeben, als Werkzeug, dessen sich der erkrankte Leib bedient, um mit seiner Hilfe die Welt aufzubauen, die ihn bestätigt und in welcher er zu leben und Macht zu gewinnen vermag.

,,Der Leib ist eine große Vernunft, eine Vielheit mit Einem Sinne, ein Krieg und ein Frieden, eine Herde und ein Hirt"[33].

Werkzeug deines Leibes ist auch deine kleine Vernunft, mein Bruder, die du ,Geist' nennst, ein kleines Werk- und Spielzeug deiner großen Vernunft.

,Ich' sagst du und bist stolz auf dies Wort. Aber das Größere ist – woran du nicht glauben willst – dein Leib und seine große Vernunft: die sagt nicht Ich, aber tut Ich.

Was der Sinn fühlt, was der Geist erkennt, das hat niemals in sich sein Ende. Aber Sinn und Geist möchten Dich überreden, sie seien aller Dinge Ende: so eitel sind sie"[34].

Nicht nur die ,,Sinne", sondern auch der ,,Geist" sind Organe. Sie dienen dem individuellen Leib, welcher ein System von Affektzentren und deren Perspektiven ist, als Werkzeug für die Wahrnehmung und die Auslegung unserer Welt und ihrer Gegenstände. Der ,,mächtige Gebie-

---

[33] Hier klingt eine Auffassung vom Leib-System an, die Nietzsche anderwärts in mehr ,,systematischer" Sprache ausspricht, wenn er den Leib am Modell eines politischen Gemeinwesens zu begreifen sucht. Eine naturphilosophische Auffassung, die um das Thema eines aus elementaren Lebenseinheiten bestehenden Organismus kreist und eine politische Konzeption, die den Gedanken von Regentschaft und Regiertsein hereinbringt, treffen sich hier in Überlegungen, die monadologische Züge tragen. ,,Ausgangspunkt vom L e i b e und der Physiologie: warum? – Wir gewinnen die richtige Vorstellung von der Art unserer Subjekt-Einheit, nämlich als Regenten an der Spitze eines Gemeinwesens... Die gewisse U n w i s s e n h e i t, in der der Regent gehalten wird über die einzelnen Verrichtungen und selbst Störungen des Gemeinwesens, gehört mit zu den Bedingungen, unter denen regiert werden kann. Kurz, wir gewinnen eine Schätzung auch für das N i c h t w i s s e n, das Im-Großen-und-Groben-Sehen, das Vereinfachen und Fälschen, das Perspektivische. Das Wichtigste ist aber: daß wir den Beherrscher und seine Untertanen als g l e i c h e r A r t verstehn, alle fühlend, wollend, denkend...". (W. z. M. Aph. 492, (XVI, S. 17f.))

[34] Z. Von den Verächtern des Leibes (VI, S. 42/43).

ter", der "hinter" unserem Denken, Fühlen und Wahrnehmen, also hinter unserem: ego cogito steht, ist jeweils der individuelle Leib: er ist das "Selbst", welches sich des "Ich" bedient, das für das Selbst die "Arbeit" macht: es verschafft diesem Denken seine "Welt" und bearbeitet die Dinge der Natur im Dienste der Machtsteigerung des Selbst. "Hinter deinen Gedanken und Gefühlen, mein Bruder, steht ein mächtiger Gebieter, ein unbekannter Weiser – der heißt Selbst. In deinem Leibe wohnt er, dein Leib ist er."[35]

Eine Philosophie ist Ergebnis des Schaffens je einer Welt, deren der leibliche Wille bedarf und deren Anfertigung er beim "Geist" in Auftrag gegeben hat, der Geist ist dem Leib "Seiner Kämpfe und Siege Herold, Genoss und Widerhall".

Im Blick auf den Raubmörder z. B., der vor dem Richter steht, zeigt sich, daß dessen Tun Resultat seines leiblichen Zustandes und der Welt- und Wertperspektive ist, die ihm von den ihn beherrschenden leiblich motivierten Affekten suggeriert werden. "Was ist dieser Mensch? Ein Haufen von Krankheiten, welche durch den Geist in die Welt hinausgreifen: da wollen sie ihre Beute machen". Der ihn beherrschende Affekt und der Wille seines "Selbst" besteht in der Gier nach Blut. In der Perspektive dieses Affektes sieht und deutet er die Welt: "Seht diesen armen Leib! Was er litt und begehrte, das deutete sich diese arme Seele, – sie deutete es als mörderische Lust und Gier nach dem Glück des Messers." Damit tritt dieser Leib und sein "Selbst" mit der in unserer geschichtlichen Gegenwart gültigen Wertordnung in Konflikt: es wird von demjenigen Bösen überfallen, das "jetzt böse ist". Es will wehe tun mit dem, "was ihm wehe tut. Aber es gab andre Zeiten und ein andres Böses und Gutes."

Sein "Ich" aber, seine "Vernunft" begreift diesen Wahnsinn nicht und überredet ihn zu einer "normalen" Interpretation seiner selbst. "Was liegt an Blut! sprach sie; willst Du nicht zum mindesten einen Raub dabei machen? Eine Rache nehmen?"[36] Es interpretiert das Verbrechen so, daß es von den normaldenkenden Bürgern verstanden werden kann, denen der Trieb zu rauben verständlich ist: sie halten ihn nur aus Vorsicht in Schranken.

Das Plädoyer Nietzsches für den Standpunkt der Natur, der Erde, des Leibes und das Selbst kann auf die Form folgender Forderung gebracht

---

[35] Z. Von der schenkenden Tugend (ibidem S. 107).
[36] Z. Vom bleichen Verbrecher (ibidem S. 50).

werden: Weicht nicht der Aufgabe aus, Eurem Leben hier auf dieser Erde einen leiblichen, irdischen Sinn zu geben, statt diesen Sinn im Jenseits zu suchen. Unser Wille soll darauf gerichtet sein, diesen Sinn selbst zu geben und dadurch „schenkende Tugend" zu bewähren. Nicht von „außen", vom Leben, von Gott, vom Staat, von der Gesellschaft oder der Natur her sollen wir uns Sinn geben lassen: wir genügen unserem jasagenden Willen dann, wenn wir uns darauf einstellen, der „Notwendigkeit" des leiblichen Affektsystems zu folgen, aber zu diesem Zwecke unsere leiblichen Affekte, Leidenschaften im Sinne der Wohlgeratenheit, der Unschuld und der Unbefangenheit zu erziehen. Nietzsche betont immer wieder, daß „Notwendigkeit" meines Denkens und Handelns, das auf Grund des „Ich bin" so und nicht anders geschieht, nicht mit Zwang und Determiniertsein gleichgesetzt werden darf, sondern daß sie die Kehrseite der Freiheit ist: als frei verhalte ich mich, wenn ich der Notwendigkeit meines „Seins" gemäß denke und handle, statt mich von Normen und Pflichten, von einem „Sollen" her zu bestimmen. Ein zu seiner Leiblichkeit und der Notwendigkeit ihrer Vernunft ja-sagender Wille beauftragt den philosophischen Intellekt, ihm eine Perspektive zu ver-schaffen, in welcher er sich nicht in eine „Hinter-welt", sondern in eine diesseitige, irdische und leibliche Welt versetzt.

Das der Bejahung des „Lebens" angemessene philosophische Weltdenken konzipiert die Natur als „freie" Natur, in welcher sich das leibliche Prinzip in einer langen Geschichte der Gestaltungen und Metamorphosen entfaltet. Die Erkenntnis dieser Natur-welt gewinnen wir durch Selbstwahrnehmung unserer leiblichen Existenz, durch die wir mit der nächsten und fernsten Geschichte der Natur im Ganzen verbunden sind. Am menschlichen Leib wird die „ganze fernste und nächste Vergangenheit alles organischen Werdens wieder lebendig und leibhaftig". Es scheint durch ihn hindurch und über ihn hinweg und hinaus ein „ungeheurer, unhörbarer Strom zu fließen". Der Leib ist daher ein „erstaunlicherer Gedanke als die alte ‚Seele'". Er vergegenwärtigt uns die Totalität der Geschichte alles Lebens. Diese ist durch naturwissenschaftliche Theorie nicht ausschöpfbar. Nicht der cartesische Satz vom ego cogitans darf als allergewissester und sicherster Satz als Anfang gewählt werden: die Suche nach der Existenz findet vielmehr festen Grund in der Leib-Gewißheit: Ich bin mir meines leiblichen Seins gewiß, also bin ich. Die Leibgewißheit übertrifft bedeutend die Gewißheit von der Existenz der Seele und des Ich. Leib wird jeweils als „mein" Leib verstanden und gewußt, der ich selbst bin: es fällt mir nicht ein, mich auf dem Weg kunstreicher Abstraktionen ihm gegenüber zu entfremden. „Niemand kam je auf den Einfall, seinen Magen als einen fremden, etwa einen göttlichen Magen zu verstehen: aber seine Gedanken als ‚eingegeben', seine Wertschätzungen als ‚von einem Gott eingeblasen', seine Instinkte als Tätigkeit im Dämmern zu fassen:...", dafür gibt es aus allen Menschenaltern Zeugnisse. Man frage nur die Künstler, wodurch ihnen der beste Wurf gelungen und aus welcher Welt ihnen der schöpferische Gedanke gekommen sei: „Sie haben, wenn sie dergestalt fragen, etwas wie Unschuld und kindliche Scham dabei, sie wagen es kaum zu sagen, ‚das kam von mir, das war meine Hand, die die Würfel warf.'"[37].

b) Sein und Bewußtsein: Was ist „Denken"?

Der Zugang zur „freien" Natur als der „Natur selbst" wurde auf Wegen gewählt, auf denen Nietzsche gedankliche Entscheidungen im Hinblick auf den Leib fällt. Er interpretiert sich selbst so, daß der Stellung, die sein Leib sich gegenüber einnimmt, „Gesundheit" zu bescheinigen ist im Unterschied zu derjenigen, die der leibfeindlichen idealistischen Philosophie zur Grundlage diente. Nietzsche faßt sein Eintreten für den Leib als zugehörig zur Geschichte eines Kampfes zwischen dem starken und dem schwachen Willen sowie zwischen dem zu sich selbst ermutigten Leib und derjenigen Leibverfassung auf, die er als dekadent und krankhaft bezeichnet. Eine Philosophie ist Symptom für eine bestimmte Verfassung des leiblichen Systems. Der sich selbst vertrauende und an sich selbst glaubende Leib nennt ein „Ich" sein eigen, welches ihm eine ihmgemäße philosophische Weltinterpretation bereitstellt. Auch sogar das mit seiner Leiblichkeit zerworfene „idealistische" Ich kann nicht umhin, den Leib immer noch, wenn auch indirekt, anzuerkennen. Es redet noch als „schaffendes, wollendes, wertendes Ich" von seinem „Sein", welches „das Maß und der Wert der Dinge ist". Dieses Sein ist ihm der Leib. Es will auch noch den Leib, selbst wenn es „dichtet und schwärmt und mit zerbrochenen Flügeln flattert". Es liegt die Frage nahe, ob Nietzsche hier an das christliche Lehrstück von der Auferstehung des Leibes denkt.

Nietzsches Absicht geht, wenn er auf dem Wege einer Philosophie des Leibes auch die freie Natur bzw. die Natur selbst in den Blick zu bekommen sucht, dahin, einen Begriff dieser Natur im Sinne der Schelling-

---

[37] KGW. Abtlg. VII, Bd. 3, S. 289/90.

schen Naturphilosophie zur Geltung zu bringen. Er will über den Kopf des naturwissenschaftlichen Denkens hinweg eine Natur anerkannt wissen, in welcher Gestaltung, Formung und Umformung geschehen, wobei ein Kampf der Naturwesen darum ausgetragen wird, welches Wesen das andere zu gestalten und zu formen, also darüber „Macht" auszuüben vermag. Wenn Nietzsche den Namen „Physiologie" in seine philosophische Terminologie aufnimmt, der in unserem modernen Sprachgebrauch seit Johannes Müller eine medizinische Sonderdisziplin bezeichnet, so darf daraus nicht der Fehlschluß gezogen werden, er mache unerlaubten Gebrauch von der Naturwissenschaft in einem Zusammenhang, in welchem es nur auf philosophische Bezüge ankommt. Es ist vielmehr zu vermuten, daß er das Wort Physiologie im Blick auf die alten vorsokratischen „physiologoi" versteht, denen es um ein philosophisches Wissen von der Natur im Ganzen, vom Entstehen und vom Aufbau des Kosmos ging.

Von der Konzeption der „physis" her als Bereich der Dinge, die nach Aristoteles den Impuls (arché) ihrer Bewegung in sich selbst haben, beurteilt Nietzsche die Geschichte des Leibes als Metamorphose der leiblichen Verfassungen, die jeweils einem bestimmten Charakter des Willens zur Macht entsprechen: jeder Stand in dieser Geschichte des Leibes, mag er ein Zustand der Stärke oder der Schwäche, der unbefangenen Selbstbejahung oder der Selbstverneinung und Lebensfeindlichkeit sein, spiegelt sich in einer ihm entsprechenden Natur- und Weltperspektive. Ergreifen wir im philosophischen Denken Partei für einen leiblichen Zustand der Stärke, des Jasagens, des Schaffens und damit des Verzichtes auf gegebene Sinngebung, so „müssen" wir sagen: „Mit Menschlichem wollen wir die Natur durchdringen und sie von göttlicher Mummerei erlösen. Wir wollen aus ihr nehmen, was wir brauchen, um über den Menschen hinaus zu träumen. Etwas, das großartiger ist als Sturm und Gebirge und Meer soll noch entstehen – aber als Menschensohn!"[38]. In diesem Satze wird erkennbar, daß die am Leitfaden des „Leibes" konzipierte Natur, die als Untergrund bzw. Hintergrund unseres bewußten, vom Ego cogitans verantworteten Denkens und Entwerfens erkannt wurde, nicht als unmittelbar Gegebenes hinzunehmen ist, mit dem wir uns abzufinden hätten: vielmehr ist diese unsere Natur selbst Gegenstand des Formens, Bildens, der Züchtung. So erschafft der Mensch sein eigenes „Selbst": er wird zugleich auch des

[38] XII, S. 361.

Menschen „Sohn". Wie dieses zugeht, wird in einem späteren Zusammenhang erörtert werden, in welchem zur Sprache gebracht werden wird, daß eine leibliche Verfassung nicht nur die vom Ich-Bewußtsein und seiner Vernunft entworfenen Weltperspektiven trägt und sich in ihnen ausdrückt, sondern daß diese rückwirkend auch züchtend, orientierend, gestaltend und bildend auf den Charakter des menschlichen „Seins", also auf seine leibliche Verfassung einwirken. In diesem Zusammenhang wird, das sei vorgreifend bemerkt, die Wirkung einer zur Geltung gebrachten Perspektive einer ewig wiederkehrenden Natur auf die Verfassung dessen, der sich dieser Perspektive bedient, erörtert werden.

Nietzsche betont im Gegenzug gegen die idealistische Überordnung des „Bewußtseins" über die leibliche Sphäre immer wieder dessen Funktion für das leibliche „Sein" als „Werkzeug". Wer sich vom Leibe einigermaßen eine Vorstellung geschaffen hat und bedenkt, „wie viele Systeme da zugleich arbeiten, wie viel für einander und gegen einander getan wird, wie viel Feinheit in der Ausgleichung usw. da ist –...", der wird am Bewußtsein relative Armut und Enge feststellen[39].

Das Bewußtsein kann sich nur einen kleinen Ausschnitt von dem deutlich machen, was zur Ökonomie der leiblichen Prozesse gehört. „Das Bewußtsein ist eben ein W e r k z e u g : und in Anbetracht, wie Viel und Großes ohne Bewußtsein geleistet wird...", muß man die untergeordnete Rolle zugeben. Wir müssen die „Rangordnung" umdrehen, welche die idealistische Philosophie geltend gemacht hat. Alles „Bewußte" können wir nur als das „Zweit-wichtige" anerkennen. „A l s o u m l e r n e n ! In der Hauptschätzung! Das Geistige ist als Zeichensprache des L e i b e s festzuhalten!"[40] Bei der Wendung: „Das Geistige" denkt Nietzsche, wie auch aus anderen Zusammenhängen zu schließen ist, an Leistungen wie die des Entwurfes einer bestimmt gearteten Welt, die ein leibliches Sein und „Selbst" seinem Charakter entsprechend als das Milieu braucht, in welchem es sich den „Sinn", das „Wozu" seines Denkens und Tuns zurechtlegt. Ein Weltentwurf bestimmter Art v e r r ä t daher auch dem Kenner und Erforscher des Bewußtseins, welcher Seinscharakter ihm zu „Grunde" liegt, für den es diesen Entwurf leistet. Dieser Gedanke wird in der Rede von der für ein Sein „symptomatischen" Rolle einer Weltinterpretation zur Sprache gebracht. Nietzsche sagt, er habe sich daran gewöhnt, „in allen morali-

---

[39] XIII, S. 164.
[40] ibidem S. 165.

schen Urteilen eine stümperhafte Art der Zeichensprache zu sehen, vermöge deren sich gewisse physiologische Tatsachen des Leibes mitteilen möchten: an Solche, welche dafür Ohren haben"[41]. Damit will gesagt sein, daß man über einen über-legenen Stand des Denkens und dessen Auslegungsperspektive verfügen muß, um die Zeichensprache richtig verstehen und deuten zu können, in welcher ein Bewußtsein den Zuständen seines Leibes Ausdruck verleiht. Das philosophische Bewußtsein muß diesen Stand gewinnen, um sich und seine eigene Stellung dem Leib gegenüber richtig auslegen zu können. Es verfügt dann über eine Perspektive, von der aus es Welt-auslegungen als Symptom einer krankhaften oder gesunden Verfassung des Leibes zu deuten und zu erklären vermag. Der Philosoph als „Arzt" stellt auf Grund von Symptomen in der Gestalt von philosophischen Weltauslegungen eine Diagnose über Gesundheit oder Krankheit je einer Willens- und Leibverfassung.

Andererseits muß Nietzsche dem Bewußtsein Aufgaben übertragen, die sich nicht mit der Rede von dessen bloßem Werkzeugcharakter vereinbaren lassen. Die Rede vom Organon legt die falsche Auffassung nahe, als ob das Leib-System als das Sein bzw. Selbst des Menschen auch ohne Bewußtsein zustande gekommen sei und daß diesem nur eine Funktion bei der Selbsterhaltung zukomme, derart, wie etwa im Magen die Verwandlung der aufgenommenen Speisen in lebenswichtige Stoffe geschieht. Wenn das Bewußtsein aber die Aufgabe hat, dem Selbst die ihm angemessene Welt zu entwerfen, an deren Eigenart dieses auch erkannt werden kann, dann wird ersichtlich, daß ihm eine bedeutendere Rolle als die des Werkzeugs zukommt. Denn das „Selbst" stellt sich dadurch her, daß es sich in der ihm vom Bewußtsein ver-schafften Welt ein- und ausrichtet. Für das leibliche Sein als Selbst ist es wesentlich, daß es sich in Handlungen darstellt, die es in Orientierung an der von seinem Bewußtsein ihm angemessenen Welt ausführt.

Nietzsche überträgt im Gegensatz zur idealistischen Deutung dem Bewußtsein nicht die Rolle der Selbständigkeit und einer dem Leib gegenübertretenden Instanz: vielmehr integriert er es in das organische Leib-System. Es dient ihm zur Selbstdarstellung, zum Entwurf der ihm angemessenen Welt und zur Ein- und Ausrichtung in ihr. Von diesen Voraussetzungen her ist Nietzsches Auffassung vom Wesen des Denkens und seines Verhältnisses zum Sein des Leibes zu erörtern. Da Den-

---

[41] ibidem S. 163/164.

ken in das Leben des Leibes integriert ist, ist es dem Faden eines Gewebes vergleichbar, der wohl für sich betrachtet werden kann, aber von der Gesamttextur nicht ablösbar ist. Wenn der Leib u n d das in ihm integrierte Denken in einer dauernden Bewegung bestehen, in welcher sich die Bestimmungs- und Herrschaftsverhältnisse immer wieder ändern, so ist ein gegenwärtiger Gedanke als vorübergehender Hauptgedanke eines Systems von Mitgedanken zu begreifen, durch welche er seine Bedeutung gewinnt. Als in der Gegenwart herrschender und bestimmender Gedanke, den ich „jetzt" fasse, ist er aus der Tiefe der leiblichen und affektiven Bewegungen emporgestiegen und beherrscht gegenwärtig die Lage: er wird vom „Bewußtsein" je nach dem Grade des Erkenntnisbedürfnisses festgehalten, abgegrenzt und eindeutig gemacht.

In dem Feststellen und Aussondern eines Gedankens aus dem Gewühl dunkler gedanklicher Bewegungen, die zwischen Leiblichkeit und Bewußtsein sich ereignen, bewährt sich die Leistung der „Reflexion". Ein Gedanke wird, um klar, deutlich und eindeutig erfaßt werden zu können, durch die Reflexion erst „herausgearbeitet": der Gedanke ist „in der Gestalt, in welcher er kommt, ein vieldeutiges Zeichen, welches der Auslegung, genauer, einer willkürlichen Einengung und Begrenzung bedarf, bis er endlich eindeutig wird. Er taucht in mir auf – woher? wodurch? das weiß ich nicht. Er kommt, unabhängig von meinem Willen, gewöhnlich umringt und verdunkelt durch ein Gedräng von Gefühlen, Begehrungen, Abneigungen, auch von anderen Gedanken, oft genug von einem ‚Wollen' oder ‚Fühlen' kaum zu unterscheiden. Man zieht ihn aus diesem Gedränge, reinigt ihn, stellt ihn auf seine Füße, man sieht, wie er dasteht, wie er geht, man sitzt dann über ihn zu Gericht, man fragt: ‚was bedeutet er? was darf er bedeuten? Hat er recht oder Unrecht?' man ruft andere Gedanken zu Hilfe, man vergleicht ihn. Denken erweist sich dergestalt beinahe als eine Art Übung und Akt der Ge-

---

[42] Eine interessante Parallele zu dieser Vorstellung, daß ein klar gedachter Gedanke Ergebnis eines Heraushebens und Feststellens ist, findet sich in Herders Schrift über den Ursprung der Sprache. Der Mensch beweise, so heißt es hier, beim Festlegen einer Wortbedeutung „Reflexion, wenn die Kraft seiner Seele so frei wirkt, daß sie in dem ganzen Ozean von Empfindungen, der sie durch alle Sinne durchrauscht, eine Welle ... absondern, sie anhalten, die Aufmerksamkeit auf sie richten und sich bewußt sein kann, daß sie aufmerke. Er beweist Reflexion, wenn er aus dem ganzen schwebenden Traum der Bilder, die seine Sinne vorbeistreichen, sich in ein Moment des Wachens sammeln, auf einem Bilde freiwillig verweilen, es in helle, ruhigere Obacht nehmen und sich Merkmale absondern kann, daß dies der Gegenstand und kein anderer sei." (J. G. Herder, Sprachphilosophische Schriften (hg. von Erich Heintel), Hamburg 1960, S. 24).

rechtigkeit, bei dem es einen Richter, eine Gegenpartei, auch sogar ein Zeugenverhör gibt, dem ich ein wenig zuhören darf – freilich nur ein wenig: das meiste, so scheint es, entgeht mir."[43]

Dem Leser fällt die Kantische Rede vom Gerichtshof der Vernunft ein. Wie sich an späterer Stelle zeigen wird, begreift Nietzsche Denken und Erkennen nicht nur beiläufig, sondern im Prinzip am Leitfaden des Rechtsprozesses und der rechtsprechenden Tätigkeit des Richters, dem es darauf ankommt, Gerechtigkeit zu üben[44]. An dieser Stelle mag festgehalten werden, daß er unter ,,Denken" ein an einem Rechtsmaßstab orientiertes Abwägen zwischen dem Anspruch der Parteien versteht, die von den verschiedenen am Leib-System beteiligten Affekten repräsentiert werden. In den widerstreitenden Interessen der verschiedenen Affekte, jeweils ihre eigene Perspektive herrschend zu machen, fällt das Denken eine Entscheidung, indem es einer dieser Perspektiven, einem ,,Gedanken" den Vorrang vor anderen gibt. Der Streit der an unserem Leibe beteiligten Affektperspektiven um Gültigkeit und Anerkennung wird durch den Richterspruch des Denkens entschieden, der einen Gedanken aus dem Gewühl der anderen herausstellt und ihn recht-fertigt. Jeder Gedanke kommt zuerst ,,vieldeutig und schwimmend" und erweist sich ,,nur als Anlaß zum Versuch der Interpretation oder zur willkürlichen Festsetzung". Es scheint uns so, als ob ,,bei allem Denken eine Vielheit von Personen beteiligt" wäre. Das alles sei nicht leicht zu beobachten, da wir im Grunde genommen darauf abgerichtet sind, ,,beim Denken nicht ans Denken zu denken". Der Ursprung des Gedankens bleibe verborgen. ,,Die Wahrscheinlichkeit dafür ist groß, daß er nur das Symptom eines viel umfänglicheren Zustandes ist; darin, daß gerade er kommt und kein anderer, daß er gerade mit dieser größeren oder minderen Helligkeit kommt, mitunter sicher und befehlerisch, mitunter schwach und einer Stütze bedürftig, im Ganzen immer aufregend, fragend – für das Bewußtsein wirkt nämlich jeder Gedanke wie ein Stimulans: in dem allen drückt sich irgendetwas von unserem Gesamtzustande in Zeichen aus."[44]

Der Gedanke ist mit einem Faden zu vergleichen, mit welchem das auf Klarheit und Distinktheit dringende Bewußtsein ein ganzes Geflecht mit ihm zusammenhängender und ihn tragender Gedanken in die Hand bekommt. Auch das Herdersche Bild eines ,,Ozeans", an dessen Ober-

---

[43] über den Philosophen als Richter vgl. unten S. 199 ff.
[44] KGW. Abtlg. VII, Bd. 3, S. 169.

fläche einzelne Wellen feststellbar werden, trifft hier zu und wird auch wenigstens sinngemäß gebraucht. Von daher erklärt es sich, wenn Nietzsche den Gedanken als Symptom bzw. als Zeichen anspricht: er darf als symptomatisch für den ganzen „Untergrund" der Affektzentren und der von ihnen zur Geltung gebrachten Perspektiven gelten. Die Deutung des in das Licht des Bewußtseins eingetretenen Gedankens ist daher ein Resultat des Druckes, der von der Gesamtheit der ihn umgebenden Affekte und ihrer Perspektiven auf ihn ausgeübt wird.

Der Gedanke muß als Zeichen und Symptom seiner „Umgebung" interpretiert werden. Der Bedeutungsdruck, der die Interpretation hervorruft, wird von Nietzsche jedoch nicht nur auf den gedanklichen Untergrund zurückgeführt: er sieht ihn auch von der entgegengesetzten Seite, derjenigen des Ich-Bewußtseins her wirken. Dieses steht unter dem Druck der in der Gesellschaft gültigen Normen der „Moral". Diese veranlassen das Bewußtsein, den „Gedanken" in einer Art zu interpretieren, die ihm selbst von seiner Natur her fremd ist. So interpretieren wir einen leiblichen Schmerz etwa moralisch, indem wir ihn als Strafe für leidenschaftliche Existenz auffassen. „Auf der Folter bekennt sich fast Jedermann schuldig; bei dem Schmerz, dessen physische Ursache man nicht weiß, fragt sich der Gefolterte so lange und so inquisitorisch selbst, bis er sich oder Andere **schuldig findet**: – wie es zum Beispiel der Puritaner tat, welcher den einer unvernünftigen Lebensweise anhaftenden Spleen sich gewohnheitsmäßig moralisch auslegte, nämlich als Biß seines eigenen Gewissens. –"[45]

Da unsere intellektuelle Tätigkeit vom „Untergrund" des leiblichen Seins getragen und andererseits von der Interpretationsleistung des wachen Bewußtseins bestimmt wird, ist Selbst-täuschung möglich: es kann dazu kommen, daß wir unser „Selbst" falsch interpretieren, indem wir das „Bewußtsein" und den freien Willen als maßgebend erachten. Zwei verschiedene und von entgegengesetzten Polen aus sich ergebende Perspektiven werden wirksam, durch deren eine das leibliche System für Gedankenbildung verantwortlich gemacht wird, während die Perspektive des entgegengesetzten Standpunktes eine idealistische Selbstdeutung ergibt: sie bewirkt, daß wir uns einbilden, „daß das Befehlende, Oberste in unserem Bewußtsein stecke. Zuletzt haben wir ein doppeltes Gehirn: die Fähigkeit, etwas von unserem Wollen, Fühlen, Denken **selber zu wollen, zu fühlen und zu denken**

---

[45] KGW, Abtlg. VII, Bd. 3, S. 324.

fassen wir mit dem Wort ‚Bewußtsein' zusammen".⁴⁶ An der Perspektive des Bewußtseins orientieren sich idealistische Philosophien, die den von dieser zustandegebrachten Schein, als sei dieses allein maßgebend, als „Wahrheit" ausgeben. Naturalistische Philosophen wie Schopenhauer dagegen weisen auf den leiblichen Grund hin, der die Gedanken trägt. Nietzsches Rede vom „doppelten Gehirn" entspricht der Situation zweier Perspektiven, die sich dem Gebrauch des Denkens anbieten: die eine wird vom Standpunkt des leiblichen Systems und des von ihm ausgesuchten Bedeutungsdrucks geliefert, während die andere Perspektive dem Standpunkt des „Ich denke" entspricht.

Das Denken ist in Wahrheit als rhythmischer Wechsel zwischen zwei Standpunkten und ihren Perspektiven zu begreifen: in der einen meldet sich das leibliche System, die Gesamtheit der in ihm befindlichen und miteinander um die „Macht" streitenden affektiven Zentren zu Wort, – in der spannungsvollen Einheit des Miteinander- und Gegeneinanderwirkens dieser Zentren verwirklicht sich eine „Vernunft" der Koordination unendlich vieler Bezüge. Die dem Standpunkt des Ich-Bewußtseins eigentümliche Perspektive dagegen isoliert, stellt fest, grenzt ab und verbindet das Isolierte. Aber dem von ihr inspirierten Denken ist es nicht möglich, wie demjenigen des „Untergrundes", unübersehbar Vieles zu koordinieren und mit einem Schlage tausend Verbindungen zu treffen. Das dem „Bewußtsein" eigentümliche Denken ist der Totalität von Sinnbezügen und Wirkungsbeziehungen nicht gewachsen. „**Die Logik unseres bewußten Denkens ist nur eine grobe und erleichterte Form jenes Denkens, welches unser Organismus, ja die einzelnen Organe desselben nötig hat. Ein Zugleich-Denken z. B. ist nötig, von dem wir kaum eine Ahnung haben**".⁴⁷

So ist auch unser „Kausalgefühl", welches von unserem verständigen Bewußtsein im Vollzuge des Analysierens und Wiederzusammensetzens der Wirklichkeit hervorgerufen wurde, etwas „ganz Grobes und Vereinzeltes" gegen die wirklichen Kausalgefühle unseres Organismus. Namentlich „ist das ‚Vorher' und ‚Nachher' eine große Naivität". Die Wahrheit ist dagegen das „Zugleich". Das heißt: die Natur ist mit einem Webstuhl zu vergleichen, durch den in einem Einschlag unendlich viele Verbindungen einbezogen sind. Wir buchstabieren das zugleich unserem Verstande gemäß in der Weise des kausalen Nacheinander. Wir

---

⁴⁶ ibidem S. 168.
⁴⁷ ibidem S. 182.

haben Raum, Zeit, Kausalität und andere Formen des Denkens und Anschauens zum Zwecke der Verfügung über die Natur von seiten unseres Ich-Bewußtseins ausgebildet. Die leiblichen Affekt-zentren aber, aus denen wir bestehen, ,,denken" den Reichtum des ,,Zugleich": nur fehlt diesem Denken die Ökonomie und Effektivität, die das naturwissenschaftliche Bewußtsein nötig hat, um die Natur in die Hand zu bekommen. ,,Wir mußten alles erst erwerben für das Bewußtsein, einen Zeit-sinn, Raum-sinn, Kausal-sinn: nachdem es ohne Bewußtsein lange schon viel reicher existiert hatte."[48] Aber unser naturwissenschaftliches Bewußtsein braucht eine ,,einfachste, schlichteste, reduzierteste Form."

Das Bild von Vernunft, welches Nietzsche im leiblichen System und dessen Intelligenz realisiert sieht, ist durch das Vermögen des Überschauens einer Mannigfaltigkeit von Bezügen und Beziehungen gekennzeichnet, die durch das analytische Bewußtsein nicht beherrschbar sind. Nur der Typus des künstlerischen Denkens kommt dieser Form von Vernunft gleich. Nietzsche deutet auf den von künstlerischen Menschen geübten Umgang mit der Sprache hin: ,,Ein Zugleich-denken z. B. ist nötig, von dem wir kaum eine Ahnung haben. Vielleicht ein Künstler der Sprache: das Zurückrechnen mit der Schwere und Leichtigkeit der Silben, das Vorausrechnen... aber freilich nicht als bewußt." Sicher ist von hier aus die symbolische Sprache des Philosophen Nietzsche zu beurteilen: denn im Symbol wird ein Kosmos von Bedeutungen zusammengefaßt und vergegenwärtigt, dem eine analytische Sprache nur durch synthetische Verknüpfung einzelner Bedeutungselemente sich annähern, aber ihn niemals in seiner Ganzheit zu erreichen vermag. Um ,,seiner" Vernunft gerecht zu werden, wählt Nietzsche nicht die analytisch zergliedernde und konstruierende, sondern die plastisch-darstellende, bildhafte und symbolische Sprache.

Der Standpunkt des Leibes und das ihm verpflichtete philosophische Denken machen von der Perspektive der ,,Natur" in dem Sinne Gebrauch, daß sie das vom Leib-System konstituierte ,,Ich bin" und dessen Geschichte der Veränderungen der Herrrschaftsverhältnisse zwischen den Pespektiven auch für das ,,Bewußtsein" und sein Vorstellen maßgebend und vorbildlich sein läßt. Damit werden im Gegenzug gegen das idealistische Programm, das sich durch Devisen wie freier Wille, Zweckwahl, Autonomie, selbständige Persönlichkeit kennzeichnet, Notwendigkeit und amor fati zur Geltung gebracht.

---

[48] ibidem, 8.

3. Sinn-Notwendigkeit

Fichtes Aussage, daß die Philosophie eines Menschen von seiner Verfassung abhängt, stellt einen notwendigen Zusammenhang zwischen dessen Sein und seinem Bewußtsein her. Das entpricht auch Nietzsches Auffassung vom Symptomcharakter einer Philosophie. Entsprechend sagt er von der ,,Moral", sie sei die Sache jener, ,,welche sich von ihr nicht freimachen können: für sie gehört sie eben deshalb unter die ,Existenzbedingungen'. Existenzbedingungen kann man nicht widerlegen: man kann sie nur – nicht haben!" Existenzbedingung ist primär die Erfüllung des Sinn-bedürfnisses durch eine überzeugende, als mir angemessen erkannte Weltinterpretation. Sie ist für meine Existenz ,,notwendig", da sie mir die Fähigkeit gibt, dieser selbst einen Sinn zu geben. Diese Notwendigkeit mag als Sinn-notwendigkeit in doppelter Bedeutung bezeichnet werden: sie ist die Notwendigkeit der Bedingung für Existenz, die eines ,,Sinnes", eines ,,Wozu" und einer Garantie dafür bedarf, daß nicht alles ,,umsonst" ist. Das Sinnbedürfnis wird durch den Entwurf einer solchen Welt erfüllt, die mir dem Charakter meines Seins, des ,,Ich bin" gemäß erlaubt, meiner Existenz als dem Inbegriff meines Denkens und Tuns Sinn zu geben. Die Zuordnung zwischen meinem Sein und seiner Welt zeigt selbst wieder Notwendigkeit. Es ist in dieser Bedeutung notwendig, daß sich der Typus des idealistischen Denkers auf Grund seiner Seinsverfassung eine Vernunftwelt verschafft, die demgemäß als symptomatisch für sein Sein angesehen werden darf.

Da ein Sein einen ihmgemäßen Weltentwurf nötig hat, kann Nietzsche sagen, daß man eine Welt- und Wertinterpretation nicht beweisen, aber auch nicht widerlegen kann: man kann ihr nur das Überzeugungsmonopol dadurch nehmen, daß man sie von einem ,,höheren" Denk-stand aus als notwendiges Symptom einer Verfassung dessen erklärt, der sie behauptet. Es gehörte zumindesten seit Leibniz und Kant, welche die Copernicanische Wendung für das philosophische Denken ausgewertet haben, zum Verfahren eines Kritik und Dialektik handhabenden Denkens, ein als über-holungsbedürftig erkanntes philosophisches Konzept dadurch zu über-winden, daß man es als notwendiges Symptom eines untergeordneten Standpunktes erklärte, der über nur eingeschränkte Blickmöglichkeiten verfügt. Typisch hierfür ist die Art und Weise, wie Kant das dogmatische Denken der ihm vorhergehenden Metaphysiker behandelt: die von ihnen vertretene Metaphysik erklärt er als Ergebnis eines philosophischen Denkens, dem es noch nicht gelungen ist, sich aus der Befangenheit in den optischen Täuschungen zu befreien, welche für die Situation des menschlichen Denkens und Erkennens überhaupt charakteristisch sind.

Von der Figur dieser Polemik macht auch Nietzsche Gebrauch: auch bei ihm zeigt sich, daß sie zum Inventar eines kritisch-dialektischen Denkens gehört, welches sich eines Modells geschichtlicher Entwicklung des philosophischen Denkens bedient, dabei seinen eigenen Standpunkt in dieser Geschichte bestimmt und von ihm aus die überholten Denkweisen in ihrer Notwendigkeit erklärt und dadurch ihren Monopolanspruch entkräftet. Fichtes Satz, daß die von einem Menschen behauptete Philosophie Aufschluß über dessen Sein gibt, meint die Alternative zwischen zwei Typen philosophischen Denkens: den Spinozismus als Philosophie der Notwendigkeit und die Philosophie der Freiheit, als deren Herold er Kant ansieht. Zu jeder der beiden philosophischen Positionen gehört ein Typus von Mensch, wobei Fichte den Unterschied zwischen dem aktiven Typus, der für die Freiheit eintritt und dem passiven Typus, dessen Prinzip die Notwendigkeit und das Fatum ist, im Auge hat. Der Philosoph wird selbst eine Tathandlung des Eintretens für das Prinzip Freiheit zu vollziehen haben, wenn er sich als aktiver Typus erweisen will, der der reinen Vernunft Genüge tut. Wer zu dieser intellektuellen Handlung nicht fähig ist, bleibt in der Natur und ihrer Notwendigkeit befangen: in dieser Frage gibt es nur die Alternative zwischen Amboß- oder Hammersein. Fichte nimmt für das denkende und wollende Ich eine Freiheits- und Herrschaftsrolle gegenüber der Natur und ihrer Notwendigkeit in Anspruch. Überträgt man aber mit Nietzsche je meiner Natur, die im leiblichen System sich vergegenwärtigt, die führende, herrschende und maßgebenden Rolle, dann wird der idealistische Freiheitsanspruch sinnlos. Der Maßstab und die Sinngebung des Denkens und Handelns wird dann in die Notwendigkeit des „Ich bin" verlegt: und der Anspruch der Freiheit wird in einer auf diese Notwendigkeitsbasis gegründeten Weise vertreten werden müssen.

Nietzsche begreift Notwendigkeit nicht, wie Fichte, als Modus des Diktats der von „oben" her bestimmenden Vernunft: vielmehr als das, was sich aus der leiblichen „Natur" des „Ich bin" ohne Störung von seiten der Reflexion entfalten kann. Daher ist sein Bekenntnis zur „Notwendigkeit" nicht Symptom der Passivität des Willens, sondern im Gegenteil Aktivität des „eigentlichen" Willens des leiblichen Systems. „Alles ist Notwendigkeit – so sagt die neue Erkenntnis; und diese Erkenntnis selber ist Notwendigkeit. Alles ist Unschuld: und die Erkenntnis ist der Weg zur Einsicht in diese Unschuld."[49] Zurechnung, Verantwortung, Vorwurf und Reue: das sind Kategorien, welche voraussetzen, daß wir uns auch anders hätten verhalten können als es wirklich geschehen ist. Sie wären für unser Handeln charakteristisch, wenn wir annehmen dürften, daß es sich von seiten unserer intelligenz-bestimmten Willkür bestimmen ließe. In Wahrheit aber werden wir geführt und geleitet durch die freien Kräfte des leiblichen Systems, die uns mit Notwendigkeit bestimmen. Die ,,neue" Erkenntnis macht diese Notwendigkeit einsichtig. Ist das die Notwendigkeit erkennende Bewußtsein als solches über die Notwendigkeit Meister geworden und gehört es der Freiheit an?

Das leibliche Sysem repräsentiert in individueller Weise den Kosmos, denn es ist in dessen Wirkungsgeflecht eingebunden. Nietzsche sieht es als die Stärke seines Denkens und Willens an, die darin verankerte Notwendigkeit des Geschehens, Denkens und Wollens nicht als Fessel der eigenen Freiheit zu erklären und zu erfahren, sondern sie zu bejahen, ja sie zu lieben. Nicht ego cogito ergo sum ist seine Formel, sondern: ego fatum[50]. Die hier gemeinte Freiheit ist nicht die der Autonomie und der Unabhängigkeit vom ,,bestimmenden" Einfluß der ,,Natur" (Kant), sondern trägt die Züge der Liebe, in welcher der geliebte ,,Gegenstand" den Liebenden zur freien Hingabe seiner Selbst herausfordert, damit dieser sich selbst und seine Freiheit gewinnt. Die Freiheit wird so in demselben Akt erreicht, in welchem der das Fatum der ewigen Wiederkehr Liebende diesem in der Perspektive seiner Liebe den ,,Sinn" gibt, der ,,notwendige" Existenzbedingung für ihn ist. Nietzsches Gedanke ist es, durch liebende Anerkennung der Notwendigkeit die Situation des Denkenden so zu radikalisieren, daß er sich als dem absolut Unabänderlichen gegenüberstehend begreifen und verhalten muß und im höchsten Maße die Herausforderung erfährt, schaffend diese Situation zu überschreiten. So ist der Satz auszulegen: ,,Höchster Fatalismus doch identisch mit dem Zufalle und dem Schöpferischen. (Keine Wertordnung in den Dingen! sondern erst zu schaffen!)"[51]

Notwendigkeit ist nicht der Modus, den die Vernunft bewirkt, indem sie Natur und Geschichte nach einem Plane leitet: das anzunehmen,

---

[49] II, 111.
[50] vgl. XIII, 74.
[51] XII, 405.

wäre Idealismus⁵². Im Gegenteil: sie ist vernunftlos: „... die Natur ist dumm und soweit wir Natur sind, sind wir alle dumm. Auch die Dummheit hat einen schönen Namen: sie nennt sich Notwendigkeit. Kommen wir doch der Notwendigkeit zu Hilfe!"⁵³ Dieses Der-Notwendigkeit-zu-Hilfe-kommen ist ein Gebot der schenkenden Tugend, die dort, wo Armut, Kargheit, Vernunftlosigkeit und Dummheit zu finden sind, ihre große Chance sieht, alles das, was fehlt, liebend aus sich heraus zu ersetzen. Daher die Wendung: „dionysisch zum Dasein stehn –: meine Formel dafür ist **amor fati**"⁵⁴.

Es wird erkennbar, daß die „Notwendigkeit" Nietzsches nicht diejenige der „gefesselten Natur" ist, von der in Kants dritter Antinomie die Rede ist, wenn er die Standpunkte der Freiheit und der Notwendigkeit miteinander in Streit geraten läßt, den Richterin Vernunft gerecht zu entscheiden hat. Die von Kant hier angesprochene Notwendigkeit nennt Nietzsche die „mechanische", er erkennt sie, wie auch Kant, als Ergebnis einer Interpretation der Natur, durch welche dieser Zwang angetan wird⁵⁵. Eine Fessel, mit welcher das Denken der Natur Zwang antut, heißt Kausalität. Sie bezieht ihre „Notwendigkeit" nur vom interpretierenden Verstande her, nicht von der Natur selbst. „Erst dadurch, daß wir Subjekte, „Täter" in die Dinge hineingedeutet haben, entsteht der Anschein, daß alles Geschehen die Folge von einem auf Subjekte ausgeübten **Zwange** ist, – ausgeübt von wem? Wiederum von einem ‚Täter'." Die mechanische Notwendigkeit nennt Nietzsche auch „nützliche Scheinbarkeit", denn sie ermöglicht Berechenbarkeit⁵⁶, die nicht mit Wahrheit gleichgesetzt werden darf. „Notwendigkeit" unter dem Zeichen des Naturgesetzes, mit der die Naturwissenschaft die Natur fesselt und zwingt, wird von Nietzsche durch Gebrauch von Anführungszeichen von der „eigentlichen Notwendigkeit" des „Fatums" unterschieden, auf die es ihm selbst ankommt.

Die Wendung: amor fati ist das Stichwort für einen Übergang vom Standpunkt der unfreien zu demjenigen der freien Notwendigkeit. In

---

⁵² vgl. XIII, 75: „Meine Vollendung des Fatalismus 1) durch die ewige Wiederkunft und Präexistenz, 2) durch die Elimination des Begriffs ‚Wille'." Der Bezug zwischen Fatalismus und dem Schaffen wird auch in XIV, S. 301 sowie in XIV, S. 331 angesprochen. In VIII, S. 206 heißt es: „Amor fati: das ist meine innerste Natur". XII, S. 141: „Amor fati sei meine letzte Liebe". Weitere Stellen: XII, S. 225; XVII, S. 48; XV, S. 115.
⁵³ XII, S. 239.
⁵⁴ W. z. M. Aph. 1041 (XVI, S. 383).
⁵⁵ vgl. W. z. M. Aph. 552 (ibidem S. 55).
⁵⁶ vgl. W. z. M. Aph. 689 (ibidem S. 154).

der gedanklichen Situation, in welcher Notwendigkeit gedacht oder erkannt wird, realisiert sich zugleich immer die Freiheit dessen, der diese Notwendigkeit denkt und erkennt. Er erweist sich insofern als frei, als er das Seiende als notwendig Seiendes interpretiert. Auch derjenige, der die Notwendigkeit liebt, bekundet zugleich damit eine Liebe zu seiner Freiheit: im Grunde genommen ist amor fati zugleich amor libertatis. Amor ist selbst schon Freiheit. Die Liebe zur Notwendigkeit geht deshalb über die bloße Notwendigkeit hinaus, weil in ihr und durch sie der Liebende sich die Rolle des Schenkens anweist: derjenige, der das notwendig Seiende liebt, behauptet durch diese Liebe einen Stand „höherer" Notwendigkeit, die als Sinn-notwendigkeit bezeichnet wurde.

Folgende Bedeutungen des Wortes Notwendigkeit sind zu unterscheiden. Zunächst ist an die von Kantischen Überlegungen her geläufige Bedeutung der „Naturnotwendigkeit" zu denken, die vom Naturgesetz her zu verstehen ist. Von ihr handelt z. B. der dritte Widerstreit der Vernunftantinomie in der transzendentalen Dialektik Kants. Sie aber kann von Nietzsche nicht gemeint sein, weil er aus seinem Notwendigkeitsbegriff die Bedeutung des Zwanges und der Nötigung ausklammert, der für die allgemeinen Naturgesetze charakteristisch ist, sofern diese vom Verstande der Natur a priori diktiert werden.

Eine andere Bedeutung von Notwendigkeit kommt in den Blick, wenn man die Wesen und Bewegungen der freien Natur als „notwendig" bezeichnet. Diese Natur zeigt insofern den Zug der Freiheit, als sie keinem Zwang unterworfen wird, dessen Kraft stärker wäre als die der eigenen Notwendigkeit. Diesen Begriff von Notwendigkeit hat Spinoza im Blick, wenn er der Meinung ist, daß Gott „nicht anders kann", als seiner Natur gemäß zu handeln, was in abgeleiteter Weise dann auch für alles Endlich-seiende gilt. Auch wenn z. B. idealistische Philosophen, die sich dem Programm der Vernunft verpflichten, die Geschichte von einer universalen Vernunft bzw. von einer vernünftigen Natur geleitet und bestimmt sein lassen, verleihen sie ihren Prozessen „Notwendigkeit" von dieser Art. In der Geschichtsphilosophie Kants und Hegels geht diese Notwendigkeit des Seins der freien Natur in die Sinn-notwendigkeit über: z. B. muß der Mensch einen Fortschritt in der Geschichte annehmen, wenn er in seinem Handeln Sinn sehen will. Der geschichtsphilosophische Aspekt der sinnhaften Notwendigkeit drückt sich in Devisen wie vernünftiger Plan, Fortschritt der Geschichte, Zielstrebigkeit, geschichtliche Entwicklung aus. Nietzsche braucht von seinem Programm des Schaffens und der schenkenden Tugend aus diese sinnfremde Notwendigkeit, weil er ihr die Bedeutung einer radikalen Herausforderung an den Menschen gibt, das Sinnbedürfnis nicht durch Berufung auf einen „gegebenen", schon vorgefundenen Sinn, sondern durch eigenes Schaffen und durch schenkende Tugend zu stillen. Sie dient der Aufgabe der Erfüllung des Bedürfnisses des Menschen nach „Sinn" in seiner Geschichte. Der Typus des idealistischen Philosophen wird seiner Seinsverfassung gemäß in der „vernünftigen" Notwendigkeit der Geschichte den Sinn ver-wirklicht sehen, dessen er bedarf. Er spricht von einem vernünftigen Plan der Geschichte, von geschichtlicher Entwicklung, von einem Ziel der Geschichte und von Fortschritt. Der Zusammenhang zwischen dem „Sein" dieses Philosophentypus und dem Charakter seiner Interpretation der Geschichte als eines von Vernunft sinnerfüllten notwendigen Prozesses ist selbst „notwendig" in der eigentlichen Bedeutung der Sinn-notwendigkeit, als der Notwendigkeit der „Existenzbedingung" für diesen Typus.

Diese Sinn-notwendigkeit nimmt für einen anderen Typus von Philosophen, der „Sinn" nicht vorfinden, sondern schaffen will, ein dementsprechend anderes Gesicht an: er wird Welt und Geschichte nicht als sinnerfüllt denken; seine Notwendigkeit erfordert es, sich in eine sinn-lose Welt zu versetzen, die ihn ohne Schonung und Nachsicht auf sich selber verweist und ihn zu autarker Sinngebung herausfordert. Dieser „starke" Typus des Philosophen versetzt sich daher im Interesse seiner Sinn-notwendigkeit in eine von sich aus sinn-fremde Welt: es ist die der ewigen Wiederkunft, bei der es kein „Ziel" und keinen „Zweck" der Geschichte gibt. Auch dieser Welt und ihrer Geschichte ist „Notwendigkeit" eigentümlich: es ist die „sinnfremde" Notwendigkeit des Fatums, deren der „starke" Typus für seine Sinn-notwendigkeit bedarf.

Von den genannten Formen der Notwendigkeit sind für die Philosophie Nietzsches diejenigen von besonderer Bedeutung, die im Zusammenhang der Sinn-notwendigkeit stehen: dazu gehört auch das Konzept der sinnfremden Welt und ihrer Geschichte. Für Nietzsche ergibt sich die Situation: einerseits kann er sich nicht auf eine Welt sinnfremder Notwendigkeit festlegen, weil er sich in den Bannkreis eines Denkens begeben würde, das er überwinden will: dieses ist vom Geist der Rache und des Ressentiments bestimmt, der es zu einer Verachtung des Daseins hinführt. Andererseits aber kann er sich auch nicht dem Vertrauen auf sinnhafte Notwendigkeit in der Welt überlassen, denn die Gesinnung immerwährenden eigenen Sinnschaffens würde motivationslos werden. Es ist nicht nur das an sich sinn-lose Fatum im Spiel, sondern im Zusammenhang damit auch dessen Interpretation und die „Grund-stellung" zu seiner Notwendigkeit: diese Grundstellung beweist durch Annahme des Fatums ihre eigene Freiheit und Sinn-notwendigkeit zugleich: sofern sie der Annahme des Fatums notwendig bedarf, um sich als einer den Sinn der Welt von sich aus schaffenden Freiheit Recht zu geben. Die Liebe zum Fatum beruht auf der **sinnhaften** Notwendigkeit eines zur schaffenden Sinngebung motivierten menschlichen **Seins**. In der Wendung des amor fati ist nach der Interpretation Nietzsches das Ganze der Situation eines von der Gesinnung des Schaffens aus Freiheit bestimmten Menschen angesprochen, zu dem sowohl sinnfremde wie auch sinnhafte Notwendigkeit gehört: er ist von der sinnhaften, freien Notwendigkeit des amor zur sinnlosen Notwendigkeit bestimmt.

Es ist Nietzsche nicht um eine ontologische Lehre von den Seinsmodalitäten zu tun, wenn er über Notwendigkeit redet: vielmehr kommt es ihm auf die Frage an, welche Weltperspektive Sinn-notwendigkeit für ein bestimmt geartetes Sein hat. Es ist nicht primär die Notwendigkeit selbst, sondern der liebende **Gedanke** an die Notwendigkeit, auf den es hier ankommt. Der Gedanke und Glaube „ist ein Schwergewicht, welches neben allen anderen Gewichten auf dich drückt und mehr als sie. Du sagst, daß Nahrung, Ort, Luft, Gesellschaft dich wandeln und bestimmen? Nun, deine Meinungen tun es noch mehr, denn diese bestimmen dich zu dieser Nahrung, Ort, Luft, Gesellschaft. – Wenn du dir den Gedanken der Gedanken einverleibst, so wird er dich verwandeln. Die Frage bei allem, was du tun willst: ‚ist es so, daß ich es unzählige Male tun will?', ist das größte Schwergewicht"[57].

Nicht der idealistisch interpretierte Gedanke verwandelt dich vom angeblich „reinen" Ich-bewußtsein her: vielmehr bedarf es des leib-gewordenen, einver-leibten Gedankens, damit eine Kraft des Verwandelns wirken kann Andererseits ist auch der materialistische Standpunkt nicht haltbar: die „materielle" Wirklichkeit gibt es nicht: immer nur handelt es sich um **interpretierte** Wirklichkeit.

Hat sich vom Standpunkt der Natur und ihrer Notwendigkeit aus das leibliche Sein und sein Charakter als Fundament des Denkens und Wollens ergeben, so nimmt das Denken des Standpunkts der Freiheit einen entgegengesetzten Anfangspunkt: den des „Gedanken und

---

[57] XII, S. 64/65.

Glaubens", des Interpretierens und des Schaffens von Normen. Von da an verfolgt dieses Denken den Einfluß und die Rückwirkung einer Philosophie auf die Verfassung des leiblichen Seins. Es bewegt sich auf diese Weise entgegengesetzt der Richtung des Denkens, welches vom Standpunkt der Natur und Notwendigkeit aus beim Leib-System seinen Anfang genommen hat und zu dem von ihm als abhängig erklärten Ich-Bewußtsein übergegangen ist. Jetzt verläuft die Blickrichtung vom Gedanken zur „leiblichen" Willensverfassung: wenn du dir den Gedanken „einverleibst". Der folgende Gedankengang verläuft vom Pol des freien Denkens zu demjenigen der leiblichen Notwendigkeit und der Willensverfassung.

4. Der Standpunkt der Freiheit:
Kritik der „idealistischen" Willensfreiheit

Nietzsches Denken der Freiheit opponiert gegen die idealistische Theorie des „freien" Willens und der Selbständigkeit des Ich-Bewußtseins gegenüber dem Leib und dem Komplex der in ihm wurzelnden Triebe und Leidenschaften. Dagegen stellt er seinen Standpunkt eines vom Leib und seinen Zuständen getragenen „Ich"-Bewußtseins. Die Auffasssung von einem selbständigen Befehlszentrum, das sich angeblich im Ich-Bewußtsein findet und den Leib und das System seiner Affekte und Leidenschaften „von oben" her leitet und lenkt wie im platonischen Gleichnis der Wagenlenker seine Pferde, ist für die idealistische Tradition charakteristisch. Dem entspricht auch die cartesische Auffassung von der Stellung des ego cogitans der „res extensa" gegenüber. Nietzsche läßt es nicht zu, dem „Ich" die Rolle des absoluten Subjekts zuzubilligen, das, vom leiblichen System isoliert, die Lenkung und Leitung übernimmt.

Er interpretiert den Leib als Geschichte der Veränderungen von Machtverhältnissen zwischen leiblichen Affektzentren und ihren Perspektiven[58]. Was wir als „Ich" bezeichnen, ist in diese Geschichte verwebt: Ich gilt ihm als bloßer Name für einen Zustand in dieser Geschichte. Descartes sei, so lautet Nietzsches Vorwurf, in dem „Fallstrick der Worte" hängengeblieben. Nietzsches Sprachkritik orientiert sich,

---

[58] Ein von Nietzsche selbst gebrauchter Name für diese zentralen Einheiten lautet: „Willensquanten". Zur Monadologie Nietzsches vgl. S. 49 ff.

wie alle Kritik, an einem zugrunde gelegten Maßstab: er besteht in der Devise, dem System der Affektzentren des Leibes und ihren Perspektiven gerecht zu werden. Von diesem Maßstab aus erweist sich: „ego cogito" als ein Wort, welches erst gedeutet werden muß. Dieses Wort verführt zu der Meinung, damit werde eine „einfache, ungeteilte Handlung" bezeichnet, welche von einem „ebenso einfachen ungeteilten ‚Ich' getan werde." Obwohl aber cogito nur ein einziges Wort ist, so bedeutet es etwas Vielfaches: „manches ist vielfach und wir greifen derb darauf los, im guten Glauben, daß es Eins sei"[59]. Die Sprache verleitet zu ungerechtfertigten Glaubenssätzen, von denen sich der Denkende befreien muß, um freie Hand für einen Aufbau des philosophischen kritisch geprüften „Wissens" zu bekommen. Kritisch zu beurteilen ist z. B. der Glaubenssatz, daß überall, wo gedacht wird, auch ein „Subjekt" am Werke sein müsse. Außerdem geht in diesen Satz die Meinung ein, als wüßte man schon, was „Sein" bedeutet. Man muß schon immer wissen, was „Sein" ist, um ein „sum aus dem cogito herauszuziehn".[60] Wenn man fragt, was es bedeutet, wenn Nietzsche erklärt, daß cogito ein Vielfaches bedeute, so kann man auf schon Gesagtes zurückgreifen: es bezeichne einen Zustand in der Geschichte, welche sich in der Form eines Kampfes der das Leib-System ausmachenden Affektzentren um die Er-mächtigung ihrer Perspektiven zuträgt. Der Kampf geht darum, welches der Zentren und welche Perspektive die Herrschaft über die anderen gewinnen soll. Nietzsche bedient sich eines monadologischen Modells, wenn er diese Geschichte und den in ihr sich zutragenden Streit der affektiven Einheiten des Leibes um die Macht beschreibt. Hat sich z. B. ein Zustand hergestellt, in welchem die an der Berechnung der Natur interessierte Perspektive maßgebend ist, dann werde ich sagen: „Ich zähle, rechne, messe usw." Der Leib ist eine Geschichte eines Machtkampfes, den die sein System ausmachenden affektiven Zentren, die Nietzsche auch als „Willensquantitäten" bzw. „lebendige Einheiten" bezeichnet, miteinander austragen[61].

Nietzsches Begriff der Freiheit ist anspruchsvoller als derjenige der idealistischen Philosophie seit Descartes. Sie wird als Befreiung von der Herrschaft des Glaubens und jeder Überzeugung und als Herrwerden

---

[59] KGW. Abtlg. VII, Bd. 3, S. 371.
[60] ibidem S. 372.
[61] vgl. ibidem.

über sie verstanden. Die Geschichte der Befreiungsschritte ist zugleich eine Folge von Über-windungen: sie geschieht in der Bewegung des Höher-steigens: dem „Rauche gleich, der stets nach kältern Himmeln sucht". Bei diesem Aufwärtssteigen werden immer höhere points des vues gewonnen, von denen aus die überwundenen Stationen und deren Perspektiven in ihrer Sinn-notwendigkeit erklärbar sind. Der Stand, den der Aufsteigende gewonnen hat, ist nicht nur formal als das „Höher", sondern auch inhaltlich zu charakterisieren: er enthält die ganzen Erfahrungen, die das Denken beim Aufstieg über sich selbst und seine Welt gewonnen hat und ergibt somit einen bestimmten Charakter des „Ich bin". Das Ergebnis dieser Geschichte des Aufstiegs ist somit die Notwendigkeit eines Seins dessen, der im Höhersteigen begriffen ist. Seine Freiheit erweist sich darin, dieser seiner Notwendigkeit gemäß zu denken und zu handeln und zugleich wieder über sie hinauszugehen.

Der „freie Geist" vollzieht daher in seinem Denken eine zwischen den Polen der Notwendigkeit des eigenen Seins einerseits und des Sich--ausweitens und Über-schreitens dieses Seins andererseits im Rhythmus wechselnde Bewegung des Denkens. Er stellt sich auf den beim Aufstieg erreichten Stand, von dem aus er unbarmherzig alle Schlupfwinkel des Ideals durchleuchtet und dorthin sieht, „wo es seine Burgverliese und gleichsam seine letzte Sicherheit hat". Er hat eine Fackel in Händen, die durchaus kein „fackelndes" Licht gibt: mit „einer schneidenden Helle wird in diese Unterwelt des Ideals hineingeleuchtet"[62].

Befreiung im Sinne des Höhersteigens wird von Nietzsche in der 1886 geschriebenen Vorrede zu Menschliches – Allzumenschliches (1878) auch als Prozeß des Gesundwerdens charakterisiert. Wie versteht er Gesundheit und Krankheit im Zusammenhang mit dem Begriff der Freiheit? Da ist ein aus der romantischen Naturphilosophie herkommender Gedanke im Spiel: dort wurde Krankheit als Isolierung eines Organs vom Ganzen des Lebensprozesses eines Organismus, als Abschnürung und Verengung des Lebens auf einen isolierten Teilbereich verstanden. In der genannten Vorrede kennzeichnet er die Einsamkeit als Ab-grenzung, die Erkrankung bedeutet. Sie ist für den notwendig, der sich von allem lossagt und auf dem Wege der Befreiung und Freiheit zu sich selbst kommen will. Aber die Gefahr ist, daß er sich isoliert und vom Ganzen des Lebens, welches auch ein gemeinsames Leben ist, los-

---

[62] XV, S. 74.

löst: er wird ,,krank" und muß sich fragen, ob ,,er nicht vielleicht der Betrogene und dadurch auch der Betrüger ist? – Solche Gedanken führen und verführen ihn, immer weiter fort, immer weiter ab. Die Einsamkeit umringt und umringelt ihn, immer drohender, würgender, herzzuschnürender, jene furchtbare Göttin..."[63] Es fällt das Wort von der ,,krankhaften Vereinsamung"[64]: von ihr wird Nietzsche in dieser Zeit der Niederschrift von ,,Menschliches – Allzumenschliches" heimgesucht. Von ,,der Wüste solcher Versuchs-Jahre ist der Weg noch weit bis zu jener ungeheuren überströmenden Sicherheit und Gesundheit, welche der Krankheit selbst nicht entraten mag, als eines Mittels und Angelhakens der Erkenntnis, bis zu jener r e i f e n Freiheit des Geistes, welche ebensosehr Selbstbeherrschung und Zucht des Herzens ist und die Wege zu vielen und entgegengesetzten Denkweisen erlaubt –, bis zu jener inneren Umfänglichkeit und Verwöhnung des Überreichtums, welche die Gefahr ausschließt, daß der Geist sich etwa selbst in die eigenen Wege verlöre und verliebte und in irgend einem Winkel berauscht sitzen bliebe, bis zu jenem Überschuß an plastischen, ausheilenden, nachbildenden und wiederherstellenden Kräften, welcher eben das Zeichen der g r o ß e n Gesundheit ist, jener Überschuß, der dem freien Geiste das gefährliche Vorrecht gibt, a u f d e n V e r s u c h hin leben und sich dem Abenteuer anbieten zu dürfen: das Meisterschafts-Vorrecht des freien Geistes!"[65] Die reife Freiheit des Geistes: sie zeigt sich nicht nur in der großen Loslösung und Distanzierung gegenüber jedem Anspruch eines Glaubens auf absolute Anerkennung, sondern in der souveränen, gelassenen und zugleich kritischen Haltung des Geltenlassens und des souveränen Verfügens über Weltperspektiven. Der Freie verfügt insofern darüber, als er jede als zu einer bestimmten Verfassung des Willens und des leiblichen Seins brauchbares Weltkonzept ansieht, aber keiner endgültige Wahrheit zugesteht. Die ,,plastischen, ausheilenden, nachbildenden und wiederherstellenden Kräfte", die dem Stande der großen Gesundheit im ,,Überschuß" zu Gebote stehen, erlauben dem freien Geist, sich nicht in abschließender Distanzierung und bloß negativer Kritik zu isolieren, sondern sich optimal a u s z u w e i t e n und das Höher-steigen zugleich mit einer Ausdehnung des Horizontes auf viele Weltinterpretationen zu verbinden.

---

[63] M. A., II, S. 8.
[64] ibidem.
[65] ibidem.

Eine Eigenart der reifen Freiheit ist die Bewegung des Höhersteigens, die zugleich diejenige des zunehmenden Umfassens ist. Sie führt zugleich zu einem immer höheren Grade von Leichtigkeit und Beweglichkeit des Denkens. Dieser Zug in der Physiognomie der Freiheit wird im Anschluß an die Beschreibung der Freiheit als Bewegung des Höhersteigens und der Erweiterung gekennzeichnet. Der Prozeß der Befreiung ergibt zunächst einen „mittleren Zustand", dessen „ein Mensch solchen Schicksals später nicht ohne Rührung eingedenk ist..."[66]. Ihn überkommt ein „Gefühl von Vogel-Freiheit, Vogel-Umblick, Vogel-Übermut, etwas Drittes, in dem sich Neugierde und zarte Verachtung gebunden haben. ... Man lebt, nicht mehr in den Fesseln von Liebe und Haß, ohne Ja, ohne Nein, freiwillig nahe, freiwillig ferne, am liebsten entschlüpfend, ausweichend, fortflatternd, wieder weg, wieder empor fliegend; man ist verwöhnt wie Jeder, der einmal ein ungeheures Vielerlei unter sich gesehen hat, – und man ward zum Gegenstück Derer, welche sich um Dinge bekümmern, die sie nichts angehn. In der Tat, den freien Geist gehen nunmehr lauter Dinge an – und wie viele Dinge! –, welche ihn nicht mehr bekümmern..."[67] Auch dann, wenn der freie Geist noch einen Schritt weiter über die negative Freiheit des sich Entziehens hinausgegangen ist und sich endgültig zum Jasagen und zur An-nahme des vorher Entfremdeten entschlossen hat, behält er diesen Zug der Leichtigkeit bei: er hat den „Geist der Schwere" überwunden, in welchem Gesetz und Unterwerfung unter das Gesetz, Zwang, Nötigung maßgebend sind. Der „leichte" Sinn in der Freiheit bedeutet nicht nur, daß die Last der Tradition über Bord geworfen worden ist, sondern auch Souveränität im verfügenden Umgang mit Weltperspektiven.

Nietzsche vermißt die für die Freiheit unablässige Leichtigkeit und Zwanglosigkeit bei der idealistischen Theorie des „freien" Willens. Er wirft ihr vor, sie erkaufe die Freiheit des als intellektuell interpretierten Willens durch Zwang und Unterdrückung der Affekte, Leidenschaften, der Sinnlichkeit des Leibes. Dagegen ist es darum zu tun, die Freiheit als Entfaltungsmöglichkeit der Notwendigkeit des leiblichen „Ich bin" zu begreifen. Notwendigkeit in wahrer Bedeutung ist nicht mit Zwang zu verwechseln. Zwang aber und Unterdrückung finden sich im Gefolge der idealistischen Theorie des „freien Willens", sofern diesem zugemutet wird, sich einem Gesetz zu unterwerfen und ein „Sollen" zu

---

[66] ibidem S. 9.
[67] ibidem.

erfüllen, dessen Verfehlung schlechtes Gewissen, Bestrafung, Verachtung zur Folge haben muß. Höher als ,,du-sollst" steht ,,ich will", und höher als dieses wieder: ,,ich bin". Der ,,Irrtum" vom freien Willen gehört in die ,,Psychologie alles Verantwortlichmachens". Darin verrät sich der Wille der Theologen zur Macht. Wo Verantwortlichkeiten gesucht werden, pflegt es der Instinkt des Strafen- und Richtenwollens zu sein, der hier sucht. Nicht das unbefangene und unschuldige ,,Sein" in seiner inneren Notwendigkeit wird dem Handeln zugrunde gelegt, sondern der bewußte Wille des ego cogitans, dem das Sollen gegenübergestellt wird, das er erfüllen oder verfehlen kann. So wird das Werden seiner Unschuld entkleidet. Die Lehre vom freien Willen ist zum Zwecke der Strafe, d.h. ,,des Schuldigfindenwollens" erfunden. Die Absicht der Immoralisten aber geht dahin, die natürliche Unschuld des Werdens von ihrer Moralisierung zu befreien und die dem Programm der Moralisierung dienende Lehre vom freien Willen als Ausdruck des Willens zur Macht aufzudecken. Daß hieraus die Forderung einer Abschaffung unseres Strafrechts zu folgern ist, welches auf der Idee der Verantwortlichkeit und Schuldhaftigkeit aufgebaut ist, liegt auf der Hand. Daher gibt es keinen ,,freien" Willen wie in der Interpretation des Idealismus. Ebensowenig kann die ,,Unfreiheit" des Willens zugestanden werden, denn sie wäre ebenso wie dessen ,,Freiheit" unter der Voraussetzung eines ,,oben" und ,,unten", eines Dualismus von Bewußtsein und Sein zu behaupten, der nicht zugestanden werden kann. ,,Wollen das ist Befehlen: Befehlen aber ist ein bestimmter Affekt... gespannt, klar, ausschließlich Eins im Auge, ...; ,,Freiheit des Willens" ist das ,,Überlegenheitsgefühl des Befehlenden" in Hinsicht auf den Gehorchenden: ,ich bin frei und Jener muß gehorchen'. Nun sagt ihr: der Befehlende selbst muß ---"[68]. Man ist notwendig ein ,,Stück Verhängnis", man gehört zum Ganzen, es gibt nichts, was unser Sein richten, messen, vergleichen, verurteilen könnte, denn das hieße das Ganze richten, messen, vergleichen, verurteilen. Die wahre Freiheit bedeutet Erlösung von der Abhängigkeit moralischer Weltinstitutionen und die Wiederherstellung der Unschuld des Werdens.

Es sieht so aus, als ob die Herstellung der Unschuld des Werdens und die Befreiung von der moralischen Zwangsjacke selbst Ergebnis der Notwendigkeit wäre: wie kann Nietzsche dann noch überhaupt von Freiheit sprechen? Das ist nur möglich, wenn seine polemischen Aussagen gegen

---

[68] XIII, S. 264.

den „freien" Willen selbst als Argumente verstanden werden, die nicht absolute Gültigkeit beanspruchen dürfen, sondern die, wie alle philosophischen Aussagen und „Lehren", als Perspektiven zu handhaben sind, von denen die „positive" Freiheit souverän Gebrauch macht. Der Denkende nimmt sich die Freiheit, die Notwendigkeit des leiblichen Seins, das er ist, als Gegenbild gegen dasjenige des „freien", verantwortlichen Willens zur Geltung zu bringen und auch darüber wieder herauszugehen. Er b r a u c h t dieses Gegenbild zu dem Zwecke, um mit seiner Hilfe die absolute Gültigkeit der idealistischen Freiheitslehre zu entkräften, deren angeblich absolute und feste Maßstäbe und Normen, an denen der Wille gemessen werden soll, zu relativieren, indem den Kategorien der Freiheitsphilosophie wie Zweck, Verantwortlichkeit, Sollen, Pflicht die Anerkennung als „Wahrheit" verweigert wird, was ihre reduzierte Bedeutung als bloße Werkzeuge eines Erkenntniswillens einschließt.

Der „Schaffende" bringt eine Weltperspektive und normative Rangordnung unter der Voraussetzung zur Geltung, sie nicht zur endgültigen Fessel des Denkens und Handelns werden zu lassen, sondern ihr nur im gegenwärtigen Augenblick der Geschichte des Menschen Macht und Herrschaft zu verschaffen. Das heißt: daß sich der Schaffende seine Freiheit dem Geschaffenen gegenüber vorbehält und die Rolle des Mächtig- und des Herrseins nicht an dieses abgibt. Er setzt die von ihm geschaffene Welt- und Wertperspektive ebensosehr in Geltung wie er sie zugleich auch als Wert erachtet, überwunden zu werden. Indem er sie schaffend in Geltung setzt, befreit er sich zugleich auch wieder von ihr und macht sich zu ihrem Meister. Das gilt auch von Nietzsches eigener „Lehre", mit der er nicht beansprucht, „Schule" zu machen. Nicht der Lehrgehalt macht den Denkenden, sondern umgekehrt dieser nimmt die „Lehre" in Gebrauch und bedient sich ihrer je nach dem Bedürfnis, welches dem Charakter seines Seins entspricht.

Daran wird sichtbar, daß Nietzsche die Gefährdung für die Freiheit nicht in der Natur, dem Leibe, den Leidenschaften und Trieben oder auch „der" Vernunft oder Gott sieht, sondern im Absolutheitsanspruch des „Glaubens" an Gott, an die Natur, an die Materie, an die Wissenschaft, an die Moral, an die Vernunft. Die Radikalität der von Nietzsche gemeinten Freiheit erreicht ihre Spitze in der Distanzierung auch von dem Glauben an die Mächte, die er selbst im Gegenzug gegen die idealistische Philosophie in Geltung setzen will: an Leib, Erde, Notwendigkeit, an die ewige Wiederkunft und an das dionysische Prinzip.

Das gegenwärtig Gegebene ist als Fertiges eine Herausforderung für die Freiheit, darüber hinauszugehen: solch ein Gegebenes ist ein Glaube, den ich in einer Gegenwart vertrete. Aber ist ein Vergangenes schon dadurch überwunden, daß es nicht mehr Gegenwart ist? Ist es nicht gerade deshalb eine Fessel, die der Freiheit Abbruch tut? In der Tat stellt sich der Freiheit das ,,Es war" entgegen: als das Unabänderliche, der freien Verfügung Unzugängliche. Der Wille befreit, aber auch der Befreier ist noch durch das ,,Es war" gebunden. ,,Wille – so heißt der Befreier und Freudebringer: also lehrte ich euch, meine Freunde! Aber nun lernt dieses hinzu: Der Wille selber ist noch ein Gefangener." Er ist gefangen in der Vergangenheit, deren Ergebnis seine eigene Verfassung ist. ,,,Es war': also heißt des Willens Zähneknirschen und einsamste Trübsal. Ohnmächtig gegen Das, was getan ist – ist er allem Vergangenen ein böser Zuschauer.

Nicht zurück kann der Wille wollen; daß er die Zeit nicht brechen kann und der Zeit Begierde, – das ist des Willens einsamste Trübsal." Chronos verschlingt seine eigenen Kinder: die Begierde der Zeit verwandelt jede Gegenwart in eine Vergangenheit[69]. Der Wille ist ein Gefangener der Vergangenheit: nicht nur deshalb, weil er sie nicht verändern kann, sondern vor allem aus dem Grunde, weil: ,,Es war" immer eine die Gegenwart bestimmende Vergangenheit ist. Nicht die vergangenen Fakten, sondern die vergangenen Interpretationen sind es, die den Willen gefangen nehmen, weil er ihr Enkel ist und durch sie geprägt wurde. Das Vergangene in der Form der tradierten Auslegungen ist die Fessel und die Last, mit welcher der Wille fertig zu werden hat, indem er sich in den drei Verwandlungen des Geistes erst von ihnen lossagt und sie dann in un-verwandelter Form neu rechtfertigt.

,,Wollen befreit: was ersinnt sich das Wollen selber, daß es los seiner Trübsal werde und seines Kerkers spotte?

Ach, ein Narr wird jeder Gefangene! Närrisch erlöst sich auch der gefangene Wille."[70]

Der Wille erfindet ,,närrische" Formen der Rache dafür, daß er sich als Resultat einer Tradition erkennen muß. Zu den Formen der Rache an der Vergangenheit gehört die Erfindung der Erbsünde, für welche eine Erlösung durch Gott vorgesehen ist. Eine andere Form läßt das Dasein selbst Strafe für etwas sein, was angeblich vor ihm geschehen ist. Nach

---

[69] Z. Von der Erlösung (VI, S. 202).
[70] ibidem.

dieser Form der Rache muß sich Tat und Schuld immer wiederholen. Die Rache, mit der die Freiheit die Fesseln der Vergangenheit loswerden und sich er-lösen will, nimmt die Form der Daseinsverneinung an: Ressentiment und Rachedenken führen zum Pessimismus. Die Vergangenheit wird verdammt bzw. als unseliges „Es war" interpretiert. Auf diesem Boden wird das Programm der Befreiung im Sinne der „Er--lösung" spruchreif, dem Nietzsche einen anderen Sinn geben will als er sich vom Standpunkt des Ressentiments, der Rache am Dasein aus ergibt. Der Rechenfehler dessen, der durch Rache seine Freiheit gegenüber der Vergangenheit gewinnen will, besteht darin, daß er mit der Absage an das Dasein das Erstrebte endgültig verliert. Denn er muß sich in Abhängigkeit von einer jenseitigen Macht setzen, die ihn zu erlösen vermag. „Erlösung" kann nur dann Befreiung bedeuten, wenn sie im Zuge einer Aufwertung des Lebens und seiner Möglichkeiten geschieht, durch „Schaffen" dem Dasein selbst einen „Sinn" zu geben. Das geschieht unter der Voraussetzung einer Entscheidung für das „Leben" und einem Stand-nehmen auf dessen Boden. Der Weg dazu führt über die „große Loslösung" und über die Kritik des Vergangenen auch im Sinne der Rechtfertigung. Kritik des Vergangenen verbindet sich mit „Erklärung" des sinn-notwendigen Zusammenhanges zwischen dem über-holten Sein und seiner notwendigen Weltauslegung.

Zum „Leben" gehört die Entfaltung der „Vernunft" des Leibes und seiner Geschichte interner Machtveränderung, die auch im Einklang mit der Vernunft der Erde steht. Von diesem Stand aus ist es dem Denken möglich, einen philosophischen Entwurf von der Geschichte jedes individuellen Lebens wie auch des Lebens im Ganzen im Rahmen einer dazugehörigen Welt zu leisten, aus deren Zusammenhang die einzelnen „Fakten" gedeutet und von ihrer Zufälligkeit erlöst werden können. Nietzsche macht den Versuch mit dem Gedanken der ewigen Wiederkehr: deren Anerkennung erweist sich als sinn-notwendig für den jasagenden Willen. „Und das ist all mein Dichten und Trachten, daß ich in eins dichte und zusammentrage, was Bruchstück ist und Rätsel und krauser Zufall."

Die Geschichte des Lebens, der Natur und des Menschen im Ganzen als zusammenhängenden Prozeß des Schaffens und Verwerfens zu deuten, bedeutet „Erlösung" von der Vergänglichkeit und Einzelheit der Ereignisse. Erlösung und Verewigung des Augenblicks durch seine Einfügung in die Geschichte des Kosmos sind ein und dasselbe. Von altersher gehört zum Programm einer Philosophie der Erlösung auch dasjenige der Rechtfertigung. Die geschichtlichen Fakten werden dadurch gerechtfertigt, daß ihre bloße Faktizität in Notwendigkeit verwandelt, also verewigt wird. Ein vergängliches Faktum, das in die Perspektive einer Geschichte im Ganzen gerückt wird, verliert seinen ephemeren Charakter: die Ewigkeit im Augenblick wird sichtbar.

Das Konzept der ,,Vernunft''-philosophie muß darauf bestehen, daß die für die Erlösung der Faktizität beanspruchte ,,Notwendigkeit'' keine ,,blinde'' ist, sondern als Vernunftzusammenhang begreifbar sein muß. Die Aufgabe der Verwandlung des zufällig Faktischen in einen vernünftigen Zusammenhang wird in der Tradition der Vernunftphilosophie durch geschichtsphilosophische Entwürfe erfüllt, die sich auf eine den weltgeschichtlichen Prozeß im Ganzen leitende und ihn beherrschende Vernunft berufen, welche die Aufgabe der Durchdringung des Einzelnen und Zufälligen mit vernünftiger Notwendigkeit zu erfüllen hat. Dabei ist das Motiv bestimmend, auch die Irrwege der Geschichte im Hinblick darauf zu rechtfertigen, daß sie zum Ganzen der Weltgeschichte gehören, welches die Perspektive abgibt, in der Wirrnisse als sinnvoll begriffen werden können, die dann ,,grauser Zufall'' zu sein scheinen, wenn man sie im einzelnen betrachtet. In diesem Zusammenhang der Rechtfertigung und ,,Erlösung'' des Faktischen ist auch die geschichtsphilosophische Idee des Fortschritts zu verstehen.

Die auch in den gesellschaftsphilosophischen Vertragstheorien gebrauchte Denkfigur beginnt mit einem Nullpunkt der Geschichte, einem Anfangspunkt, von dem aus schrittweise der geschichtliche Prozeß von den ,,Anfängen'' bis zur Gegenwart rekonstruiert wird. Dieser Anfang wird als Naturstand bezeichnet. Die Nach-konstruktion der Geschichte an einem ,,Leitfaden'' (Kant), durch welche diese zugleich als ,,vernünftig'' gerechtfertigt wird, macht sich in der Weise von der ,,Tradition'' frei, daß sie deren unkontrollierte Einwirkungen auf das gegenwärtige Denken, die Vor-urteile, abbaut, um methodisch schrittweise ein neues Gebäude zu errichten.

Aber Nietzsche sieht keinen Sinn darin, die Geschichte nach dem Programm der Aufklärung auf vernünftige Weise nachzukonstruieren. Er versteht sich selbst nicht nur als Neu-anfangenden, sondern zugleich als in der Tradition stehend. Er will sich auf andere, radikalere Weise seine Stellung der Freiheit der Tradition gegenüber geben als es durch ,,vernünftige'' Rekonstruktion der Geschichte geschieht.

Freiheit soll, das ist der Gedanke, durch das Programm des ,,Schaffens'' gewonnen werden. Schaffen: das bedeutet den Entwurf und die

Beschreibung der ,,Welt", welche die ,,Existenzbedingung" eines bestimmt gearteten Seins ausmacht. Auch die von der ,,Vernunft" diktierte Geschichtsphilosophie ist Ergebnis eines schaffenden Entwurfes. Aber Nietzsche betätigt sich nicht nur als Schaffender, sondern macht aus dem Schaffen ein Programm, dessen Haupt-punkt man so formulieren kann: kein durch eine Interpretation festgestellter ,,Sinn" des Daseins ist als ,,Wahrheit" anzunehmen. Eine Weltinterpretation ist höchstens glaubhaft, sofern sie als bedeutsam für eine jeweilige Gegenwart erkannt wurde: dabei ist einzuräumen, daß eine andere Gegenwart über sie hinauszugehen hat. Jede Gegenwart hat durch Experiment ihre Weltperspektive zu finden, die Ergebnis eines schaffenden Entwurfs ist. Das Programm des Schaffens fordert ein immerwährendes Überschreiten je einer ,,gegebenen", einmal geschaffenen Sinngebung. Es fordert die Herrschaft des Menschen über seine eigenen Weltentwürfe und Normierungen.

Dem Programm des Schaffens ist nur eine Verfassung der Freiheit des Denkens und Willens gewachsen, die den ,,Sinn" des Seins nicht von einer überzeitlichen Instanz her erwartet, die es dem Menschen nicht freistellt, über das von ihr gemachte Sinn-angebot hinauszugehen: vielmehr will dieses ,,freie" Denken selbst die immerwährend fließende Quelle des Sinnes und der Sinngebung sein. Charakteristisch ist, daß Zarathustra erst in der Geschichte einer Verwandlung zu diesem Stande der Erkenntnis gelangt. Er ist in einer Entwicklung begriffen, in welcher er zunächst dem Geist der Rache abschwört und die Freiheit gegenüber dem ,,Es war" in der Verpflichtung auf das Programm des Schaffens und des schaffenden Willens begründet. Das schaffende Denken entwirft eine Weltperspektive, in welcher sich zugleich die Gesinnung des Schaffens bestätigt. Es erlöst, rechtfertigt und verewigt die geschichtlichen Ereignisse dadurch, daß es den ihm innewohnenden Willen erklären läßt: ,,Aber so will ich es! So werde ich's wollen!"[71] Es interpretiert sie als von ihm selbst gewollt und macht sich dadurch zum Herrn über sie, der sie ,,schaffend" in der Hand hat. Die Logik dieses gedanklichen Handelns führt unaufhaltsam zu dem Ergebnis: Mit dem Gedanken des Gewolltseins der Geschichte durch mich mache ich endgültigen Ernst und ich ,,glaube" an ihn erst dann, wenn ich zugleich den der ewigen Wiederkehr des Vergangenen, Gegenwärtigen und Künftigen annehme. Erst dann wird dieser Gedanke der Freiheit wirkungskräftig

---

[71] Z. Von der Erlösung (ibidem S. 204).

für mich, wenn ich mein Denken und Tun unter die Perspektive der ewigen Wiederkehr stelle.

Der Wille befreit sich von der Vergangenheit dadurch, daß er sie nicht vernünftig nachkonstruiert, sondern sie als seiner Gegenwart, die sich unendlich wiederholt, immer aufs Neue vorhergehend interpretiert. Er vollzieht seine Freiheit durch freie An-nahme der Vergangenheit. Um zu dem Stande der liebenden Annahme des Geschehen zu gelangen, muß der Denkende durch Phasen der Befreiung, der Kritik am Vergangenen, der Rechtfertigung des Vergangenen zur Erklärung der in ihr wirkenden Sinn-notwendigkeit gegangen sein. Dabei wird er auch über die bloß n e g a t i v e Kritik hinausgehen müssen, um das Ganze des Weltgeschehens annehmen zu können. Diese Annahme ist zugleich liebende Hingabe: sie interpretiert das geschichtliche Geschehen nicht nur als Weg zu einem Ziel, sondern sieht in jedem Augenblick das Ganze: so ist jeder Augenblick Ziel und Anfang der Geschichte im Ganzen. Freiheit bedeutet das Vermögen, die „Ewigkeit" im Augenblick zu erkennen und somit das Vergangene und auch Zukünftige im Augenblick durch die Idee der ewigen Wiederkehr zu vergegenwärtigen. „Wurde der Wille sich selber schon Erlöser und Freudebringer? Verlernte er den Geist der Rache und alles Zähneknirschen?

Und wer lehrte ihn Versöhnung mit der Zeit, und Höheres, als alle Versöhnung ist?

Höheres als alle Versöhnung muß der Wille wollen, welcher der Wille zur Macht ist –: doch wie geschieht ihm das? Wer lehrte ihn auch noch das Zurückwollen?"

Die Antwort lautet: Ich rette meine Freiheit gegenüber der Vergangenheit dadurch, daß ich sie im Rahmen einer ewigen Wiederkehr alles Gleichen immer wieder will. Durch diesen Willen gibt der Denkende seinem Sein eine Verfassung, in welcher er über die Vergangenheit dadurch Freiheit gewinnt, daß er sie als seine Gegenwart und Zukunft – genauer noch: als die von ihm durch schaffendes Interpretieren beherrschte Zeit interpretiert. Er tritt die Herrschaft über die Geschichte an, indem er sie als immer wiederkehrend interpretiert. So vergegenwärtigt er die Ewigkeit im Augenblick und nimmt sie in Besitz. Dieser „Besitz" wird als Ergebnis einer Geschichte der Erfahrungen des weltinterpretierenden Denkens verstanden. Derjenige Denk-typus, der sich zum Sachwalter und Wortführer des Sinn-schaffens macht, wird nicht eine vernunftdurchdrungene Welt und ihre Geschichte behaupten: denn sie ließe seiner Freiheit zum Sinnschaffen keinen Raum. Auch deutet er die Geschichte nicht als Entwicklung zu einem Ziel hin: denn dann wäre nicht jeder Augenblick Vergegenwärtigung und Anwesenheit des Ganzen und zugleich „Ewigen", dessen „Besitz" allein Souveränität, Über--legenheit und daher Freiheit im Sinne des „Über-dem-Gegebenen-Stehens" möglich macht. Daher wählt er die Perspektive der ewigen Wiederkehr, weil sie seine Bereitschaft rechtfertigt, die Aufgabe der immer neuen Sinngebung allein auf sich zu nehmen, statt einen fertig gelieferten Sinn von der Tradition zu übernehmen. Der Wille nimmt die „Schuld" für das auf sich, was geschieht und geschehen ist und geschehen wird: so nimmt er der Frage der Theodizee von vornherein schon den Boden[72]. Welchen Schritt mußte Zarathustra tun, um sich dem Gedanken der ewigen Wiederkehr als gewachsen zu zeigen und um den Stand zu erreichen, der dieses Gedankens bedarf? Er mußte sich in denjenigen „Charakter" des Denkens verwandeln, der die Vergangenheit als eine Aufeinanderfolge von Weltdeutungen interpretiert und über diese dadurch souveräne Herrschaft ausübt, daß er sich von ihnen nicht nur distanziert, sondern sie aus der Distanz heraus bejaht und ihre immerwährende Wiederkehr sogar will. Der nun erreichte Stand der reifen Freiheit macht nicht nur von einer Weltperspektive unter anderen Gebrauch, sondern er ist insofern die Perspektive aller Perspektiven, als er Weite und Kraft des Umfassens genug zeigt, um sie bejahen zu können: d. h. jetzt hat Zarathustra den Stand des dionysischen Denkens erreicht.

Die weiteren Überlegungen werden das Thema: Perspektive in den Mittelpunkt des Blickfeldes stellen. Vorher aber mag die Aufmerksamkeit auf ein Modell gelenkt werden, dessen Gebrauch bei Nietzsche bisher erwähnt wurde, ohne daß die Art der Verwendung und der Stellenwert, den es in Nietzsches Denken einnimmt, ausführlicher erörtert worden wäre. Das soll jetzt nachgeholt werden: es handelt sich um den monadologischen Gedanken.

5. Die Bedeutung des monadologischen Gedankens für Nietzsche[73]

Kritik der philosophischen Sprache und das Ich-tun

Nietzsche kann in die Tradition der deutschen Denker eingereiht werden, die wie Goethe, Lessing, Jacobi, Herder, Schelling, Hegel u. a. eine

---
[72] vgl. XVI, S. 409 u. XIV, S. 219.
[73] Verwiesen wird auf eine ausführliche Behandlung des Themas in meinem Aufsatz: Nietzsche und der monadologische Gedanke. In: Nietzsche-Studien 8 (1979), S. 127–156.

Vermittlung zwischen Spinozas Prinzip der Natura naturans und ihrer „Notwendigkeit" einerseits und dem der individuellen Selbständigkeit und Freiheit andererseits, für die Leibniz Wortführer ist, angestrebt haben. Den Denkern dieser Tradition geht es darum, die Einseitigkeiten der beiden verschiedenen Standpunkte zu überwinden und eine Philosophie zu entwerfen, in welcher der Anspruch der Natura naturans und ihrer Notwendigkeit mit demjenigen der individuellen Freiheit, der Autonomie vermittelt wird. Spinozas Radikalismus, der dem Unendlichen eine solche Übermacht erteilt, daß das Endliche, Besondere, Individuelle und Welthafte ganz darin aufgesogen wird, ist ebenso wie die den Leibnizschen Individualitätsgedanken in Richtung absoluter Autonomie vereinseitigende Freiheitsphilosophie etwa Fichtes zu überwinden.

Nietzsches Huldigung des spinozistischen amor fati und der Notwendigkeit wurde zur Sprache gebracht. Aber auch Leibnizsche Prinzipien wie dasjenige des unendlichen Reichtums der Welt, der rationalen Unausschöpflichkeit des Individuellen, des point-de-vue-Prinzips (Perspektivismus) dürfen nicht übersehen werden. Vor allem mag hier auch auf die zentrale Bedeutung des monadologischen Gedankens in Nietzsches Philosophe hingewiesen werden.

Folgender Zug des Leibnizschen Monadenmodells macht es für den Gebrauch bei Nietzsche geeignet: die Möglichkeit, den Aufbau des individuellen Seins im Sinne eines Herrschaftsgebildes, bestehend aus vielen individuellen Einheiten, darzustellen, die zueinander in einem Gefälle von geringerer oder größerer Kraftwirkung stehen. Dieses Gefälle ist graduell abgestuft, und die Übergänge sind kontinuierlich. Ein weiterer Zug des Leibnizschen Modells ist Nietzsche-adäquat: Im Sinne gradueller Abstufung von Krafteinheiten ist auch das Verhältnis von „Leib" und „Geist" bzw. „Bewußtsein" zu fassen: der Geist-Leib--Dualismus ist dadurch überwunden. Weiterhin liegt für Nietzsche der Gebrauch dieses Modells deshalb nahe, weil die graduell abgestuften Einheiten, von denen jede ein Ganzes ausmacht, nicht materiell und mechanistisch, sondern als Repräsentanten eines point de vue zu verstehen sind. Ihre „Kraft" besteht darin, eine Perspektive zu repräsentieren, die sich von der anderen graduell durch größere oder geringere „Kraft" des Erfassens, Herrschens, Begreifens, Umfassens und Entscheidens unterscheidet. Schließlich ist für Nietzsche an der Monadologie noch der Zug maßgebend, den sie einem aus Monaden als perspektivischen Einheiten bestehenden Ganzen erteilt: dieses ist ein Herrschafts-

Der monadologische Gedanke

gebilde mit einer Geschichte, in deren Entwicklung immerwährende Umstellungen, Herrschaftsveränderungen und Metamorphosen von Welt-perspektiven erfolgen. Nietzsche macht von dem Gedanken auf der ganzen Linie Gebrauch, daß philosophische Namen wie „Leib", „Wille" und andere nicht feste Substanzen bezeichnen, sondern je einen Zustand eines Ganzen und des Verhältnisses zwischen seinen Krafteinheiten, von denen jede eine Weltperspektive repräsentiert.

Folgender Satz Nietzsches könnte als treffende Charakterisierung des Leibnizschen Monadenkonzepts angesehen werden: „Die Natur ist nach innen ebenso unendlich als nach außen: wir gelangen jetzt bis zur Zelle und zu den Teilen der Zelle: aber es gibt gar keine Grenze, wo man sagen könnte, hier ist der letzte Punkt nach innen, das Werden hört bis ins unendlich Kleine nie auf. Aber auch im Größten gibt es nichts absolut Unveränderliches."[74] Bedeutsam ist die Wendung, in der Nietzsche diesen Gedanken zurückbiegt zu einer Andeutung der ewigen Wiederkehr, die ihrerseits dem Gedankenkonzept der Notwendigkeit angehört: „Unsere irdische Welt muß aus zwingenden Gründen einmal zugrunde gehen..."[75] Nietzsche gibt die Meinung von Leibniz wieder, der die Monade als Prozeß, nicht als fixes ausgedehntes Gebilde versteht[76]. Nur ist zu betonen, daß er die Monadologie niemals als „Wahrheit" anerkennen wird, sondern in ihr nur eine brauchbare Perspektive philosophischen Denkens sieht.

---

[74] XIX, S. 176.

[75] Hier soll die wichtige Frage nur erwähnt, aber nicht beantwortet werden, auf welchem Wege die Kenntnis des monadologischen Modells zu Nietzsche gelangt ist. Man könnte an Kuno Fischer als Mittelsmann denken. Oder hat Nietzsche als Liebhaber der französischen Sprache Leibniz im Original gelesen? Die Berufung auf den Terminus: „Zelle" in dem erwähnten Zitat weist natürlich auf einen anderen Verbindungsweg hin, der durch das Gebiet der Naturwissenschaft führt, die in der zweiten Hälfte des 19. Jahrhunderts in Physik und Biologie vom monadologischen Modell Gebrauch gemacht hat. Vgl. hierzu Emil Dubois-Reymond: Leibnizsche Gedanken in der neueren Naturwissenschaft, Berlin 1870 (aus dem Monatsbericht der Preußischen Akademie der Wissenschaften vom November 1870, S. 843). Dubois-Reymond erwähnt Buffon, der glaubte, in den Spermatozoen unzerstörbare organische Teilchen von monadologischer Art erkennen zu können. C. A. Siegmund Schulze hat die Vorstellung der Brownschen Bewegung in Verbindung mit der Leibnizschen Monadologie gebracht. Auch der bei H. Schwann aufkommende Begriff der Zelle wurde bewußt in einen Zusammenhang mit der Leibnizschen Monade gebracht. Vor allem hat Johannes Müller in seinem Handbuch der Physiologie, Koblenz 1840, Bd. 2, S. 555, unter Hinweis auf die Leibniz/Herbartsche Monadologie für die Zellen den Namen „organische Monaden" vorgeschlagen. Ebenso hat Jakob Henle bei seiner ersten theoretischen Darstellung der Zellenlehre in der allgemeinen Anatomie, Leipzig 1841, S. 127, den Namen „organische Monaden" übernommen.

[76] Vgl. meine Abhandlung: Die Metaphysik des Raumes bei Leibniz und Kant, Köln 1960.

Aufmerksamkeit erregt die Verwandtschaft zwischen Nietzsches Begriff der „Kraft" und demjenigen, der sich bei Leibniz findet. In philosophischer Bedeutung versteht Leibniz darunter das Vermögen eines Klarheits- und Deutlichkeitsgrades der Monade, perzipierend einen Reichtum von Inhalten zusammenzufassen und zu überschauen. Nietzsches Überlegung zur „Intelligenz" des Leibes, welche Aufgabe einer Koordination unzähliger Aktionsbeziehungen übernimmt, zeigt in diese Richtung. Er bestimmt die Bedeutung des Wortes Kraft[77] als die Fähigkeit des Ertragens maximaler Spannungen und des Einigens weitgespannter Horizonte. Er denkt dabei vor allem an den Rhythmus des Denkens zwischen den Polen der Konzentration und der Ausdehnung. Diese Polarität wird auch in der Gestalt wichtig, in der auf der einen Seite die Entscheidung für eine charakteristische, individuelle Perspektive der Weltauslegung und des Handelns steht, während es auf der anderen Seite auf Ausweitung und Einholung „fremder" Welt- und Wertinterpretationen ankommt. Unter Kraft ist dann das Vermögen zu verstehen, das der Devise genügt: „... Alles auf seine Seele nehmen, Ältestes, Neuestes, Verluste, Hoffnungen, Eroberungen, Siege der Menschheit; dies Alles endlich in Einer Seele haben und in Ein Gefühl zusammendrängen..."[78] Bemerkenswert ist, daß Nietzsche an dieser Stelle in einem Atem Kraft, Macht und Liebe nennt. Er hat auch einen Widerstreit zwischen den Kraft-formen der Konzentration und der Ausweitung, der Abstoßung und der Anziehung im Auge.

Die von Leibniz und Kant propagierte dynamische Theorie der Materie, nach welcher die körperlichen Gestalten das Zusammenwirken der beiden miteinander widerstreitenden Kräfte der Anziehung und Konzentration einerseits und der Ausdehnung und Abstoßung andererseits zu erklären sind, ist Nietzsche gegenwärtig: er deutet diese Kräfte, wie auch Herder, nicht primär physikalisch, sondern als für das Sinnverhalten des Menschen bedeutsam vor allem in der Frage, wie weit das Individuum seinen Horizont auf ihm fremde Perspektiven ohne Gefährdung seiner entschiedenen und scharf gezeichneten Individualität ausdehnen kann. Die Erfindung des historischen Bewußtseins hat sich nicht nur als wertvoll, sondern auch als gefährlich für den modernen Menschen ausgewirkt, weil dieser nicht über die Kunst verfügt, die Mitte zwischen den Extremen der Verengung einerseits und der Ausweitung

---

[77] vgl. KGW. Abtlg. VII, Bd. 3, S. 262.
[78] F.W. (V, S. 259).

andererseits zu finden. Für die souveräne Ausübung dieser Kunst wäre eine richtige Selbsteinschätzung vorauszusetzen: ich muß wissen, wie groß meine Kraft der Durchdringung des Vielen, der reichen Erfahrungsgehalte der Geschichte mit der Einheit eines Denkcharakters ist, um den Horizont meines Bewußtseins gerade so eng und so weit ziehen zu können, daß ich über die Kraft verfüge, das aus der Vergangenheit in die Gegenwart Hereingeholte zu einer neuen Gestalt umzuschmelzen und die Profile individuellen Handelns und Entscheidens herzustellen. Es geht um die Kunst, das rechte Maß zwischen Erinnern und Vergessen zu finden[79]. Hier kommt die Tugend der „Gerechtigkeit" zum ersten Mal in den Blick. Kraft bewährt sich nach Nietzsche in der Zusammenfassung der umfänglichsten und reichsten Gehalte in eine originelle Charaktergestalt. Dem modernen Menschen sei das bisher noch nicht gelungen. Er wird von Nietzsche als der „vielfache Mensch, das interessanteste Chaos, das es vielleicht bisher gegeben hat", charakterisiert[80].

Von der Philosophie und der Alltagssprache gebrauchte Wörter wie Geist, Leib, Wille gelten für Nietzsche im Horizont des monadologischen Denkens nur als Namen für Zustände von Ganzheiten, die sich aus monadischen Kraftzentren verschiedener Abstufung bilden. Jedes dieser Kraftzentren hat seine „Aktionsart, seine Widerstandsart." Das heißt: es hat zugleich auch seine Perspektive, dergemäß es seine Umwelt deutet und behandelt. So ist jeder Augenblick in der Geschichte des Denkens und Handelns als Zustand zu deuten, in welchem eine die Vielheit der das Gesamtindividuum ausmachenden Weltperspektiven zusammenfassende und sie beherrschende Perspektive von einem je gegenwärtigen Bewußtsein als die maß-gebende gewählt wird. Das heißt: sie wird als geeignet erkannt, das Sinnbedürfnis dieses Bewußtseins zu erfüllen.

In diesem monadologischen Zusammenhang ergibt sich die Möglichkeit, noch einmal auf den Streit zwischen den Standpunkten der Natur und der Freiheit die Aufmerksamkeit zu lenken. Der Leib wird von Nietzsche als „ungeheure Vereinigung von lebenden Wesen" angesprochen[81]. Diese können nach dem bisherigen als Monaden im Sinne von Kraftzentren, deren jedes die Welt im Ganzen auf seine Weise perspektivisch auslegt und darstellt, aufgefaßt werden. Die „Vernunft" des Leibes stellt sich in der Hierarchie der an seinem Leben beteiligten

---

[79] vgl. auch die zweite Unzeitgemäße Betrachtung.
[80] W. z. M. Aph. 883 (XVI, S. 297).
[81] XIII, S. 247/48.

Kraftzentren und deren Perspektiven dar. Jedes einzelne dieser Zentren fördert, ohne es zu beabsichtigen, bei der Verfolgung seines engen Interesses das Leben des Ganzen. Diesen Bezug auf das Ganze stellt es zwar nicht auf der Stufe von Bewußtsein und freier Einsicht her, aber in der inferioren Weise eines elementaren Inneseins der Gesamtheit aller am Ganzen eines individuellen Organismus bestehenden Aktions- und Reaktionsbezüge.

Geht es darum, sich ein Bild vom Aufbau des bewußten Denkens und Wollens zu verschaffen, dann ist ein Blick auf die monadische Einheit in der Vielfalt der Kraftzentren zu werfen, deren System den Leib ausmacht. ,,Am Leitfaden des Leibes erkennen wir den Menschen als eine Vielheit belebter Wesen, welche, teils mit einander kämpfend, teils einander ein- und untergeordnet, in der Bejahung ihres Einzelwesens unwillkürlich auch das Ganze bejahen."[82] Auch die Vernunft des Leibes verfügt in dieser monadologischen Auslegung über ihre L i s t. Sie läßt die begrenzten Perspektiven der seine Ganzheit ausmachenden Kraftzentren gelten, weil jede der untergeordneten und auf einen engen Horizont beschränkten Perspektiven ,,unwillkürlich auch das Ganze bejaht": sie repräsentiert auf ihre Weise, die ihrer Stelle im Herrschaftsgebilde des Ganzen entspricht, dieses Ganze.

Die Bedeutung des ,,Ganzen" beschränkt sich aber nicht nur auf das System eines individuellen Ich-Leibes. Dieser vergegenwärtigt vielmehr seinerseits das Ganze der Welttotalität. Wie jede Teil-,,monade" des individuellen Leiborganismus dessen Ganzes ,,repräsentiert", so vergegenwärtigt dieser Leib selbst auch das Ganze der ,,Welt", an der er teilnimmt. Der Satz von Leibniz, daß eine Monade in einer ihrer Stellung in der Welthierarchie entsprechenden Weise in mehr oder weniger bewußter, klarer und deutlicher Gestalt die Welt im Ganzen repräsentiert, indem sie diese zugleich vor-stellt wie auch dar-stellt, ist in Erinnerung zu rufen. Weit ist auch der Abstand nicht, der zwischen dem von Leibniz behaupteten alten Gedanken der Entsprechung zwischen Mikrokosmos und Makrokosmos und der von Nietzsche betonten Idee besteht, derzufolge jeweils ein individuelles Ganzes in das System der Welt verflochten ist und es vergegenwärtigt.

Wille, Intelligenz usw. sind Namen für Zustände des Herrschaftsgebildes, welches sich als ,,Ich" bezeichnet: ,,Ich" ist selbst ein Name für ein Herrschaftverhältnis des Systems der Leibmonaden. Im Aus-

---

[82] ibidem S. 169.

gangspunkt vom Leibe gewinnen wir „die richtige Vorstellung von der Art unserer Subjekt-Einheit, nämlich als Regenten an der Spitze eines Gemeinwesens..."[83] Was Nietzsche als „Affekt" bezeichnet, kann als eines der Kraftquanten aufgefaßt werden, aus denen das Ich-Leibsystem besteht. Jeder Affekt ist selbst eine Vielheit von „Willen zur Macht", jeder mit „einer Vielheit von Ausdrucksmitteln und Formen"[84]. Er ist nicht nur blinder Trieb, sondern hat seine Portion Vernunft in sich und stellt in seiner Perspektive die Welt dar: er faßt sie auf und gibt ihr leiblichen „Ausdruck".

Ob es sich um Natur, menschliche Individualität oder Gesellschaft handelt, in jedem Fall behauptet Nietzsche den Aufbau solcher Einheit aus unendlich vielen Kraftzentren, entsprechend der Leibnizschen Darstellung im Paragraph 62 seiner Monadologie, derzufolge die Glieder des Organismus „wieder erfüllt" sind „von anderen Lebewesen, Pflanzen, Tieren, von denen jedes wiederum seine Entelechie oder seine beherrschende Seele hat." Die „große Vernunft", die Nietzsche im bewundernswerten simultanen Zusammenspiel der leiblichen Funktionen am Werke sieht, geht ebenso in jeden gegenwärtigen Bewußtseinsstand ein wie bei Leibniz die „petites perceptions", welche die unendlich reichen, vom klaren und distinkten Intellektualbewußtsein nicht ausschöpfbaren Bezüge jedes gegenwärtigen Zustandes in einer Bewußtseinsgegenwart zur unmerklichen Wirkung kommen lassen. Der von Leibniz immer wieder hervorgehobene Gedanke, daß alles mit allem in der Welt verbunden sei und jede Monade die Totalität der „andern" Monaden repräsentiere, begegnet auch in der Sprache Nietzsches wieder, etwa in der Aussage, daß jede Machtverschiebung des Organismus „an irgendeiner Stelle das ganze System bedingt."

Auch das Denken selbst und der Umgang mit „Vorstellungen" wird von Nietzsche in der Sprache der Monadologie und der Herrschaftsbeziehung zwischen elementaren Perspektiven beschrieben. Vorstellungen tragen einen Kampf um Herrschaft miteinander aus: „Nicht ein Kampf um Existenz wird zwischen den Vorstellungen und Wahrnehmungen gekämpft, sondern um Herrschaft: – vernichtet wird die überwundene Vorstellung nicht, nur zurückgedrängt oder subordiniert. Es gibt im Geistigen keine Vernichtung..."[85]

---

[83] W. z. M. Aph. 492 (XVI, S. 17).
[84] XIII, S. 70.
[85] W. z. M. Aph. 588 (XVI, S. 91).

Leibnizisch ist auch die Argumentation Nietzsches zum Thema: Gleichmachen, das in seiner Wissenschaftskritik ebenso wie in der Kritik an Gesellschaftstheorie und gesellschaftlicher Wirklichkeit eine wichtige Rolle spielt. Er kritisiert die Gleichheit vor dem Gesetz, den Gesellschaftsvertrag und die am „Gesetz" orientierte Rechtsprechung. Die Herrschaft des Gesetzesprinzips ist für ihn mit den Ansprüchen der Individualität nicht verträglich. Analog sieht er auch das für die Denkform der modernen Naturwissenschaft maßgebende Naturgesetz als Hinderung für die Auffassung der individuellen Gestalten und Wesen der Natur an. Leibniz hatte hier zwei Perspektiven unterschieden: als Physiker sei er Mechanist, als Metaphysiker erkenne er die individuellen Wesen der Natur an. Auch Nietzsche räumt dem abstrakten Prinzip der Naturgesetzlichkeit Geltung für den Willen zur Macht über die Natur ein: aber er fordert, daß diese Perspektive mit ihrer Einebnung der individuellen Unterschiede der Naturwesen nicht „Wahrheit" beanspruchen darf, sondern nur als brauchbar für Zwecke der Bemächtigung der Natur gelten darf: Berechenbarkeit, Gleichheit, Ähnlichkeit und Identität müssen als von uns für die Zwecke der Naturbemächtigung gewählte kategoriale Werkzeuge durchschaut werden[86]. Unter diesem Gesichtspunkt lenkt Nietzsche die Aufmerksamkeit auf die Mechanik, an der die Mathematisierung der Natur am deutlichsten sichtbar wird. Seine Kritik an ihrer Abstraktheit schließt wie jede echte Kritik Rechtfertigung und zugleich Begrenzung ein. Das kritische Zwielicht, welches er auf den Anspruch der Mechanik auf Weltauslegung fallen läßt, verrät den Leibnizianer.

„Von den Welt-Auslegungen, welche bisher versucht worden sind, scheint heutzutage die mechanistische siegreich im Vordergrund zu stehen. Ersichtlich hat sie das gute Gewissen auf ihrer Seite: und keine Wissenschaft glaubt bei sich selber an einen Fortschritt und Erfolg, es sei denn, wenn er mit Hilfe mechanistischer Prozeduren errungen ist. Jedermann kennt diese Prozeduren: man läßt die ‚Vernunft' und die ‚Zwecke', so gut es gehen will, aus dem Spiele, man zeigt, daß, bei gehöriger Zeitdauer, Alles aus Allem werden kann, man verbirgt ein schadenfrohes Schmunzeln nicht, wenn wieder einmal die ‚anscheinende Absichtlichkeit im Schicksale' einer Pflanze oder eines Eidotters auf Druck und Stoß zurückgeführt wird: kurz, man huldigt von ganzem

---

[86] vgl. X, S. 172; XII, S. 28 und viele entsprechende Erklärungen in W. z. M.

Herzen, wenn in einer so ernsten Angelegenheit ein scherzhafter Ausdruck erlaubt ist, dem Prinzip der größtmöglichen Dummheit."[87]

Schließlich mag auch einem Bedenken Ausdruck gegeben werden, welches immer bei einer Zuordnung der philosophischen Sprache Nietzsches zu „metaphysischen" Modellsprachen der Tradition wie derjenigen der Monadologie lebendig zu erhalten ist: es weist in die Richtung der Kritik, die Nietzsche am philosophischen Sprechen überhaupt übt. Sie wendet sich z. B. gegen den Gebrauch von Namen wie Ich, Seele, Geist, Sein und dergleichen. Er spricht z. B. davon, daß „Ich eine Mehrheit von personenartigen Kräften" sei, wobei er wieder die Monadologie anklingen läßt[88]. Hier entsteht der Schein einer Verdinglichung des Ich: in Wahrheit aber steht bei Nietzsche die Kritik an der metaphysischen Sprache der idealistischen Philosophie dahinter, welche das Ich-Bewußtsein dominieren läßt. Es geht hier um die Auslegung der Bedeutung des Ich, welche das Ich-tun meint. Nicht positivistische Ignoranz gegenüber dem Ich, sondern Abwehr der idealistischen Deutung des Ich spricht sich hier aus. „Einheit liegt nicht in dem bewußten Ich, sondern in der erhaltenden Klugheit des ganzen Organismus."[89] Die Rede von dem dominierenden Bewußtseins-Ich wird als „perspektivische Illusion" entlarvt[90]. Die idealistische Deutung wird selbst als Perspektive erkennbar, durch die uns eine fingierte Welt von Subjekt, Substanz, Vernunft usw. suggeriert wird: dabei wird der idealistischen Sprache und der von ihr gebrauchten Perspektive das Recht auf „Wahrheits"-anspruch abgesprochen: gleichwohl wird ihr eine notwendige Funktion zuerkannt: eine „ordnende, vereinfachende, fälschende, künstlich-trennende Macht ist in uns. ‚Wahrheit' ist Wille, Herr zu werden über das Vielerlei der Sensationen: – die Phänomene aufreihen auf bestimmte Kategorien"[91].

Nicht positivistische Ignoranz gegenüber dem Ich motiviert die Kritik Nietzsches am philosophischen Sprechen über das Ich: vielmehr ist es

---

[87] W.z.M. Aph. 618 (XVI, S. 103). Nietzsche hat den Gegensatz zwischen mechanistischer und dynamistischer Naturauslegung im Blick, der von Leibniz ab eine maßgebende Rolle spielt und besonders in Kants „Metaphysische Anfangsgründe der Naturwissenschaft" tiefgreifend diskutiert wird. Zur methodologischen Rivalität zwischen „Beschreibung" und „Erklären" vgl. meine „Philosophie der Beschreibung", Köln/Graz 1968, S. 52 ff.
[88] XI, S. 235.
[89] XIV, S. 36.
[90] W.z.M. Aph. 518 (XVI, S. 31).
[91] W.z.M. Aph. 517 (ibidem).

ihm darum zu tun, das „eigentliche" Ich, welches nicht objektiver Inhalt des philosophischen Sprechens, sondern ein Tun ist, zu vergegenwärtigen: diese Absicht verbindet ihn mit Kant und besonders Fichte. Er spricht von dem „fehlerhafte(n) Dogmatismus in Betreff des ‚ego': dasselbe als atomistisch genommen, in einem falschen Gegensatz zum ‚Nicht-Ich'; insgleichen aus dem Werden herausgelöst, als etwas Seiendes." Er geißelt die „falsche Versubstantialisierung des Ich...". Man habe es künstlich „losgelöst" und es zum „An-und-für--sich-Seienden" erklärt, wodurch man einen Wertgegensatz zu erhalten beabsichtigte, der „unwiderstehlich schien: das Einzelego und das ungeheure Nicht-Ich"[92]. Spricht der Philosoph vom Ich, so darf das nicht in der Bedeutung eines metaphysischen Redens „über" das Ich geschehen, wobei das moralische Interesse federführend wäre, sondern solches Reden muß Ausdruck eines Ich-tuns sein und sich als solches selbst begreifen. „Ich" sagst du und bist stolz auf dies Wort. Aber das Größere ist – woran du nicht glauben willst – dein Leib und deine große Vernunft: die sagt nicht Ich, aber tut Ich."[93].

Unter dieser Voraussetzung ist auch die Rede von der Monadologie Nietzsches in ein kritisches Licht zu rücken: ebenso Nietzsches eigene Aussagen vom Leib bzw. vom Ich als einem Herrschaftsgebilde. Alle solche Aussagen, in denen in einer Quasi-deskription Prädikate von „dem" Leib, „der" Seele, „der" Freiheit usw. ausgesagt werden, müssen in der Sprache des Tuns ausgelegt werden entsprechend der Devise des „Idealisten" Fichte, welcher dem Worte „Sein" die Bedeutung des „Seintuns" geben will.

Die Verfolgung der Wege, auf denen der monadologische Gedanke im Denken Nietzsches Eingang findet, hat zu einem Punkte geführt, an welchem sich aufs neue die Aufgabe meldet, die sich im letzten Abschnitt als dringlich erwies: es geht um die Frage des oft angesprochenen „Perspektivismus" Nietzsches.

---

[92] W. z. M. Aph. 786 (ibidem S. 217/18).
[93] Z. Von den Verächtern des Leibes (VII, S. 42). Nietzsche stimmt hier nicht nur der Kantischen Kritik im Paralogismusabschnitt der Kritik der reinen Vernunft zu, sondern er wendet sich zugleich gegen die Kantische Dominanz des transzendentalen „Ich denke".

II. Kapitel

DER PERSPEKTIVISCHE CHARAKTER DER WIRKLICHKEIT UND DIE METHODE DES PERSPEKTIVENGEBRAUCHS

1. Welt als perspektivische Interpretation

Zuerst mag an die „drei Verwandlungen des Geistes" im Zarathustra erinnert werden. Danach übernimmt der „tragsame Geist" in der Gestalt des „Kamels" Bildungsgüter, philosophische Weltperspektiven und Wertauffassungen, deren Anspruch er zunächst in seiner kulturellen Umwelt begegnet. Nachdem er einen Übergang in die Denkepoche des Löwe-seins vollzogen hat, wirft er die zunächst übernommenen Lasten ab: seine Devise ist nicht „Ich soll", sondern „Ich will". Die dritte Gestalt, die der Geist in seinen Verwandlungen erreicht, ist die des unbefangenen, unschuldigen Jasagens, zu dem das Programm des „Schaffens" gehört: es ist die Gestalt des „Ich bin".

In dieser „Geschichte", deren Merksteine durch die drei Verwandlungen des Geistes dargestellt werden, geht es dem Menschen darum, am Ende eine freie und reife Stellung gegenüber perspektivischen Weltinterpretationen der Tradition zu gewinnen. Setzt sich der Geist im Zustande des Kamels in Abhängigkeit von der tradierten Welt, die er übernimmt, so sucht er in der Gestalt des Löwen seine Freiheit: aber er erkauft diese mit dem Preis des Verlustes der „Welt", die immer eine perspektivisch interpretierte Welt ist. In seiner dritten Phase versteht er die Freiheit im positiven Sinne: er nimmt eine positive Stellung zu überlieferten Weltperspektiven ein und vermag seine Freiheit als Sein in einer Welt zu deuten, in welcher sein Denken und Handeln sich als sinn-voll verstehen kann. „Ja, zum Spiele des Schaffens meine Brüder, bedarf es eines heiligen Jasagens: seinen Willen will nun der Geist, seine Welt gewinnt sich der Weltverlorene." Das „Spiel des Schaffens" setzt Souveränität voraus, einen Stand der Freiheit, den der Werdende in seiner Geschichte erreicht hat. Er hat seine bisherige Welt „verloren", um nicht nur eine neue, ihm angemessenere zu gewinnen, sondern um jener gegenüber einen neuen Stand, den der Freiheit des Schaffens und Umschaffens zu behaupten. Welt wird von ihm als Ergebnis seines schaffenden Entwerfens verstanden, über welches er jederzeit auch wieder hinausgehen kann. Schaffen bedeutet die Erfindung einer Weltperspektive, in die das Seiende gerückt und für Denken und Handeln zurechtgelegt wird. Dabei geschieht zugleich eine Normierung und Bewertung des Seienden sowie auch des handelnden Umgangs mit ihm. Weltperspektive bedeutet zugleich Wertperspektive, die Wertmaßstäbe für Denken und Handeln setzt. So gibt sie auf die Frage nach dem „Sinn" unseres Handelns Auskunft. Es entspricht der Auffassung Nietzsches, wenn man in der Sprache seines scheinbaren Antipoden Kant den Menschen als Gesetzgeber seiner selbst und des Seienden erklärt. „Werte legte erst der Mensch in die Dinge, sich zu erhalten, – er schuf erst den Dingen Sinn, einen Menschen-Sinn! Darum nennt er sich ‚Mensch', das ist: der Schätzende.

Schätzen ist Schaffen: hört es, ihr Schaffenden! Schätzen selber ist aller geschätzten Dinge Schatz und Kleinod.

Durch das Schätzen erst gibt es Wert: und ohne das Schätzen wäre die Nuß des Daseins hohl. Hört es, ihr Schaffenden!

Wandel der Werte, – das ist Wandel der Schaffenden. Immer vernichtet, wer ein Schöpfer sein muß.

Schaffende waren erst Völker und spät erst Einzelne; wahrlich, der Einzelne selber ist noch die jüngste Schöpfung!"[1]

Eine Weltinterpretation, die das Seiende am Maßstab etwa des überzeitlichen, unvergänglichen Seins zu begreifen vorschlägt, deklariert dieses Sein als das allein Wertvolle und Maßgebende, sie macht von einer Perspektive Gebrauch, in der das Vergängliche, Innerzeitliche und damit auch das Leiblich-Irdische als verachtungswürdig bewertet wird. Wie im Hinblick auf solchen Idealismus, so wird für jeden: „ismus" gesagt werden müssen, daß er die Sprache eines Willen zu einem entsprechenden Maßstab für die Auslegung und Bewertung des Seienden spricht. Der Wille will in dieser Sprache und durch sie seine Weltperspektive mitteilen und überzeugend machen. „Alles Schaffen ist Mitteilen".[2] Der Wille zur Mitteilung will dadurch Macht gewinnen, daß er das Mitgeteilte überzeugend zu machen und ihm zur Anerkennung zu verhelfen vermag.

Wenn man fragt, welche Stellung der Schaffende seinen eigenen Produkten, den Weltperspektiven gegenüber einnimmt, so muß die Ant-

---

[1] Z. Von tausend und Einem Ziele (VI, S. 82). Dazu XII, S. 250: „Als Schaffender gehörst du zu den Freien, als Umsetzender bist du deren Sklave..."; ebenso XIV, S. 48.

[2] XII, S. 250. In diesem Zusammenhang ist an die Umkehrung dieser These bei Kant zu erinnern, daß apriorisches Aufbauen der Gegenständlichkeit des Gegenstandes erst die Voraussetzung für Kommunikation sei. Vgl. mein Buch: Das Prinzip Handlung in der Philosophie Kants. Berlin 1978.

wort lauten, daß er ihnen nicht „Wahrheit" zubilligt, an die er sich binden müßte. Vielmehr bedient er sich ihrer als Brauchbarkeiten, die ihm in seiner Gegenwart dadurch nützlich sind, daß sie ihm die Welt ver-schaffen, innerhalb deren er einen „Sinn" in der Verwirklichung seines Willens zu sehen vermag. Er behauptet den von ihm selbst entworfenen und gebrauchten Weltperspektiven gegenüber souveräne Verfügungsgewalt. In dem Augenblick, in dem sie sich als nicht mehr zeit--gemäß und der Verfassung seines Willens nicht mehr angemessen erweisen, ist er bereit, sie zu über-holen und sich von ihnen loszusagen. Dann ist der Augenblick gekommen, in welchem der Schaffende „über sich hinaus" schafft. Er nimmt Abschied von seinem bisherigen „Glauben", um sich in einer für ihn bedeutsameren Welt einzurichten[3]. Nietzsche sagt, daß Schaffende erst Völker und spät erst Einzelne waren und daß der Einzelne selber noch die jüngste Schöpfung sei. Damit spielt er auf die Geburt des neuzeitlichen „Subjekts" an, welches seinen Anspruch, in der Sprache Kants gesprochen, dadurch behauptet, daß es sich die Rolle des Selbstgesetzgebers und zugleich des Gesetzgebers der Natur überträgt. Er rückt die Natur in die Perspektive des Bestimmtseins durch das Subjekt. Was die gesetzgeberische Stellung der Natur gegenüber angeht, so bestimmt ihr das Subjekt eine „Verfassung", welche für die erkennbaren Gegenstände eine analoge Rolle spielt wie die grund-gesetzliche Verfassung für die möglichen Vorgänge in Staat und Gesellschaft.

Kant hat die philosophische Bedeutung der copernicanischen Wendung darin gesehen, daß sich das Subjekt in Freiheit Stand und Stellung gegenüber dem Seienden wählt. Damit wird zugleich auch dem Prinzip der Perspektive eine maßgebende Rolle übertragen, da sie jeweils die „Denkart" bestimmt, die dem freigewählten Stande eigentümlich ist. Copernicus habe es, so sagt Kant in der Vorrede zur Vernunftkritik, um des Zweckes einer guten Theorie über die Bewegungen der Himmelskörper willen „gewagt", sich von dem Zwang zu befreien, den die Natur dadurch auf uns ausübt, daß sie uns auf diese Erde hingestellt und uns einen Standpunkt aufgenötigt hat, von dem aus Ptolemäus die Bewegungen der Himmelskörper beschrieben hat. Die von Ptolomäus unbefangen von der Natur übernommene Perspektive der Weltbeschreibung ergab ein Bild, in welchem wir auf der Erde als einem

---

[3] Z. Vom Wege des Schaffenden (VI, S. 90): „Verbrennen mußt du dich wollen in deiner eigenen Flamme: wie wolltest du neu werden, wenn du nicht erst Asche geworden bist!" Ebenso XIV, S. 262: „Über uns hinaus schaffen! Das ist der Trieb der Zeugung...".

festen Ort im Weltall stehen und sich die von uns beobachteten und zu berechnenden Gestirne um diesen Punkt herum bewegen. Mit seinem „Wagnis" hat sich Copernicus von der Nötigung befreit, die von seiten der Natur auf das wissenschaftliche Bewußtsein einwirkt. Er hat von dem neugewonnen Freiheitsraum in der Weise Gebrauch gemacht, daß er seinen Stand der Beschreibung der Vorgänge im Kosmos selbst gewählt und sich dadurch eine seiner Freiheit angemessene P e r s p e k t i v e verschafft hat. Im Denken Kants stellt sich die neuzeitliche Subjektivität durch den Anspruch dar, den Stand der Freiheit in der Weise zu behaupten, daß sie ihre Erkenntniszwecke und die ihnen gemäßen Perspektiven selbständig und ohne Bevormundung von seiten der Natur auswählt. Das Subjekt nimmt den Stand möglicher Standpunkte und ihrer Perspektiven ein. Es übt freie Herrschaft über seine Perspektiven aus, von denen es im Hinblick auf jeweils gewählte Erkenntniszwecke Gebrauch macht. So behauptet es den Stand freier Standpunkt- und Perspektivenwahl und der Möglichkeit auch eines jeweiligen Überganges von einem Stande zu einem anderen.

Damit ist die Richtung angezeigt, in der Nietzsche weiterschreitend die Aufgaben und Möglichkeiten der menschlichen Subjektivität und ihres Anspruches auf freie Stand- und Perspektivenwahl begreift. Er macht sich klar, daß der Mensch erst in der Neuzeit ein Selbstbewußtsein seiner Rolle als eines schaffenden, gesetzgebenden Wesens gewonnen und dadurch eine neue Stufe in der Geschichte seiner Selbstverwirklichung erreicht hat. Hat sich das neuzeitliche Subjekt durch seinen Wortführer Kant als Gesetzgeber in theoretischer und praktischer Hinsicht erkannt und zugleich für neue Gesetzgebungen legitimiert, dann ist diese Situation durch die copernicanische Wendung erreicht worden. Das neuzeitliche Subjekt erkennt durch diese Wendung und in ihr, daß es bisher nach Maßgabe von Weltperspektiven gedacht und gehandelt hat, die ihm seine Natur suggeriert hat. Erst der vom neuzeitlichen Denken gewonnene Reflexionsstand ermöglicht es z. B. Kant, den Perspektivencharakter dieser Weltkonzepte zu durchschauen, sich dadurch vom Zwang des Gebrauchs dieser Perspektiven zu befreien und sich in den Stand zu setzen, je nach den eigenen freigewählten Handlungs- und Erkenntniszwecken Weltperspektiven „ein- und auszuhängen", wie es bei Nietzsche heißt. Der neuzeitliche Wille zur Macht hat es auf Naturbeherrschung abgesehen. Naturwissenschaft wird von ihm auf dem Fundament einer Welt aufgebaut, die von vornherein als System berechenbarer, vorhersagbarer, machbarer Gestalten und Ereignisse aufgefaßt wird. Das wird am Gebrauch solcher, für diese Welt charakteristischer Kategorien wie Kausalität, Identität, Substanz, Zahl, Funktion (im mathematischen Sinne) und Gesetz greifbar. Nietzsche faßt diese Kategorien nicht als naturhaft angeborene geistige Werkzeuge auf, sondern als Produkte und zugleich Organe des neuzeitlichen Willens zur Macht. Dessen Perspektive ist die der Beherrschung der Natur im Sinne der Möglichkeit, sie durch technische Verfügung den menschlichen Zwecken dienstbar zu machen.

Was die Stellung zur Natur angeht, so kommt nicht nur die Bedeutung von Macht in Frage, dergemäß es um die Erfolge in der Bezwingung und Unterwerfung der Natur geht, vielmehr ist, wie auf der ganzen Linie, auch hier der Gedanke des Machtbewußtseins bzw. des Gefühls des Sieger- und Herrseins maßgebend, welches ein Hochgefühl ist, das auch für den „ästhetischen Zustand" charakteristisch ist. Macht gewinnt in diesem Zusammenhang die Bedeutung des Über-legenheitsbewußtseins, des Gefühls einer Souveränität, welche auf Unterdrückung und Zwang verzichten kann: „Der große Mensch als Rival mit der großen Natur".[4] Der Mensch hat demzufolge dann erst Macht über die Natur gewonnen, wenn er auf ihre Fesselung in Naturwissenschaft und Technik verzichtet und sie wieder in Freiheit setzt. Diese Bedeutung von Macht in ihrer höchsten Form des Verzichtenkönnens auf Unterdrückung und Unterwerfung ist auch in andere Bereiche hinein zu verfolgen, in denen, wie etwa in der Politik, der Bezug zwischen Macht und Freiheit in Frage steht.

Um die Aufmerksamkeit wieder auf das Thema der Perspektive zurückzulenken: Nietzsche erweist sich insofern als Copernikaner, als er die richtige Wahl des Standpunktes und dessen Weltperspektive zum Thema seiner methodischen Reflexion macht. Zugleich ist es seine Devise, sich nicht in der Welt einer einmal gewählten Perspektive heimisch zu machen, sondern über einmal eingenommene Standpunkte und deren Perspektiven immer wieder hinauszugehen, um ihnen gegenüber Freiheit zu zeigen. Der Lebende bedarf einer seiner Gegenwartsperspektive entsprechenden Welt, um sich an den in ihr vergegenwärtigten Maßstäben auszurichten und in dieser Welt einzurichten. Er hat über nicht mehr bedeutsame und sinn-volle Perspektiven hinauszugehen. Der Wert, den wir in der Welt finden, ist durch unsere perspektivische Interpretation in sie hineingelegt. Wir sind auf den Gebrauch von Weltper-

---

[4] XIV, S. 301.

spektiven angewiesen: dürfen uns aber nicht unter deren Herrschaft begeben. Vielmehr ist souveräne Freiheit im Gebrauch und zugleich in der Überwindung von Perspektiven geboten, die jeweils immer nur in einer Gegenwart in der Geschichte unseres Lebens maßgebend sind. „Daß der Wert der Welt in unserer Interpretation liegt (– daß vielleicht irgendwo noch andere Interpretationen möglich sind, als bloß menschliche –), daß die bisherigen Interpretationen perspektivische Schätzungen sind, vermöge deren wir uns im Leben, d. h. im Willen zur Macht, zum Wachstum der Macht, erhalten, daß jede Erhöhung des Menschen die Überwindung engerer Interpretationen mit sich bringt, daß jede erreichte Verstärkung, Machterweiterung neue Perspektiven auftut und an neue Horizonte glauben heißt – das geht durch meine Schriften. Die Welt, die uns etwas angeht, ist falsch, d. h. ist kein Tatbestand, sondern eine Ausdichtung und Rundung über einer mageren Summe von Beobachtungen..."[5].

Auch in der Wissenschaftslehre vermag Nietzsche seine Auffassung von der Funktion einer die Welt auslegenden Perspektive zu verdeutlichen. So vertreten z. B. die Physiker den Glauben, die „Wahrheit" über die Welt liege im Atomismus. Diese Meinung verrate Unklarheit darüber, daß das Atom nur die Bedeutung eines Modells hat, das zu einer entsprechenden physikalischen Weltperspektive gehört. „Das Atom, das sie ansetzen, ist erschlossen nach der Logik jenes Bewußtseins-Perspektivismus, – ist somit auch selbst eine subjektive Fiktion."[6] Das von den Physikern gebrauchte „Welt-bild" sei nicht wesensverschieden von dem „subjektiven Weltbild", welches sich uns durch unsere Sinne in der Lebenspraxis ergibt. Nur arbeite das physikalische Bewußtsein mit „weitergedachten Sinnen", aber durchaus mit „unseren Sinnen." Nicht so sehr die Physik als Wissenschaft, sondern das Bewußtsein des Physikers als des Repräsentanten eines Programms des Willens zur Macht steht im Mittelpunkt der Wissenschaftskritik Nietzsches. Der Physiker reflektiert über den ihm eigentümlichen Willen selbst nicht und weiß daher nicht, daß er sich als „Kraftzentrum" verhält, welches seiner Welt die Strukturen der von ihm gewählten Perspektive aufprägt. Er hat sich nicht zum Bewußtsein gebracht, daß das von ihm gebrauchte Modell auf dem Boden eines „Perspektivismus" steht, „vermöge dessen jedes Kraftzentrum – und nicht nur der Mensch – von sich aus

---

[5] W. z. M. Aph. 616 (XVI, S. 100).
[6] vgl. W. z. M. Aph. 636 (ibidem S. 113/14).

die ganze übrige Welt konstruiert, d. h. an seiner Kraft mißt, betastet, gestaltet..." Er hat die perspektivensetzende Kraft in das „Wahrsein" einzurechnen vergessen, in der „Schulsprache geredet: das Subjektsein." Wenn der Physiker und Chemiker von der „Spezifität" z. B. der Gewichte spricht, so gibt er unbewußt zu, daß die Materie als System von spezifischen Blickpunkten und Perspektiven aufzufassen ist. Man könnte von einem Dogmatismus im Gebrauch von Weltperspektiven sprechen, den man in der Starrheit sehen könnte, mit der an einer Weltperspektive festgehalten wird. Sein Charakter ist der der unfreien Befangenheit dieser Perspektive gegenüber: er zeigt die Züge der Borniertheit, der Enge und Ausschließlichkeit. Jede Ideologie trägt als politisches Handlungskonzept diesen Charakter. Die positive Kehrseite der Enge und Begrenztheit zeigt sich darin, daß sie zugleich immer mit einem hohen Maß von Entscheidungskraft und der Fähigkeit der Durchsetzung verbunden ist.

Der zum Dogmatiker konträre Typus mag mit einem Terminus Nietzsches als der des „freien Geistes" bezeichnet werden: er zeigt Züge der Weite und des Reichtums. Er ist bereit, „Geschaffenes" immer wieder zu über-holen und vermag eine Höchstzahl von Lebensformen, Weltperspektiven und Wertordnungen zu vergegenwärtigen. Aber es ist ein Unterschied zwischen jenem zu machen, der sich nur als objektiver Zuschauer verhält und die Vielheit der Weltperspektiven in theoretischer Betrachtung nebeneinanderstellend vergleicht und jenem, der sich der einen oder der andern in souveräner und freier Herrschaft über sie je nach dem geschichtlichen Augenblick zu bedienen weiß, indem er sich für sie entscheidet. Dieser zweite Typus allein darf als gelungene Gestalt des Willens zur Macht gelten. Er vereinigt in sich ein Höchstmaß an Weite und Reichtum mit höchster Kraft der Gestaltung und Einigung sowie der Entscheidung.

Darüber wird später noch mehr zu sagen sein. Zunächst ist in einem folgenden Abschnitt die Physiognomie der Freiheit in der Verfügung über Weltperspektiven noch genauer zu zeichnen. Die freie souveräne Stellung den Perspektiven gegenüber wird als Devise einer geschichtlichen Entwicklung des Denkens darzustellen sein, in welcher der Denkende im Zuge einer immer neuen Selbstüberschreitung seine eigenen Standpunkte und Weltperspektiven überholt. Im Zusammenhang mit dem Gewinn immer höherer und souveränerer Standpunkte erreicht er höhere Grade der Freiheit, die zugleich auch eine zunehmende **Ausweitung** des Horizontes bedeuten. Diese Geschichte der Befreiung läßt zugleich das Konzept erkennen, welches Nietzsche im Hinblick auf die Pluralität möglicher und wirklicher Weltperspektiven behauptet.

2. Die Logik in der Geschichte der Befreiung und die Rangordnung der Perspektiven

Aufschlußreich ist die Aufforderung Nietzsches, die Souveränität und Herrschaft jeder Weltperspektive gegenüber dadurch zu dokumentieren, daß man den **Versuch** macht, ohne das bisher für wahr und gut Gehaltene zu leben und stattdessen demjenigen Geltung zu verschaffen, welches bisher der Verachtung preisgegeben war: der Unwahrheit, dem Bösen, dem Häßlichen. Dem entspricht die Aufforderung an die Erkennenden, ,,nicht undankbar gegen solche resolute Umkehrungen der gewohnten Perspektiven und Wertungen" zu sein, ,,mit denen der Geist allzulange scheinbar frevntlich und nutzlos gegen sich selbst gewütet hat: dergestalt einmal **anders sehen, anders-sehen-wollen** ist keine kleine Zucht und Vorbereitung des Intellekts zu seiner einstmaligen ,Objektivität', – letztere nicht als ,interesselose Anschauung' verstanden (als welche ein Unbegriff und Widersinn ist), sondern als das Vermögen, sein **Für und Wider in der Gewalt zu haben** und aus- und einzuhängen: so daß man sich gerade die **Verschiedenheit der Perspektiven** und der Affekt-Interpretationen für die Erkenntnis nutzbar zu machen weiß. Hüten wir uns nämlich, meine Herrn Philosophen, von nun an besser vor der gefährlichen alten Begriffs-Fabelei, welche ein ,reines, willenloses, schmerzloses, zeitloses Subjekt der Erkenntnis' angesetzt hat, hüten wir uns vor den Fangarmen solcher kontradiktorischen Begriffe wie ,reine Vernunft', ,absolute Geistigkeit', Erkenntnis an sich..."[7]

Im Unterschied zur ,,Objektivität" der traditionellen Erkenntnistheorie wird hier unter der ,,einstmaligen Objektivität" der Gegenstandscharakter verstanden, der durch einen vorgängigen interessengeleiteten Willen bestimmt ist. Die ,,alte" und noch immer festgehaltene ,,Objektivität" entsprach einem Selbstverständnis wissenschaftlichen Erkennens, welches seinen eigenen Interessencharakter nicht wahrhaben will und sich als neutral ausgibt. Der Erfahrungsstand einer überlegeneren Kritik aber läßt erkennen: ,,,Alles Begreifen' – das hieße, alle perspektivischen Verhältnisse aufheben: das hieße Nichts begreifen, das Wesen

---

[7] G.d.M. Was bedeuten asketische Ideale? Nr. 12. (VII, S. 428/29).

des Erkennens verkennen. Der interpretative Charakter alles Geschehens. Es gibt kein Ereignis an sich. Was geschieht, ist eine Gruppe von Erscheinungen, ausgelesen und zusammengefaßt von einem interpretierenden Wesen."[8] Die „eigentliche" Objektivität beruht auf einer Auslegung der Sache nach den Maßstäben einer Welt, die ich als die mir angemessene, für mich bedeutsame wähle und auf deren Boden ich Stand nehme. Für den Willen, der die Natur beherrschen will, ergibt sich der objektive Charakter der Gegenstände durch die Perspektive der Berechenbarkeit, Vorhersagbarkeit, Gesetzlichkeit, unter die sie gerückt werden.

Nietzsche könnte sich hier auf die konsequenteste Form berufen, die vor ihm dieser Gedanke angenommen hat: auf die Philosophie Kants, dergemäß der Charakter der Gegenständlichkeit des Gegenstandes durch apriorische Entwürfe vom subjektiven Verstand vor-gezeichnet ist. Der Wille der Naturbeherrschung entspricht einem Stand des Bewußtseins, demgemäß die Gegenstände in eine Perspektive gerückt werden, die durch die Kategorien der neuzeitlichen Naturwissenschaft geprägt ist. In Kants transzendentaler Dialektik wird der antinomische Streit entschieden, in den die Vernunft mit sich selbst auf diesem Wege gerät. Einerseits rückt sie die Welt in die Perspektive der vom Subjekt entworfenen Gesetzlichkeit, andererseits aber muß sie sich selbst bei dem zum Widerstreit führenden Versuch, die Perspektive der Gesetzlichkeit auch auf sich anzuwenden und dadurch die eigene Freiheit zu vernichten, kritische Zügel anlegen. Das Interesse der Freiheit und dasjenige einer determinierenden Beherrschung der Welt kommen auf diese Weise in einen Widerstreit: es handelt sich dabei um Interessen, die von Parteien vertreten werden, welche zur Vernunft selbst gehören und deren System den Gesamtkörper der Vernunft ausmacht.

In Kants Dialektik wird offenbar, daß Vernunft sowohl als Gesetzgeberin wie auch als Richterin und als parteiliche Wortführerin zugleich auftritt. Kants Absicht ist es, in seiner „Dialektik" den rechtlichen Prozeß in Gang kommen zu lassen, in welchem Vernunft in ihren Rollen der Legislative, der Rechtsprechung und zugleich des Anwaltes der Interessen, die im Streite liegen, tätig ist. In der transzendentalen Dialektik ereignet sich das Schauspiel, daß der deterministischen Position im Rechtsstreit eine gegensätzliche gegenübertritt, der es auf die Rettung der Freiheit ankommt. Kant versteht seine Dialektik als

---

[8] XIII, S. 64.

gesetzgeberischen und rechtsprechenden Prozeß zugleich. In diesem Prozeß vermag die Richterin Vernunft den Interessenstreit der beiden Standpunkte durch eine gerechte Entscheidung zu fällen, weil sie sich auf eine entsprechende „Gesetzgebung" (Nomothetik) zu stützen vermag. Die Gesetzgebung und die ihr entsprechende Methode der Rechtsfindung besteht in der Wahl der geeigneten Perspektive: man kann jedem der Standpunkte jeweils sein Recht geben, wenn man nur bedenkt, daß der Anspruch eines jeden durch die geeignete Wahl einer seinem Stand entsprechenden Perspektive rechtlich erfüllt werden kann. Dem Deterministen wird seine Perspektive als Recht zugesprochen, wenn es auf Aussagen ankommt, die der Beherrschung der Natur dienen. Dem Vertreter der Freiheit aber wird dann Recht gegeben, wenn es dem Subjekt darauf ankommt, seine eigene Stellung der Welt gegenüber zu erkennen. Notwendigkeit und Freiheit sind dieser „Gesetzgebung" und ihrer Rechtsprechung gemäß als zwei verschiedene Perspektiven zu begreifen, von denen dem Richterspruch der Vernunft gemäß je nach dem Erkenntnisinteresse, welches maßgebend ist, Gebrauch gemacht werden soll.

Unter Dialektik in diesem Zusammenhang ist die Methode der Entscheidung des Streites zu verstehen, der zwischen verschiedenen Weltinterpretationen entsteht. These und Antithese werden von ihr als Perspektiven gedeutet, in denen sich die „Interessen" der streitenden Parteien artikulieren. Dabei wird Freiheit gegenüber den Weltperspektiven und ihren Glaubensinhalten gewonnen: die über die Perspektiven verfügende souveräne Vernunft erkennt sich als berechtigt, diese je nach dem Erkenntniszweck und dem vom Willen vertretenen Interesse ein- und auszuhängen. Zugleich kann jedem der Streitenden von einer gemeinsamen, einigen Rechtsvernunft her, die nach zuteilender Gerechtigkeit verfährt, sein Recht zugestanden werden.

Auch Nietzsche bringt den Begriff des philosophischen Erkennens in enge Beziehung mit dem der Gerechtigkeit[9]. Es geht dabei um gerechte Entscheidung im Streit von konkurrierenden Weltperspektiven. Welcher soll Geltung zugesprochen werden? Aber er denkt nicht an einen Rechtsprozeß, der sich vor dem Forum „der Vernunft" abspielt, sondern er überträgt die Aufgabe des gerechten Entscheidens der Person des Philosophen. Von ihr ist zu fordern, daß sie sich als „freier Geist" nicht in Abhängigkeit von irgendeinem Glauben begibt, also nicht

---

[9] vgl. unten S. 186 ff.

parteiisch urteilt; ihr wird zugemutet, sich souverän gegenüber Werte- und Gesetzestafeln zu verhalten, auch wenn es selbstgeschaffene sind. Aber der Denkende hält sich diese gegenwärtig, um sie je nach Bedürfnis in Gebrauch zu nehmen und ihnen dann Gültigkeit zu verschaffen, wenn es der geschichtliche Augenblick einer Lebensverfassung verlangt. Keine „größere Macht fand Zarathustra auf Erden als Gut und Böse", d. h. als Geltung und Anerkanntsein von Wertetafeln. Der Schaffende bringt Maßstäbe und Normen zur Herrschaft. Sein Schaffen ist daher als Erhöhung und Erweiterung seiner Macht aufzufassen. Er ver-schafft auch den Mitlebenden die Welt- und Wertperspektive, deren sie bedürfen und mit deren Hilfe sie sich nicht nur erhalten, sondern ihre Macht steigern. Dabei ist in Erinnerung zu rufen, daß auch in diesem Zusammenhang unter Macht nicht Zwang und Unterdrückung zu verstehen ist; vielmehr bedeutet sie **Machterfahrung** im Sinne des freien und weiten Verfügens über Perspektiven und des maß-gebenden Entscheidens in der Konkurrenz der perspektivischen Ansprüche[10]. Leben bedarf der Wert- und Weltperspektiven: ebenso, wie es immer wieder über sie hinausgeht, um angemessenere, zeitgemäßere zu vertreten. Dabei vollzieht es ein Höhersteigen und gewinnt Macht. Diese ist als Möglichkeit zu verstehen, von einem erhöhten, souveränen Stande und dessen Perspektive aus eine Höchstzahl von Weltperspektiven zu einer einzigen ausgeprägten und charaktervollen Gestalt des Denkens und Handelns zusammenzufassen.

Souveränität in der Herrschaft über die Perspektiven nennt Nietzsche auch „Tugend". Der bewußte und methodisch gekonnte Gebrauch von Perspektiven, die dem Lebenden die ihm gemäße Welt ver-schaffen, ist ein „Meisterschafts-Vorrecht des freien Geistes". Dieses Vorrecht schließt ein, auf den „**Versuch** hin leben und sich dem Abenteuer anbieten zu dürfen."[11] Gemeint ist das Abenteuer des Experimentierens mit den Welt- und Wertperspektiven. Zu diesem Experiment gehört auch die Umkehrung der gewohnten Wertordnungen. Wird die Frage gestellt, ob man nicht alle Werte umdrehen könne, so beginnt sich dem „freien, immer freieren Geiste das Rätsel jener großen Loslösung zu entschleiern..., welches bis dahin dunkel, fragwürdig, fast unberührbar in seinem Gedächtnis gewartet hatte..." Die Stimme seines Selbst

---

[10] „Leben könnte kein Volk, das nicht erst schätzte; will es sich aber erhalten, so darf es nicht schätzen, wie der Nachbar schätzt." (Z. Von tausend und Einem Ziele. (VI, S. 80).
[11] M.A. (II, S. 8).

fordert ihn auf, ,,Herr" über sich zu werden, Herr auch über die eigenen Tugenden, d. h. über die selbstgeschaffenen und bisher geglaubten Weltperspektiven. ,,Früher waren sie deine Herrn; aber sie dürfen nur deine Werkzeuge neben andern Werkzeugen sein. Du solltest Gewalt über dein Für und Wider bekommen und es verstehen lernen, sie aus- und wieder einzuhängen, je nach deinem höheren Zwecke. Du solltest das Perspektivische in jeder Wertschätzung begreifen lernen – die Verschiebung, Verzerrung und scheinbare Teleologie der Horizonte und was Alles zum Perspektivischen gehört; auch das Stück Dummheit in Bezug auf entgegengesetzte Werte und die ganze intellektuelle Einbuße, mit der sich jedes Für, jedes Wider bezahlt macht."[12]

Hier zeigt sich auch das amphibolische Gesicht der Perspektive. Sie ist Werkzeug, mit Hilfe dessen der Denkende sich in der Welt einrichtet und auf Entscheiden und Handeln ausrichtet. Als Fundament für Entscheiden übt sie zugleich auch eine verengende, bornierende Wirkung auf das handelnde Bewußtsein aus. Sie bewirkt Ungerechtigkeit. ,,Du solltest die notwendige Ungerechtigkeit in jedem Für und Wider begreifen lernen, die Ungerechtigkeit als unlösbar vom Leben, das Leben selbst als bedingt durch das Perspektivische und seine Ungerechtigkeit. Du solltest vor allem mit Augen sehen, wo die Ungerechtigkeit immer am größten ist: dort nämlich, wo das Leben am kleinsten, engsten, dürftigsten, anfänglichsten entwickelt ist und dennoch nicht umhin kann, sich als Zweck und Maß der Dinge zu nehmen und seiner Erhaltung zu Liebe das Höhere, Größere, Reichere heimlich und kleinlich und unablässig anzubröckeln und in Frage zu stellen, – du solltest das Problem der Rangordnung mit Augen sehen und wie Macht und Recht und Umfänglichkeit der Perspektive mit einander in die Höhe wachsen. Du solltest" – genug, der freie Geist weiß nunmehr, welchem ,du sollst' er gehorcht hat, und auch, was er jetzt kann, was er jetzt erst – darf..."[13] In diesen Worten wird deutlich, worin Nietzsche den Maßstab für die ,,Rangordnung" der Weltperspektiven und damit zugleich auch der Denkcharaktere sieht. Man wird von einem Dogmatismus im Gebrauch von Weltperspektiven sprechen, den man in der Starrheit zu sehen hat, mit der je an einer Weltperspektive festgehalten wird. Sein Charakter ist der der unfreien Befangenheit dieser Perspektive gegenüber: er zeigt die Züge der Borniertheit, der Enge und Ausschließlich-

---

[12] II, S. 11. Diese Einstellung der Perspektive gegenüber wird auch als ,,Schweben" bezeichnet: vgl. XI, S. 8 ff.
[13] II, S. 11/12.

keit. Jede Ideologie trägt als politisches Handlungskonzept diesen Charakter. Die Kehrseite der Enge und Begrenztheit zeigt sich darin, daß sie zugleich immer mit einem hohen Maß von Entscheidungskraft und der Fähigkeit der Durchsetzung verbunden ist. Das Leben ist „bedingt" durch die Weltperspektiven, deren Annahme es ihm ermöglicht, seinen Entscheidungen einen „Sinn" zu geben: diese Perspektiven bilden seine „Existenzbedingung": sie haben Sinn-notwendigkeit für das Leben. Ein Standpunkt steht in der Rangordnung um so höher, je „mächtiger" er ist und umgekehrt: der Grad seiner Macht geht mit der „Höhe" seines Standes zusammen: er wird durch die Weite des Horizontes bestimmt, in den andere Perspektiven eingehen. Ein Stand erweist sich um so mächtiger, je umfänglicher sein perspektivischer Horizont und je reicher er demgemäß an perspektivischen Möglichkeiten ist.

Schließlich nehmen Macht und Umfänglichkeit der Perspektive in demselben Maß zu, wie die Fähigkeit eines Denk-standes ausgebildet ist, sich als gerechter Richter zu erweisen. Das Fällen einer gerechten Entscheidung ist Ergebnis eines rechtmäßigen Ausgleiches heterogener Interessen: des Interesses an profilierter Entscheidung, Durchsetzung einer Perspektive und desjenigen an souveräner Weite und der Herrschaft über Perspektiven überhaupt. Das Wissen, welches der freie Geist gewonnen hat, verschafft auch über den Preis Klarheit, um welchen eine Perspektive gewählt, geglaubt und „eingehängt" wird: er besteht in der Entmachtung der anderen Perspektiven, in Verengung und Ungerechtigkeit um der Entscheidung und der Entschlußkraft willen. Es gibt eine Rangordnung der Lebensgestalten, deren „untere" Stellen vom engen, dürftigen, anfänglichen und kleinen Leben besetzt werden. Je tiefer man die Skala der Rangordnung nach unten hin verfolgt, um so mehr Unfreiheit wird man antreffen. Auch Armut, Starrheit, Kraftlosigkeit werden in dieser Richtung zunehmen, wobei die Machtausübung immer mehr die Züge der Brutalität und Unterdrückung annehmen wird. Je tiefer man in dieser Rangordnung nach „unten" geht, um so deutlicher zeigt sich Unfähigkeit, den Reichtum der anderen Möglichkeiten noch in die eigene Lebensgestalt mit einzuholen. Aber die Devise einer Machtentfaltung in einem vollkommenen Sinne enthält die Aufforderung des Aufsteigens auf der Skala dieser Rangordnung. Mit dem Höhersteigen verringert sich das Maß der dem Leben immer notwendigen Ungerechtigkeit, Enge, Armut und dogmatischen Starrheit. Daher kommen auf den höheren Stufen dieser Rangordnung diejenigen Lebensgestalten zu stehen, welche die Konzentration auf den eigenen profilierten Charakter und dessen Entscheidungskraft zugleich mit einer Ausweitung auf ein Maximum von Welt- und Wertperspektiven verbinden. Der freie Geist hat ein Wissen von dieser Rangordnung und weiß daher auch, welche Stelle er selbst in ihr einnimmt, ,,was er jetzt kann, was er jetzt erst – darf..." An der obersten Stelle dieser Skala ist diejenige Denk- und Handlungsgestalt zu finden, welche die größte Weite und ihren Reichtum umfassen kann und darf.

Der Gedanke der Rangordnung ist mit der Vorstellung zu verbinden, daß der in ihr am höchsten Stehende auch die höchste Einheit in der Vielheit herzustellen vermag. ,,Wahrlich, ein Ungetüm ist die Macht dieses Lobens und Tadelns. Sagt, wer bezwingt es mir, Ihr Brüder? Sagt, wer wirft diesem Tier die Fessel über die tausend Nacken?

Tausend Ziele gab es bisher, denn tausend Völker gab es. Nur die Fessel der tausend Nacken fehlt noch, es fehlt das Eine Ziel. Noch hat die Menschheit kein Ziel.

Aber sagt mir doch, meine Brüder: wenn der Menschheit das Ziel noch fehlt, fehlt da nicht auch – sie selber noch? –..."[14]

Die Stelle, die ein Standpunkt des Denkens in der ,,Rangordnung" behauptet, bestimmt sich am Maß der Kraft, die Vielheit der Weltperspektiven und Gesetzgebungen in einem einzigen machtvollen Charakter zu vereinigen. Dieser verfügt über die Freiheit zu neuem Schaffen und ist für Handeln entscheidungsfähig. Er hat durch die Pluralität, die in ihn eingegangen ist, seine Unbefangenheit zum Aufbruch zu neuen Zielen nicht verloren, sondern ist im Gegenteil in ihr bestärkt worden. Am höchsten in der Skala steht derjenige, welcher das apollinische Prinzip des Gestaltens, Begrenzens und Ausschließens mit dem Dionysischen des Ausweitens, Umfassens weitester Horizonte am vollkommensten verbindet.

Von hier aus fällt der Blick auf den Zusammenhang zwischen der Kunst des Gebrauchs von Perspektiven und dem ,,reichen Leben". Hierfür ist der Passus aufschlußreich, in welchem Nietzsche von der Phase der Abfassung der Fragmente: Menschliches, Allzumenschliches sagt, er habe damals gelernt, Perspektiven methodisch gezielt zu wechseln. Außer dem Unterschied der Enge und Weite kennt er noch den zwischen der kranken und gesunden Optik. Von der ersten macht der ,,Dialektiker" Gebrauch, der sich auf der erwähnten Skala auf einen überlegenen Stand über andere Weltperspektiven gebracht hat: aber

---

[14] Z. Von tausend und Einem Ziele (VI, S. 83).

dieses Ergebnis hat er nur mit dem Preis der Verarmung und Begrenzung auf bloße Analyse erreicht, die nicht zu eigener Stellungnahme hinreicht „Meine Leser wissen vielleicht, in wie fern ich Dialektik als Décadence-Symptom betrachte, zum Beispiel im allerberühmtesten Fall: im Fall des Sokrates."[15] In „kranken" Tagen bekennt er, selbst von dieser Optik Gebrauch gemacht zu haben, zu der er in „gesünderen Verhältnissen nicht Kletterer, nicht raffiniert, nicht kalt genug" zu sein erklärt. Aber Nietzsche weiß, daß er dieser „Krankenoptik" des dialektischen Zurückschauens und Hinunterschauens und „Um-die-Ecke--sehens" Entscheidendes verdankt. Sie ist das Mittel der Entlarvung überwundener Standpunkte und ihrer Perspektiven: auch der Ent-täuschung von Illusionen, welche das „gesunde", reiche, zu Handlung und Schaffen entschiedene Denken verführen. So sind Kritik und Entlarvung und mit ihnen auch die Krankenoptik im Denken des Standes, der auf die überwundenen Positionen zurückblicken und ihre Sinnotwendigkeit zu erklären vermag, enthalten.

„Von der Kranken-Optik aus nach gesünderen Begriffen und Werten, und wiederum umgekehrt aus der Fülle und Selbstgewißheit des reichen Lebens hinuntersehen in die heimliche Arbeit des Décadence-Instinkts – das war meine längste Übung, meine eigentliche Erfahrung, wenn irgend worin wurde ich darin Meister. Ich habe es jetzt in der Hand, ich habe die Hand dafür, Perspektiven umzustellen: erster Grund, weshalb für mich allein vielleicht eine ‚Umwertung der Werte' überhaupt möglich ist."[16] Obenan in der Rangordnung steht derjenige Charakter des Denkens und Wollens, welcher Freiheit, Weite, Reichtum und Entschiedenheit in einem darstellt. Damit sind zugleich Züge der Physiognomie der Macht angedeutet: das Aufsteigen zu höheren, weiteren und reicheren Perspektiven bedeutet Machtgewinn. „Daß der Wert der Welt in unserer Interpretation liegt..., daß jede Erhöhung des Menschen die Überwindung engerer Interpretationen mit sich bringt, daß jede erreichte Verstärkung und Machterweiterung neue Perspektiven auftut und an neue Horizonte glauben heißt – das geht durch meine Schriften."[17] Wachstum der Macht, Höhersteigen auf der Skala der Rangordnung, Herrschaft über ein Maximum von Perspektiven sowie zugleich die Kunst im Gebrauch „dialektischer" Entlarvungsoptik und Gewinn an Reichtum und Weite nehmen miteinander zu.

---
[15] E. H. (XV, S. 10).
[16] E. H., (XV, S. 11).
[17] vgl. auch W. z. M. Aph. 600 u. 616. (XVI, S. 95 u. 100).

Neue Horizonte „glauben" bedeutet die Kraft, einem über weite Perspektiven verfügenden Stand gerecht zu werden: nicht nur ein Maximum von Einheit in einem Höchstmaß von Vielheit zu denken, sondern sogar eine größte Zahl von Widersprüchen in einem einzigen „Glauben" zu vereinen. So nimmt es der Philosoph Nietzsche bewußt in Kauf, daß er in der Geschichte seines eigenen Denkens einander widersprechende Aussagen macht und diese als Sätze in einem Kontext werten muß, der ein spannungsreiches gedankliches System darstellt.

Philosophisches Erkennen macht eine Geschichte des Gebrauchs einer Vielzahl von Perspektiven durch. Eine geltende philosophische Perspektive ist Ausdruck für die Verfassung je eines Zustandes des „Ich bin", in welchem sie für eine bestimmte „Gegenwart" zur Herrschaft über die andern gekommen ist. Der Standpunkt auf der Leiter der Rangordnung ist der relativ gerechteste, freieste und mächtigste, der über die Kraft verfügt, miteinander widerstreitende Weltperspektiven in ein spannungsvolles Ganzes einzuholen. Wie weit wir damit kommen und wie groß unsere Kraft ist, das zu finden ist Sache gedanklichen Experimentierens. Es gilt, „dankbar" gegenüber denjenigen zu sein, welche uns auf Wegen kühner perspektivischer Experimente vorangegangen sind und es mit „resolute(n) Umkehrungen der gewohnten Perspektiven und Wertungen, mit denen der Geist allzulange scheinbar freventlich und nutzlos gegen sich selbst gewütet hat", versucht haben. Sie können als Vorbilder in der Tugend gelten, das „Für und Wider" je eines „Glaubens" souverän zu handhaben und „ein- und auszuhängen"[18]. Diese Tugend zeigt sich darin, bei der dem Augenblick gemäßen Entscheidung einen Reichtum von Möglichkeiten präsent zu haben und die der jeweiligen Lebensverfassung angemessene zu wählen. „Gut" und „böse" sind dabei als gegensätzliche Prädikate zu erkennen, mit Hilfe deren jeweils ein Standpunkt auf der Skala dieser Rangordnung seine Maßstäbe zum Ausdruck bringt. So kann, von der Logik dieser Rangordnung her gesehen, das, was von einer subalternen, engen und armen Perspektive aus als das „Böse" bezeichnet wird, von einem souveränen und reichen Stande aus als das „Gute", das „Bösere" als das „Bessere" angesprochen werden.

Das offene, reiche Bewußtsein nimmt eine „erhöhte" Stelle in der „Rangordnung" ein. Es ist dasjenige des „freien Geistes", der keiner einzelnen Wertordnung und Weltperspektive engstirnig ergeben ist,

---

[18] G.d.M., 3. Abhandlg., Was bedeuten asketische Ideale? (VII, S. 428).

sondern über sie alle souverän als über je nach dem geschichtlichen Augenblick brauchbare Organe seines Lebens verfügt. Der Organismus des „geistigen" Lebens schafft sich seine Organe in der Form von Weltperspektiven, deren er zum Leben bedarf. Gelegentlich klingt bei Nietzsche durch, daß die Behauptung jeweils einer Weltperspektive das charakterliche Sein eines Menschen erkennen läßt. Dann gilt: „Es genügt nicht, ein Mensch zu sein... Es müssen sich neue Wesen bilden." Um gerecht zu werden, muß einer durch „viele Individuen gegangen" sein und „alle früheren als Funktionen" brauchen[19].

„Objektivität" des Erkennens wird von dem erreicht, der ein Höchstmaß von Kraft der Einigung möglichst vieler, sogar einander widerstreitender Perspektiven einzusetzen vermag und demgemäß über ein Maximum von Freiheit, Weite, Reichtum und Macht verfügt. Da es „nur ein perspektivisches Sehen, nur ein perspektivisches Erkennen" gibt, gilt: „Je mehr Affekte wir über eine Sache zu Worte kommen lassen, je mehr Augen, verschiedene Augen wir uns für dieselbe Sache einzusetzen wissen, um so vollständiger wird unser ‚Begriff' dieser Sache, unsere ‚Objektivität' sein." Diese Aussage könnte in der trivialen Weise eines populären Perspektivismus verstanden werden, dem es darum geht, möglichst viele Aspekte von einer Sache zu berücksichtigen und diese gleichsam im Sinne des Nebeneinander und des Einerseits/Andererseits aufzureihen. Es kommt hier aber nicht nur auf die große Zahl der Augen an, die eingesetzt werden sollen, sondern auf die Kraft der Einigung ihrer verschiedenartigen Interpretationen. Außer „Weite" und „Reichtum" kommt die „Höhe" des Standes in Betracht, auf die der Denkende durch Erfahrung und Anstrengung des Denkens gelangt ist. Dieser Stand wird nicht durch Abschreiten an der Oberfläche der Wirklichkeit, sondern durch Aufwärtssteigen jeweils über Stufen gewonnen, welche auf der Leiter der Rangordnung aufwärts führen[20]. Das Motiv der verengenden Konzentration auf eine ausschließende und ausschließliche Perspektive, welchem das der Ausweitung und des Gewinns

---

[19] XII, S. 14.
[20] Daß der Gebrauch einer Weltperspektive dem Zwecke der Erhaltung des Lebens dient, scheint in XII, S. 42/43 ausgesprochen zu werden: aber bei genauerem Hinsehen kommt es nicht nur auf den Zweck der Selbsterhaltung an, sondern darauf, durch souveränen Perspektivengebrauch die Erfahrung der Herrschaft über Zweck und Mittel der Selbsterhaltung zu machen: „Unsere Gesetze und Gesetzmäßigkeiten sind es, die wir in die Welt hineinlegen – so sehr der Augenschein das Umgekehrte lehrt und uns selber als die Folge jener Welt, jene Gesetze als die Gesetze derselben in ihrer Wirkung auf uns zu

an Perspektivenreichtum gegenübersteht, ist in gewissem Sinne dasjenige der Borniertheit und ,,Dummheit". Aber das Leben hat ein Bedürfnis danach: es macht sich auch heute noch bei der harmlosen christlich-moralischen Auslegung der nächsten persönlichen Ereignisse ,,zur Ehre Gottes" und ,,zum Heil der Seele" bemerkbar: politische Ideologen unserer Tage würden weitere Beispiele liefern. Mit ideologischen Leitworten begibt sich der Mensch in Tyrannei und Willkür: aber ,,strenge und grandiose Dummheit" hat den Geist erzogen. ,,Die Sklaverei ist, wie es scheint, im gröberen und feineren Verstande das unentbehrliche Mittel für geistige Zucht und Züchtung." Jede Moral steht im Dienst eines von ihr nicht durchschauten Lebensziels. Ihre Gesetze, ihre Gebote und Verbote, suchen den Menschen auf dieses Ziel auszurichten, sie schränken ihn ein, halten Störendes fern und konzentrieren alle Handlungen auf die eine ,,Aufgabe". Von der philosophischen Kritik soll daher die Moral daraufhin angesehen werden, wie sie nicht nur Verhaltensformen regelt, sondern überhaupt ,,das Bedürfnis nach beschränkten Horizonten und nach nächsten Aufgaben" pflanzt – welche die ,,**Verengerung der Perspektive**", also in gewissem Sinne die Dummheit, als Lebens- und Wachstumsbedingung lehrt. ,,,Du sollst gehorchen, irgend wem und auf lange: sonst gehst du zu Grunde und verlierst die letzte Achtung vor dir selbst' – dies scheint mir der moralische Imperativ der Natur zu sein, welcher freilich weder ,kategorisch' ... noch an den Einzelnen sich wendet, ... wohl aber an Völker, Rassen, Zeitalter, Stände, vor Allem aber an das ganze Tier ,Mensch', an **den Menschen**."[21]

Der ,,freie Geist", der zugleich der mächtige ist, behält sich Freiheit gegenüber den Glaubensinhalten vor, die er als verfügbare Weltperspektiven handhabt. Er versteht die Kunst dieser Handhabung. Zugleich faßt er die zur methodischen Verfügung stehenden Weltperspektiven zur Einheit einer kraftvollen Lebensgestalt zusammen. Der Wille zur Vermehrung und Erweiterung der Kraft strebt infolgedessen nach Meisterschaft über immer ,,höhere", umfassendere und zugleich spannungs-

---

zeigen scheint. Unser Auge wächst – und wir meinen, die Welt sei im Wachsen. Unser Auge, welches ein unbewußter Dichter und ein Logiker zugleich ist! Welches jetzt einen Spiegel darstellt, auf dem sich die Dinge nicht als Flächen, sondern als Körper zeigen – als seiend und beharrend, als uns fremd und unzugehörig, als Macht neben unserer Macht! Dieses Spiegel-Bild des Auges malt die Wissenschaft zu Ende! – und damit **beschreibt** sie ebenso die bisher geübte Macht des Menschen als sie dieselbe weiter übt – unsere dichterisch-logische Macht, die Perspektiven zu allen Dingen festzustellen, vermöge deren wir uns **lebend erhalten**."

[21] J. Aph. 188 (VII, S. 118/19).

reichere perspektivische Einheiten. Damit ist das Stichwort für die Art der Bewegung gefallen, die sich von einem Stande zu einem andern, von einer Perspektive zu der ihr überlegenen und der Verfassung des Denkenden „zeit-gemäßeren" vollzieht. Der Übergang ist zugleich ein Höhersteigen auf der Leiter der Rangordnung. Nietzsche begreift seinen eigenen Stand als Ergebnis einer Geschichte seines Denkens, in welcher er aus der Enge in die Weite, die zugleich auch Höhe und Souveränität der Verfügung über bisherige Weltperspektiven ist, gelangt ist. Von dieser Höhe aus vermag er in die Niederungen der „engen", kleinen und beschränkten Perspektiven hinabzublicken, sie zu entlarven und der Kritik zu unterwerfen.

3. Symbol des Höhersteigens

Das Symbol des Aufstiegs als der Denkbewegung, in welcher ein souveräner Stand und die dazugehörige Perspektive gewonnen werden, gehört zu der Rede von der Rangordnung, die als Stufenleiter von Graden der Stärke, Macht, Souveränität und Freiheit zu verstehen ist. Jeder Stufe gebührt eine Welt, an deren Charakter man sie erkennen kann. Die Umfänglichkeit und Weite ihrer Perspektive ist Symptom für den Grad der Macht und Freiheit, die ihr eigentümlich sind. Der Fort-schritt in der Geschichte des Denkens vollzieht sich als Aufsteigen auf der Leiter dieser Rangordnung und als Über-gang von einem Stande und dessen Weltperspektive zu einem ihm überlegenen. Dieses Aufsteigen ist zugleich eine Geschichte der Befreiung, des Souveräner-werdens durch den Gewinn weiterer Horizonte. Der individuelle „freie Geist" vollzieht seine Loslösung von traditionellen Werten in der Form eines Über--gangs und Auf-stiegs, in welchem ein Stand und seine Perspektive über--wunden, überholt, als überwunden erkannt und zugleich als notwendiges Stadium des eigenen Werdens begriffen werden. Der Denkende, der seine eigene Geschichte als Geschehen des Aufstiegs auf der Leiter zu höheren und souveräneren Standpunkten begreift, sagt sich, daß es jedem ergehen müsse, wie es ihm ergeht, wenn eine „Aufgabe leibhaft werden und zur Welt kommen" will. Mit einer Notwendigkeit, welcher der Schein der Triebhaftigkeit anhaftet, übernimmt das Individuum seine Aufgabe des Aufstiegs, deren Bedeutung es erst dann zu erkennen vermag, wenn es „oben" angelangt ist. „Die heimliche Gewalt und Notwendigkeit dieser Aufgabe wird unter und in seinen einzelnen Schicksalen walten gleich einer unbewußten Schwangerschaft, – lange, bevor er diese Aufgabe selbst ins Auge gefaßt hat und ihren Namen weiß. Unsere Bestimmung verfügt über uns, auch wenn wir sie noch nicht kennen; es ist die Zukunft, die unserm Heute die Regel gibt."

Hier wird an den zeitlichen Ablauf der Geschichte des Aufstiegs erinnert: die Gegenwart ist durch den Blick auf die Zukunft bestimmt. Hegel hatte die Gedankenarbeit der Philosophie an das Ende des Tages, in die Dämmerung verlegt, in welcher die Eule ihren Flug beginnt. Dieser Flug ist Symbol für die philosophische Reflexion, die erst dann einsetzt, wenn das in das Wirken, Handeln und Entscheiden des Tages versenkte Bewußtsein sich in der Dämmerung besinnt und auf das, was an diesem Tage geschehen ist, zurückblickt, um das Geschehene zu erkennen und es sich auf dem Umwege über kritische Distanzierung anzueignen. Nietzsches Tageszeit dagegen ist der Mittag, an dem die Sonne am höchsten steht: denn Erkennen und Reflektieren steht für ihn nicht am Punkte der Vollendung, des Endes der Geschichte, sondern in der Mitte der Gegenwart, welche auf eine Vergangenheit zurückblickt und eine Zukunft hinausblickt. Erkenntnis ist für ihn nicht Vollendung, sondern Werkzeug des Lebens für die Meisterung der Gegenwart und der Zukunft. Der schaffende Entwurf von Weltperspektiven führt nicht zur ,,Wahrheit" über das Geschehene, sondern erfüllt seine Funktion im Programm des Willens zur Macht, der zugleich ein Wille zu immer neuem Schaffen und Hinausgehen über je eine Gegenwart bedeutet.

,,Gesetzt", daß es das Problem der Rangordnung ist, von dem wir sagen dürfen, daß es unser Problem ist, wir freien Geister: jetzt, in dem Mittage unseres Lebens, verstehn wir es erst, was für Vorbereitungen, Umwege, Proben, Versuchungen, Verkleidungen das Problem nötig hatte, ehe es vor uns aufsteigen durfte, und wie wir erst die vielfachsten und widersprechendsten Not- und Glücksstände an Seele und Leib erfahren mußten, als Abenteurer und Weltumsegler jener inneren Welt, die ,Mensch' heißt, als Ausmesser jedes ,Höher' und ,Übereinander', das gleichfalls ,Mensch' heißt – überallhin dringend, fast ohne Furcht, nichts verschmähend, nichts verlierend, alles auskostend, alles vom Zufälligen reinigend und gleichsam aussiebend – bis wir endlich sagen durften, wir freien Geister: ,Hier – ein neues Problem! Hier eine lange Leiter, auf deren Sprossen wir selbst gesessen und gestiegen sind, – die wir selbst irgendwann gewesen sind! Hier ein Höher, ein Tiefer, ein Unter-uns, eine ungeheure lange Ordnung, eine Rangordnung, die wir sehen: hier – unser Problem!'"[22]

---

[22] M.A. (II, S. 12/13).

Es ist das Problem, welches uns die Gegenwart unseres hier und jetzt Stehens auf einer Sprosse der Leiter aufgibt. Es stellt sich so: Welche Weltperspektive ist die von der Gegenwart geforderte, zeit-gemäße? Der Zusammenhang, der hier zwischen Aufsteigen und Zeit sichtbar wird, läßt diese Bewegung als notwendige Geschichte begreifen: sowohl als die der Menschengattung wie auch des Individuums.

Mit dem Gedanken, daß sich philosophisches Erkennen nicht nur auf Objekte bezieht, die es in einzelwissenschaftlichen Kategorien und deren Sprache zu fassen hätte, sondern daß es sich seiner eigenen Geschichte des Aufwärtssteigens von einem Stande zu einem überlegenen und von einer engeren zu einer jeweils weiteren Perspektive bewußt ist, stellt sich Nietzsche in eine ehrwürdige Tradition der auf philosophisches Denken selbst reflektierenden Philosophie. In ihr hat auch das „dialektische" Denken Bedeutung erlangt. Zu erinnern ist an das platonische Höhlengleichnis[23]. Im Höhlengleichnis geschieht die Befreiung eines Menschen von seinen Fesseln und Zwängen, eine Um-wendung und Abwendung seines Blickes von der schattenhaften Objektwelt, die seine bisherige Perspektive erfüllt hat. Derjenige, der eine solche Um-wendung vollzogen hat, setzt sich in Gang, um in der jetzt gewonnenen Richtung einen Weg „aufwärts" zum Ausgang der Höhle zu beschreiten, in der er sich bisher mit den andern befunden hat. Bei seinem Aufwärtsgang gewinnt er Standpunkte, die ihm Perspektiven eröffnen, welche denen überlegen sind, die ihm bisher zugänglich waren. In den neuen Perspektiven werden die ihm und seinen vorherigen Genossen bisher unerkennbaren, weil in ihrem Rücken wirkenden Einflüsse auf ihr Bewußtsein überschaubar. Er gewinnt immer höhere, souveränere Standpunkte, bis er endlich am Ziel seiner Geschichte des philosophischen Denkens angenommen ist: bei demjenigen Stand, der es ihm erlaubt, die Dinge an sich selbst, unverhüllt und ohne Maske zu erkennen.

Im Zarathustra begegnet man der Rede vom Aufstieg auf den Berg der über-legenen Perspektive, vom Über-sich-hinausgehen und vom Einnehmen höherer und souveräner Standpunkte. Von ihnen aus gibt es Erkennen, Kritik, Entlarvung und Beherrschung eigener früherer und überwundener Weltperspektiven und Verfassungen des Denkens. Dabei wird deutlich, daß die Geschichte des Aufstiegs ein allmähliches, in Schritten vor sich gehendes Geschehen sein soll, das seine innere Konsequenz, seine „Logik" hat, die nicht ungestraft außer acht gelassen

---

[23] vgl. meine „Einführung in die Metaphysik", Darmstadt 1979, (2. Aufl.) S. 29 f.

wird. Es geht Nietzsche darum, die innere Folgerichtigkeit des Aufstiegs zu betonen, durch welche es verbürgt wird, daß er nicht in anarchisches Denken und Sein ausartet, sondern sich der Disziplin einer Logik unterstellt, dergemäß jeder Über-gang und seine Loslösung immer zu einer neuen N o t w e n d i g k e i t des Seins und Denkens wird. ,,Frei nennst du dich? Deinen herrschenden Gedanken will ich hören und nicht, daß du einem Joche entronnen bist. Bist du ein Solcher, der einem Joche entrinnen d u r f t e ? Es gibt Manchen, der seinen letzten Wert wegwarf, als er seine Dienstbarkeit wegwarf.

Frei wovon? Was schiert das Zarathustra! Hell aber soll mir dein Auge künden: frei w o z u ?"[24]

Im Abschnitt ,,Vom Baum am Berge" ist zu lesen, daß Zarathustra eines Abends allein durch die Berge geht, ,,welche die Stadt umschließen, die genannt wird ,die bunte Kuh'."[25] Mit dieser Benennung zielt Nietzsche auf die den modernen Menschen umgebende Pluralität der Kulturen, Philosophien, Glaubensformen und Weltperspektiven ab.[26] Zarathustra begegnete einem jungen Menschen, der ihm bisher immer ausgewichen war: jetzt fand er ihn an einen Baum gelehnt und ,,müden Blickes" in das Tal schauend. In der Unterredung, die mit ihm in Gang kommt, wird erkennbar, daß dieser den Gehalten der ,,Bildung", Glaubensformen und Wertordnungen, unter deren Herrschaft er bisher aufgewachsen war, durch Hinaufsteigen auf den Berg entronnen ist. Da er sich von den gültigen moralischen Maßstäben losgesagt hat, hat er sich, von i h r e m Standpunkt aus zu urteilen, dem ,,Bösen" zugewandt. Aber Befreiung ist ihm doch nicht gelungen: er hat die Erfahrung gemacht, daß er sich zu schnell verwandelt und daß sein Heute sein Gestern widerlegt. Das heißt: er nimmt sich nicht genügend Zeit, um den beim Aufstieg erreichten Stand gründlich auszubauen, um eine vollständige Erfahrung seiner Möglichkeiten und Grenzen zu machen. Er ist nur in der Bewegung des Aufsteigens begriffen, ohne bei jedem Schritte Stand zu nehmen und den diesen Stand ,,beherrschenden Gedanken" auszubauen. ,,Ich überspringe oft die Stufen, wenn ich steige, – das ver-

---

[24] Z. Vom Wege des Schaffenden (VI, S. 88).
[25] ibidem S. 55.
[26] vgl. auch Z. Vom Lande der Bildung (ibidem S. 170/71): ,,Mit fünfzig Klecksen bemalt an Gesicht und Gliedern: so saßet Ihr da zu meinem Staunen, Ihr Gegenwärtigen! Und mit fünfzig Spiegeln um Euch, die Eurem Farbenspiele schmeichelten und nachredeten! – Wahrlich, Ihr könntet gar keine bessere Maske tragen, Ihr Gegenwärtigen, als Euer eigenes Gesicht ist! Wer könnte Euch – erkennen!"

zeiht mir keine Stufe." Einerseits erfüllt ihn die Sehnsucht, immer weiter hinaufzusteigen, um immer freier zu werden. Andererseits fragt er sich: „Was will ich doch in der Höhe?" Er will nur von Bindungen überhaupt loskommen, statt durch das Einnehmen über-legenerer Standpunkte die unglaubwürdig gewordenen Weltdeutungen, von denen er sich losgelöst hat, durch die Erkenntnis ihrer Sinn-bedeutsamkeit für eine überwundene Gegenwart zugleich auch zu rechtfertigen. Seine Verachtung und seine Sehnsucht wachsen miteinander. „Je höher ich steige, um so mehr verachte ich Den, der steigt. Was will er doch in der Höhe?" Ihm fehlt jedesmal die Erfüllung dessen, was er sich beim Aufsteigen zu einem neuen Stand versprach: ein neues Sein und eine neue Notwendigkeit.

Zarathustra sagt ihm, daß er in Wahrheit noch lange nicht frei sei, er s u c h e erst noch nach Freiheit. Noch besteht für ihn Gefahr, beim Neinsagen stehen zu bleiben, statt seinem Sein jeweils eine neue positive Verfassung, eine neue Weltperspektive zu verschaffen. „Neues will der Edle schaffen und eine neue Tugend. Altes will der Gute, und daß Altes erhalten bleibe. Aber nicht das ist die Gefahr des Edlen, daß er ein Guter werde, sondern ein Frecher, Höhnender, ein Vernichter. Ach, ich kannte Edle, die verloren ihre höchste Hoffnung. Und nun verleumdeten sie alle hohen Hoffnungen." Daß das Höhersteigen zu neuen Standpunkten mit Rechtfertigung des Über-holten verbunden werden muß, wenn es Freiheit, Überblick, Weite und Selbsterkenntnis erbringen soll, ergibt sich auch aus dem Gedanken des „Schaffens" jeweils neuer Weltinterpretationen. Schaffen geschieht im Rhythmus der Konzentration einerseits und der Erweiterung andererseits. Es gehört zu der Bewegung, in welcher der Denkende über die Enge eines Horizontes hinausgeht, um Weite, Reichtum und rechtfertigenden Überblick zu gewinnen. Erweiterung geht einher mit Abtrünnigwerden von einer bisher gültigen Werteordnung, wodurch ein Horizont für neue Normierung gewonnen werden soll: diese vollzieht sich in gestaltender Konzentration. Erweiterung, die im Zuge der Befreiung von über-holten Weltperspektiven geschieht, kann nur Sinn für den im Über-schreiten Begriffenen erbringen, wenn ihre Freiheit positive Bedeutung in zweifacher Hinsicht hat: wenn sie Anerkennung und Rechtfertigung des Über-holten und auch Zuwendung zu neuer Sinn-notwendigkeit, ihrem Standnehmen und dessen Weltperspektive bedeutet. In den Abschnitten des Zarathustra „Von der Selbstüberwindung" und „Von den Taranteln" wird das in diesem Sinne zu verstehende Höhersteigen in folgender Weise zur Sprache gebracht: „In die Höhe will es sich bauen mit

Pfeilern und Stufen, das Leben selber: in weite Fernen will es blicken und hinaus nach seligen Schönheiten, – darum braucht es Höhe! Und weil es Höhe braucht, braucht es Stufen und Widerspruch der Stufen und Steigenden! Steigen will das Leben und steigend sich überwinden." Diese Sätze fordern die Frage heraus, wie weit sich Nietzsche mit seinem Gedanken des Aufstiegs von Stufe zu Stufe, der geradezu durch den ,,Widerspruch der Stufen und Steigenden" in Gang gehalten wird, in die Nähe Hegels und seiner ,,dialektischen Bewegung" begibt, in der das Bewußtsein seine ,,Erfahrungen" gewinnt. Auf diese Frage mag in einem folgenden Abschnitt die Aufmerksamkeit gelenkt werden.

4. Nietzsches ,,Aufstieg" und Hegels ,,dialektische Bewegung" in der ,,Erfahrung des Bewußtseins"

In der Phänomenologie des Geistes stellt Hegel eine dialektische Geschichte von Erfahrungen des Bewußtseins dar. Diese Geschichte befindet sich im Fortschreiten zu dem Ziel absoluter Erkenntnis, die Erkenntnis des Absoluten ist. Der Weg, den das Bewußtsein geht, ist ein Aufstieg zu immer höheren points de vue, von deren jedem aus sich immer souveränere Perspektiven eröffnen. Das ,,spekulative" Denken verfügt über die Perspektive eines erhobenen Standes, von dem aus es seinen bisherigen Aufstieg zu überblicken und die Zwänge und Notwendigkeiten eigener früherer Standpunkte zu durchschauen vermag. Das Wissen hat sich, um zu einem ,,eigentlichen" Wissen zu werden, durch einen langen Weg hindurchzuarbeiten. Das lernende Individuum, welches von seinem ,,ungebildeten Standpunkte aus zum Wissen zu führen" ist, muß vom Lehrer, der den Weg nach aufwärts schon weiter gegangen ist, zur Nachfolge herausgefordert werden. Man denkt an den im Platonischen Höhlengleichnis beschriebenen Weg der Paideia, wenn bei Hegel von dem Wege der Bildung des Individuums gesprochen wird, die im dialektischen Nach-vollzug des Aufwärtssteigens auf die Höhe besteht, die der Zeitgeist in seiner Entwicklung erreicht hat. Das ,,besondere" Individuum, welches auf diese Höhe geführt werden soll, erweist sich zunächst als ,,unvollständiger Geist", als eine ,,konkrete Gestalt, in deren ganzem Dasein Eine Bestimmtheit herrschend ist und worin die anderen nur in verwischten Zügen vorhanden sind." Mit Nietzsches Worten gesagt: Es ist der Zustand der Enge und Armut, der hier herrscht; ihm aber ist zugute zu halten, daß er als entschiedene, konkrete Gestalt auftritt. Im Vollzuge des Auf-steigens gewinnt der in der Bildung Begriffene neue, höhere Standpunkte. Zugleich mit ihnen ergeben sich ihm weitere, reichere Horizonte. Hegel spricht von einer „bildenden Bewegung", in welcher der sich im Aufstieg entwickelnde „allgemeine Geist" begriffen ist und durch welche das auf die Höhe der geschichtlichen Gegenwart aufsteigende individuelle Bewußtsein seine „Bildung" gewinnt[27].

In einer dritten Form wird diese bildende Bewegung als philosophisches Denken Gestalt, sofern sich dieses auf die Höhe der „Wissenschaft" emporentwickelt. Vom Niveau des „wissenschaftlichen", d. i. philosophischen Standes aus wird die Geschichte des Aufstiegs sowohl des allgemeinen wie auch des individuellen Geistes begriffen. Das philosophische Bewußtsein erkennt die Geschichte des Geistes als Aufstieg von einer Stufe des Denkens zu einer ihr überlegenen und vermag die konsequente und logische Aufeinanderfolge der Schritte, die er als in der Vergangenheit vollzogen feststellt, als Ereignisse zu verstehen, die ihm zunächst fremd und von anderen vollzogen zu sein scheinen, die aber in Wahrheit zu seiner eigenen Geschichte gehören. Das am Ende erreichte „Wissen" bzw. die „Wissenschaft" begreift sich selbst als Geschichte des Aufstiegs und der Überwindung von Weltperspektiven. Dabei ist festzustellen, daß die „Unschuld" das Unmögliche verlangt, nämlich „die Erreichung des Ziels ohne die Mittel". Entsprechend der Erfahrung des jungen Menschen, dem Zarathustra auf dem Berge begegnet, heißt es in der Phänomenologie des Geistes: „Einesteils ist die Länge dieses Wegs zu ertragen, denn jedes Moment ist notwendig; – andernteils ist bei jedem sich zu verweilen, denn jedes ist selbst eine individuelle ganze Gestalt, und wird nur absolut betrachtet, insofern seine Bestimmtheit als Ganzes oder Konkretes, oder das Ganze in der Eigentümlichkeit dieser Bestimmung betrachtet wird."[28]. Jede Gegenwart in der Geschichte des Aufstiegs ist eine „ganze Gestalt", d. h. sie ist das Sein des Denkenden, welches in seiner Welt gemäß seinem point de vue als seine Seins-bedingung und Sinn-notwendigkeit Stand nimmt.

Auf dem Stand des „Wissens", der „absoluten" Philosophie, wirkt sich insofern eine „absolute Macht" aus[29], als von seiner Höhe aus die Vielheit der überholten Standpunkte und ihrer Weltperspektiven gegeneinander abgegrenzt, voneinander unterschieden, überschaut und zu

---

[27] Hegels Werke, Vollst. Ausg. durch einen Verein v. Freunden des Verewigten, Berlin 1832, 2. Bd., S. 22.
[28] ibidem S. 23/24.
[29] ibidem S. 25.

einer Geschichte zusammengefaßt werden. In der Arbeit des Unterscheidens, Zergliederns und Analysierens wird zugleich auch die überlegene Kraft des Vereinigens des Unterschiedenen auf den Plan gerufen. „Die Tätigkeit des Scheidens ist die Kraft und Arbeit des Verstandes, der wundersamsten und größten, oder vielmehr der absoluten Macht." Die „ungeheure Macht des Negativen" aber zeigt sich in der Leistung, welche die Arbeit des Verstandes er-kämpft, indem sie das Geschiedene auf höherer Stufe wieder vereinigt: diese Aufgabe erfüllt die „Vernunft". Der Geist „gewinnt seine Wahrheit nur, indem er in der absoluten Zerrissenheit sich selbst findet. Diese Macht ist er nicht als das Positive, welches von dem Negativen wegsieht, wie wenn wir von etwas sagen, dies ist nichts oder falsch, und nun, damit fertig, davon weg zu irgendetwas anderem übergehen; sondern er ist diese Macht nur, indem er dem Negativen ins Gesicht schaut, bei ihm verweilt. Dieses Verweilen ist die Zauberkraft, die es in das Sein umkehrt."[30] Durch dieses Verweilen geschieht die Recht-fertigung des Über-holten, seine Aufhebung: der Werdende sagt Ja dazu, er ist dankbar.

Der Begriff der Macht, der hier begegnet, ist demjenigen Nietzsches an die Seite zu stellen, demzufolge Macht als Über-legenheit des Standes begriffen wird, der durch Aufstieg auf der Leiter der in einer Rangordnung befindlichen Weltperspektiven gewonnen wurde. Diesem ist die „Macht" eigentümlich, die Vielheit der überwundenen Stufen zu unterscheiden und sie zugleich zur Einheit der eigenen Geschichte zusammenzufassen. Hegel wie auch Nietzsche sind sich darin einig, daß jede in dieser Geschichte ausgebildete Gestalt des Seins und Denkens ihre Zeit beansprucht: sie ist durch eine gestaltende Bewegung der konzentrierenden, bildenden Kraft, durch „Schaffen" zustandegekommen. In ihr bereitet sich aber schon immer auch die Bewegung des darüber Hinausgehens, des Höhersteigens vor.

Ob man den im Aufwärtssteigen Begriffenen mit den Augen Hegels oder Nietzsches betrachtet: in beiden Fällen wird sichtbar, daß er im Über-sich-Hinausgehen nicht nur weitere Horizonte für das Auffassen einer reicheren Objektwelt gewinnt, sondern sich selbst und seine bisherige Geschichte zunehmend in den Blick bekommt. Der Geist wird, wie Hegel sagt, „Gegenstand, denn er ist sich diese Bewegung, sich ein anderes, d. h. Gegenstand seines Selbst zu werden und dieses Anderssein aufzuheben." Der Denkende macht sich seine eigene Geschichte

---

[30] ibidem S. 26.

und die dabei vollzogenen Schritte des Vorwärts- und Aufwärtsschreitens zum Gegenstand: aber es bleibt nicht bei der Vergegenständlichung, da der von höherer Stufe aus Zurückblickende und sich selbst in den Rücken Schauende die bisherige Geschichte des Aufwärtssteigens als seine eigene Geschichte begreift und sich mit ihr identisch setzt. Zugleich verändert er durch diese Bewegung sich selbst und damit den „Gegenstand", auf den er reflektiert. Als „Erfahrung" wird von Hegel die Bewegung verstanden, durch welche sich das unmittelbare und unerfahrene Bewußtsein von sich entfremdet, um aus dieser Entfremdung zu sich zurückzukehren und sich dieser Rückkehr bewußt zu sein: es wird „jetzt erst in seiner Wirklichkeit und Wahrheit dargestellt, wie es auch Eigentum des Bewußtseins ist." Über die „Entfremdung" führt der Weg zu einem wissenden Vertrautsein des Selbst mit sich und seiner Geschichte.

Den Aufstieg des Geistes beschreibt Hegel auch als Geschichte der Erfahrungen des Bewußtseins. Dieses entwickelt sich in dialektischer Bewegung durch Widerstreitsituationen hindurch, die geschichtliche Stufen sind, nach Aufwärts und gewinnt dabei Verfassungen, zu denen jeweils bestimmte philosophische Interpretationen und Perspektiven gehören. Nietzsche sieht den Quell dieser Dynamik nicht im Bewußtsein oder dem hinter ihm stehenden „Geist", sondern in der Repräsentation des Willens zur Macht, im leiblichen „Ich bin". Es kommt auf die einem geschichtlichen Stande eigentümliche Verfassung des leiblichen „Ich bin", seines Seins an, ob sich ein Mensch etwa für eine irdisch diesseitige oder eine unirdisch jenseitige Philosophie entscheidet. Im ersten Falle ist seine Philosophie Symptom für eine „physiologische" Verfassung der Stärke, während sie im zweiten Falle Schwäche verrät. Idealismus, auch der Hegelsche, christliche Jenseitigkeitsreligion, Moralismus sind Symptome für eine Verfassung der Schwäche und des Verzichtes auf autarke Sinngebung.

Damit hängt ein weiterer Unterschied zu Hegel zusammen, der in der Auffassung des „Aufstiegs" sichtbar wird. Bei Hegel als dem Philosophen der Vernunft bzw. des Geistes strebt die Geschichte des Höhersteigens dem Ziele der „Wissenschaft" zu, in welcher der Geist sich selbst zu erkennen vermag und alle Kräfte, die beim bisherigen Aufsteigen unerkannt und dunkel gewirkt haben, durchschaut. Auf dieser Stufe ist er zur Erkenntnis seiner eigenen Wahrheit durch Übersicht über seine bisherige Geschichte vom Anfang bis zu ihrem Ende gelangt. Bei Nietzsche gibt es den „Geist" nicht: er würde dem Willen zum Schaffen und zur Sinngebung zuvorkommen und ihn überflüssig machen. Der Geist ist nach Hegel die absolute Macht und der absolute Sinn zugleich, der sich über die Köpfe der Menschen hinweg verwirklicht. Selbsterkenntnis in der menschlichen Philosophie ist die Vollendung des Geistes, der dadurch seine ,,Wahrheit" gewonnen hat. Für Nietzsche hat philosophisches Erkennen eine andere Bedeutung: es dient der Auslegung und Zurechtlegung der Welt, auf deren Boden der Wille zur Macht seiner ihm eigentümlichen Verfassung gemäß sich einrichtet und auf seine Ziele hin ausrichtet. Es ist ein ,,Schaffen" der Welt, die ein ,,Ich bin" als ,,Existenzbedingung" braucht, weil es sich in ihr und durch sie ,,Sinn" gibt. Nietzsches Tageszeit ist nicht die Dämmerung, in welcher die Eule der Minerva ihren Flug beginnt, sondern der Mittag, in dessen Gegenwart der Lebendige einerseits auf den bisherigen Weg, die Vergangenheit, zurückblickt und andererseits auf das noch vor ihm Liegende, auf die Zukunft, voraussieht: denn jede erreichte Höhe muß Freiheit für ein Schaffen in die Zukunft hinein bedeuten. Philosophisches Denken wird von Nietzsche nicht als reine Theorie verstanden, sondern als eine Form des Handelns: es ist Schaffen je einer Weltinterpretation, die zur Verwirklichung je eines Seins gehört. Daher wird es Nietzsche von seinem Standpunkt aus dem vernunftdialektischen Standpunkt Hegels verargen, daß er die antike Weltauffassung mit der christlichen vermittelt und dadurch die absoluten Unterschiede beider durch Relativierung auf eine ihnen gemeinsame Fortschrittsgeschichte des vernünftigen Geistes eingeebnet hat: im Hinblick darauf macht er keinen Unterschied zwischen Hegels Geschichtsphilosophie und dem die ,,Weltanschauungen" beschreibenden und objektivierend vergleichenden Historismus[31]. Andererseits aber ist ihm mit Hegel der Gedanke vom dialektischen Selbstüberschreiten und vom Aufwärtssteigen des Denkenden gemeinsam: nur stellt er sich dagegen, die überwundenen Gestalten des Geistes in musealer Weise aufzubewahren, statt in ihnen potentielle Brauchbarkeiten und Bedeutsamkeiten für ein mögliches künftiges ,,Leben" zu sehen.

Die ,,Leiter", auf welcher der Werdende emporsteigt, wird bei Nietzsche nicht von einem allgemeinen Geiste zur Verfügung gestellt,

---

[31] vgl. z. B. F. W. (V, S. 301): ,,Umgekehrt wäre gerade den Deutschen zuzurechnen..., diesen Sieg des Atheismus am längsten und gefährlichsten v e r z ö g e r t zu haben; Hegel namentlich war sein Verzögerer par excellence, gemäß dem grandiosen Versuche, den er machte, uns zur Göttlichkeit des Daseins zu allerletzt noch mit Hülfe unsres sechsten Sinnes, des ,historischen Sinnes', zu überreden."

ebensowenig wie das Emporsteigen in dessen Auftrag geschieht. Es gehört nicht zur Geschichte „des Geistes", sondern ist Geschichte der menschlichen Sinnotwendigkeit. Die Philosophie ermöglicht Erkenntnis dieser Notwendigkeit, sofern sie von „oben" her den überholten Denkgestalten in den Rücken schaut und deren Sinn-notwendigkeit erkennt: sie begreift, warum etwa ein Philosophentypus wie der des Sokrates idealistisch denken mußte. „Und was mir nun auch noch als Schicksal und Erlebnis komme, – ein Wandern wird darin sein und ein Bergsteigen: man erlebt endlich nur noch sich selber ... Und wenn dir nunmehr alle Leitern fehlen, so mußt du verstehen, noch auf deinen eigenen Kopf zu steigen: wie wolltest du anders aufwärts steigen? Auf deinen eigenen Kopf und hinweg über dein eigenes Herz! Jetzt muß das Mildeste an dir noch zum Härtesten werden... Du aber, oh Zarathustra, wolltest aller Dinge Grund schaun und Hintergrund: so mußt du schon über dich selber steigen, – hinan, hinauf, bis du auch deine Sterne noch unter dir hast! – Ja! Hinab auf mich selber sehn und noch auf meine Sterne: das erst hieße mir mein Gipfel, das blieb mir noch zurück als mein letzter Gipfel! –"[32]

Nimmt man einmal an, der von Nietzsche auf dem Wege des Aufstieges erstrebte Typus des Seins und Denkens sei erreicht, so dürfte das nicht Stillstand und Ausruhen bedeuten. Denn dieser Typus hat die Rolle des Schaffens, des Über-sich-hinausgehens, des Verneinens gewordener Lebensformen und Herstellens neuer Maßstäbe nicht abzulegen, wenn er seine Freiheit, Stärke, Souveränität über jeden Glaubensinhalt immer neu erobern will. Immer wieder muß er bereit sein, einen angenommenen Glauben außer Kraft zu setzen und sich selbst zu über--winden, wenn er die Herrschaft über seine eigenen Überzeugungen, d. h. über sich selbst nicht verlieren will.

Der Denkende vollzieht einen Aufstieg, der ihm immer wieder reichere und weitere Möglichkeiten der Erkenntnis seiner selbst und der Welt eröffnet. Erkenntnis seiner selbst geht durch die Phase der Entfremdung von sich selbst hindurch. Am Ende aber identifiziert er sich mit dem Erkannten; er hebt auf diese Weise die Entfremdung auf. Wenn man Dialektik in dieser weiten Bedeutung eines Zu-sich-selbst--Kommens durch Entfremdung versteht, dann darf man Nietzsche auch als Dialektiker bezeichnen.

---

[32] Z. Der Wanderer (VI, S. 219, 220 u. 221).

Nietzsches methodisches Bewußtsein wird im allgemeinen bei weitem unterschätzt. Er reflektiert auf die Methode des philosophischen Denkens vor allem in gelegentlichen Auseinandersetzungen mit Descartes. Die Frage der philosophischen Methodenlehre ist die Frage nach dem ,,Anfang". Descartes' methodische Forderung ging dahin, dem philosophischen Denken dadurch absolute Rückenfreiheit zu verschaffen, daß ein unbedingt voraussetzungsloser Anfang durch Entkräftung aller ,,Vorurteile" und bisher gültiger ,,Wahrheiten", durch methodische Zweifel hergestellt werde. Von diesem Anfang aus sollte das Gebäude des Wissens in methodisch festgelegten und kontrollierten Schritten aufgebaut werden. Nietzsche stellt sich aber in dieser Frage auf die Seite derjenigen Denker, zu deren Wortführer sich besonders Hegel gemacht hat, daß jeder ,,Anfang", den das philosophische Denken wählt, schon immer die ganze Geschichte des bisherigen Denkens enthalte. Der dialektische Hauptgedanke Hegels war der, daß der durch radikalen Zweifel hergestellte angeblich un-bedingte Ausgangspunkt, der ,,archimedische Punkt" des Descartes, noch immer die ganze Vorgeschichte des bisher geleisteten Denkens enthalte, gerade auch dadurch, daß es sie negiert. Dieser Gedanke führt auch zu einer Metakritik der kritischen Erkenntnistheorie, sofern er dieser vorhält, daß sie den unsinnigen Versuch mache, so zu tun, als ob bisher gar noch nichts erkannt worden wäre und daß mit dem Erkennen durch eine Untersuchung der Bedingungen alles möglichen Erkennens anzufangen sei.

Auch Nietzsche leugnet einen festen archimedischen Standpunkt in der Bedeutung eines un-bedingten Anfangspunktes alles philosophischen Erkennens, den Descartes geglaubt hat festlegen zu müssen, um bei ihm mit dem Aufbau des philosophischen Wissens anzufangen[33]. Philosophisches Denken kann in der Auffassung Nietzsches nicht Voraussetzungslosigkeit herstellen. Es wählt nicht einen un-bedingten Anfang, von dem aus es in methodisch vorgezeichneten und kontrollierten Schritten den ganzen Umkreis des philosophischen Wissens abschreiten würde. Vielmehr ist es in einem Aufwärtssteigen und Über-steigen schon immer vorher gewonnener Positionen begriffen. Jeder ,,Anfang" des philosophischen Denkens setzt somit seine ganze bisherige Geschichte voraus, die dem Denken die Leiter bereitstellt, auf der es über diese Geschichte hinauszugehen vermag. Demnach besteht der ,,Fort-

---

[33] vgl. KGW. Abtlg. VII, Bd. 3, S. 370: ,,In summa: es ist zu bezweifeln, daß ,das Subjekt' sich selber beweisen kann – dazu müßte es eben außerhalb einen festen Punkt haben und d e r fehlt!"

-schritt" des Denkens nicht in einer Anreicherung des bisher gewonnenen Besitzes an Erkenntnis, auch nicht in einer Ableitung von ersten axiomatischen Anfängen. Vielmehr vollzieht er sich in Über-gängen zu jeweils neuen, über-legenen Standpunkten. Nicht nur neue Inhalte kommen dabei in den Blick, sondern eine neue Art und Weise, die Welt zu sehen und zu beurteilen, wird jetzt maßgebend: Kant spricht von einer neuen „Denkart". Von jedem neuen Stand aus vermag der Aufwärtsgehende die Bedingtheiten der bisherigen überholten Denkweisen zu überschauen und die einem jeweiligen Stand der bisherigen Denkgeschichte eigentümlichen Auffassungen als Symptome der dazugehörenden Verfassung des Denkens zu deuten und ihre Notwendigkeit für die Erfüllung des Sinn-bedürfnisses, d. i. ihre Sinnotwendigkeit zu **erklären**.

Der erhöhte Standpunkt erlaubt es, die bisherigen Unternehmungen des Denkens als „unter" sich zu betrachten. Er ist über diese hinausgegangen und eines „Anfangs" fähig, der zugleich die für das Schaffen nötige Unbefangenheit gegenüber der bisherigen Tradition bedeutet. Aber der so Anfangende **weiß** zugleich, daß er die bisherige Geschichte des Denkens als Leiter benutzen muß, um seinen erhöhten Standpunkt zu gewinnen, von dem aus er denjenigen in den Rücken zu sehen vermag, deren Stand er überholt hat. Von seinem erhöhten Stande aus vermag er die **Notwendigkeit** zu erklären, weshalb diese und in ihrer Gesellschaft er selbst so denken **mußten**, wie sie gedacht haben. Er wird die Sinn-notwendigkeit **erklären** können, auf Grund deren die überholten Standpunkte an ihre Weltperspektiven glauben **mußten**. Und er wird die **wahren** Motivationen für diesen Glauben erkennen und die Irrtümer durchschauen, in welchen diese über sich selbst befangen sind. Zu diesen gehört auch der methodische Glaube an den ersten Anfang.

Daß jeder Stand des Denkens über seine eigenen Voraussetzungen und Motivationen im Irrtum sein **muß** und daß es eines Hinausgehens über ihn bedarf, um diesen Irrtum zu überwinden, ist aus folgendem Grunde einzusehen: die Behauptung eines Standes in der Geschichte des gedanklichen Aufstiegs und der Gebrauch der dazugehörigen Weltperspektive sind nicht nur Leistungen des begründeten, sondern vor allem auch des **entscheidenden** Denkens, also des Anteils, den der **Wille** am Denken hat. Daß geurteilt, geglaubt und von einer Perspektive Gebrauch gemacht werden kann und darf, setzt ein Ergebnis des beratenden, begründenden und motivierenden Denkens und eine Beendigung des Zweifels voraus, damit sich der Erkenntniswille für eine Weltperspektive entscheiden kann. ,,Daß eine Menge G l a u b e n da sein muß; daß g e u r t e i l t werden darf; daß der Zweifel in Hinsicht auf alle wesentlichen Werte f e h l t: – das ist Voraussetzung alles Lebendigen und seines Lebens. Also daß etwas für wahr gehalten werden m u ß, ist notwendig, – n i c h t, daß etwas wahr i s t."[34]

Behauptung je meines Standes bedeutet zugleich Entschiedenheit und Entschluß für meine Perspektive einer Welt, innerhalb deren ich mich einrichte und von der aus ich die Denkarten der andern beurteile, ihre Absichten entlarve und einer Kritik unterwerfe. Handle ich unter dem Einfluß eines ,,Glaubens", so kommt es mir nicht darauf an, daß mich dieser über Objekte aufklärt, es kommt mir nicht auf dessen ,,Wahrheit" oder ,,Falschheit", also auf seine ,,theoretische" Leistung an. Vielmehr bedeutet er eine für mein Leben, sein Denken und Handeln notwendige Sinnorientierung, welche mir auch die Maßstäbe für die Beurteilung der Handlungen und Aussagen der ,,andern" verschafft. Alles ,,Lebendige" bedarf für die Entschiedenheit seines Handelns einer Überzeugung und einer Gewißheit, die man von Nietzsche aus in Übereinstimmung mit Kant auch als ,,subjektive" Gewißheit des ,,Glaubens" bezeichnen kann – im Unterschied zu der ,,objektiven", der Wahrheit und Falschheit fähigen Gewißheit des ,,Wissens". Nietzsche beansprucht von s e i n e m Stande aus philosophische Programmaussagen etwa der Wissenschaft, die nach ,,Wahrheit" zu streben behauptet oder der Moral, die sich angeblich das ,,Gute" angelegen sein läßt, auf ihre wahre, eigentliche Motivation hin zu entlarven und diese jedesmal in einem bestimmt gearteten ,,Willen zur Macht" zu sehen.

5. Nietzsches Stellung in der Geschichte des Kritik- und Entlarvungsprogramms: Sinn-notwendigkeit und Sinn-erklärung

Das Konzept Nietzsches von der philosophischen Methode, welches er in Auseinandersetzung mit Descartes festlegt, macht auch von den in der ,,Dialektik" seit Kant gewonnenen Möglichkeiten der Kritik und Entlarvung Gebrauch. Es ist von Bedeutung, auf die Stellung zu achten, die Nietzsche der durch die Methoden der Kritik und Entlarvung bestimmten Tradition gegenüber einnimmt.

---

[34] W. z. M. Aph. 507 (XVI, S. 24).

Zunächst möge der Blick auf Kant gelenkt werden, der aus der Kritik ein philosophisches Programm gemacht hat. Dabei ist an seinen Satz zu erinnern, daß unser Zeitalter das eigentliche Zeitalter der Kritik sei, „der sich alles unterwerfen muß. **Religion** durch ihre **Heiligkeit** und **Gesetzgebung** durch ihre **Majestät** wollen sich gemeiniglich derselben entziehen."[35] Damit trifft Kant nicht nur eine Feststellung, sondern formuliert zugleich auch einen aufklärerischen Anspruch insofern, als die Anerkennung und das Geltenlassen von gesellschaftlich bedeutsamen Entscheidungsgrundlagen wie etwa derjenigen des Rechts oder der öffentlichen Moral und Religion nicht gedankenlos geschehen können, sondern vom „Gerichtshof" der Vernunft, der sich in jedem selbständig denkenden Bürger findet, gerechtfertigt werden muß. An der Kompetenz zu dieser obersten Rechtsprechung hat jeder Anteil. Vor dem Gerichtshof der allgemeinen Vernunft werden die Ansprüche der religiösen und juridischen Welt- und Wertperspektiven nach einer allgemeinen „Gesetzgebung" geprüft. Eventuelle Konflikte zwischen Weltperspektiven werden nach dem Vorbild eines Rechtsprozesses entschieden. So sorgt das kritische Programm für Einheit der Vernunft und Frieden in ihrem eigenen Staat. Auf Grund der allgemeinen Gesetzgebung ist Richterin Vernunft dazu legitimiert, einen eventuellen Streit verschiedener Normkonzepte, „Welt-anschauungen", „Ideologien" usf. an den Maßstäben ihrer allgemeinen und einheitlichen Gesetzgebung zu messen. Am Ende gebührt ihr die Entscheidung über die Prinzipien, nach denen Recht und Wahrheit gefunden werden sollen. Das juridische Grundmodell, nach welchem Kant das Prinzip: Vernunft begreift, impliziert auch den Anspruch, solche Streitfälle nicht in der Form des Krieges, sondern am Musterfall des bürgerlichen Rechtsprozesses auszutragen: also im Sinne des Friedens. Die Einheit der Vernunft mit sich selbst muß als die des **Friedens** aufgefaßt werden, d. h. sie muß als Rechtsvergleich zwischen verschiedenartigen Positionen aufzufassen sein, die in Freiheit ihre Interessenansprüche vertreten dürfen. Am Ende gibt es die am Systemprinzip der Vernunft orientierte **eine** Wahrheit und das „**eine**" **Recht**, das durch die in der Grundgesetzgebung der Vernunft bereitgestellten Argumente begründet wird.

Der Gedanke des Gerichtshofes der Vernunft, vor welchem der Streit von normativen Standpunkten entschieden wird, schließt ein, daß eine gerechte Entscheidung durch eine Art Dialog gesucht wird, der

---

[35] KrV. Aufl. A, Vorr. V. Anm. (Akademie-Ausgabe Bd. 4, S. 9).

zwischen den Parteien unter der Leitung des Richters ausgetragen wird. Dadurch kommt ein dialogisch-dialektischer Zug in das Programm der Kritik.[36] Die damit in Gebrauch genommene dialektische Methode verbindet sich mit dem Gedanken des denk-geschichtlichen Aufwärtsganges von einem Stande des Denkens zu einem ihm überlegenen und der dadurch bedingten Über-holung engerer, ärmerer Weltperspektiven durch über-legene und reichere. Vom überlegen Stand aus wird nachweisbar, daß der dialektischen Bewegung eine Vernunftdynamik innewohnt, die den Fortschritt bewirkt hat. Das überlegene Denken rechtfertigt sich selbst dadurch, daß es den über-holten Stand in der Weise zu ent-kräften vermag, daß es ihn als notwendige Übergangsstufe in der Geschichte des Aufgangs erklären und die diesem unbewußten gedanklichen Schranken, welche Ursache sind für Täuschungen über sich selbst, zu erkennen vermag. Damit ist auch die Entlarvung der falschen Ansprüche verbunden, die dieser überholte Stand glaubt anmelden zu dürfen. Der überlegene Stand legitimiert sich durch den Nachweis der Fähigkeit, dem über-wundenen Denken in den Rücken zu sehen und dabei dessen „eigentliche" Denk- und Handlungsmotivationen zu erkennen. Die Methode der Entlarvung besteht demnach darin, vom höheren Stande aus die Irrtümer, in denen der überholte, jetzt der Kritik unterworfene Stand über sich selbst und seine Stellung in der Welt befangen sein muß, aufzudecken. Auf diese Weise übernimmt die Methode der Dialektik das Programm der Kritik, sofern Welt- und Wertperspektiven in die dialektische Bewegung der einen Vernunft eingeholt werden, die sich als geschichtliche Entwicklung hin zum reifen und reichen Standpunkt der „Gegenwart" hin begreift.

Daß Nietzsche gegen seine eigene Absicht dieser Tradition zugerechnet werden muß, zeigt sich an der von ihm gewählten Methode der Kritik und Entlarvung. Er gibt z. B. eine Darstellung der „Genealogie der Moral", in welcher er die „eigentlichen" Motive aufdeckt, durch die unsere moralische und rechtliche Denkweise und Praxis bestimmt werden. „... endlich wird eine neue Forderung laut. Sprechen wir sie aus, diese **neue Forderung: wir haben eine Kritik der moralischen Werte nötig, der Wert dieser Werte ist selbst erst einmal in Frage zu stellen** – und dazu tut eine Kenntnis der Bedingungen und Umstände not, aus denen sie gewachsen, unter denen sie sich entwickelt und ver-

---

[36] vgl. meinen Aufsatz: „Das transzendental-juridische Grundverhältnis im Vernunftbegriff Kants und der Bezug zwischen Recht und Gesellschaft", in: Recht und Gesellschaft. Fs. f. Helmut Schelsky, Berlin 1978, S. 263–286.

schoben haben (Moral als Folge, als Symptom, als Maske, als Tartüfferie, als Krankheit, als Mißverständnis; aber auch Moral als Ursache, als Heilmittel, als Stimulans, als Hemmung, als Gift)..."[37] Sie läßt weiterhin erkennen, daß nicht das angeblich über den Egoismus hinausführende „Gute" als Motiv dieser Moral anzusehen ist, sondern daß „in Wahrheit" für ihre Entstehung und ihren Bestand der Wille der Schlechtweggekommenen zur Macht verantwortlich ist, der das eigentliche Gute des Lebens, des Leibes und der Erde ent-werten will. Das Programm der entlarvenden Kritik und der „erhöhte" Standpunkt, von dem aus es verwirklicht wird, wird auch so angedeutet: „Will Jemand ein wenig in das Geheimnis hinab und hinunter sehn, wie man auf Erden Ideale fabriziert? Wer hat den Mut dazu?... Wohlan! Hier ist der Blick offen in diese dunkle Werkstätte. Warten Sie noch einen Augenblick, mein Herr Vorwitz und Wagehals: Ihr Auge muß sich erst an dieses falsche schillernde Licht gewöhnen..."[38] Es werden die Artistengriffe, Verfälschungskünste, Tarnungen und Maskierungen der Erfinder des moralischen Ideals durchschaut und die Wortmasken abgenommen, mit denen sie sich tarnen[39].

Nietzsches Programm der Kritik und Entlarvung nimmt die Pluralität der Weltperspektiven nicht historistisch als in der geschichtlichen Natur gegebene naturwüchsige Weltanschauungsformen hin. Vielmehr macht es die durch den Gedanken der „Geschichte der Vernunft" (Kant) bestimmte kritische Methode zum Vorbild, mit deren Hilfe es gelingt, jedes der Weltkonzepte auf seinen ihm gebührenden Platz in der Gesamtgeschichte des Denkens hinzustellen, seine notwendige Bedeutsamkeit für den, der es vertritt, zu „erklären" und durch Entlarvung zu über-holen. Überholt wird auch der Historismus, der die Vielheit der Normkonzepte als Tatsachen hinnimmt, weil er zu schwach ist, ihnen im Rahmen einer Geschichte des Denkens ihren „Sinn" anzuweisen. Gleichwohl erfährt das Programm der Kritik bei Nietzsche im Vergleich

---

[37] G.d.M., Vorr. Nr. 6, (VII, S. 294).
[38] ibidem S. 329.
[39] ‚Wir Guten – wir sind die Gerechten' – was sie verlangen, das heißen sie nicht Vergeltung, sondern ‚den Triumph der Gerechtigkeit'; was sie hassen, das ist nicht ihr Feind, nein! sie hassen das ‚Unrecht', die ‚Gottlosigkeit'; was sie glauben und hoffen, ist nicht die Hoffnung auf Rache, die Trunkenheit der süßen Rache ..., sondern „der Sieg Gottes, des gerechten Gottes über die Gottlosen", was ihnen zu lieben auf Erden übrig bleibt, sind nicht ihre Brüder im Hasse, sondern ihre „Brüder in der Liebe", wie sie sagen, alle Guten und Gerechten auf der Erde." (ibidem S. 331).

mit Kant eine Veränderung. Kant hat vom Modell des Gerichtshofs und des Rechtsprozesses Gebrauch gemacht, demgemäß er das Denken seine Entscheidung im Streit der Weltinterpretationen finden ließ. Nietzsche aber läßt das Denken nicht auf dem Wege eines Gerichtsverfahrens zur Ent-scheidung und zur Einheit mit sich selbst kommen, sondern er beruft sich auf den Willen zur Macht. Sein Modell ist das des Kampfes zwischen dem Stärkeren und dem Schwächeren, dem auf die Zukunft gerichteten Jasagenden und dem Müden, dem Neinsager. Er selbst nimmt für das Ja zum Sinn der Erde und des Leibes Partei. Vom Standpunkt des „Lebens" aus entwirft er die Einheit der Geschichte über der Vielheit der Weltperspektiven. Die Parteinahme für das Leben gilt ihm als die eigentliche „Gerechtigkeit". Kritik dient ihm als strategisches Mittel im Kampf um das Über-legensein, analog wie unter ganz anderen Voraussetzungen im Marxismus Ideologiekritik die Funktion einer politischen Waffe übernimmt.

Nietzsches Entlarvungstechnik, die in seiner Kritik an Christentum, Moral, Platonismus, Idealismus usw. faßbar wird, mag beispielsweise auch im Fall der Logik- und Sprachkritik erkennbar gemacht werden. Wir machen z. B. in einem Urteil von der Identität Gebrauch, sofern wir von einem Subjekt sein Prädikat aussagen. Nietzsche geht von der in der neuzeitlichen Sprachlogik üblichen Deutung der Prädizierung als Identisierung aus, nach der das Prädikat jeweils eine identische allgemeine Klasse darstellt, welche für viele Fälle gilt. Das Urteil „arbeitet unter der Voraussetzung, daß es überhaupt identische Fälle gibt."[40] Entgegen der **Meinung** des Urteilenden, durch die Annahme eines allgemeinen identischen Prädikats, welches für viele gilt, eine objektive Wahrheit festgestellt zu haben, ist vom Standpunkt des sich selbst erkennenden Willens zur Macht aus zu sagen: die Interpretation der Wirklichkeit am Leitfaden der Identität bedeutet eine Fälschung, die auf das Konto des Willens zum Gleichmachen, Übersichtlichmachen und Klassifizieren der Vielheit des Seienden geht. Die im Urteil wirksame Kategorie der Identität darf nicht den Status von Wahrheit beanspruchen, weil sie Ergebnis eines Willens zur Bewältigung der Vielheit der Dinge ist: ist „Wahrheit" vielleicht selbst „eine Art Glaube, welche zur Lebensbedingung geworden ist?" Daher kann sich der „**Wille zur logischen Wahrheit...** erst vollziehen, nachdem eine grundsätzliche **Fälschung** alles Geschehens vorgenommen ist. Woraus sich ergibt, daß hier ein

---
[40] KGW, Abtlg. VII, Bd. 3, S. 367.

Trieb waltet, der beider Mittel fähig ist, zuerst der Fälschung und dann der Durchführung Eines Gesichtspunktes: die Logik stammt nicht aus dem Willen zur Wahrheit".[41] So ist die angebliche Erkenntnis einer Identität in „Wahrheit" als Wille zur Identisierung des Verschiedenartigen, als Auslese, als „Assimilieren, Ausscheiden, Wachsen usw." zu entlarven. Eine „Denkart" und die von ihr gebrauchten Kategorien können als Symptom einer Seinsverfassung des sie Vertretenden erklärt werden; die ihr entsprechende Weltperspektive ist notwendige „Lebens"- bzw. „Existenz-bedingung" dessen, der von ihr Gebrauch macht.

Von hier aus mag ein Blick auf Leibniz geworfen werden, welcher mit starker Betonung die Nichtsubsumierbarkeit des Individuellen – alles in der Welt Seiende ist individuell – unter einen allgemeinen abstrakten Begriff behauptet hat. Seine Auffassung war die, daß wir im Dienste gewisser Erkenntniszwecke, z. B. derjenigen der Physik, in welcher es auf Vorhersagbarkeit der Ereignisse ankommt, abstrakte, gleichmachende und identisierende Perspektiven anzuwenden genötigt sind, deren Abstraktheit aber von der Philosophie durchschaut werden muß.[42] In Wahrheit aber kämpft, wie es bei Nietzsche heißt, jede der in „Unzahl formenden Kräfte aus früheren Zeiten" mit der andern, sie regieren und bändigen sich gegenseitig. „Ein Wille zur Macht geht durch die Personen hindurch, er hat die Verkleinerung der Perspektive, den ‚Egoismus' nötig, als zeitweilige Existenz-Bedingung; er schaut von jeder Stufe nach einer höheren aus...."[43] Zu dieser Verkleinerung der Perspektive gehört auch die Auslegung der Wirklichkeit am Leitfaden der abstrakten Kategorie: Identiät. Nietzsche macht den Willen zur Macht für die Verkürzung und „Fälschung" der Wirklichkeit verantwortlich. Da dieser nicht erst im Bereich des Ich-Bewußtseins, sondern auch „schon" im Organischen, Leiblichen wirksam ist, kann Nietzsche im Kontext mit der Entlarvung der Arbeit der Logik von logik-analogen Funktionen in demjenigen sprechen, was man mit Leibniz als „Leibmonade" bezeichnen könnte: „Bevor geurteilt wird, muß der Prozeß der Assimilation schon getan sein: also liegt auch hier eine intellektuelle Tätigkeit..., die nicht ins Bewußtsein fällt, wie

---

[41] ibidem S. 366.
[42] vgl. meine Untersuchung: Das Copernikanische Prinzip und die philosophische Sprache bei Leibniz. Zs. f. Philos. Forsch., Bd. 27, H. 3 (1973), S. 333f.
[43] KGW. Abtlg. VII, Bd. 3, S. 262.

beim Schmerz infolge einer Verwundung. Wahrscheinlich entspricht allen organischen Funktionen ein inneres Geschehen, also ein Assimilieren, Ausscheiden, Wachsen usw. – Wesentlich, vom Leibe ausgehen und ihn als Leitfaden zu benutzen. Er ist das viel reichere Phänomen, welches deutlichere Beobachtung zuläßt. Der Glaube an den Leib ist besser festgestellt als der Glaube an den Geist". [44]

Wenn Kritik und Entlarvung eines Maßstabs bedürfen, so wird dieser bei Nietzsche nicht in der Einheit der Vernunft mit sich selbst und in der Freiheit von Widerspruch zu suchen sein, sondern in der Bedeutsamkeit für das „Leben". Die Überzeugungskraft einer überlegenen Perspektive liegt in ihrem Vermögen der Sinn-motivation. Die Meinung der Philosophen von der Motivation für die Annahme eines „Glaubens" wird mit den Ansprüchen des Lebens und Willens zur Macht konfrontiert, welcher die „eigentlichen" und maßgebenden Motive für dessen Überzeugungskraft abgibt. So erweist sich das, was vom untergeordneten Standpunkt der Logik, der Einzelwissenschaft oder auch von einem traditionellen philosophischen Konzept aus als „Wahrheit" ausgegeben wird, von dem sich selbst erkennenden Willen zur Macht aus als eine notwendige Fälschung und Täuschung. „Daß der Wahrhaftige mehr wert sei als der Lügner, im Haushalte der Menschheit, wäre immer noch erst zu erweisen. Die ganz Großen und Mächtigen waren bisher Betrüger: ihre Aufgabe wollte es von ihnen." [45]

Das Programm der Entlarvung gehört zu der Absicht des Denkenden und Wissenden, über die eigene Geschichte des Aufwärtssteigens Klarheit und zugleich Herrschaft zu gewinnen. Der überholte Standpunkt und sein „Glaube" wird vom überlegenen Erkenntnisstande aus als Symptom einer zu ihm gehörenden Verfassung des Lebens und Denkens erkennbar. Die Erkenntnis der notwendigen Beziehung zwischen dem Sein des Standnehmenden und seiner Weltperspektive, die ihm „Sinn" bietet, wird zur Grundlage für eine Sinn-erklärung: in dieser wird die Notwendigkeit einer Weltperspektive für den sie Wählenden als dessen „Existenz"- bzw. Lebensbedingung erkannt. Die Entlarvung der „wahren" Überzeugungsmotive eines Glaubens bedeutet dessen Entmachtung, aber nicht seine Vernichtung. Entlarvung geht sogar mit der Würdigung des Sinn-nutzens einer Weltperspektive einher, den sie dem Leben in einem gewissen geschichtlichen Augenblick

---

[44] ibidem S. 367. Ob Nietzsche hier an die Helmholtzsche Theorie des „unbewußten Schließens" im Falle des Wahrnehmens denkt?
[45] ibidem S. 383.

gerade auch durch ihren Irrtumsgehalt leistet. Nietzsche sagt über die von ihm selbst überwundene Phase der Loslösung und Befreiung in „Menschliches, Allzumenschliches", er habe in ihr die Überwindung der Metaphysik als erreicht angesehen, zugleich aber „stellte ich die Forderung für mich, für diese überwundenen Metaphysiken, insofern von ihnen „die größte Förderung der Menschheit" gekommen sei, einen großen dankbaren Sinn festzuhalten. – Aber im Hintergrunde stand der Wille zu einer viel weiteren Neugierde, ja zu einem ungeheuren Versuche (gesp. v. Verf.): der Gedanke dämmerte in mir auf, ob sich nicht alle Werte umkehren ließen, und immer kam die Frage wieder: Was bedeuteten überhaupt alle menschlichen Wertschätzungen? Was verraten sie von den Bedingungen des Lebens, (gesp. v. Verf.) seines Lebens, weiterhin des menschlichen Lebens, zuletzt des Lebens überhaupt? –"[46]

In der Denkphase des Buches „Menschliches, Allzumenschliches" hat Nietzsche das Instrument der Kritik und Entlarvung zu gebrauchen gelernt. Er sagt später, dieses Buch sei das Denkmal einer „Krisis". Er habe es ein Buch für „freie Geister" genannt, und fast jeder Satz darin drücke einen Sieg aus. „Ich habe mich mit demselben vom Unzugehörigen in meiner Natur frei gemacht. Unzugehörig ist mir der Idealismus: der Titel sagt ‚wo ihr ideale Dinge seht, sehe ich – Menschliches, ach nur Allzumenschliches!'"[47] Von einem „höheren", souveränen Stand aus vermag er den Glauben an Moral, Idealismus, Christentum, Kunst, Wissenschaft auf seine von diesem selbst nicht durchschauten Voraussetzungen hin zu erkennen: er vermag etwa die idealistische Philosophie als Symptom einer Verfassung der Unfähigkeit zur selbständigen Hingebung an die Notwendigkeit des Seins und zur schenkenden Tugend zu erklären und von hier aus der Freiheit eine Bedeutung folgender Art zu geben: „In keinem andren Sinne will das Wort ‚freier Geist' hier verstanden werden: ein freigewordner Geist, der von sich selber wieder Besitz ergriffen hat."[48]

Sein eigenes kritisches Vorgehen in der „mittleren Phase" seines Denkens beschreibt Nietzsche vom „späten", d. h. über-legenen und souveränen Stande aus so: er polemisiere gegen die „Ideale", von denen er sich lossagt, nicht wie ein Gegner, der sie vernichten will, denn dann würde er sich als auf einer und derselben Ebene mit jenen stehend

---

[46] E. H. (XIV, S. 389).
[47] XV, S. 73/74.
[48] ibidem S. 74.

verhalten. Der „freie Geist" hat vielmehr selber die Beherrschung und Verfügung über jede Art von sinn-bedeutsamer Weltperspektive als Sinn-notwendigkeit s e i n e s Seins gefunden und d. h.: er hat sich wiedergefunden. Darin besteht seine Befreiung. Sie bedeutet den Über-gang und Fort-schritt zu einem Stande, der die Kritik und Entlarvung eigener früherer Überzeugungen und daher die kritisch überlegene Identisierung mit ihnen erlaubt. Nietzsche versteht seine Möglichkeit der Kritik als durch einen überlegenen Stand begründet, von dem aus er Positionen im Hinblick auf ihre E n t s t e h u n g auf Grund von Sinn-motiven zu e r k l ä r e n vermag, die diesen selbst nicht erkennbar sind. „Sieht man genauer zu, so entdeckt man einen unbarmherzigen Geist, der alle Schlupfwinkel kennt, wo das Ideal heimisch ist, – wo es seine Burgverliese und gleichsam seine letzte Sicherheit hat. Eine Fackel in den Händen, die durchaus kein ‚fackelndes' Licht gibt, mit einer schneidenden Helle wird in diese U n t e r w e l t des Ideals hineingeleuchtet. Es ist der Krieg, aber der Krieg ohne Pulver und Dampf, ohne kriegerische Attitüden, ohne Pathos und verrenkte Gliedmaßen – dies Alles selbst wäre noch ‚Idealismus'. Ein Irrtum nach dem andern wird gelassen aufs Eis gelegt, das Ideal wird nicht widerlegt – es e r f r i e r t ... Hier z. B. erfriert ‚das Genie'; eine Ecke weiter erfriert ‚der Heilige'; unter einem dicken Eiszapfen erfriert ‚der Held'; am Schluß erfriert ‚der Glaube', die sogenannte ‚Überzeugung', auch das ‚Mitleiden' kühlt sich bedeutend ab – fast überall erfriert ‚das Ding an sich'..."[49] Die Kritik überwundener Glaubensinhalte und Weltperspektiven macht zugleich deren Genealogie erkennbar: sie macht den Charakter und die Verfassung des Denkenden sichtbar, welcher sie behauptet und an ihnen „hängt", weil sie seine „Existenzbedingung" sind.

Das Licht der Kritik ist schillernd: es beleuchtet auch die positive, dem Leben dienliche Seite eines kritisierten Konzepts. So wird auch erkennbar, daß der Wille etwa in der Naturwissenschaft Verfälschung der Natur betreibt, wenn er den Reichtum der Wirklichkeit einengt und ihn in eine dem Zweck der Überschaubarkeit, Beherrschbarkeit und Berechenbarkeit dienende Perspektive rückt. Die von ihm gebrauchte Perspektive und die ihr eigentümlichen Kategorien dürfen dann Geltung beanspruchen, wenn es darum geht, die Natur zu beherrschen. Er selbst, dieser Wille, weiß davon nichts, und es mag sein, daß er sich die Maske eines Willens zur „Wahrheit" gibt. Das ist nicht boshafte Irreführung,

---

[49] ibidem S. 74.

sondern durch diese Täuschung und Selbsttäuschung dient er um so besser der Erfüllung seiner Aufgabe, die sich ihm als sinnvoll zeigt, wenn er sie im Lichte der betreffenden Perspektive sieht. Nietzsches kritisches Programm der Sinn-erklärung eines Denkcharakters und seiner Kategorien im Hinblick auf dessen Notwendigkeit für einen entsprechenden Willen nimmt auch hier, wie im Falle von Moral und Recht, die Form der **Genealogie** an: ,,In der Bildung der Vernunft, der Logik, der Kategorien ist das **Bedürfnis** maßgebend gewesen: das Bedürfnis, nicht zu ‚erkennen', sondern zu subsumieren, zu schematisieren, zum Zweck der Verständigung, der Berechnung... (Das Zurechtmachen, das Ausdichten zum Ähnlichen, Gleichen, – derselbe Prozeß, den jeder Sinneseindruck durchmacht, ist die Entwicklung der Vernunft!)."⁵⁰

Das in der Architektonik dieses ,,Charakters" dominierende Bewußtsein muß, ja darf nicht ein Wissen von ,,allem" haben, das im Ganzen des lebendigen Seins vorgeht. ,,Wie ein Feldherr von vielen Dingen nichts erfahren will und nichts erfahren darf, um nicht die Gesamt-Überschau zu verlieren: so muß es auch in unserem bewußten Geiste **vor Allem einen ausschließenden wegscheuchenden Trieb** geben, einen auslegenden –, welcher nur **gewisse** fakta sich vorführen läßt. Das Bewußtsein ist die Hand, mit der der Organismus am weitesten um sich greift: es muß eine feste Hand sein." Unter dem Aspekt beurteilt Nietzsche auch das Instrument des wissenschaftlichen ,,Begriffes". Er ist eine ,,Erfindung, der nichts **ganz** entspricht, aber Vieles ein wenig: ein solcher Satz ‚zwei Dinge, einem dritten gleich, sind sich selber gleich' setzt 1) Dinge, 2) Gleichheiten voraus: beides gibt es nicht."⁵¹ ,,Ding" bedeutet nach Nietzsche eine abstrakte Fiktion wie auch Gleichheit, da es ,,eigentlich" nur je dieses individuelle Etwas gibt. Mit einer erfundenen starren Begriffs- und Zahlenwelt verschafft sich der Mensch ein Mittel, sich ungeheurer Mengen von Tatsachen durch den Gebrauch von Symbolen zu bemächtigen und seinem Gedächtnisse einzuschreiben. Der symbolische Zeichenapparat gibt ihm dadurch Überlegenheit, daß er eine Verfügung über die Vielheit der Tatsachen ermöglicht. ,,Die Reduktion der Erfahrungen auf **Zeichen** und die immer größere Menge von Dingen, welche also gefaßt werden kann: ist seine **höchste Kraft**. Geistigkeit als Vermögen, über eine ungeheure Menge von Tatsachen in Zeichen Herr zu sein. **Diese geistige Welt**,

---

⁵⁰ W.z.M. Aph. 515 (XVI, S. 27).
⁵¹ KGW., Abtlg. VII, Bd. 3, S. 184.

diese Zeichen-Welt ist lauter ‚Schein und Trug', ebenso schon wie jedes ‚Erscheinungsding' – und der ‚moralische Mensch' empört sich wohl!"⁵²

Wenn man die „Hintergründe" und eigentlichen Motivationen der Erkenntnisarbeit mit den Augen der Kritik betrachtet, so erweist sich Erkennen als Mittel für den Willen zur Macht, um zur Herrschaft zu kommen. Erkennen ist nicht interesselos, sondern im Urteil des Erkennenden wird jeweils zugleich eine Entscheidung gefällt.

Wenn Nietzsche auf dem Grunde des naturwissenschaftlichen Denkens den Willen zur Macht agieren läßt, der sich an Kategorien verrät, mit denen dieses Denken perspektivisch die Natur ausdeutet, so liegt die Bedeutung von Macht nicht primär in der Verfügung über die Natur, sondern besteht in der Freiheit des Bewußtseins, über die Perspektive der Naturbeherrschung selbst zu verfügen. Im Begriff der Macht ist in erster Linie der Gedanke an eine Erhöhung des Lebensgefühls durch die Erfahrung der gesetzgeberischen Herrschaft über die Natur maßgebend. Es ist die „Lebensbedingung" der Spezies Mensch, „daß sie an sich selber Lust... hat (der Mensch hat Freude an den Mitteln seiner Erhaltung: und zu ihnen gehört es, daß er sich nicht will täuschen lassen, daß Menschen sich gegenseitig helfen und sich zu verstehen bereit sind; daß im Ganzen die gelungenen Typen auf Kosten der mißratenen zu leben wissen). In dem Allen drückt sich der Wille zur Macht aus, mit seiner Unbedenklichkeit, zu den Mitteln der Täuschung zu greifen: – es ist ein boshaftes Vergnügen denkbar, das ein Gott beim Anblick des sich selber bewundernden Menschen empfindet.⁵³" Hier wird erkennbar, daß die eigentliche Bedeutung von Macht die der Erhöhung des Lebensgefühls, der souveränen Beherrschung der Perspektiven und des Bewußtseins ist, Maßstäbe zu geben und zu „schaffen". Sie ist primär Macht des Gebrauchs sinn-gebender Perspektiven, denen lebensbedingende Notwendigkeit eignet. Sekundär wird auch ein politischer Herrschaftseffekt erreicht, sofern geschaffene Wertmaßstäbe Überzeugungskraft gewinnen und dadurch Herrschaftsverhältnisse hergestellt werden. Dann aber vollzieht sich das Verhalten der zur Überzeugung

---

[52] ibidem. Auch diese erkenntnistheoretische Bemerkung Nietzsches, daß wir uns um des Übersichtlichmachens der Vielheit des Wirklichen der Zeichen und Symbole bedienen, weist einen auffälligen Bezug zu der Leibnizschen Unterscheidung zwischen „intuitiver" und „symbolischer" Erkenntnis auf. Vgl. meine Untersuchung: Philosophische Grundlegung zu einer wissenschaftlichen Symbolik, Meisenheim 1954.
[53] XIV, S. 324.

Gekommenen von selbst und „freiwillig" den Normen gemäß, die der Schaffende zur Geltung gebracht hat.

Macht ist im engen Zusammenhang mit dem Auf- und Höhersteigen des Denkens, der Bewegung zu verstehen, in welcher das Denken überlegenere, freiere und reichere Perspektiven gewinnt. Wenn man auf diesen Machtbegriff achtet, so wird man dazu geführt, auch im Willen zur Macht über die Natur primär das Interesse am „Gefühl" des Überlegenseins über sie durch das Bewußtsein der Gesetzgeberrolle ihrer Gesetze (Kant) als maßgebend zu erkennen, nicht aber das Interesse an der Verfügung über ihre Kräfte. In diesem Sinne bringt der neuzeitlich Denkende den Macht-stand seines Bewußtseins zum Ausdruck, wenn er sagen kann: „Unsere Gesetze und Gesetzmäßigkeiten sind es, die wir in die Welt hineinlegen – so sehr der Augenschein das Umgekehrte lehrt und uns selber als die Folge jener Welt, jene Gesetze als die Gesetze derselben in ihrer Wirkung auf uns zu zeigen scheint. Unser Auge wächst – und wir meinen, die Welt sei im Wachsen. Unser Auge, welches ein unbewußter Dichter und ein Logiker zugleich ist! Welches jetzt einen Spiegel darstellt, auf dem sich die Dinge nicht als Flächen, sondern als Körper zeigen – als seiend und beharrend, als uns fremd und unzugehörig, als Macht neben unserer Macht! Dieses Spiegel-Bild des Auges malt die Wissenschaft zu Ende! – und damit beschreibt sie ebenso die bisher geübte Macht des Menschen als sie dieselbe weiter übt – unsere dichterisch-logische Macht, die Perspektiven zu allen Dingen festzustellen, vermöge deren wir lebend erhalten."[54] Der Gebrauch der Perspektiven als Sinn-notwendigkeiten, nicht der „reale" physische Machtgewinn durch sie ist lebensbedingend für uns. Das Höhersteigen, welches in die Regionen freierer, weiterer und reicherer Perspektiven führt, ist als Immer-mächtiger-werden in dem Sinne zu verstehen, daß das Glück des Freiheitsbewußtseins und des Schaffens zunimmt. Nur wenn Kritik als Befreiung von engen Weltperspektiven diese Erhöhung und zugleich Erweiterung befördert, statt die Impulse des Schaffens durch ein Übermaß von Reflexion zu lähmen, ist sie wertvolles Ferment im Zuge der Befreiung zum Schaffen.

Vom kritischen Standpunkt aus werden die Theorien und Grundbegriffe der Wissenschaft als jeweilige Symptome für einen auf bestimmte Zwecke ausgehenden Willen zur Macht erklärt: sie sind von ihm gebrauchte Perspektiven, durch deren Eigenart er sich verrät. So ist die

---

[54] XII, S. 42/43.

Zahl eine „perspektivische Form" ebenso wie Zeit und Raum; die „materiellen Atome" lassen sich nur für den Hand- und Hausgebrauch des Denkens halten, ebenso sind Subjekt und Objekt, Activum und Passivum, Ursache und Wirkung, Mittel und Zweck immer nur perspektivische Formen: „In Summa, daß die Seele, die Substanz, die Zahl, die Zeit, der Raum, der Grund, der Zweck – miteinander stehen und fallen." Obgleich solche von der Wissenschaft gebrauchten Perspektiven von der Kritik eines höheren Standes aus gesehen als Fälschungen zu entlarven sind, sind sie doch dem Willen dienlich, in dessen Dienst sie stehen. Sie sind für die Verwirklichung seiner Erkenntniszwecke unentbehrlich, nur darf das kritische Bewußtsein ihren Perspektivencharakter nicht vergessen und muß an ihn erinnern, wenn sie mit dem Anspruch auf Wahrheit auftreten sollten.

Physikalische Modelle und dementsprechende perspektivische Formen sind sprachliche und gedankliche Mittel, mit Hilfe deren wir die Gegenstände der uns schon immer bekannten Handlungswelt und ihre Beziehungen und Bewegungen auf die Sprache der Berechenbarkeit bringen. Es wäre ein Irrtum anzunehmen, daß diese Sprache die Wahrheit über die Dinge erbringen würde. Gesetzt, daß wir „nicht so töricht sind, die ‚Wahrheit', in diesem Falle das X höher zu schätzen als den Schein, gesetzt, daß wir entschlossen sind, zu leben – so wollen wir mit dieser Scheinbarkeit der Dinge nicht unzufrieden sein und nur daran festhalten, daß niemand, zu irgendwelchen Hintergedanken, in der Darstellung dieser Perspektivität stehen bleibe: – was in der Tat fast allen Philosophen begegnet ist, denn sie hatten alle Hintergedanken und liebten ihre ‚Wahrheiten'". Die hier von Nietzsche angesprochenen Philosophen tarnen ihren philosophischen Egoismus durch die Parole der Wahrheit. Je nach der Absicht, dergemäß sich der Wille zur Macht in bestimmter Weise artikuliert, ergibt sich eine spezifische Aufgabe: ein Problem. Dieses lösen wir durch den Einsatz einer bestimmten Perspektive wie etwa derjenigen des Atomismus. Nietzsche erinnert in solchen Zusammenhängen gelegentlich an Ariadne und den von ihr gelieferten Faden, der uns aus dem Labyrinth der Probleme führen soll. Dieser Faden ist die Perspektive, wozu auch das Bewußtsein der Perspektivität selbst gehört. Derjenige, der dieses Bewußtsein wachhält, ist ein „labyrinthischer Mensch", der nicht die Wahrheit sucht, sondern immer nur „seine Ariadne, – was er uns auch sagen möge."[55] Es gibt keinen „Tat-

---

[55] ibidem S. 259.

bestand an sich", sondern von uns muß ein „Sinn ... immer erst hineingelegt werden, damit es einen Tatbestand geben kann."[56]

Jetzt mag die Sprache auf das schon längst fällige Thema der Sinn--erklärung gebracht werden. Sie soll als Aufweis des Notwendigkeitszusammenhanges zwischen je einem „Ich bin" und seiner Weltperspektive, die für dieses „Lebensbedingung" ist, verstanden werden. Sinnerklärung soll sie heißen, weil sie von der Voraussetzung ausgeht, daß „Ich bin" einer Welt als seines Sinnhorizontes notwendig bedarf und daß ein erhöhter Stand die Möglichkeit bietet, die Sinnleistung je einer Weltperspektive für ein Sein, von dem sie behauptet wird, als Notwendigkeit für dieses zu rekonstruieren und damit das „Müssen" zu erklären, welches zum Gebrauch dieser Perspektive nötigt.

Entscheidung für den Gebrauch einer „Philosophie" ist als Handeln im besonderen Sinne, als Denk-handeln anzusprechen. Sinn-erklärung ist der Aufweis der notwendigen Beziehung zwischen „Ich bin" und seinem Denk-handeln, durch das sich dieses die eigene „Lebensbedingung" in Gestalt eines sinngebenden Weltentwurfes „schafft". Kritische Philosophie „erklärt" eine über-holte Weltperspektive durch den Nachweis, daß diese Lebensbedingung eines „Ich bin" ist. Diese Form der Erklärung des überholten Seins und Denkens dient dem „Ich bin" des über-legenen Standes dazu, seine Überlegenheit über die eigene, hinter und „unter" ihm liegende Vergangenheit zu begreifen: d. h. Selbsterkenntnis zu gewinnen.

Unter „Erklären" wird im philosophischen Sprachgebrauch die Gestalt des Denkens und Begreifens verstanden, die sich eines kausal-funktionalen Gesetzeszusammenhanges bedient, um im konkreten Fall eine Erscheinung durch Zurückführen auf eine andere zu „begreifen". Diese Form des Begreifens ist in der Naturwissenschaft zuhause. Die Stellung des Erkennenden ist hierbei die des von außen zusehenden Beobachters. Die Form des Begreifens, die man im philosophischen Sprachgebrauch als „Verstehen" bezeichnet, ist den Humanwissenschaften zuzuordnen. Die „Stellung" des Verstehenden seinem „Gegenstand" gegenüber ist die der Identisierung mit ihm über eine zeitliche und zugleich gedanklich bedingte Distanz hinweg: der Verstehende will seinen Gegenstand für das Denken seiner jeweiligen Gegenwart von seinen Handlungen, Zielen, Absichten, Überzeugungen und Erfahrungen sprechen lassen. Verstehendes Beschreiben des Gegenstandes bedeutet zugleich dessen

---

[56] vgl. W. z. M. Aph. 481 (XVI, S. 11/12).

Nachproduzieren von einem „inneren" Stand aus, von dem aus ich den verstandenen Gegenstand als zu meiner Welt gehörig begreifen kann. Sinn-erklären ist eine dritte von „Erklären" und „Verstehen" verschiedene Form des Begreifens und Erkennens, in welcher sowohl der „äußere"wie auch der „innere" Stand dem Gegenstand gegenüber eingenommen wird. Erklärt z. B. Nietzsche die platonische Philosophie als notwendige Sinnperspektive für einen Menschen von der Art Platons, so steht er zunächst außerhalb seines „Gegenstandes", dessen Lebensbedingung er mit objektiver Kälte beschreibt. Aber die Arbeit des Sinnerklärens ist damit nicht zu Ende gebracht: in ihr vollzieht der Erklärende eine Änderung in seinem Stellungnehmen: hat er den „äußeren" Zusammenhang erkannt, so deutet er ihn als zu seiner eigenen geschichtlichen Welt, als sich selbst zugehörig. Sinnerklärung hat Verstehen zur Voraussetzung, sofern man eine Philosophie erst „verstanden" haben muß, um sie als notwendiges System eines sie behauptenden Seins erklären zu können.

Es gilt, sich nicht auf eine einzige perspektivische Weltinterpretation festzulegen, sondern den Blick für eine möglichst große Vielheit von Perspektiven offenzuhalten. Nietzsche spricht im Hinblick auf diese Situation von einer neuen Dimension der Unendlichkeit. Nicht nur die in der neuzeitlichen kosmologischen Perspektive gedeutete Welt darf als „unendlich" gelten, sondern auch der Kosmos der Perspektiven selbst. „Aber ich denke, wir sind heute zum Mindesten ferne von der lächerlichen Unbescheidenheit, von unsrer Ecke aus zu dekretieren, daß man nur von dieser Ecke aus Perspektiven haben dürfe. Die Welt ist uns vielmehr noch einmal ‚unendlich' geworden: insofern wir die Möglichkeit nicht abweisen können, daß sie unendliche Interpretationen in sich schließt. Noch einmal faßt uns der große Schauder: – aber wer hätte wohl Lust, dieses Ungeheure von unbekannter Welt nach alter Weise sofort wieder zu vergöttlichen? Und etwa das Unbekannte fürderhin als ‚den Unbekannten' anzubeten? Ach, es sind zu viele ungöttliche Möglichkeiten der Interpretation mit in dieses Unbekannte eingerechnet, zu viel Teufelei, Dummheit, Narrheit der Interpretation, – unsre eigne menschliche, allzumenschliche selbst, die wir kennen..."[57] Die zweite Potenz der Unendlichkeit ergibt sich daraus, daß Welt nicht nur als Quantum von Objekten, sondern vor allem als Möglichkeit vielfältiger points de vue und perspektivischer Horizonte

---

[57] F.W. (V, S. 332).

Unendlichkeit hat. Auch an diesem Punkte wird das große Gewicht erkennbar, welches Nietzsche dem Problem der ,,Pluralität" der Welt- und Wertperspektiven und damit der Frage gibt, wie sich der Mensch im Streit zwischen den Ansprüchen einer Perspektive im Interesse seiner Entscheidungsfähigkeit und der Freiheit des Verfügens über unendlich viele Perspektiven zu verhalten hat.

6. Kritische Sinn-erklärung: Genealogie des Nihilismus

Noch einmal mag auf die Doppeldeutigkeit der ,,Kritik" zurückgekommen werden. Einerseits reduziert sie die Gültigkeit einer Weltperspektive auf den Willens- und Denkcharakter, der sie nötig hat. Kritik und Entlarvung erklären die entsprechende Perspektive als Symptom dieses Charakters, der als erklärter Standpunkt zugleich ein über- -wundener ist. Andererseits rechtfertigt sie dessen Perspektive als nützlich und brauchbar für das diesem Standpunkt eigentümliche Leben und zugleich als Stufe auf dem Wege des Höhersteigens und des Machtgewinns sowie der Befreiung. Diese Doppelseitigkeit im kritischen Programm ist für den dialektischen Zug an der Bewegung des Aufwärtssteigens charakteristisch. Sie zeigt sich dort immer, wo sich Kritik und Dialektik miteinander verbinden. Diese Verbindung im Bereich des Nietzscheschen Denkens mag etwas näher betrachtet werden.

Durch den Über-gang auf dem Wege der Überwindungen und des Schaffens zugleich werden überholte Positionen einerseits entmachtet, andererseits als notwendige Stufen auf dem Wege zum erreichten Stand gerechtfertigt. Verengung, Auswahl und Vergessen werden einerseits als notwendige ,,Lebensbedingungen" erkannt, andererseits als Eigenart eines unterlegenen Standes, über den man zur Weite, zur kraftvollen Einigung des Vielen überzugehen hat.

Ist einmal die Macht einer Weltinterpretation wie etwa derjenigen des Platonismus gebrochen und hat man sich von ihr in einem Übergang losgesagt, bei dem man sich zugleich auch von allen Glaubenszumutungen distanziert, um sie in die Hand zu bekommen und über sie zu verfügen, dann vermag man gelassen solch einen ,,Glauben" zu beurteilen und seine wichtige Funktion anzuerkennen. Das ist der Augenblick, an welchem sich Entlarvung, Kritik, Befreiung und Dankbarkeit zueinander gesellen. ,, . . . so gewiß es auch zugestanden werden muß, daß der schlimmste, langwierigste und gefährlichste aller Irrtümer bisher ein

Dogmatiker-Irrtum gewesen ist, nämlich Platos Erfindung vom reinen Geiste und vom Guten an sich. Aber nunmehr, wo er überwunden ist, wo Europa von diesem Alpdrucke aufatmet und zum Mindesten eines gesunderen – Schlafs genießen darf, sind wir, deren **Aufgabe das Wachsein selbst ist**, die Erben von all der Kraft, welche der Kampf gegen diesen Irrtum großgezüchtet hat. Es hieß allerdings die Wahrheit auf den Kopf stellen und das **Perspektivische**, die Grundbedingung alles Lebens, selber verleugnen, so vom Geiste und vom Guten zu reden, wie Plato getan hat; ja man darf, als Arzt, fragen: ‚woher eine solche Krankheit am schönsten Gewächse des Altertums, an Plato? hat ihn doch der böse Sokrates verdorben? wäre Sokrates doch der Verderber der Jugend gewesen? und hätte seinen Schierling verdient?' – Aber der Kampf gegen Plato, oder, um es verständlicher und für's ‚Volk' zu sagen, der Kampf gegen den christlich-kirchlichen Druck von Jahrtausenden – denn Christentum ist Platonismus für's ‚Volk' – hat in Europa eine prachtvolle Spannung des Geistes geschaffen, wie sie auf Erden noch nicht da war: mit einem so gespannten Bogen kann man nunmehr nach den fernsten Zielen schießen."[58] So sind auch die asketischen Ideale, die in der christlich-platonischen Moral ihren Ursprung hatten und neue Geltung auch in der exakten Naturwissenschaft seit Galilei gewannen, doppeldeutig und doppelwertig. Einerseits sind sie Ausdruck einer lebensverneinenden, dem Leib und der Erde entfremdeten Verfassung, andererseits trägt ihre disziplinierende Kraft zur Erfüllung der Aufgabe bei, im Menschen ein Tier heranzuzüchten, das **versprechen darf**, daher über einen „eignen unabhängigen langen Willen" verfügt[59]. Das Wesen: Mensch hat damit ein „eigentliches Macht- und Freiheitsbewußtsein, ein Vollendungsgefühl" gewonnen, welches es vor dem Tiere auszeichnet. Im Hinblick auf die bedenklichste Form des Asketismus, die des Priesters, heißt es: „Man versteht mich bereits: dieser asketische Priester, dieser anscheinende Feind des Lebens, dieser **Verneinende**, – er gerade gehört zu den ganz großen **konservierenden und Ja-schaffenden** Gewalten des Lebens..."[60] Entsprechend ist auch der asketische Zug in der modernen Wissenschaft, der sich in deren „Sachlichkeit", „Objektivität" und in ihrem Abstraktionswillen zeigt, einerseits für die Entstehung des Nihilismus mitverantwortlich zu machen, andererseits fordert er dadurch den Schaffenden

---

[58] J. Vorr. (VII, S. 4/5).
[59] G.d.M., 2. Abhandlg. (VII, S. 346).
[60] G.d.M., 3. Abhandlg., Nr. 13 (ibidem S. 431).

dazu heraus, auch den Standpunkt des Willens zum Nichts noch zu über-winden und den des schaffenden Willens, der aus eigener Quelle Sinn hervorbringt, einzunehmen. Seit Copernicus ist die Selbstverkleinerung bzw. der Wille zur Selbstverkleinerung des Menschen in einem unaufhaltsamen Fortschritt. Der Glaube des Menschen an seine „Würde, Einzigkeit, Unersetzlichkeit in der Rangabfolge der Wesen ist dahin, – er ist Tier geworden, Tier, ohne Gleichnis, Abzug und Vorbehalt, er, der in seinem früheren Glauben beinahe Gott ... war ... Seit Kopernikus scheint der Mensch auf eine schiefe Ebene geraten, – er rollt immer schneller nunmehr aus dem Mittelpunkte weg – wohin? ins Nichts? ins ‚durchbohrende Gefühl seines Nichts'?... Wohlan! dies eben wäre der gerade Weg – ins alte Ideal?..."[61] Die ehemalige Achtung des Menschen vor seiner Menschheit ist der Selbstverachtung gewichen. Das ist nicht nur an der Naturwissenschaft festzustellen, sondern auch an der Geschichtsschreibung, die in einem hohen Grade asketisch und in einem noch höheren Grade nihilistisch ist. Fern ist die Zeit, in welcher die Natur angesehen wurde, als ob sie ein Beweis für die Güte und Obhut eines Gottes sei, in welcher die Geschichte zu Ehren einer göttlichen Vernunft interpretiert wurde „als beständiges Zeugnis einer sittlichen Weltordnung und sittlicher Schlußabsicht". Die eigenen Erlebnisse auslegen, „wie sie fromme Menschen lange genug ausgelegt haben, wie als ob Alles Fügung, Alles Wink, Alles dem Heil der Seele zu Liebe ausgedacht und geschickt sei: das ist nunmehr vorbei, das hat das Gewissen gegen sich, das gilt allen feineren Gewissen als unanständig, unehrlich, als Lügnerei, Feminismus, Schwachheit, Feigheit, – mit dieser Strenge, wenn irgend womit, sind wir eben gute Europäer und Erben von Europas längster und tapferster Selbstüberwindung."[62] Die dadurch entstandene Sinn-lücke vermochte der moderne Mensch nicht aus eigener Kraft zu schließen: der Nihilismus ist die Folge. Eine „ungeheure Lücke" umstand den Menschen: „er wußte sich selbst nicht zu rechtfertigen, zu erklären, zu bejahen, er litt am Problem seines Sinnes". Hinter „jedem großen Menschen-schicksale klang als Refrain ein noch größeres ‚Umsonst'!" Hier konnte das asketische Ideal Fuß fassen, indem es wenigstens noch dem Leiden einen Sinn gab. Es war ein Sinn-minimum, aber immerhin konnte der Wille noch wollen – wenn es auch das „Nichts" war. „... lieber will noch der

---

[61] G.d.M., 3. Abhandlg., Nr. 25 (ibidem S. 474).
[62] F.W., Aph. 357 (V, S. 302).

Mensch das Nichts wollen, als nicht wollen...." Es bleibt immerhin ein Wille bestehen, der nun auch vor die Freiheit gestellt ist, ja zu sagen und auch dem asketischen Ideal seine kritische Rechtfertigung zu geben[63].

Das asketische Ideal hat auch im Bereich der Wissenschaft einstweilen „immer noch nur Eine Art von wirklichen Feinden und Schädigern: das sind die Komödianten dieses Ideals". Angespielt wird dabei auf historistisch orientierte Geschichtsschreiber und Philosophen, welche die Vielheit der Weltperspektiven, der „Weltanschauungen" wie einen Theaterfundus behandeln, aus welchem man je nach Laune und Geschmack das und jenes Kostüm anlegt und in ihm und mit ihm als Schauspieler auftritt. Nietzsche kommt es darauf an, sein eigenes Programm der Verfügung über Weltperspektiven und des experimentierenden Umgangs mit ihnen vom historischen Bewußtsein scharf zu unterscheiden, welches eine Weltinterpretation übernimmt wie der Schauspieler seine Rolle, statt sie als Wagnis zu wählen, aus dem sich Sein oder Nichtsein ergeben kann. Der Historismus ist im eigentlichen Sinne nicht mehr zeitgemäß, weil er die der Zeit gebührende radikale Situation des Nihilismus durch ein geschichtliches Theater beschönigen will. „...wozu gab mir die Natur den Fuß?...Zum Treten, beim heiligen Anakreon! und nicht nur zum Davonlaufen; zum Zusammentreten der morschen Lehrstühle, der feigen Beschaulichkeit, des lüsternen Eunuchentums vor der Historie, der Liebäugelei mit asketischen Idealen, der Gerechtigkeits-Tartüfferie der Impotenz! Alle meine Ehrfurcht dem asketischen Ideale, sofern es ehrlich ist! so lange es an sich selber glaubt und uns keine Possen vormacht!"[64] Lieber begegnet Nietzsche einem kräftigen Nihilisten, als einem der „Müden und Vernutzten", welche „sich in Weisheit einwickeln" und „objektiv" blicken.

Nihilismus als Verneinung bisheriger Versuche, in Natur und Geschichte einen Sinn vorzufinden, zeigt ein doppeltes Gesicht. Er ist einerseits Symptom der Sinnmüdigkeit, andererseits stellt er den Willen zum Nichts vor die radikale Situation, in der es nur die Alternative zwischen Selbstvernichtung und Selbstbejahung durch eigenes Sinnschaffen gibt. Um diese Situation entscheidungskräftig zu machen, malt Nietzsche das Gesicht des Nihilismus in greller Beleuchtung und bemüht sich um scharfe Analyse: er will denkend-handelnd die radikale Situation herstellen, die zur Entscheidung herausfordert. Er erklärt die

---

[63] G. d. M., 3. Abhandlg., Nr. 28 (VII, S. 483).
[64] G. d. M., 3. Abhandlg., Was bedeuten asketische Ideale? Nr. 26 (ibidem S. 478).

Genese des Nihilismus aus den verschiedenen Ursachen, um dem Willen, der ihn überwinden will und sich zum Jasagen entscheidet, Selbsterkenntnis seiner eigenen Stellung und seiner Möglichkeiten zu verschaffen.

Nihilismus ist nicht nur eine philosophische „Richtung", sondern der Charakter der Situation, in der wir stehen, denken und handeln. Nietzsches eigener Wille geht dahin, die Logik, die zu dieser Situation geführt hat und die in ihr noch virulent ist, zu einer Methode zu machen, mit welcher die nihilistische Bewegung bis auf die Spitze getrieben wird. Eine Situation soll hergestellt werden, die ein Höchstmaß von Kraftanstrengung herausfordert, mit welcher der Nihilismus überwunden wird.

Von Nietzsche aus gesehen ist es den kritischen Philosophien von Kant an als Ehre anzurechnen, daß sie die Dinge nicht beschönigen, indem sie etwa noch einen „Sinn an sich" vorzutäuschen versuchen. In der positivistischen Variante des Kritikprogramms wird z. B. die „Realität" des Nächsten, Tatsächlichen, zugleich Vergänglichen als einzige Realität angenommen. Dadurch verbietet sich jede Art von Schleichweg zu „Hinterwelten und falschen Göttlichkeiten –". Gleichwohl aber erträgt der Positivist selbst diese Welt nicht, die er schon nicht leugnen will. Gerne schleicht er sich aus dem unbarmherzigen Bereich der Kritik in illusionäre Lebensgebiete weg, die er zwar nicht als „Wissenschaftler", sondern als „Mensch" auf dem Felde von Kunst, Religion, Metaphysik sucht.

Wie der Nihilismus selbst, so hat auch die Logik seiner Ausbildung verschiedene Physiognomien. So hat z. B. folgende Geschichte, die zugleich eine Geschichte des Seins des Menschen und seines Denkens ist, die Realität der nihilistischen Situation bewirkt: zunächst war, etwa im Theorationalismus[65], eine übermenschliche Vernunft angenommen worden, welche angeblich in die Wirklichkeit Grundstrukturen wie Kausalität, Mittel und Zweck, Zahl und Gestalt usf. eingearbeitet hat. Diese Welt, der ein angeblich allmächtiges und zugleich weises Wesen Sinn verliehen hat, ist im Zeitalter der Kritik nicht mehr glaubwürdig. Der Mensch hat sich Jahrhunderte lang in eine Welt hineinversetzt, welche die Züge der Zweckhaftigkeit, der Einheit, der geschichtlichen Entwicklung auf ein wünschenswertes Ziel hin gezeigt hat. Unter dem Einfluß

---

[65] Als Theorationalismus bezeichne ich die rationalistische Philosophie, die von der Hypothese eines göttlichen Verstandes und Willens Gebrauch macht, um apriorisches Erkennen und Naturrecht erklären zu können.

der modernen Kritik wurde der bloße Perspektivencharakter dieser Welt erkannt und nicht nur das: dieser Weltperspektive wurde im Zuge positivistischer Metaphysikkritik der Glaube gekündigt, weil sie einen vorgegebenen Weltsinn voraussetzt. Die Logik der Genealogie des Nihilismus funktioniert so, daß sie in dem Moment des Unglaubwürdigwerdens der mit Sinn erfüllten Welt dem Bewußtsein Sinnlosigkeit nicht nur der so ausgelegten, sondern jeder Welt überhaupt suggeriert. Das Bewußtsein des modernen Menschen kennt nach dem Ausfall des bisher angenommenen Sinnes der Welt nur noch die Alternative der vollständigen Sinn-losigkeit. Die Logik der Genealogie der Moral ist zugleich bestimmend auch für diejenige der Genealogie des Nihilismus. Seitdem im Zeitalter der Kritik die Macht der Moral und ihres „Gottes" gebrochen, seitdem Gott getötet worden ist, sieht das Bewußtsein, welches von seiner Tradition her keine andere Sinnmöglichkeit kennengelernt hat als die eines theologisch fundierten Sinnes, nach dessen Entmachtung ü b e r h a u p t keinen Sinn mehr. Da ihm in der Welt kein Sinn mehr „gegeben" ist, was spätestens nach der Entthronung des absoluten Idealismus nach dem Tode Hegels erkennbar geworden ist, wird die Konsequenz der Sinnlosigkeit überhaupt notwendig.

Von altersher haben wir den Wert einer Handlung, eines Charakters oder eines Daseins in die Absicht gelegt. Diese „uralte Idiosynkrasie des Geschmacks" nimmt mehr und mehr eine gefährliche Wendung zum Nihilismus. „... gesetzt nämlich, daß die Absichts- und Zwecklosigkeit des Geschehens immer mehr in den Vordergrund des Bewußtseins tritt. Damit scheint sich eine allgemeine Entwertung vorzubereiten: ‚Alles hat keinen Sinn', – diese melancholische Sentenz heißt ‚aller Sinn liegt in der Absicht, und gesetzt, daß die Absicht ganz und gar fehlt, so fehlt auch ganz und gar der Sinn.' Man war, jener Schätzung gemäß, genötigt gewesen, den Wert des Lebens in ein ‚Leben nach dem Tode' zu verlegen..."[66] Wurden solche End-ziele unglaubwürdig, dann fiel der „Sinn" und „Wert" des Lebens völlig dahin, und die Bahn war für den Nihilismus und den Nihilisten frei.

Der Nihilismus ist vor allem als geschichtliche Realität, nicht nur als „weltanschauliche" Möglichkeit zu fassen. Die Aufmerksamkeit Nietzsches richtet sich weniger auf den Nihilismus als auf die reale Situation des nihilistischen Bewußtseins. Wir sind Nihilisten: deshalb ist das Nichts unsere Realität. Es nützt nichts, die Augen vor dieser „Wahr-

---

[66] W. z. M., Aph. 666 (XVI, S. 129/30).

heit" zu verschließen. Dem romantischen Denken, dem Wagnerianismus und anderen kulturellen Erscheinungen des 19. Jahrhunderts wird der Vorwurf des illusionistischen Versuches der Verschleierung dieses Stehens vor dem Nichts gemacht. Da kommt es vor allem darauf an, daß das Bewußtsein der Zeit nicht durch falsche Ideale getrübt werde, zu denen Nietzsche auch den Nationalismus des 19. Jahrhunderts rechnet. Die Aufgabe, die er sich stellt, schließt ein, die Narkotika, Reizmittel, Rauschgifte dieses Jahrhunderts, die es zum Zwecke der Vernebelung der nihilistischen Wahrheit erfunden hat, zu erkennen und unwirksam zu machen.

Welche Strategie hat der Wille zu wählen, der unter der Voraussetzung der Logik des nihilistischen Denkens und der von ihm geschaffenen Situation eine Wendung zum Glauben an einen neuen Sinn herbeiführen will? Von welcher Weltperspektive soll der Wille zum Ja Gebrauch machen, damit er sich in seiner ,,Welt" einzurichten und auszurichten vermag? Welche Perspektive vermag dem gegenwärtigen Menschen den ihm nötigen Sinn zu geben?

Erstens muß dem Denken dieses jasagenden Willens daran gelegen sein, nicht nur eine unabhängig vom ,,Ich will" bzw. ,,Ich bin" vorgegebene Sinngebung anzuerkennen, deren Quelle in Gott, in einer absoluten Vernunft oder in der Natur gesucht werden mag. Diese Sinnquellen sind durch den Glaubensverlust, der zum Nihilismus geführt hat, versiegt. Es kommt dem Denken des jasagenden Willens darauf an, in dieser Situation die ihm gemäße Quelle des Schaffenden selbst erkennbar und ertragreich zu machen. Zweitens: nachdem die Sinnquelle des Schaffenden selbst erschlossen ist, geht es darum, von der Freiheit zum Schaffen dadurch Gebrauch zu machen, daß man eine kosmologische Weltperspektive entwirft und einsetzt, die dem Sinnwillen angemessen ist. Dieser zweite Schritt in der Reaktion auf die illusionslos erkannte Situation des Nihilismus führt dazu, den Entwurf eines in endlosen Kreisen sich wiederholenden Weltprozesses als angemessene Perspektive zu wählen und ,,einzuhängen": sie wird im Gedankenexperiment als die geeignete und dem ja-sagenden Willen angemessene erwiesen.

In den letzten Sätzen wurde im Über- und Vorblick der weitere Weg des Gedankens angedeutet, der zur Weltperspektive der ewigen Wiederkunft hinführt. Die einzelnen Schritte auf diesem Weg sind jetzt zu bezeichnen.

Da ist noch einmal die nihilistische Situation zu bedenken, in der die Devise gilt: es gibt keinen Sinn, es sei denn, daß das Selbst ihn schafft und schaffen will. Die damit ausgesprochene Alternative zur Sinnlosigkeit nimmt Nietzsche als Aufforderung zu neuem Schaffen an. Der alte Glaube an eine Sinnquelle in der Realität selbst hat den Nihilismus entstehen lassen, sofern er Symptom der Mut- und Kraftlosigkeit des Menschen war, da sich dieser durch ihn in eine Welt versetzte, die es überflüssig machte, selbst Sinn zu schaffen. Das kritische Zeitalter hat die Einsicht erbracht, daß die angeblich sinnvolle Welt nur eine Erfindung unserer Unfähigkeit war, in uns selbst die Sinnquelle zu suchen. Die Behauptung einer von Vernunft durchdrungenen Welt, in der sich die Geschichte auf ein vernünftiges Endziel hin entwickelte, ist im Zeitalter der Kritik als bloße „Wünschbarkeit" entlarvt worden. Die darauf folgende Enttäuschung macht uns nicht so sehr das Leben, sondern uns selbst unerträglich, da wir uns unseren bisherigen Illusionismus eingestehen müssen. Wir sind jetzt über die „,Wünschbarkeiten' aller Art" ins Klare gekommen[67]. Worin bestehen diese? Sie sind Lebenslügen, mit Hilfe deren wir uns das Leben zurechtlegen, um einen Sinn darin zu finden. Die kritische Entlarvung hat uns ihren Charakter als „Wünschbarkeit", als „Ideal" erkennbar gemacht. Es ist zu bemerken, daß Kant in analoger Weise vom „Bedürfnis der Vernunft" nach Sinngebung gesprochen hat. Bei Nietzsche heißt es: „Der Grad von Sicherheit in Betreff der höchsten Wünschbarkeit, der höchsten Werte, der höchsten Vollkommenheit war so groß, daß die Philosophen davon wie von einer **absoluten Gewißheit a priori** ausgingen: ‚Gott' an der Spitze **als gegebene Wahrheit**. ‚Gott gleich zu werden', ‚in Gott aufzugehn' – das waren Jahrtausende lang die naivsten und überzeugendsten Wünschbarkeiten (– aber eine Sache, die überzeugt, ist deshalb noch nicht wahr: sie ist bloß **überzeugend**. Anmerkung für Esel)."[68]

Schopenhauer, der Pessimist, der es „anders wollte" als Kant, habe es **nötig** (gesp. v. Verf.) gehabt, sich jenen metaphysischen Grund als „Gegensatz zum Ideale" zu denken, als „bösen, blinden Willen": so konnte dieser als sich in der Erscheinung Offenbarendes bezeichnet werden. Schopenhauer gab „nicht jenes Absolutum von Ideal auf, – er schlich sich durch..."[69]

Was Kant angeht, so steht hier nicht zur Debatte, ob Nietzsche die Radikalität der Vernunftkritik richtig eingeschätzt hat, wenn er diesen Vorwurf auch auf ihn bezieht: ob er übersehen hat, daß Kant selbst

---

[67] W. z. M. Aph. 16 (XV, S. 153).
[68] W. z. M. Aph. 17 (ibidem S. 153/54).
[69] ibidem S. 154.

z. B. in der Geschichtsphilosophie eine sinnerfüllte Welt zwar zugrunde legt und sie als geschichtliche „Natur" anspricht, aber diese lediglich als „Idee", als von der Vernunft für die Erfüllung ihres Sinnbedürfnisses in praktischer Absicht gewirkt, erklärt[70].

Diesem Umstand wird Nietzsche eher in solchen Aussagen gerecht, in welchen er im neuzeitlichen Kritikprogramm Kant zugesteht, daß hier die vorherigen Glaubensinhalte als für eine bestimmte Art der Verfassung des Denkens nützliche Weltentwürfe durchschaut werden. Wie sich in der genealogischen Analyse des Nihilismus bei Nietzsche zeigt, erkennt er, daß damit eine Selbstent-täuschung verbunden war, die besonders in den philosophischen Auswirkungen der copernicanischen Tat mit dem Aufkommen der kritischen Philosophie Kants begrifflichen Ausdruck fand. Hatte Kritik die Wünschbarkeit der platonistisch-christlichen Weltentwürfe als solche und das „Ideal" einer Sinn-realität als bloßes Produkt des perspektivischen Denkens erkannt, so mußte die Enttäuschung über den Erfinder des Ideals selbst eintreten, und er mußte sich selbst mißtrauisch betrachten. Die Kehrseite dieses Mißtrauens ist die, daß von nun an über einen unabwendbaren radikalen Nihilismus hinweg der Weg auch zum Vertrauen auf die schaffende Leistung des eigenen Sinnwillens geöffnet war.

Daher ist der Passus amphibolisch aufzufassen, bei dem man an Kant und seine Version der copernicanischen Wendung denken muß: Nietzsche bezeichnet es als allgemeinstes Zeichen der modernen Zeit, daß sich der Mensch nicht mehr als im Mittelpunkt der Welt stehend begreifen kann: er habe geradezu seine Würde eingebüßt[71]. Nietzsche könnte sich auf den kantischen „Beschluß" der Kritik der praktischen Vernunft berufen, in welchem der Erfahrung der physischen Winzigkeit des Menschen diejenige seiner moralischen Würde gegenübergestellt wird. Aus der copernicanischen Situation habe sich der Mensch, so sagt Nietzsche, durch die Moral und den Glauben zu retten versucht, daß die moralischen Werte die maßgebenden seien. Jede moralische Wertsetzung aber endet mit dem Nihilismus. „Man glaubt mit einem Moralismus ohne religiösen Hintergrund auszukommen: aber damit ist der Weg zum Nihilismus notwendig. – In der Religion fehlt der Zwang, uns als wertsetzend zu betrachten."[72] Warum? Weil sie uns einen in der Welt

---

[70] vgl. mein Buch: Das Prinzip Handlung in der Philosophie Kants, Berlin 1978.
[71] W. z. M., Aph. 18, ibidem, S. 155).
[72] W. z. M., Aph. 19 ibidem.

vorgefundenen Sinn suggeriert, in den wir uns nur einzuordnen haben. Der Autonomiegedanke Kants aber ist ein Zeichen dafür, daß dieser Glaube unglaubhaft geworden ist und daß an die Stelle dieses Glaubens derjenige an das Nichts getreten ist[73]. Denn wenn wir in der Kritik uns selbst als Erfinder einer mit Sinn erfüllten Welt entlarvt haben, dann können wir überhaupt nicht mehr mit einem Sinn rechnen, es sei denn, daß wir ihn selbst schaffen. Wir sind dann g e z w u n g e n , ihn zu schaffen, sofern wir nicht das „Nichts" wollen.

In der Tat ist Kant zu dieser letzten radikalen Konsequenz vorgedrungen, sofern er den Menschen in theoretischer wie auch in praktischer Absicht als „Gesetzgeber" bzw. „Selbstgesetzgeber" deklariert hat. Aber Nietzsche gesteht ihm nicht zu, dieser radikalen Konsequenz gerecht geworden zu sein. Er verargt ihm Postulate wie dasjenige von der Existenz Gottes, von der Unsterblichkeit der Seele, vom Fortschritt in der Geschichte. So sieht sich von Nietzsches Standpunkt einer Entwicklungsgeschichte des Nihilismus aus die gedankliche Lage bei Kant so an: dieser habe die von ihm selbst geschaffene nihilistische Situation dadurch wieder verschleiert, daß er am Ende die moralische Welt durch seine Postulate und „Ideen" wiederhergestellt hat. Kant hat dadurch Bedürfnisse, „Wünschbarkeiten" inkonsequenterweise erfüllt, die dem vorkritischen theologischen Bewußtsein zugehören. Nietzsche erspart auch dem Denker, der als Kritiker das menschliche Subjekt als Gesetzgeber bzw. Sinngeber gegenüber einer an sich sinnlosen Welt erklärt hat, den Vorwurf eines verzögernden Metaphysikers nicht. Er wird auch an ihn denken, wenn er den Philosophen im allgemeinen vorhält, sie haben zwischen den Konzepten der Sinn-realität und denen der vollkommenen Sinnlosigkeit nicht die einzig übrigbleibende Möglichkeit konsequent gesehen und ausgewertet: diejenige u n s e r e s Sinnschaffens. Er sieht es als philosophische Aufgabe an, dem Willen zum Sinnschaffen die ihm angemessene Weltperspektive zu ver-schaffen. Sie wird nicht das Bild einer auf ein Ziel sich hin entwickelnden Welt ergeben, sondern zeigt die ewige Wiederkehr des Gleichen.

Aber wie kommen wir zu diesem Weltkonzept? Erinnern wir uns noch einmal an die Genese des Nihilismus: das Gefühl der W e r t l o s i g k e i t wurde erzielt, als man begriff, daß mit Ideen wie „Zweck", „E i n h e i t", „S e i n" im Sinne der Unveränderlichkeit der Gesamtcharakter des Daseins nicht interpretiert werden darf. „Es wird nichts

---

[73] ibidem.

damit erzielt und erreicht; es fehlt die übergreifende Einheit in der Vielheit des Geschehens: der Charakter des Daseins ist nicht ‚wahr', ist falsch..., man hat schlechterdings keinen Grund mehr, eine wahre Welt sich einzureden... Kurz: die Kategorien ‚Zweck', ‚Einheit', ‚Sein', mit denen wir der Welt einen Wert eingelegt haben, werden wieder von uns herausgezogen – und nun sieht die Welt wertlos aus..."[74]

Wie können wir es dahinbringen, daß wir den Unglauben an diese drei Kategorien nicht nur feststellen, sondern sein Entstehen sogar als notwendig erklären können? Denn nur dann befreien wir uns endgültig von der Gefolgschaft ihnen gegenüber. Antwort: „... so müssen wir fragen, woher unser Glaube an diese drei Kategorien stammt, – versuchen wir, ob es nicht möglich ist, ihnen den Glauben zu kündigen! Haben wir diese drei Kategorien entwertet, so ist der Nachweis ihrer Unanwendbarkeit auf das All kein Grund mehr, das All zu entwerten."[75] Mit andern Worten: die Entwertung dieser Kategorien geschieht durch die Erklärung des Entstehens ihrer Herrschaft im Bewußtsein, d. h. des Glaubens an sie. Der Wille zum Jasagen muß sich die Entwicklung zum Nihilismus zunutze machen, um dadurch, daß er die Logik dieser Entwicklung erkennt, dem Geschehen eine Richtung zu einem zu sich selbst jasagenden und schaffenden Leben zu geben. Die kritische Entwicklung zum Nihilismus, welche Sinnmetaphysik, Moral usw. mit der Wirkung ihrer Selbstzersetzung innerhalb der eigenen Geschichte angefangen haben, muß von einem die Logik der Genealogie des Nihilismus beherrschenden Willen in die Hand genommen werden: zu diesem Zwecke bedient sich der Philosoph der in der Vernunftphilosophie und ihrer Metaphysik ausgebildeten kritischen Methoden und Denkverfahren, um die Sinnentleerung der Welt so weit zu treiben, daß der Augenblick für das Eingreifen des Sinnwillens gegeben ist. „... daß es keine Wahrheit gibt; daß es keine absolute Beschaffenheit der Dinge, kein ‚Ding an sich' gibt...": mit dieser extremsten Form des Nihilismus, die nicht zu verschleiern Nietzsches schaffender Wille ein Interesse hat, ist zugleich auch das Stichwort für die Aufforderung zum Schaffen gegeben. Der als notwendiges Durchgangsstadium zu durchschreitende Nihilismus in seiner extremsten Form „legt den Wert der Dinge gerade dahinein, daß diesen Werten keine Realität entspricht und

---

[74] W. z. M. Aph. 12 (ibidem S. 151).
[75] ibidem.

entsprach, sondern daß sie nur ein Symptom von Kraft auf Seiten der Wert-Ansetzer sind, eine Simplifikation zum Zweck des Lebens."[76] Die extremste Form des Nihilismus wäre der Glaube, daß „jeder Glaube, jedes Für-wahr-halten notwendig falsch ist", sofern diese den in Wahrheit vom Subjekt geschaffenen Sinn der „Realität" unterstellen. Der sinn-realistische Glaube muß als „perspektivischer Schein" erkannt werden, dessen „Herkunft in uns liegt (insofern wir eine engere, verkürzte, vereinfachte Welt fortwährend nötig haben)."[77] Der Weg zum Schaffen einer dem Leben unentbehrlichen und für sein Sinnbedürfnis bedeutsamen Weltperspektive führt über die kritische, schon bei Kant gewonnene Einsicht in die Perspektivität unseres Denkens und Redens von der Welt, in die wir uns versetzen: wodurch das Subjekt in den Stand gesetzt wird, über Perspektiven in methodischer Bewußtheit zu verfügen und sie planvoll zu handhaben. Das kritische Ergebnis der Entlarvung einer angeblichen Sinnrealität übernimmt Nietzsche aus der kantischen Tradition, um auf Grund der dadurch gewonnenen Freiheit und Unabhängigkeit die Möglichkeit für die Wahl einer dem jasagenden und schaffenden Willen angemessenen Weltperspektive zu gewinnen. Der Übergang zu dieser Perspektive ist jetzt zu vollziehen: es ist die der ewigen Wiederkehr des Gleichen.

7. Ewige Wiederkehr des Gleichen als Weltperspektive und als Ausdruck des amor fati

Noch einmal sei an die Aufgabe erinnert, die sich der Denker Nietzsche stellt, sofern er über den Nihilismus hinausgehen und den Stand des Schaffenden und bejahenden Willens gewinnen will. Nach dem Vorgehenden stellt sich die Aufgabe konkreter in der Weise, daß nach der Weltperspektive gesucht wird, die diesem Willen angemessen und für ihn notwendig ist.

Auch für Kant war es klar, daß die Philosophie in der Gestalt einer erneuerten kritischen Metaphysik die menschliche Vernunft auf ihre Möglichkeit hin zu verweisen habe, sich eine Welt zu verschaffen, die den Menschen vom Sinn seines Handelns und des Einsatzes für die von der Vernunft gegebenen Pflichten zu überzeugen mag. Zu den philo-

---

[76] W.z.M., Aph. 13 (ibidem S. 152).
[77] W.z.M., Aph. 15 (ibidem S. 153).

sophischen Aufgaben gehört es, eine Antwort auf die Sinnfrage zu geben, der Kant die Form: „Was darf ich hoffen?" gegeben hat. In der Geschichtsphilosophie entwirft die philosophische Vernunft eine Welt, die das Bild eines weltgeschichtlichen Prozesses zeigt, der über die Köpfe der von Beschränktheit und Leidenschaft verblendeten Menschen hinweg zu einem endgültigen Ziele weltbürgerlicher Verfassung fortschreitet. Bedient sich der an der Verwirklichung dieses Zieles mitarbeitende Mensch einer diesem Bild einer vernunftdurchdrungenen Geschichte entsprechenden Perspektive, dann ist für ihn die Frage des Sinnes seines Handelns positiv beantwortet. Die Hoffnung auf die wirkliche Erreichung eines vernünftigen Zieles der Geschichte durch die gesamte Arbeit der Menschengattung wird durch die Perspektive einer geschichtlichen „Natur" erfüllt, die einen Erfolg des Einsatzes für dieses Ziel verbürgt. Da diese „Natur" zugleich auch als mit der Macht verbunden gedacht wird, ihre Zwecke zu realisieren, wird sie vom metaphysischen Denken nicht als bloße „Vernunft", sondern als vernünftige Wirklichkeit und Wirksamkeit gedacht. Da Kant aber diesen Gedanken als bloße „Idee" deklariert, verfällt er nicht in die dogmatische These Hegels von der Identität zwischen Vernunft und Wirklichkeit. Vernunft ist nicht von ihrem Ursprung her Macht: vielmehr überträgt Kant dem menschlich handelnden Subjekt die Last, Vernunft zur Wirklichkeit, Herrschaft und Macht zu bringen. Aber um den Handelnden nicht am Sinn seines Tuns verzweifeln zu lassen, trägt er dessen praktischer Vernunft auf, Handeln unter die Idee einer vernünftig sich entwickelnden Welt, „Natur" genannt, zu stellen und die geschichtlichen Ereignisse in die Perspektive dieser Welt zu rücken. So hat sich nach Kant das Subjekt selbst als die Quelle der Sinngebung erwiesen, da es den Entwurf der vernünftigen Welt hervorbringt.

Von Nietzsche aus gesehen ist Kant klarsichtiger und ehrlicher der nihilistischen Situation gerecht geworden als Hegel, der sie mit seiner Identitätsthese verschleiert. Nietzsche müßte der kantischen Position insoweit zustimmen, als auch er die Quelle des Sinnes im schaffenden Willen sieht und nicht in einer außer dem Menschen befindlichen und ihm überlegenen Instanz, die am Ende Gott zu nennen wäre. Trotzdem ist von Nietzsche aus gegen das kantische Konzept zu sagen, daß es mit der einen Hand wieder preisgebe, was es mit der andern gewonnen hat. Denn die Sinnquelle wird zwar in das Subjekt verlegt, welches sich seine Weltperspektive schafft, deren es bedarf: dieses aber gibt seine Kompetenz zum Sinnschaffen wieder aus der Hand, indem es sie der geschichtlichen „Natur" überträgt, welche es als die eigentliche Akteurin in der Geschichte und damit als die wahre Sinnquelle wenigstens d e n k t. Wenn Nietzsche davon spricht, daß der Mensch bisher eine Geschichte von Versuchen der Sinnfindung war, so muß er das kantische Experiment als das letzte und äußerste betrachten, das vor ihm selbst der Mensch in seiner Geschichte unternommen hat. Im Hinblick auf Kant kann Nietzsche sagen, daß die Versuchsmöglichkeiten der menschlichen Vernunft und damit des Menschen als solchen jetzt ausgeschöpft seien und der Mensch reif sei, zugrunde zu gehen, so daß die Zeit des Über--menschen gekommen sei.

Man könnte in der Terminologie Nietzsches das kantische Vernunftexperiment dem Augenblick der Menschheit zuordnen, der demjenigen des Seiltänzers im Zarathustra entspricht, welcher abstürzt, weil der Possenreißer über ihn hinweggesprungen ist und ihn ratlos gemacht hat. Der Mensch ist ein „gefährliches Hinüber, ein gefährliches Auf-dem-Wege, ein gefährliches Zurückblicken, ein gefährliches Schaudern, und Stehenbleiben." In diesen Worten wird der Gedanke an die experimentelle Existenz des Menschen angedeutet. Diesem Gedanken zufolge wird der Gebrauch einer der geschichtlichen Gegenwart angemessenen und für sie sinn-bedeutsamen Weltperspektive als Experiment angesehen: die „Güte" und „Tugend" dieser Perspektive zeigt sich erst in ihrem Erfolg, Sinn zu verbürgen. Die Gefahr des Experimentierens besteht darin, daß der das Experiment durchführende Mensch selbst auf dem Spiele steht und zu Fall kommt, wenn es nicht gelingt. Nietzsche sieht seine eigene Bedeutung darin, ein neues Zeitalter insofern zu beginnen, als er das Experimentieren mit Weltperspektiven zum methodischen Prinzip des Denkens und Seins macht. Die experimentelle Methode gehört zu dem angedeuteten Verfahren des gezielten Perspektivengebrauchs, sofern sie die Angemessenheit und Brauchbarkeit einer Perspektive für das „Leben" festzustellen erlaubt.

Zu dem abgestürzten und sterbenden Seiltänzer sagt Zarathustra: „... Du hast aus der Gefahr deinen Beruf gemacht, daran ist nichts zu verachten. Nun gehst du an deinem Beruf zugrunde: dafür will ich dich mit meinen Händen begraben." Der Possenreißer, dessen Sprünge den Seiltänzer in Verwirrung gebracht haben, vertritt die Rolle des Nihilisten, der den Menschen und seine Versuche der Selbstverwirklichung durch Weltperspektiven über-springt. Er setzt sich mit einem Sprunge über den Menschen hinweg, weil er die Mühe des Aufsteigens und Experimentierens nicht auf sich nimmt.

Zum Aufgang gehört auch der „Niedergang" bzw. der „Untergang": zurück zu überholten Weltperspektiven und Lebensformen. Aber jetzt ist der auf dem Wege Befindliche von diesen nicht mehr beherrscht, sondern übt Herrschaft über sie aus. Wenn Zarathustra von der Stunde seines „Niederganges, Unterganges" spricht und damit sagt, daß er noch „einmal ... zu den Menschen gehen" will, dann wird man an den fingierten Vorgang im Höhlengleichnis Platons erinnert, in welchem die schon außerhalb der Höhle Gewesenen noch einmal zu ihren ehemaligen Gefährten zurückkehren, die noch immer gefesselt mit dem Blick auf die Schattengebilde an der Wand dasitzen. „Als ich zu den Menschen kam, da fand ich sie sitzen auf einem alten Dünkel: Alle dünkten sich lange schon zu wissen, was dem Menschen gut und böse sei."[78] Diesen Menschen lehrte Zarathustra, daß noch niemand weiß, was eigentlich gut und böse ist, es sei denn der Schaffende. Der Schaffende überwindet und überholt, um mit neuen Weltperspektiven experimentieren zu können. In jeder Gegenwart soll er dem Leben neu durch die Wahl einer angemessenen Weltinterpretation gerecht werden. Er erweist sich in dieser Situation zugleich als Auswählender, der über die Vielzahl von in früheren Augenblicken aktuellen und unterdessen überholten Weltperspektiven verfügt, die er Revue passieren läßt. Die Welt dünkt ihm so als „ein ewiges Sich-fliehen und -Wiedersuchen vieler Götter, als das selige Sich-Widersprechen, Sich-Wiederhören, Sich-Wieder-Zugehören vieler Götter: – Wo alle Zeit mich ein seliger Hohn auf Augenblicke dünkte, wo die Notwendigkeit die Freiheit selber war, die selig mit dem Stachel der Freiheit spielte..."[79] Die Geschichte des Lebens besteht in einem dionysischen Tanz, den der Schaffende tanzt, indem er in einer Gegenwart jeweils eine Weltperspektive wählt, die er in einer andern Gegenwart überwunden und überholt hat. Hier findet er auch seinen „alten Teufel und Erbfeind" wieder, den „Geist der Schwere und alles, was er schuf, Zwang, Satzung, Not und Folge und Zweck und Wille und Gut und Böse: –

denn muß nicht dasein, ü b e r das getanzt, hinweggetanzt werde? Müssen nicht um der leichten, leichtesten Willen – Maulwürfe und schwere Zwerge da sein? –"

Vergangene, überholte und überwundene Lebensgestalten werden dadurch „erlöst", daß die sie bestimmenden Weltperspektiven vom

---

[78] Z. Von alten und neuen Tafeln (VI, S. 283).
[79] ibidem S. 285.

Schaffenden so über-wunden werden, daß sie in Freiheit und souverän gehandhabt werden. So sieht Nietzsche als Lebensbedingung seiner Gegenwart die Idee von der ewigen Wiederkunft des Gleichen an, mit der einst Heraklit die Welt ausgelegt hatte. Durch die souveräne Handhabung der Weltperspektiven und den dionysisch-tänzerischen Umgang mit ihnen will Zarathustra die Menschen lehren, ,,Das Vergangene am Menschen zu erlösen und alles ‚Es war' umzuschaffen, bis der Wille spricht: ‚Aber so wollte ich es! So werde ich's wollen.'

– Dies hieß ich ihnen Erlösung, Dies allein lehrte ich sie Erlösung heißen. –"[80]

Der bisherige Mensch, den der Geist der Schwere an seinen Glauben fesselte und von diesem beherrscht sein ließ, statt sein Herr zu sein, ist etwas, das überwunden werden muß. Mit Bezug auf die am Anfang des Zarathustra beschriebene Tragödie mit dem Seiltänzer, der in die Tiefe stürzte, weil er vom Possenreißer irritiert wurde, der ihn über-springen wollte, heißt es auch hier: ,,Es gibt vielerlei Weg und Weise der Überwindung: da siehe du zu! Aber nur ein Possenreißer denkt: ‚der Mensch kann auch übersprungen werden'."[81]

Nachdem Zarathustra nach der Art der Bergpredigt seine neuen Tafeln bekanntgemacht hat, in denen das Vorbild des Freien, Schaffenden und über alle Glaubensinhalte Hinwegtanzenden, der Fernstenliebe, der schenkenden Tugend, des Erlösers des Menschen maßgebend ist, gerät er in eine Krise. Der Bericht, den der Erzähler davon gibt, lautet, er sei in einem Anfall und Über-fall zu Boden gestürzt gleich einem Toten. In ihm und mit ihm ist etwas geschehen, das Zarathustra selbst so interpretiert: er stülpe ,,seine letzte Liebe ans Licht". Es überkommt ihn ein Ekel vor sich selber als dem, der noch immer die alte Ordnung in sich hat. Als er wieder zu sich kommt, ist er bleich und zittert und bleibt liegen und will lange nicht essen und trinken. In diesem Zustand verbleibt er sieben Tage. Diese Zahl läßt vermuten, daß Nietzsche auf die biblische Schöpfungsgeschichte anspielt. In der Geschichte des Zarathustra geht es um das Schaffen der neuen Weltperspektive, deren Inhalt zuerst seine Tiere formulieren. Nach seiner Genesung fordert er sie auf zu reden. Ihn verlangt nach Mitteilung. Man erinnert sich an eine andere Stelle im Zarathustra, in der es heißt, daß ,,Schaffen ... Mitteilen" sei. ,,Wie lieblich ist alles Reden und alle Lüge der Töne! Mit Tönen tanzt unsre Liebe auf bunten Regenbögen. –"

---
[80] ibidem S. 286.
[81] ibidem.

Darauf nehmen die Tiere das Wort in einer Sprache, die wie ein Gesang klingt: „... Solchen, die denken wir wir, tanzen alle Dinge selber: das kommt und reicht sich die Hand und lacht und flieht – und kommt zurück.

Alles geht, Alles kommt zurück; ewig rollt das Rad des Seins. Alles stirbt, Alles blüht wieder auf, ewig läuft das Jahr des Seins.

Alles bricht, Alles wird neu gefügt; ewig baut sich das gleiche Haus des Seins. Alles scheidet, Alles grüßt sich wieder; ewig bleibt sich treu der Ring des Seins.

In jedem Nu beginnt das Sein; um jedes Hier rollt sich die Kugel Dort. Die Mitte ist überall. Krumm ist der Pfad der Ewigkeit."[82]

Die Mitte ist überall: auch das ist in der Geschichte des philosophischen Denkens schon begegnet. Der Gedanke gehört in den Umkreis des philosophischen Begriffes der sphaera infinita, die, wie Leibniz bemerkt, ihren Mittelpunkt überall hat. Nietzsche aber versteht die Aussagen über das „Haus des Seins" nicht im dogmatischen Sinne objektiver Sätze über das Sein. Vielmehr versteht er die Vorstellung von einem ewig wiederkehrenden und in sich kreisenden Sein als für das Leben des gegenwärtigen und künftigen Menschen notwendige Weltperspektive. Sie wird von der philosophischen Phantasie entworfen und zu dem Zwecke behauptet, daß sich der künftige Mensch mit ihrer Hilfe in eine Welt zu versetzen vermag, die von sich aus keinen „Sinn", kein Wohin und kein Wozu, also kein Ziel und keinen Endzustand kennt. Gerade deshalb dient diese Perspektive der Herausforderung des Willens zum selbst-ständigen Sinn-schaffen. Sie soll zugleich auch eine Zumutung an den Menschen sein, welche eine Scheidung zwischen denen, die zum Schaffen, Schenken und Jasagen in der Art „edler Seelen" gewillt sind und denen, die nur empfangen, genießen wollen, bewirkt. Der Edle will nichts umsonst haben, „am wenigsten das Leben". Seine Vornehmheit zeigt sich in der Devise: „Was uns das Leben verspricht, das wollen wir – dem Leben halten! ... Man soll nicht genießen wollen, wo man nicht zu genießen gibt. Und – man soll nicht genießen wollen!"

Die Perspektive, in welcher die sinn-lose ewige Wiederkehr als unsere Welt vorgestellt wird, dient insofern der Herstellung von Sinn, als sie den Schaffenden dazu herausfordert, den ganzen aus der Vergangenheit auf uns herangekommenen Weltprozeß liebend anzunehmen, ihn durch den eigenen Willen zu bestätigen und gerade dadurch ihm gegenüber sich als frei und souverän zu zeigen.

---

[82] Z. Der Genesende (ibidem S. 313).

Nietzsche selbst hat der falschen Auffassung seines eigenen Weltexperimentes der ewigen Wiederkehr dadurch Vorschub geleistet, daß er durch den Gebrauch von wissenschaftlichen Beweisargumenten den Schein der Demonstrabilität dieser Perspektive erweckt hat. Das Modell der ewigen Wiederkehr darf aber nicht als objektive Theorie mißverstanden werden. Vielmehr muß sein Perspektivencharakter durch kritisches Denken bewußtgemacht werden. Dem Inhalt dieser Perspektive kommt nicht objektive Wahrheit zu, sondern sie ist als Werkzeug des Schaffenden höchstens Ausdruck der Bewegung, die sich in ihm vollzieht und die sich in dieser Perspektive selbst darstellt. Sie drückt sich in ihr aus: in der Bedeutung des Wortes ,,Aus-druck'', die als Sich-Darstellen bzw. Sich-Sichtbarmachen zu verstehen ist. Demgemäß zeigt das Bild der ewigen Wiederkehr in der Weise des symbolischen Ausdrucks die Bewegung des Scheidens und Sich-Wiederfindens, in der auch der Schaffende selbst sich befindet. So wie der Schaffende in freier Entscheidung je ein Weltmodell in einem geschichtlichen Augenblick seines Lebens entwirft, gebraucht und ,,ein-hängt'', das schon einmal aktuell gewesen sein mag und nach Zeiten des Überholtseins am Ende wieder notwendige Lebensbedingung sein wird, so kann der Anwalt der ewigen Wiederkehr sagen: ,,In jedem Nu beginnt das Sein; um jedes Hier rollt sich die Kugel fort. Die Mitte ist überall. Krumm ist der Pfad der Ewigkeit.''

Auch in folgender Hinsicht zeigt das Bild der ewigen Wiederkunft Züge, die dem eigentümlich sind, der es ,,geschaffen'' hat: alle einmal aktuell gewordenen Lebensformen und Wertordnungen werden danach wiederkommen; in dem kreisartigen Prozeß, in welchem sie angeordnet sind, werden sie zu einer Einheit und Totalität zusammengefaßt. So ergibt sich ein spannungsvolles Ganzes, in welchem die voneinander verschiedenen Standpunkte und Weltperspektiven so zusammengefaßt werden, daß jede ihren Platz im Ganzen der Denkgeschichte hat.

Der Ausdruckscharakter der Weltperspektive der ewigen Wiederkunft wird in Sätzen wie diesen erkennbar:

,,Wenn meine Tugend eines Tänzers Tugend ist, und ich oft mit beiden Füßen in gold-smaragdenes Entzücken sprang:

Wenn meine Bosheit eine lachende Bosheit ist, heimisch unter Rosenhängen und Lilien-Hecken: – . . .

Oh wie sollte ich nicht nach der Ewigkeit brünstig sein und nach dem hochzeitlichen Ring der Ringe, – dem Ring der Wiederkunft!

Nie noch fand ich das Weib, von dem ich Kinder mochte, es sei denn dieses Weib, das ich liebe: denn ich liebe dich, oh Ewigkeit!

Denn ich liebe dich, oh Ewigkeit!"⁸³

Vorgreifend mag hier schon die Absicht weiterer „Wirkung" der Wiederkehrperspektive angedeutet werden: es ist diejenige der Auswahl. Die Macht des Gedankens der ewigen Wiederkehr soll sich als Prüfstein für die Stärke einer Daseinsverfassung dessen erweisen, der diesen Gedanken versuchsweise zu dem Seinigen macht. Der Lebensbejahende wird durch ihn gestärkt und bestätigt, während derjenige, der dieses Leben verachtet und den Sinn sich von einem Jenseits geben läßt, unter der Wirkung des Wiederkehrgedankens zugrunde gehen muß: er hält ihn nicht aus. Wer dem Leben einen Sinn geben will, wird durch diesen Gedanken herausgefordert, sich als Sinnschaffender zu erweisen. Wer aber nur dort einen Sinn sieht, wo er ihm entgegengebracht wird, erträgt den Gedanken nicht. „Der Gedanke der Wiederkunft als auswählendes Prinzip, im Dienste der Kraft... Reife der Menschheit für diesen Gedanken."⁸⁴.

Die für den jasagenden Willen und seine Macht erforderliche Wirkung dieses Gedankens als des „schwersten" kann nur eintreten, wenn alle Werte umgewertet worden sind. Im andern Falle könnte seine Wirkung auch Barbarei entstehen lassen. „Mittel, ihn zu ertragen: Umwertung aller Werte. Nicht mehr die Lust an der Gewißheit, sondern an der Ungewißheit; nicht mehr ‚Ursache und Wirkung', sondern das beständig Schöpferische; nicht mehr Wille der Erhaltung, sondern der Macht; nicht mehr die demütige Wendung ‚es ist Alles nur subjektiv', sondern ‚es ist auch unser Werk! – seien wir stolz, darauf!' Wirkung, daß die Erhöhung des Kraftbewußtseins des Menschen maximal erreicht sei."⁸⁵

Der Wille zur Macht erweist sich in „unserer" geschichtlichen Situation als Wille zur ewigen Wiederkehr. Das ihm notwendige Rezept der ewigen Wiederkehr fordert zum Schaffen heraus und damit zur Erhöhung der Macht. Macht ist als Machtgefühl zu verstehen, und dieses stellt sich im Zustande des Schaffens und damit der Freiheit und Souveränität her. Durch den Gedanken der ewigen Wiederkehr wird dieser Zustand in uns hergestellt: unser Bewußtsein stellt sich in ihm dem Maßstab der „Ewigkeit". Wir handeln dann nach der Maxime: Du mußt dir sagen, daß dasjenige, was Du jetzt tust, in aller Ewigkeit immer wiederkehren wird. Dadurch steht uns ein Maßstab vor Augen, durch den wir zu prüfen vermögen, welche einzelne Handlung unserem jasagenden

---

⁸³ Z. Die sieben Siegel. Nr. 6 (ibidem S. 334).
⁸⁴ W. z. M. Aph. 1058 (XVI, S. 395).
⁸⁵ W. z. M. Aph. 1059 (ibidem).

Willen angemessen ist oder nicht: wozu wir uns entscheiden und was wir vermeiden wollen. ,,Unsre eifrigste Anstrengung und Vorsicht gehört mit hinein in das Fatum aller Dinge; und ebenso jede Dummheit. Wer sich vor diesem Gedanken verkriecht, der ist eben damit auch Fatum. Gegen den Gedanken der Notwendigkeit gibt es keine Zuflucht."[86] Wählt einer die ewige Wiederkehr zu seiner Weltperspektive und nimmt die Notwendigkeit an, so gewinnt er Freiheit im Sinne der Überlegenheit über das ,,bloße" Fatum. Indem wir diesen Gedanken in seiner letzten Konsequenz ernst nehmen und damit der Notwendigkeit unseren Zoll entrichten, bewähren wir unsere Freiheit des Schaffens, der auch diese Weltperspektive zu verdanken ist. Gerade derjenige, das ist die Meinung, der sich ,,vor diesem Gedanken verkriecht" und etwa krampfhaft auf seine Freiheit pocht, macht sich damit zum bloßen Fatum.

Wäre der Gedanke der ewigen Wiederkehr wirklich als objektive Erkenntnis des Weltprozesses zu werten, dann gäbe es die Überlegung der Ausrichtung unseres Handelns an ihm nicht: denn dann würde der gewöhnliche Fatalismus gelten müssen, der vielmehr lähmend als herausfordernd auf unser Handeln wirkt. Denn er läßt ja doch alles wiederkehren, so wie es ist und von Anfang war, und es ist ganz gleichgültig, ob ich mir diese Wiederkehr zur Sinndevise meines Seins mache oder nicht, ob ich eine Wirkung des Gedankens der Wiederkehr erwäge oder nicht, ob ich etwas unternehme oder nicht.

Amor fati in der Interpretation der ewigen Wiederkehr ist leidenschaftliche Zustimmung zum notwendigen Kreislauf vom Stande der Freiheit des Schaffens aus. Zu Neujahr des Jahres 1881/82 sagt Nietzsche: ,,Ich will immer mehr lernen, das Notwendige an den Dingen als das Schöne zu sehen: – so werde ich Einer von Denen sein, welche die Dinge schön machen (gesp. v. Verf.). Amor fati: das sei von nun an meine Liebe! Ich will keinen Krieg gegen das Häßliche führen. Ich will nicht anklagen, ich will nicht einmal die Ankläger anklagen. Wegsehen sei meine einzige Verneinung! Und, Alles in Allem und Großen: ich will irgendwann einmal nur noch ein Ja-sagender sein!"[87]

---

[86] XIII, S. 73.
[87] F.W. (V, S. 209). vgl. auch XII, S. 405: ,,Höchster Fatalismus doch identisch mit dem Zufalle und dem Schöpferischen. (Keine Wertordnung in den Dingen! sondern erst zu schaffen!)" und W.z.M. Aph. 1059 (XVI, S. 395): ,,Der Gedanke der ewigen Wiederkunft: ... Als der schwerste Gedanke: seine mutmaßliche Wirkung ... Mittel, ihn zu ertragen: die Umwertung aller Wert."

Es ist bei Nietzsche freilich kein Vertrauen zur Güte des Seienden, welches ihn zur Zustimmung zum „Notwendigen" in den Dingen motiviert. Das ist bei Leibniz der Fall, der über das „Verhängnis" sagt: „Und ob man gleich nicht jedesmal den rechten Punkt des Anschauens sofort mit dem Verstande finden kann, so soll man sich doch vergnügen, daß man wisse, es sei dem also, daß man einen Wohlgefallen an allen Sachen haben würde, wenn man sie recht verstünde und also solchen Wohlgefallen daran bereits haben solle, gleichwie man an seines Freundes oder Fürsten Tun ein Wohlgefallen schöpfet, wenn man ein vollkommenes gutes Vertrauen zu ihm hat, das ist, wenn man seines Verstandes und guts Gemüts versichert, ob man schon nicht allemal gleich siehet, warum ein und anders geschehen, und es äußerlich oft nicht wohlgetan scheinet."[88] Nietzsches Jasagen zur Notwendigkeit dagegen beruht nicht auf dem Vertrauen zum Sinn des „Verhängnisses," sondern im Gegenteil auf dem Verzicht auf dessen Sinnhaftigkeit, zu dem der Wille gehört, selbst Sinnquelle zu sein. Die Vorstellung des sinn-losen Fatums soll nicht als „wahres" Bild von diesem gewertet werden, sondern ist allein **bedeutsam** durch ihre **Funktion** der Herausforderung des „Starken" zu eigenem Sinn-schaffen und des zur-Verzweiflung-Bringens des „Schwachen", der sich dem Nicht-sinn, dem Nichts ausgeliefert sieht.

Die als ewige Wiederkehr konzipierte Welt zeigt dionysischen Charakter. Sie wird als Spiel von Kräften und Kraftwellen, als Rhythmus zwischen Konzentration und Ausweitung, als Vieles in Einem und Eines in Vielem gedacht. Sie ist ein „Meer in sich selber stürmender und flutender Kräfte, ewig sich wandelnd, ewig zurücklaufend, mit ungeheuren Jahren der Wiederkehr, mit einer Ebbe und Flut seiner Gestaltungen, aus den einfachsten in die vielfältigsten hinaustreibend, aus dem Stillsten, Starrsten, Kältesten hinaus in das Glühendste, Wildeste, Sich-selber-Widersprechendste, und dann wieder aus der Fülle heimkehrend zum Einfachen, aus dem Spiel der Widersprüche zurück bis zur Lust des Einklangs, sich selber bejahend noch in dieser Gleichheit seiner Bahnen und Jahre, sich selber segnend als Das, was ewig wiederkommen muß, als ein Werden, das kein Sattwerden, keinen Überdruß, keine Müdigkeit kennt –: diese meine **dionysische** Welt des Ewig-sich-selber-Schaffens, des Ewig-sich-selber-Zerstörens, diese Geheimnis-Welt der doppelten Wollüste, dies mein ‚Jenseits von Gut und Böse'

---

[88] G. W. Leibniz, Hauptschriften zur Grundlegung der Philosophie (Buchenau-Cassirer) 2 Bde., Bd. 2, Leipzig 1924, S. 132.

ohne Ziel, wenn nicht im Glück des Kreises ein Ziel liegt ohne Willen, wenn nicht ein Ring zu sich selber guten Willen hat, – wollt ihr einen Namen für diese Welt? Eine Lösung für alle ihre Rätsel? Ein Licht auch für euch, ihr Verborgensten, Stärksten, Unerschrockensten, Mitternächtlichsten? – Diese Welt ist der Wille zur Macht – und Nichts außerdem! Und auch ihr selber seid dieser Wille zur Macht – und Nichts außerdem!"[89]

Auch hier spiegelt die Melodie der Sprache die Bewegung wider, von der die Rede ist: der Sprechende beschreibt nicht eine objektiv erkannte Welt, sondern gibt Ausdruck für die Verfassung, in welcher er sich selbst befindet, wenn er diese Weltinterpretation behauptet. Die Sprache, in der von einer dionysischen Weltverfassung die Rede ist, ist selbst dionysisch und vergegenwärtigt im Augenblick des Sagens die rhythmische Bewegung zwischen Konzentration und Ausdehnung, Vernichtung und Neuschaffen, Absteigen und Aufsteigen, Abschied und Wiederkehr[90].

Amor fati ist auch als Liebe zur Ewigkeit zu begreifen. Die ewig in sich kreisende Welt ist das Selbstportrait, das die Liebe zur Ewigkeit im Denker Nietzsche von sich geschaffen hat. Die umfassende dionysische Einheit in der Vielheit der möglichen Lebensformen trägt die Physiognomie der „Ewigkeit", sofern sie als geschichtlicher Kreislauf immer wiederkehrender Weltperspektiven und Interpretationen verstanden wird. In jeder der in dieser Geschichte vorkommenden Weltinterpretationen ist das Ganze aller andern, auch zu ihr gegensätzlichen und widersprüchlichen Auffassungen vergegenwärtigt. Jeder Augenblick im Bilde dieses kreisartigen Prozesses nicht nur der Natur, sondern der menschlichen Geschichte und der in ihr vertretenen Weltinterpretationen zeigt dem richtigen „point de vue" die „überströmende Fülle und Mächtigkeit", die in der Kraft der Zusammenfassung aller überhaupt möglichen Lebens- und Weltkonzepte liegt. Der zum Schaffen Gewillte hat das Bild der ewigen Wiederkehr als das seiner Welt schaffend entworfen: er versteht es als Aufforderung zu eigener, autarker Sinngebung und verbindet damit ein Vor-bild: „Das Ideal eines

---

[89] W.z.M. Aph. 1067 (XVI, S. 401).
[90] Karl Löwith schwankt bei der Beurteilung der ewigen Wiederkehr zwischen der Auffassung, sei sei der Inhalt einer „Wahrsagung" und diene dem Anspruch einer objektiven Aussage über die Welt und dem allein richtigen Gedanken, es handle sich hierbei doch nur um ein Experiment. (Löwith, Nietzsches Philosophie der ewigen Wiederkunft des Gleichen, Berlin 1935, S. 56ff.).

Geistes, der naiv, d. h. ungewollt und aus überströmender Fülle und Mächtigkeit mit allem spielt, was bisher heilig, gut, unberührbar, göttlich hieß..."[91]

Nietzsche erklärt, in der ewigen Wiederkehr keine „Lehre" zu sehen, sondern sie als „Tendenz" zu gebrauchen[92]. Er sieht ihre Bestimmung darin, eine Funktion für unser Denken und Handeln zu erfüllen. Wir **brauchen** die Perspektive der ewigen Wiederkehr als notwendige Bedingung unseres zur Autarkie entschlossenen Sinn-willens. Wir drücken das „Abbild der Ewigkeit" auf unser Leben, wenn wir im Anblick der ewigen Wiederkehr handeln. Diese Perspektive gibt uns das Bewußtsein einer Welt, in der wir uns unserem Willen zum Schaffen gemäß einrichten und jeden Augenblick als ewig verstehen können, weil er das ganze Sein vergegenwärtigt. Die Ewigkeit im Augenblick ist die Stunde des Mittags: in ihr ist Vergangenheit und Zukunft enthalten. „Gesetzt, wir sagen Ja zu einem einzigen Augenblick, so haben wir damit nicht nur zu uns selbst, sondern zu allem Dasein Ja gesagt. Denn es steht Nichts für sich, weder in uns selbst noch in den Dingen: und wenn nur ein einziges Mal unsre Seele wie eine Saite vor Glück gezittert und getönt hat, so waren alle Ewigkeiten nötig, um dies Eine Geschehen zu bedingen – und alle Ewigkeit war in diesem einzigen Augenblick unseres Jasagens gutgeheißen, erlöst, gerechtfertigt und bejaht."[93]

Der Maßstab für Handeln, den diese kosmische Perspektive darstellt, hat die Bedeutung: „Nicht nach fernen, unbekannten Seligkeiten und **Segnungen** und **Begnadigungen** ausschauen, sondern so leben, daß wir nochmals leben wollen und in Ewigkeit so leben wollen! – Unsere Aufgabe tritt in jedem Augenblick an uns heran."[94] An dieser Stelle wird erkennbar, daß die Idee der ewigen Wiederkunft das Sein dessen, der sie behauptet, nicht nur zum **Ausdruck** bringt, sondern es zugleich auch formt und prägt: denn er rückt sein Leben und jeden Augenblick in die Perspektive der Ewigkeit. Der Gedanke der ewigen Wiederkunft gibt ihm das Vor-bild der Ewigkeit, die er im Symbol des kreisartigen Weltprozesses vorstellt. Nicht um „schlechte Unendlichkeit" (Hegel) des Nichtaufhörens der in sich kreisenden Bewegung handelt es sich hier, sondern Ewigkeit bzw. Unendlichkeit wird als Gegenwart des Ganzen, der totalen Welt in jedem Augenblick verstanden." Prüfen wir, wie der

---

[91] G.d.M. (VII, S. 395).
[92] vgl. XII, S. 426 u. XVI, S. 100.
[93] W.z.M. Aph. 1032 (XVI, S. 378).
[94] XII, S. 67.

Gedanke, daß sich etwas wiederholt, bis jetzt gewirkt hat... Wenn die Kreis-Wiederholung auch nur eine Wahrscheinlichkeit oder Möglichkeit ist, auch der Gedanke einer Möglichkeit kann uns erschüttern und umgestalten, nicht nur Empfindungen oder bestimmte Erwartungen! Wie hat die Möglichkeit der ewigen Verdammnis gewirkt!"[95]

Mit der Perspektive der ewigen Wiederkehr bedient sich Nietzsche einer vorsokratischen Weltauslegung. Aber er begibt sich nicht in die Gefangenschaft der Seins-auslegung Heraklits: vielmehr gibt er dem „Satz" von der ewigen Wiederkehr einen neuen Stellenwert, den er in methodischer Bewußtheit der Sinnrelevanz begreift, die diesem eigentümlich ist. Er nimmt diesem kosmologischen „Lehrstück" gegenüber die Stellung des frei über sie Verfügenden und sie Gebrauchenden ein. Vor anderen Wertauslegungen hat diese Perspektive für Nietzsche den Vorzug, selbst ein Bild der Mächtigkeit und freien Herrschaft über alle einmal zur Geltung gebrachten Lebensformen abzugeben und dadurch den größten Umfang und Reichtum aller bisherigen Weltperspektiven zu symbolisieren: denn auch die Geschichte des Menschen und seiner Denkgestalten wird in das Bild des kreisförmigen Prozesses der ewigen Wiederkehr eingezeichnet, so daß sich in ihm eine Einheit aller einmal behaupteten und verwirklichten Weltinterpretationen darstellt. Die Interpretation der Geschichte am Leitfaden des Modells der ewigen Wiederkehr vollzieht demgemäß die Bewegung der Ausweitung des Denkens in dem Sinn, der so charakterisiert wird: „... Schritt vor Schritt umfänglicher werden, übernationaler, europäischer, übereuropäischer, morgenländischer, endlich griechischer – denn das Griechische war die erste große Bindung und Synthesis alles Morgenländischen und eben damit der Anfang der europäischen Seele, die Entdeckung unserer ‚neuen Welt'..."[96]

Festgehalten mag werden, daß die Konzeption der ewigen Wiederkehr die Bedeutung einer Perspektive hat, mit deren Hilfe der über den Nihilismus zum autarken Sinn-schaffen hinausgehende Wille die Welt interpretiert. Die von ihr erwarteten Funktionen sind: Auswahl der das Leben Bejahenden, Herausforderung zum Sinnschaffen, sinnbildliche Darstellung der dionysischen Bewegung, Maßstab für Handeln und Vorbild der Verewigung des Augenblicks zu sein. Die Wiederkehr-

---

[95] ibidem S. 65.
[96] KGW. Abtlg. VII, Bd. 3, S. 416.

perspektive wird von Nietzsche nicht als Leitfaden für objektive Welterkenntnis und als „Wahrheit", sondern als Sinnorientierung verstanden.

Bei dieser Gelegenheit mag daran erinnert werden, daß auch der junge Kant in seiner „Naturgeschichte und Theorie des Himmels" (1755) die ewige Wiederkehr behauptet hat[97].

Kants Gedanke ist in dieser frühen Schrift, daß sich die Schöpfung selbständig durch Ausbildung einer systematischen Verfassung des Kosmos entwickelt. Bei der Ausarbeitung dieses Gedankens macht er von der Vorstellung der Ausweitung Gebrauch, welcher als Gegenbewegung die der Konzentration entgegenwirkt. Beim Mittelpunkt des Kosmos, das ist der Gedanke Kants, fängt die „Ausbildung" der Natur an und wird „mit stetiger Fortschreitung nach und nach in alle ferneren Weiten ausgebreitet", um den unendlichen Raum in dem „Fortgange der Ewigkeit mit Welten und Ordnungen zu erfüllen."[98] Die Ordnung der Natur wird als im Werden befindlich angenommen. Gott hat die „Wesenheiten" bzw. „Naturen" der Dinge in seinem Verstande a priori entworfen, so daß sie stets von ihm abhängig sind und bleiben. Wie ein ins Wasser geworfener Stein vom Punkte seines Auftretens aus Wellen um sich herum in der Form konzentrischer Ringe ausbildet, die er allmählich, vom Auftreffpunkt anfangend, in einem stets sich erweiternden Umkreise hervorruft, so denkt sich Kant die Bildung kosmischer Ordnungen und Gestalten. Diese Ordnung kann einen qualitativen Höhepunkt erreichen: dann ist der Augenblick gekommen, in welchem schon gewordene Bildungen wieder zerfallen, während in anderen Sphären neue Bildungen im Entstehen sind, die sich aus dem Chaos heraus gestalten. Zu gegebener Zeit entsteht im Zusammenhang mit dem Plan des Ganzen an einer Stelle ein Gebilde, dessen Aufleben an dieser Stelle nur deshalb möglich ist, weil das bisher hier gewesene System zu seiner ihm vom Naturgesetz vorgeschriebenen Zeit untergegangen ist und dem Neuen Platz gemacht hat.

Wiederkehr des Gleichen ist die Folge, wenn man diesen Gedanken zu Ende denkt; denn es liegt nahe zu glauben, daß die Natur, die sich bisher selbst geholfen und aus einem frühen chaotischen Zustande durch sich selbst und in sich selbst kosmische Ordnung hergestellt hat, auch in

---

[97] Allgemeine Naturgeschichte und Theorie des Himmels oder Versuch von der Verfassung und dem mechanischen Ursprunge des ganzen Weltgebäudes, nach Newtonischen Grundsätzen abgehandelt. Kants Werke, Akad.-Ausg., Bd. I, S. 215 ff.
[98] ibidem S. 312.

dem Augenblick selbständig wieder zur Ordnung zurückkehren könne, in welchem sie naturgesetzlich zum Chaos geworden war. Ewige Wiederkehr ist eine Konsequenz der Autarkie des Kosmos, d. h. seiner Unabhängigkeit von über-natürlichen Nachhilfen: Nietzsches Version dieser Autarkie nimmt die Gestalt der Sinn-unabhängigkeit des Menschen an. Die Mechanik der ewigen Wiederkehr versucht Kant so zu erklären, daß im Falle des Absterbens eines Systems die Planeten und Kometen auf die Sonne niederstürzen, dadurch ein ungeheurer Zuwachs für die Sonne entsteht, der zugleich auch ein entsprechendes Wachstum an Energie ist. Dadurch vermag die Sonne mit um so größerer Intensität auszustrahlen: alles werde wieder in die kleinsten Elemente aufgelöst: die zugleich durch die Ausdehnungskraft der Hitze mit großer Energie in weite Räume hinausgeschleudert und zerstreut werden: so entsteht der Zustand eines homogenen erfüllten Weltraumes, wie er ganz zu Anfang vor der Bildung der Welt bestanden hatte. Da unterdessen das zunächst jäh brennende Sonnenfeuer wieder weitgehend erloschen ist, so stellen sich Bedingungen her, auf Grund deren die „Verbindung der Attraktions- und Zurückstoßungskräfte die alten Zeugungen und systematisch beziehenden Bewegungen mit nicht minderer Regelmäßigkeit zu wiederholen und ein neues Weltgebäude darzustellen" vermögen.

An diesem Bilde, welches Kant von der ewigen Wiederkehr entwirft, wird sichtbar, daß er es in der Absicht einer objektiven Erkenntnis des Kosmos entwirft. Erst sekundär nimmt dieses Bild auch Sinncharakter insofern an, als hieran die Eigenschaft Gottes vergegenwärtigt werden soll, auch das Endliche, den Augenblick und jedes Naturwesen im Aspekt der Ewigkeit zu behandeln. Dieser Gedanke führt zu moralischen Überlegungen.

Bei Nietzsche jedoch gründet sich die Bedeutung der Aussagen über die ewige Wiederkunft einzig auf das Sinn-bedürfnis, dessen Erfüllung zugleich die Überwindung des Nihilismus einschließt. Nietzsche entscheidet sich für den Weg des Jasagens, der über die ewige Wiederkehr führt: diese Entscheidung ist freilich nicht zufällig und willkürlich, sondern durch ein methodisches Verfahren gerechtfertigt: dasjenige des gedanklichen Sinn-experimentes.

III. Kapitel

SELBSTBEGRÜNDUNG DER PHILOSOPHIE DURCH EXPERIMENTELLE METHODE: DAS PROBLEM DER METHODE ÜBERHAUPT

1. Radikalisierung des Cartesischen Zweifels und Nietzsches Version der Copernicanischen Wendung: Die Umkehrung in der Abhängigkeit von Wahrheit und Bedeutsamkeit.

Als Pole, in deren Spannungsfeld Nietzsche denkt, wurden bisher vor allem diejenigen von Natur und Freiheit sowie von Konzentration und Ausweitung in den Blick genommen. Jetzt soll eine weitere Polarität zur Sprache kommen: der Wortführer einer Weltperspektive trägt einerseits die Züge des Ernstes und der Sorge für die Zukunft, andererseits zeigt er den Zug der Heiterkeit und Gelassenheit, sofern er sich als Herr jedes Glaubensinhaltes versteht und über Weltperspektiven souverän zu verfügen vermag. Auf der einen Seite steht der Geist der Schwere, während auf der andern tänzerische Leichtigkeit die Devise ist. Der schwere Ernst eignet demjenigen, der in der bürgerlichen Gesellschaft Verantwortung übernommen und Pflichten zu erfüllen hat, während indessen Heiterkeit und Leichtigkeit Züge des Philosophen und des Künstlers sind. Einerseits weiß sich Nietzsche der Verantwortung bei der Überwindung des Nihilismus verpflichtet, andererseits versteht er sich als „freier Geist", dem zugleich die Leichtigkeit des Hinwegtanzens über beengende Grenzen eigentümlich ist. Er stellt sich in die Nähe der französischen Aufklärer, zu denen er Descartes zählt, deren ironisch--rationale, helle und klare Sprache souveräne Distanz gegenüber dem Geist der Schwere anzeigt. Er bekennt sich zur fröhlichen Wissenschaft und entflieht dem düsteren Ernst des Fanatikers, des Propheten oder Dogmatikers.

Von Nietzsche aus gesehen sind die in der bisherigen Geschichte der Philosophie vollzogenen Akte der Wahl je einer Weltperspektive ohne methodische Bewußtheit erfolgt. Er nimmt für sich einen Reflexionsstand der Freiheit der Verfügung über Perspektiven in Anspruch. Die Sinn-notwendigkeit, die eine Weltperspektive als „Lebensbedingung" für seinen jasagenden Willen hat, wird demgemäß nicht als Zwang erfahren, sondern bewußt mit methodischer Einsicht in die Bedeutsamkeit dieser Perspektive vollzogen. Die Methode des Experimentierens soll den Weg zur Auffindung der sinnotwendigen Weltperspektive zeigen. Nur derjenige Entwicklungsstand des sich befreienden, auf Gewinn von Macht im Sinne der Über-legenheit ausgehenden Denkens ist dieser Methode gewachsen, der sich von allen Glaubensverbindlichkeiten losgesagt hat, zu denen sogar auch diejenige gegenüber der „Vernunft" und ihrem Gewißheitsanspruch gehört.

Der Denkcharakter souveräner Leichtigkeit und freier Verfügung über Weltperspektiven ist ein m e t h o d i s c h e s Implikat für den jasagenden Willen, der den Gedanken der ewigen Wiederkehr auf seine Sinn-bedeutsamkeit prüft. Nach Karl Löwith hat Nietzsche auf dem Gipfel der „Moderne" diese vorsokratische „Lehre" wiederholt. Hier ist nach der Bedeutung von „modern" zu fragen. Grundzug des modernen europäischen Menschen ist derjenige der Freiheit. Nietzsche weist sich selbst in der Geschichte des „freien, immer freier werdenden Geistes" einen fortgeschrittenen Standort an[1]. Diese Freiheit tritt ihm vor allem in der Devise des methodischen Zweifels des Descartes entgegen. Dessen Prinzip ist es, nichts anzuerkennen oder zu übernehmen, nichts zu „glauben" als das, dessen ich selbst gewiß geworden bin. Nur solche Sätze verdienen es z. B., als wahr anerkannt zu werden, an denen ich denselben Grad von Klarheit und Deutlichkeit festzustellen vermag, wie er dem allergewissesten Satz von der Identität des ego cogito mit dem ego sum eignet. Die im Programm des Zweifels zur Geltung gebrachte Freiheit besteht in der dem Selbstdenken verpflichteten Weigerung, sich nicht zum Gefangenen unkontrollierter Vorurteile, eines tradierten Glaubens zu machen: der Zweifelnde besteht darauf, auf dem Wege kritischer Prüfung und selbständig vollzogener Rechtfertigung zum Stand der Überzeugung zu gelangen. Als Maßstab der Kritik gilt Descartes die wissenschaftliche Gewißheit, d. h. die klare und deutliche Bedeutung der Wörter, Begriffe und Sätze.

Descartes hat dem Denken Rückenfreiheit dadurch verschafft, daß er es aus den Fesseln unkontrollierter Glaubensansprüche befreit hat. Aber in den Augen Nietzsches war der cartesische Zweifel immer noch nicht

---

[1] „Wie gut nimmt sich Leibniz und Abälard, Montaigne, Descartes und Pascal aus! Die geschmeidige Verwegenheit solcher Geister zu sehen ist ein Genuß..." (XIII, S. 310/311).

radikal genug, um das Denken wahrhaft freimachen zu können[2]. „Descartes ist mir nicht radikal genug. Bei seinem Verlangen, Sicheres zu haben und ‚ich will nicht betrogen werden' tut es not zu fragen, ‚warum nicht?' Kurz, moralische Vorurteile (oder Nützlichkeits-Gründe) zu Gunsten der Gewißheit gegen Schein und Ungewißheit."[3] Descartes legt den Maßstab der Klarheit und Deutlichkeit zugrunde; an ihm führt er eine Prüfung der Sätze auf ihre Wissenschaftlichkeit und Wahrheit durch. Sein „Glaube" an die maßstäbliche Rolle rationaler Sicherheit und Gewißheit ist so fest, daß er vom Zweifel nicht erreicht wird. Es ist der Glaube der neuzeitlich-wissenschaftlichen Vernunft an sich selbst, auf deren Boden sie ihrem Einsatz für die Arbeit an der Verwirklichung der theoretischen und praktischen Zwecke Sinn zu geben vermag. Nietzsche entlarvt als eigentlichen Wortführer des Wahrheitsanspruches den Willen zur Macht und sieht den Grundsatz Descartes' nicht als Ausdruck des Wahrheitswillens, sondern des Willens zur Macht an. Wir Heutigen „stehen anders zur ‚Gewißheit'". Das Glück der großen Entdecker im Streben nach Gewißheit „könnte sich jetzt in das Glück verwandeln, überall die Ungewißheit und das Wagnis nachzuweisen."[4] „Wir Heutigen" sind die im Zeitalter des Positivismus Lebenden.

Damit ist auch schon das Programm des philosophischen Experimentierens berührt: sofern philosophischen Aussagen nicht die Rolle angewiesen wird, die Wahrheit auszusprechen und mit „Sicherheit" behauptet zu werden, besteht auch für die Wissenschaftslehre des philo-

---

[2] vgl. ibidem und XV, S. 5: „‚‚Es muß besser gezweifelt werden als Descartes!' Wir finden das Umgekehrte, die Gegenbewegung gegen die absolute Autorität der Göttin ‚Vernunft' überall, wo es tiefere Menschen gibt. Fanatische Logiker brachten es zu Wege, daß die Welt eine Täuschung ist; und daß nur im Denken der Weg zum ‚Sein', zum ‚Unbedingten' gegeben sei." Vgl. auch ibidem S. 7, wo erklärt wird, daß für den, welcher auf alle diese Fragen schon „fertige G l a u b e n s s ä t z e" (gesp. v. Verf.) mitbringt, die cartesische Vorsicht keinen Sinn mehr habe, weil sie zu spät komme. Descartes redet über das Sein, aber ohne vorher die Legitimation des Gewißheitsanspruches des vernünftigen Bewußtseins zu prüfen. Vorher müßte die Frage vom Wert der Logik entschieden sein. „Sein" heißt für Descartes: von der Vernunft erkannt und konstruiert sein. Nach Löwiths Aussage glaubt Descartes an das wissenschaftliche Wissen, er sehe „aber nicht, wie Nietzsche, das unverhüllte, wahre Gesicht der höchsten Art des lebendigen Seins". (Löwith, Nietzsches Philosophie der ewigen Wiederkunft des Gleichen, Berlin 1935, S. 124). Diese Sprache, die für die Charakterisierung der Denkweise eines Propheten passen würde, ist dem Denkstil Nietzsches nicht adäquat. Nietzsche beansprucht nicht mit Pathos eine höchste Art von „Wahrheit", sondern behauptet Freiheit und Souveränität gegenüber Glaubensinhalten, über die er Herr sein will, statt von ihnen beherrscht zu werden.
[3] XIII, S.56.
[4] XIII, S. 56.

sophischen Wissens eine andere Situation, als sie in der Tradition seit Aristoteles gegeben war. Nach dem aristotelischen Wissenschaftsideal ging man von ersten „prinzipiellen" Sätzen aus, um darauf ein theoretisches System aufzubauen. Bei Descartes nahm dieses Modell wissenschaftlichen Verfahrens die Form an, daß er von der in der Rolle des absolut sicheren Satzes auftretenden Aussage über die Identität von ego sum und ego cogito ausging, um von da aus auf dem Wege über Gott zur Außenwelt fortzuschreiten.

Radikalisiert man im Sinne Nietzsches den Cartesischen Zweifel, so bleibt der von der „Vernunft" angebotene Maßstab der notwendigen Gültigkeit der ersten Sätze vom Zweifel nicht verschont, ebenso wie der Anspruch auf ihre „Wahrheit". Jetzt ist der Maßstab aller Maßstäbe für Gültigkeit, Annehmbarkeit und Glaubhaftigkeit von Sätzen ein anderer geworden: er besteht in dem Sinnbedürfnis des Willens einer historischen Gegenwart nach dem „richtigen" Weltentwurf. Als Methode der Auffindung dieses Entwurfes wird die des Experimentes des philosophischen Denkens mit sich selbst gewählt. Als „richtig" erweist sich der Weltentwurf gemäß seiner Fähigkeit, dem Willen einer bestimmten historischen Gegenwart die Weltperspektive zur Verfügung zu stellen, die diesem die ihm notwendige Sinnmotivation für die Verwirklichung seiner Zwecke zu bieten vermag.

Die „experimentalphilosophische" Wendung in der Auffassung der Rolle der philosophischen Grundsätze über die Interpretation der Welt fordert den Übergang von der Methode der Begründung einer Philosophie durch erste wahre Sätze zu derjenigen experimenteller Prüfung und Rechtfertigung philosophischer Grundannahmen. Diese „Wendung" motiviert Nietzsche in einer Auseinandersetzung mit Descartes und in einer Radikalisierung des Cartesischen Zweifels, durch welche dem denkenden Subjekt das Recht versagt wird, einen Archimedischen Punkt in der Welt der Wahrheit zu suchen. Der Cartesische Anspruch auf Wahrheit und wissenschaftliche Sicherheit wird entlarvt: Descartes „moralisiere" das Dasein, ohne sich darüber Rechenschaft zu geben. Die von ihm begründete Erkenntnistheorie sei „abhängig von einer vorherigen Entscheidung über den moralischen Charakter des Daseins." Der moralische Grundzug dieser Weltinterpretation zeige sich darin, daß die „wahre Welt" die gute sein solle: daß die Scheinbarkeit, der Wechsel, der Widerspruch, der Kampf unmoralisch seien. Auf solche Moralisierungen von Erkenntnis und Welt ist der Cartesische Zweifel noch einmal anzuwenden und zu fragen: Warum nicht Mißtrauen gegenüber der Vernunft? Warum soll die wahre Welt die gute sein? Warum soll man nicht eine Welt des Scheins, des Wechsels, des Widerspruchs, des Kampfes verlangen? Eine „mit Kraft überladene und spielende Art Wesen würde gerade die Affekte, die Unvernunft und den Wechsel in eudämonistischem Sinne gutheißen, samt ihren Konsequenzen Gefahr, Kontrast, Zu-Grunde-gehen u.s.w.".[5] Dieses: „Warum" ist Stichwort für die Um-stellung in der Einschätzung der Rolle der philosophischen Grundaussagen und für die Wahl der Weltperspektive. Jetzt wird den Grundaussagen, in denen diese Perspektive zum Ausdruck kommt, die Rolle übertragen, eine maßgebende Funktion für die Sinngebung zu übernehmen, deren ein Willen zur Macht in seiner geschichtlichen Epoche als „Existenzbedingung" bedarf.

Ein bestimmt gearteter Wille zur Macht bedarf einer ihm angemessenen Weltperspektive. Ihr eignet nach Nietzsches kritischer Analyse der Grund-sätze des Descartes nicht „Wahrheit", sondern sie muß sich als sinnotwendig erweisen und damit dem Kriterium der Bedeutsamkeit für das „Leben" genügen. Zu Descartes' Zeiten war die von ihm vertretene mechanistische Welthypothese dem Kriterium der Bedeutsamkeit angemessen, da der damalige maßgebende Wille auf „logische Bestimmtheit, Durchsichtigkeit als Kriterium der Wahrheit" ausging. Die entlarvende Analyse Nietzsches ergibt, daß die mechanistische Welthypothese deshalb als „wahr" angesprochen wurde, weil sie dem Denk- und Weltcharakter seiner Zeit am meisten „das Gefühl von Macht und Sicherheit" gab und deren Sinnbedürfnis optimal erfüllte. Darauf ist auch die Überzeugungskraft dieser Hypothese zurückzuführen[6]. Das der mechanistischen Weltinterpretation nachgesagte Prädikat: „Wahrheit" wird von der kritischen Analyse Nietzsches in seiner „eigentlichen" Bedeutung als „bevorzugt, geschätzt"-sein diagnostiziert[7]. Der von

---

[5] W.z.M. Aph. 576, 578 (XVI, S. 72/73).
[6] vgl. W.z.M. Aph. 436 (XV, S. 466): „Auch Descartes hatte einen Begriff davon, daß in einer christlich-moralischen Grunddenkweise, welche an einen guten Gott als Schöpfer der Dinge glaubt, die Wahrhaftigkeit Gottes erst uns unsere Sinnesurteile verbürgt... Daß das Denken gar ein Maß des Wirklichen sei, – daß, was nicht gedacht werden kann, nicht ist, – ist ein plumpes non plus ultra einer moralistischen Vertrauensseligkeit (auf ein essentielles Wahrheits-Prinzip im Grunde der Dinge)..." Auch in W.z.M. Aph. 471 meldet Nietzsche sein radikales Zweifelsprinzip gegen die „Treuherzigkeit und Biedermanns-Voraussetzung, die Nachwirkung des Glaubens an die göttliche Wahrhaftigkeit" an, welche die moralische Form annehme, daß die menschliche Vernunft im Grunde Recht behalte und Gott als Schöpfer der Dinge gedacht sei (XVI, S. 5).
[7] W.z.M. Aph. 533 (XVI, S. 45). Es mag hier betont werden, daß der Standpunkt Nietzsches deshalb nicht als „pragmatistisch" bezeichnet werden darf, weil er gerade den

der Wendung zum radikalen Zweifel im Banne des traditionellen Wahrheitsanspruches denkende und handelnde Intellekt tauft „sein freiestes und stärkstes Vermögen und Können", das des Übersichtlich- -und-Durchsichtigmachens der Dinge mit dem Namen für das Höchste, das er kennt: er benennt es als „wahr". Aber der Stand des noch radikaleren Zweifels spricht eine andere Sprache: er hat den Sprachgebrauch, der mit dem Worte „wahr" umgeht, entlarvt und wird jetzt im Sinne seiner „Wahrheit" von der Eignung, Angemessenheit und Brauchbarkeit einer Weltperspektive für Sinnmotivation sprechen. Der Kritiker der Wahrheitsideologie des rationalistischen Denkens wird im Zuge einer Sinn-erklärung sagen, daß „die höchsten Grade in der Leistung" einer Weltperspektive den Glauben an deren „Wahrheit" erwecken[8].

In der später (1886) geschriebenen Vorrede zur „Morgenröte" charakterisiert Nietzsche seine seinerzeitige Absicht, auch noch die moralischen Voraussetzungen, unter denen die neuzeitliche Erkenntniskritik seit Descartes gedacht hat, einer Kritik zu unterwerfen und sie zu hinterfragen in der Weise, daß man in diesem Buche einen „Unterirdischen" an der Arbeit" finde, „einen Bohrenden, Grabenden, Untergrabenden".[9] Jetzt, in der späten Phase seines Denkens, ist er von dieser frühen Arbeit des Grabens unter der Erde an die Oberfläche zurückgekommen. „Damals unternahm ich etwas, das nicht jedermanns Sache sein dürfte: ich stieg in die Tiefe, ich bohrte in den Grund, ich begann eine altes Vertrauen zu untersuchen und anzugraben, auf dem wir Philosophen seit ein paar Jahrtausenden wie auf dem sichersten Grunde zu bauen pflegten, – immer wieder, obwohl jedes Gebäude bisher einstürzte: ich begann unser Vertrauen zur Moral zu untergraben..."

Wenn man die Frage stellt, was Nietzsche hier und auch anderwärts unter „Moral" versteht, so ergibt sich aus dem Text seiner Vorrede eine Antwort, in welcher er den Bedeutungshorizont dieses Begriffes über den Bereich des „Moralischen" im engeren Sinne einer Werteordnung des Verhaltens und Handelns hinaus so ausweitet, daß auch die Wertungen noch eingeholt werden, die Erkennen und Erkenntnistheorie bestimmen. Gemeint ist diejenige normative Basis, die durch Namen wie vernünftige „Gewißheit", „Wahrheit" bezeichnet wird. Nietzsche beruft sich hier ausdrücklich auf Kant, wenn er die Verbindlichkeit des

---

Wissenschaftsstandard, der für den Pragmatisten maßgebend ist, selbst wieder zum Gegenstand des radikalen Zweifels macht.

[8] ibidem.
[9] M. (III, S. 3).

Erkennenden gegenüber dem Anspruch der „Wahrheit" unter eine moralische Perspektive stellt. Weil Kant als Pessimist von Grund auf Geschichte und Natur als unvernünftig angesehen habe, deshalb habe er es „nötig gehabt", sie in seiner Erkenntnistheorie und Metaphysik auf die Sprache der Vernunft, d. i. der Moral zu bringen. Zu dieser Erkenntnis sei er, so sagt Nietzsche, durch die „Tapferkeit" seines Argwohns und seines Untergrabens gekommen: „das Vertrauen auf die Vernunft, mit dem die Gültigkeit dieser Urteile steht und fällt, ist, als Vertrauen, ein moralisches Phänomen..."[10] Die gedankliche Situation, die Nietzsche als diejenige seiner damaligen Arbeit des Untergrabens kennzeichnet, wird von ihm demnach selbst als Ergebnis der Geschichte des pessimistischen Denkens deklariert, in der Kant eine Schlüsselrolle spielt. Nietzsche legt sich seine eigene Situation in der Weise zurecht, daß er die Gedankenlinie des Pessimismus bis zur Radikalität der Kritik und damit bis zum Umschlag in ein Mißtrauen gegenüber der Vernunft fortführt. Er gibt seinem Bewußtsein Ausdruck, selbst den letzten Schritt noch zu tun, der für den deutschen Pessimismus noch übrigbleibt[11]. Sein Buch stellt „in der Tat einen Widerspruch dar und fürchtet sich nicht davor: in ihm wird der Moral das Vertrauen gekündigt – warum doch? Aus Moralität! Oder wie sollen wir's heißen, was sich in ihm – in uns – begibt?" Die „Moral", die in Kants Vernunftkritik bestimmend war, findet auch im Denken Nietzsches lebendige Gestalt: „hier, wenn irgendworin, sind auch wir noch Menschen des Gewissens: daß wir nämlich nicht wieder zurückwollen in Das, was uns als überlebt und morsch gilt, in irgend etwas ‚Unglaubwürdiges', heiße es nun Gott, Tugend, Wahrheit, Gerechtigkeit, Nächstenliebe; daß wir uns keine Lügenbrücken zu alten Idealen gestatten..."[12]

Was in der traditionellen Philosophie „Wahrheit" genannt wird, ist im eigentlichen Sinne genommen Eignung und Notwendigkeit einer Weltperspektive für Sinnmotivation. Als „wahr" im Sinne Nietzsches darf dann diejenige Weltperspektive bezeichnet werden, welche sich bei der Erfüllung der Aufgabe der Sinnmotivation besser be-währt als eine andere. Nietzsche nennt den Übergang, den er über den ihm noch ungenügend dünkenden Cartesischen Zweifel hinaus vollzogen hat, gelegentlich „zweite Aufklärung". Im Denken und Sprechen dieser „Aufklärung" erfaßt, ist jede Weltperspektive als solche ein „Irrtum", wenn

---

[10] ibidem S. 8.
[11] ibidem S. 8.
[12] ibidem S. 8/9.

man an sie den falschen Anspruch theoretischer Gegenstandswahrheit stellt. Nietzsche macht gelegentlich von einer sprachlichen Technik Gebrauch, in welcher und durch welche er den Maßstab der Be-währung statt der ,,Wahrheit" dadurch betont, daß er die ihm anheim zu stellende Weltperspektive als eine Art von ,,Irrtum" deklariert. Hierfür mag folgender Satz als Beleg angeführt werden, durch den man sich freilich nicht zu einer einseitig biologistischen Auslegung verleiten lassen möge: ,,,Wahrheit': das bezeichnet innerhalb meiner Denkweise nicht notwendig einen Gegensatz zum Irrtum, sondern in den grundsätzlichsten Fällen nur eine Stellung verschiedener Irrtümer zu einander: etwa daß der eine älter, tiefer als der andere ist, vielleicht sogar unausrottbar, insofern ein organisches Wesen unserer Art nicht ohne ihn leben könnte; während andere Irrtümer uns nicht dergestalt als Lebensbedingungen tyrannisieren, vielmehr, gemessen an solchen ,Tyrannen', beseitigt und ,widerlegt' werden können."[13]

Unsere Überzeugung von der Gültigkeit philosophischer Erkenntnis kommt nicht dadurch zustande, weil sie sich als ,,wahr" im Sinne theoretischer Wahrheit erwiesen hat, sondern sie wird als ,,wahr" im Sinne der Bewährung für das Konzept der Sinnmotivation akzeptiert, weil sie sich in einer geschichtlichen Gegenwart für einen bestimmten Willenscharakter als einer geeigneten Weltperspektive zugehörig erwiesen hat. Dieser Erweis geschieht auf dem Wege des gedanklichen Experimentes.

Für ein Denken, welches die Überzeugung von philosophischer Gültigkeit nicht auf theoretische ,,Wahrheit", sondern auf Bewährung im Programm der Sinn-motivation gründet, besteht Veranlassung, nicht im Sinn des Entweder/Oder strikt zwischen wahr und falsch zu unterscheiden, sondern von ,,Graden der Geltung" des Seins und auch des Scheins zu reden. ,,Auch in Betreff der ,unmittelbaren Gewißheit' sind wir nicht mehr so leicht zu befriedigen: wir finden ,Realität' und ,Schein' noch nicht im Gegensatz, wir würden vielmehr von Graden des Seins – und vielleicht noch lieber von Graden des Scheins – reden und jene ,unmittelbare Gewißheit' (z. B. darüber, daß wir denken und daß folglich Denken Realität habe) immer noch mit dem Zweifel durchsäuern, welchen Grad dieses Sein hat..."[14] Nietzsche spricht von einer ,,Umkehrung" in der Auslegung von Sätzen: während die theoretische

---
[13] W. z. M. Aph., 535 (XVI, S. 46).
[14] XIII, S. 52.

Denkart einen Satz auf seine „Wahrheit" im Sinne objektiver Gültigkeit hin beurteilt, wird er nach der Umkehrung darauf hin betrachtet, welche Rolle er bei der Sinnmotivation für das Subjekt zu spielen vermag: ein quasi objektiver Bezug, der ihm immer eignet, wird von da aus gesehen als bloß „schein-bar" deklariert werden müssen. Der bei der Umkehr gewonnene Stand macht von einem Denken und einer Sprache Gebrauch, deren Urteile und Sätze auf eine objektive Beschaffenheit einer Welt hinzuweisen s c h e i n e n. Dieser objektive Schein ist, wenn er als solcher durchschaut ist, für das Leben insofern unentbehrlich, als er es diesem ermöglicht, sich in einer quasi objektiven „Welt" einzurichten und an ihr auszurichten. Sätze über diese Welt, die jeweils zu meinem Willenscharakter passen muß, sind s c h e i n b a r objektive Aussagen und müssen den Stellenwert dieser Scheinbarkeit behaupten, um ihre Aufgabe der Sinnmotivation durch Einrichtung und Ausrichtung in einer quasi objektiven Welt erfüllen zu können.

Nietzsche könnte diese „Umkehrung" auch als s e i n e Copernicanische Wendung bezeichnen, sofern sich die Bedeutung der philosophischen Sätze nicht mehr um die „Objekte" dreht, sondern dem Sinnbedürfnis des subjektiven Denkens und Wollens dient. Damit steht im Zusammenhang, daß jetzt zwischen Vernunft und Leben eine Umwertung erfolgt. Während in der traditionellen Philosophie das „Bewußtsein" als „Wertausgangspunkt" gilt und als Maßstab für die Bewertung auch des Leiblichen, was eine Erniedrigung des Lebens und seines Bedürfnisses nach „Machtsteigerung" zum Mittel bedeutet, kommt es im Vollzug dieser Wendung, bei der sich der radikale Zweifel auch gegen die Vernunft wendet, zu einer Umkehrung dieser Ordnung: „Wenn wir einen Zweck des Lebens weit genug ansetzen wollten, so dürfte er mit keiner Kategorie des bewußten Lebens zusammenfallen; er müßte vielmehr jeden noch e r k l ä r e n a l s M i t t e l z u s i c h ..." Ersichtlich ist das „Bewußtwerden nur ein Mittel mehr in der Entfaltung und Machterweiterung des Lebens." Dieses nimmt in einem je zu einer geschichtlichen Gegenwart gehörigen Denkcharakter Gestalt an, der sich seinerseits die ihm angemessene Weltperspektive mit Hilfe des Bewußtseins verschafft und auswählt.

Damit wird die Freiheit der Entscheidung für eine geeignete Weltinterpretation gefordert. Diese Entscheidung wird durch experimentelle Methode zu rechtfertigen sein, die von der Voraussetzung nicht der Wahrheit des philosophischen Denkens und Sprechens, sondern von seiner Eignung für Sinnmotivation ausgeht und damit dem radikalen

Zweifel Rechnung trägt. Der Glaube an die Vernunft war die letzte Fessel für solche Denker, die auf dem Wege der Befreiung am weitesten vorangeschritten waren. Auch er muß selbst unter die Kritik genommen und dem Zweifel ausgesetzt werden.

In diesen Gedankengängen zeigt sich ein bisher kaum beachteter Weg des Denkens von Nietzsche zur Umwertung der Werte. Er führt über die Radikalisierung des Cartesischen Zweifels und eine dabei vollzogene Umwendung von der Orientierung an Vernunft und Bewußtsein zu einer Einsetzung von Leib, Leben, Affektwelt in die Stelle der maßgebenden und tonangebenden Realitäten. Die Umwertung der Werte ist auf diese Weise als Radikalisierung der Freiheit und des Zweifels in einer Copernicanischen Wendung zu verstehen. Dieser Wendung entspricht ein Wandel in der Einschätzung des Gültigkeitscharakters philosophischer Grundaussagen und Weltperspektiven. Sie werden nicht als theoretisch objektive, ,,wahre" Aussagen gewertet, vielmehr wird ihr Charakter der ,,Angemessenheit" und Eignung für Sinnmotivation als überzeugungsbildend, einen Glauben rechtfertigend und in diesem Sinne ,,Wahrheit" präsentierend erachtet. Da aber philosophische Aussagen über die Welt auch dann eine objektive Intention haben, wenn sie nur auf Grund ihrer Bedeutsamkeit für Sinnmotivation in Frage kommen, macht Nietzsche von einer seiner Copernicanischen Wendung entsprechenden Hermeneutik Gebrauch: seinen Deutungsregeln gemäß sind Wörter wie Wahrheit, Irrtum, Schein, Gewißheit von dem bei dieser Wendung erreichten Stand der Sinnmotivation aus, der zugleich auch derjenige der Umwertung der Werte ist, zu deuten.

Noch ist darauf einzugehen, daß das Prinzip ,,Methode" durch die Verwandlung, die Nietzsche als Radikalisierung des Cartesischen Zweifels begreift und die zum Gedanken des Experimentierverfahrens führt, zugleich eine Veränderung der Stellung bedeutet, die der sie Handhabende ihr gegenüber einnimmt. Bei Descartes spielt sie die Rolle eines mitteilbaren und lehrbaren Verfahrens, dessen sich der Erkennende zwecks Sicherheit, Allgemeingültigkeit und Notwendigkeit der Erkenntnis-ergebnisse zu bedienen hat. ,,Der" Erkennende, das ist jeder, der sich zu dieser Methode passende Erkenntnisziele setzt. Die Methode gibt ihm die Schritte und ihre Reihenfolge an, die das die Sache begrifflich auszuarbeitende Denken zu gehen hat. Das Individuum selbst tritt hier hinter der objektiven Logik der allgemeinen wissenschaftlichen Vernunft zurück und stellt sich als solches außerhalb der Bewegung, die sein auf die Sache gerichtetes und diese begrifflich aufarbeitendes

Denken vollzieht. Daran ist festzuhalten, auch wenn man bemerkt, daß Descartes vom Ich-denke-Bewußtsein ausgeht und auf der Sicherheit des Satzes von der Identität des Ich-denke mit dem Ich-bin die Wissenschaft aufbaut. „Ich" bin in dieser Situation Sprachrohr und Wortführer eines jeden Denkens, d. h. eines allgemeinen Ich; dieses muß bei Handhabung der vorgeschlagenen Methode die Erkenntnisse gewinnen, die dem menschlichen Denken zugänglich sind.

Aus diesem Grunde betont Descartes, er habe sich nie eingebildet, über einen Verstand zu verfügen, der über das Niveau des „gewöhnlichen Schlages" hinausragt. Im übrigen sei das „Vermögen richtig zu urteilen und das Wahre vom Falschen zu unterscheiden, dieser eigentlich sogenannte gesunde Verstand oder die Vernunft, von Natur in allen Menschen gleich", und die Verschiedenheit unserer Meinungen beruhe nicht darin, daß „die einen mehr Vernunft haben als die andern, sondern lediglich darin, daß unsere Gedanken verschiedene Wege gehen und wir nicht alle dieselben Dinge betrachten...."[15]

Zwar betont Descartes, daß er seine Methode nicht ex cathedra verbindlich machen will: aber er entwickelt sie aus den Voraussetzungen einer allgemeinen Vernunft und versucht sie für jeden so zwingend zu machen, daß er auf Grund eigener Überzeugung durch den Weg des Zweifels hindurch zur Gewißheit zu finden vermag. Descartes geht aus vom Menschen „von gesundem Verstande", also von einem Durchschnittsverstande. Er äußert die Absicht, das bisher Gelernte und Geglaubte durch das Filter des Zweifels zu läutern und entweder Neues an die Stelle des Alten zu setzen oder das Alte wieder einzusetzen, wenn es gerechtfertigt worden ist. Dieses kann nur vom „Ich denke" selbst geleistet werden: „Meine Absicht hat sich nie weiter erstreckt, als auf den Versuch, meine eigenen Gedanken zu reformieren und auf einem Grunde aufzubauen, der ganz in mir liegt."[16]

Wenn im Blick auf das Experimentalverfahren Nietzsches darauf insistiert wird, daß es sich dabei um eine „Methode" handle, so wird zwar einerseits an einen Zusammenhang mit dem methodischen Denken Descartes gedacht, andererseits aber zugleich auch der grundlegende Unterschied in der Auffassung des Stellenwertes und der Leistung der Methode nicht übersehen. Die Gemeinsamkeit besteht darin, daß auch

---

[15] Abhandlung über die Methode des richtigen Vernunftgebrauchs und der wissenschaftlichen Wahrheitsforschung, aus: René Descartes' Hauptschriften zur Grundlegung seiner Philosophie, übers. von Kuno Fischer, Neudruck Heidelberg 1930, S. 3.
[16] ibidem S. 15.

das Experimentalverfahren einen Weg angibt, auf welchem die Gültigkeit von philosophischen Weltinterpretationen geprüft werden soll. Die Cartesische Methode dient dem reinen, in die Zufälle der Erfahrung nicht verstrickten Denken, um mit Sicherheit Ergebnisse zu gewinnen und die Gefahr des Irrweges auszuschließen. Dieses am mathematischen Denken orientierte Verständnis von Methode muß schon im Bereich der Naturwissenschaften selbst Kompromisse eingehen: dann nämlich, wenn sie sich mit dem experimentellen Verfahren der empirischen Naturwissenschaften, also mit der Methode des Experimentierens verbindet. Hier zwar ist das wissenschaftliche Denken in der von Kant gekennzeichneten Lage, daß es in der Rolle des Richters an die Natur Fragen stellt, die in der Richtung des vorentworfenen Planes zu antworten hat. Aber diese Antworten können inhaltlich gesehen doch Überraschungen bieten, die zuweilen sogar zu einer Umänderung der Fragestellung herausfordern. Gleichwohl ist es nur eine Theorie über Objekte, die hier auf dem Spiele steht und die durch eine andere Theorie leicht zu ersetzen ist.

Anders ist es im Bereich derjenigen „Methode", in welcher die denkende Vernunft mit sich selbst experimentiert. Das geschieht in dem Falle Nietzsches, dessen Methode der Prüfung von Weltperspektiven darin besteht, daß diese „eingehängt" werden, um auf ihre Sinnwirkung auf denjenigen geprüft zu werden, der sie handhabt und der sich für sie entscheidet. Hier steht nicht eine Theorie über Objekte auf dem Spiele, sondern es entscheidet sich, ob der Versuch der philosophischen Vernunft, dem Leben eine sinnmotivierende Weltperspektive bereitzustellen, sich als erfolgreich oder erfolglos erweist. Hierbei wirkt sich ein „Irrtum" nicht nur in der Weise aus, daß er den Übergang zu einer anderen objektiven Theorie notwendig macht, sondern er nimmt die Form einer Niederlage des Denkens an, welches das Verlangen und die Erwartungen des Lebens nach einer ihm angemessenen Sinnmotivation nicht adäquat zu erfüllen vermochte und bei dem Versuche, eine dementsprechende Weltperspektive zu leisten, gescheitert ist. Der experimentellen Prüfung von Weltperspektiven ist daher ein größerer Ernst eigentümlich als der Handhabung einer objektiv-wissenschaftlichen Methode. Denn von einem erfolgreichen oder erfolglosen Ausgang der Prüfung hängt es ab, ob das Denken dem Leben sich als dienlich dadurch erwiesen hat, daß es ihm seine notwendigen Lebensbedingungen in der Form von sinnmotivierenden Weltperspektiven zu bieten vermochte. Das Leben drängt auf Entscheidung in dieser Frage: es will sich mit ganzer Kraft und voller Intensität für die Weltperspektive entscheiden, deren es als Sinnrechtfertigung für sein Denken und Handeln bedarf.

Wenn Nietzsche in formaler Ähnlichkeit mit Descartes „seine" Methode in der Gestalt eines Ich-berichtes zur Sprache bringt, so begreift sich dieses Ich nicht als Sachwalter und Wortführer einer allen gemeinsamen und allgemeinen Vernunft wie es bei Descartes der Fall ist. Er bietet keine Methode in dem Sinne eines „sicheren", unfehlbaren Weges zu wissenschaftlichen Ergebnissen, der jeder zu folgen vermag, der über diese allgemeine Vernunft verfügt; vielmehr spricht er als individuelles Ich-Leben, das mit anderen das Bedürfnis nach Sinnmotivation und einer dementsprechenden Weltperspektive gemeinsam hat. Seine Methode des Experimentierens stellt aber nicht einen gemeinsam zu gehenden Weg dar, sondern verlangt von ihm, in individueller, unvertretbarer Weise die Gefahr des Versuchens und zugleich des Mißlingens auf sich zu nehmen: er hat seinen gefährlichen Gang auf dem durch die Experimentalmethode bewiesenen Weg für sich und zugleich auch für die andern zu gehen. Das Prinzip dieser Methode ist nicht Sicherheit, sondern stellvertretende Meisterung der Unsicherheit. Die Rechtfertigung je einer Weltperspektive durch die Methode des Experimentierens führt zwar zu einer Gewißheit über deren Brauchbarkeit und Annehmbarkeit: aber diese Gewißheit gründet sich nicht auf wissenschaftliches Beweisverfahren. Der Test, an welchem sich entscheidet, ob man wirklich an eine bestimmte Weltperspektive „glaubt", ist, wie Kant im Einklang mit Pascal betont hat, die Wette, bei welcher der Einsatz nicht irgendein vermittelbares Gut ist, sondern das eigene Leben selbst. Die „Methode" bietet nicht ein Rezept für Denkverfahren unter Ausschaltung der Zu-fälle: sondern sie leistet die Beschreibung eines Weges, den der im Auftrag des Lebens Denkende zu gehen hat. Dem entspricht der Zuruf Zarathustras: „Ich bin ein Geländer am Strome... Eure Brücke aber bin ich nicht".

Jetzt ist es an der Zeit, die Experimentalmethode der Prüfung einer Weltperspektive auf Bedeutsamkeit und Eignung für Sinnmotivation näher ins Auge zu fassen. Es handelt sich dabei im anspruchsvollen Sinne des Wortes um eine Methode, mit Hilfe deren Nietzsche seinen systematischen „Anfang", das Konzept von der ewigen Wiederkehr zu rechtfertigen versucht. Dadurch wird erkennbar, daß die Absage an das Cartesische Programm bei Nietzsche nicht zu einem Irrationalismus führt, sondern daß er dem Cartesischen Denken eine Rationalität spezifischer Art entgegensetzt.

Es ist daran zu erinnern, daß die Entscheidung für eine Weltperspektive wie diejenige der ewigen Wiederkehr in den Augen Nietzsches nur dann gerechtfertigt ist, wenn sie sich in einem Prüfungsverfahren be--währt hat. Nietzsche führt die Selbstbegründung der Philosophie und ihrer Anfangssätze auf dem Wege einer experimentellen Methode durch, die gemäß seiner Version der Copernicanischen Wendung als einzig mögliche Begründungsform in Frage kommt[17].

Aber Nietzsche steht auch als „Experimentalphilosoph" in einer Tradition, auf die jetzt die Aufmerksamkeit gelenkt werden mag. Vor allem ist es angemessen, einen Blick auf den Gedanken des Experimentierens der Vernunft mit sich selbst zu werfen, mit dem Kant Ernst gemacht hat, indem er ihn als Leitmotiv für eine Methode der Selbstbegründung der Philosophie begriffen hat.

2. Das Experiment der Vernunft im Denken Kants

Im Unterschied zur Einzelwissenschaft, der es auf Aussagen über Objekte innerhalb der Welt ankommt, geht die Philosophie darauf aus, über diese Welt selbst und die Stellung zu denken und zu sprechen, die wir uns innerhalb ihrer den Mitsubjekten und den Objekten gegenüber geben. Welt ist nicht „gegeben", sondern Ergebnis eines Entwurfes. An dieser Einsicht Kants hält auch Nietzsche fest, wenn er betont, daß es kein „An-sich-Sein" gibt und daß jede Aussage über die „Dinge" der Welt auf Interpretation beruht. In den vorigen Abschnitten wurde vom „Schaffen" einer solchen Interpretation und von der freien souveränen Stellung ihr gegenüber gesprochen, auf Grund deren das Subjekt, das sich in einer geschichtlichen Gegenwart für sie entschieden hat, in einer andern über sie hinauszugehen bereit ist.

---

[17] Mit der Behauptung, Nietzsches Philosophieren folge der Methode des Experimentierens, gehe ich über die Einschätzung des experimentellen Prinzips bei Nietzsche durch Heidegger wie auch durch Löwith hinaus. In ihren Interpretationen wurde zwar der experimentelle Zug des Denkens Nietzsches deutlich herausgehoben: aber er wurde nicht als methodischer Grundzug Nietzsches dargestellt. Vgl. Martin Heidegger, Nietzsche, Pfullingen 1961, Bd. 1, S. 37/38: „Wenn daher Nietzsche im Untertitel zu seinem Werk schreibt: „Versuch" einer Umwertung aller Werte, so ist das nicht eine Redensart, um eine Bescheidenheit auszudrücken und anzudeuten, das Vorgelegte sei noch unvollkommen, es meint nicht „Essay" im literarischen Sinne, sondern meint mit klarem Wissen die Grundhaltung des neuen Fragens aus der Gegenbewegung gegen den Nihilismus." Über eine vage Charakterisierung des Experimentes als „Grundhaltung" kommt auch Löwith nicht hinaus.

Die Überzeugung von der Bedeutsamkeit einer Weltperspektive jeweils für eine geschichtliche Gegenwart entsteht nicht auf dem Wege eines Beweises, einer theoretischen Ableitung aus ersten Sätzen: ebensowenig durch Berufung auf bisherige Erfahrung der Weltverhältnisse. Denn einzelne Dinge und Verhältnisse innerhalb der Welt sind immer Ergebnis einer Interpretation im Rahmen eines allgemeinen und in einem gewissen Sinne „transzendentalen" Weltentwurfes. Das entwerfende Subjekt begreift die von ihm gedachte und aufgezeichnete Welt in ihrem inhaltlichen Aufbau, etwa als ewige Wiederkehr des Gleichen. Zugleich aber vergegenwärtigt es bei seinem quasi objektiven Weltdenken auch immer seine eigene Stellung gegenüber dieser Welt und ihren Dingen. Da es sie als Ergebnis seiner eigenen Interpretation begreift, macht es sich in diesem Sinne zum Herrn seiner Welt. Um es mit den Worten Kants zu sagen: es vergegenwärtigt bei seinem Weltentwurf zugleich seine eigene Stellung der Freiheit, die es durch diesen Entwurf dokumentiert. Nietzsche spricht von der gedanklichen „Grundstellung", die sich das Subjekt in dieser Welt und ihr gegenüber gibt.

Kant hat in der Vorrede zur zweiten Auflage der „Kritik der reinen Vernunft" diese Stellung der Freiheit des Subjekts gegenüber der von ihm interpretierten Welt in der Weise berücksichtigt, daß er diesem die Möglichkeit gibt, sich zu demjenigen Weltentwurf zu entscheiden, der sich bei der Verwirklichung grundsätzlicher Zwecksetzungen des Willens bewährt: diese Bewährung geschieht durch ein experimentelles Verfahren.

Um die Situation bei Kant zu verstehen, mag noch einmal auf die kantische Interpretation der Copernicanischen Wendung ein Blick geworfen werden. Das astronomische Bewußtsein habe, so sagt er, die Erfahrung gemacht, daß es „mit der Erklärung der Himmelsbewegungen nicht gut fort wollte", wenn man annahm, daß das ganze Sternenheer sich um den Zuschauer drehe[18]. Copernicus habe daraufhin „versucht", ob es nicht besser gelingen möchte, „wenn er den Zuschauer sich drehen und dagegen die Sterne in Ruhe ließ." Der Versuch des Copernicus bestand nach Kant darin, nicht eine andere Hypothese über die Objekte des astronomischen Himmels vorzuschlagen. Sein „Wagnis" habe vielmehr die Bedeutung, daß er sich die Freiheit herausgenommen hat, den Standpunkt der Beschreibung der Ereignisse am Himmel durch ein Experiment des Denkens mit sich selbst und seinem eigenen

---

[18] Vorr. z. Aufl. B d. Kritik der reinen Vernunft. XVI, (AA Bd. 3, S. 12).

Standnehmen so zu wählen, daß für die astronomische Wissenschaft eine Perspektive herauskommt, aus welcher eine befriedigende Interpretation der Bewegungen der Himmelskörper folgt. Als befriedigend ist die resultierende Theorie dann anzusehen, wenn die astronomischen Gleichungen ein Höchstmaß an Einfachheit zeigen und dadurch optimal dem Anspruch der Vernunft auf Erkenntnis kosmischer Gesetze und auf prognostische Möglichkeiten genügen. Das „Wagnis" des Copernicus besteht in einer freien Wahl des Standes der Beschreibung der Himmelsereignisse. Copernicus hat von der Freiheit des Experimentierenkönnens der astronomischen Vernunft mit sich selbst, mit ihrem eigenen Standnehmen Gebrauch gemacht. Dieses Wagnis wurde um des Anspruches der astronomischen Vernunft auf Erfüllung der in ihr selbst angelegten Zwecke willen unternommen. Dieser Anspruch gibt zugleich auch den Maßstab für das Gelingen des Experimentes ab: nach dem Urteil der neuzeitlichen Astronomie seit Copernicus ist das copernicanische Experiment gelungen, es genügt der Forderung der Einfachheit besser als die vom Stande der Erde aus geleistete Beschreibung des Ptolemäus.

Es ist darauf aufmerksam zu machen, daß der philosophisch relevante Gehalt der copernicanischen „Hypothese" nicht darin zu sehen ist, daß hiermit eine neue astronomische Theorie angeboten wurde: vielmehr steht im Zentrum des philosophischen Interesses die neuartige Stellung, die sich der Astronom selbst im Weltall den „Gegenständen" seines Erkennens gegenüber gegeben hat. Ihr gemäß konnte der Astronom einen Stand der Beobachtung wählen, der einer experimentellen Prüfung unterworfen wird. Die Eigenart dieses Experimentes besteht darin, daß in ihm nicht theoretische Aussagen über Naturobjekte geprüft werden, sondern die vom Astronomen getroffene Wahl des Standes beurteilt wird, welcher die neue Weltperspektive und die zu ihr gehörige Theorie begründet.

So kann Kant sagen, daß die Keplerschen Zentralgesetze der Bewegungen der Himmelskörper dem, was „Copernicus ... nur als Hypothese annahm, ausgemachte Gewißheit" verschafft haben und zugleich die Voraussetzung für die Newtonsche Gravitationslehre gegeben habe, welches alles nicht erkannt worden wäre, wenn Copernicus „es nicht gewagt hätte, auf eine widersinnische, aber doch wahre Art die beobachteten Bewegungen nicht in den Gegenständen des Himmels, sondern in ihrem Zuschauer zu suchen. Ich stelle ... die in der Kritik vorgetragene jener Hypothese analogische Umänderung der Denkart auch nur als Hypothese auf, ... um nur die ersten Versuche (gesp. v. Verf.) einer solchen Umänderung, welche allemal hypothetisch sind, bemerkbar zu machen."[19]

Wenn man eine „Anwendung" der so interpretierten copernicanischen Denkhandlung auf das metaphysische Denken fordert, so ergibt sich, daß hier die Vernunft analog wie im Denkbereich des Astronomen ein Experiment mit sich selbst, d. h. mit ihrer eigenen Stand-wahl macht. Zugleich damit wird auch die dazugehörige Perspektive experimentell geprüft und daran gemessen, ob sie den Ansprüchen und dem Maßstab der metaphysischen Vernunft genügen kann oder nicht. Das Experiment mit diesem Stand und seiner Weltperspektive darf dann als gelungen gelten, wenn die resultierende philosophische Theorie die metaphysische Antinomie der Vernunft zu überwinden vermag. Der Maßstab der experimentellen Prüfung, welcher ein philosophischer Standpunkt und dessen Perspektive unterzogen wird, die eine Erkenntnis der philosophischen „Gegenstände" und eine Theorie ermöglichen sollen, besteht in der Einheit der Vernunft mit sich selbst bzw. in der Überwindung von Widerstreitsituationen und Konflikten innerhalb der Vernunft.

Als paradigmatisch für eine Überwindung der Vernunftantinomie zitiert Kant meist den Fall des Widerstreits zwischen dem Standpunkt der Freiheit und demjenigen der Natur bzw. des Determinismus. Die Interessen beider Standpunkte sollen „gerecht" berücksichtigt werden: das wird durch eine Methode des philosophischen Denkens angestrebt, der folgend sich der Philosophierende versuchsweise zweier verschiedener Perspektiven bedient, mit deren Hilfe er Gerechtigkeit walten läßt und die Einheit der Vernunft mit sich selbst so aus dem Zustand eines Selbstzerwürfnisses wieder herstellt und sie verbürgt, wie die Interessenkonflikte in der Gesellschaft im juridischen Prozeß durch ein richterliches Urteil bewältigt werden. „Richterin" Vernunft macht das Experiment, der Einheit der Vernunft durch den Gebrauch solcher Perspektiven so Genüge zu tun, wie der Richter der Einheit des Gesetzes genügt, indem er in ihm den Maßstab für eine gerechte Entscheidung in einem Interessenkonflikt sucht. Das Experiment der Vernunft mit sich selbst besteht darin, daß das philosophische Subjekt einmal von der Perspektive der Natur, das andere Mal von derjenigen der Freiheit in

---

[19] XII, Anm. (ibidem). Das Wort: „widersinnisch" ist in der Bedeutung zu verstehen: „gegen den konventionellen Einsatz der Sinne".

methodisch gezieltem Einsatz Gebrauch macht. ,,Findet es sich nun, daß, wenn man die Dinge aus jenem doppelten Gesichtspunkte betrachtet, Einstimmung mit dem Prinzip der reinen Vernunft stattfinde, bei einerlei Gesichtspunkte aber ein unvermeidlicher Widerstreit der Vernunft mit sich selbst entspringe, so entscheidet das Experiment für die Richtigkeit jener Unterscheidung."[20] Dieser Versuch, den das metaphysische Denken mit sich selbst im Bereich seiner Aufgaben durchführt, soll sich nach Kant auch auf die Stellung ausdehnen, die das erkennende Subjekt seinen Gegenständen überhaupt gegenüber einnimmt. Man solle das Standnehmen etwa der Galilei usw., welche in ihrer Wissenschaft Fragen an die Natur im Rahmen eines von ihnen zuvor entworfenen Planes gestellt haben, ,,wenigstens zum Versuche" nachahmen. Die neugewonnene Freiheit des metaphysischen Denkens zum Experiment mit sich selbst und seiner eigenen Stand-wahl ist jetzt reif für die Erfüllung der Aufforderung: ,,Man versuche (gesp. v. Verf.) es daher einmal, ob wir nicht in den Aufgaben der Metaphysik damit besser fortkommen, daß wir annehmen, die Gegenstände müßten sich nach unserem Erkenntnis richten, welches so schon besser mit der verlangten Möglichkeit einer Erkenntnis derselben a priori zusammenstimmt, die über Gegenstände, ehe sie uns gegeben werden, etwas festsetzen soll."[21]

Was die Gegenstände angeht, die ,,bloß durch Vernunft, und zwar notwendig gedacht, die aber (so wenigstens wie die Vernunft sie denkt) gar nicht in der Erfahrung gegeben werden können, so werden die Versuche (gesp. v. Verf.) sie zu denken (denn denken müssen sie sich doch lassen) hernach einen herrlichen Probierstein dessen abgeben, was wir als die veränderte Methode der Denkungsart annehmen, daß wir nämlich von den Dingen nur das a priori erkennen, was wir selbst in sie legen." Die ,,veränderte Methode der Denkungsart": mit dieser Wendung wird nicht der Inhalt einer philosophischen Theorie bezeichnet, sondern diejenige Methode, welche durch einen Wechsel des Standes und seiner Perspektive gewonnen wurde und zugleich die freie Stellung des Denkens bezeichnet, derzufolge es mit dem gezielten Perspek-

---

[20] XVIII, Anm. (ibidem S. 13). Die Aussagen Kants in dieser Vorrede zur Experimentiermethode zeigen, daß er ihre Tragweite selbst noch nicht ganz überschaut, indem er sie einmal als eine Methode skizziert, die für das Vorfeld des philosophischen Denkens geeignet ist, das andere Mal aber, wie hier an dieser Stelle, in ihr konsequent die fundamentale Methode der Selbstbegründung des philosophischen Ansatzes sieht.
[21] ibidem XVI, S. 12.

tivengebrauch zu experimentieren vermag. Dieser Gebrauch besteht in der methodisch gelenkten freien Anwendung von philosophischen Perspektiven. Diese Freiheit zum rational motivierten Perspektivengebrauch ist im „Versuch" der Revolution der Denkart eröffnet worden.

Während im Denken der vorkantischen Metaphysik nicht nur die Inhalte der „Wahrheit" als vom Seienden selbst diktiert aufgefaßt wurden und das Subjekt sich sogar noch die Perspektiven, in welche die seienden Gegenstände zu rücken sind, vorschreiben ließ, entspricht es der veränderten „Denkungsart", diese Perspektiven in einem motivierten und planenden Vorgehen, also frei wählend und gemäß einer Methode selbst einzusetzen. Die jeweilige Wahl einer Perspektive untersteht einer experimentellen Prüfung, derzufolge sie dann als gerechtfertigt hervorgeht, wenn durch diese Perspektive Widersprüche in der metaphysischen Vernunft überwunden werden.

Auch im Bereich der praktischen Vernunft hat das Experimentalverfahren bei Kant seine Stelle. Auch hier werden „Annahmen", „Voraussetzungen", „Postulate" jeweils einer Welt gemacht, durch welche die praktische Vernunft demjenigen, der die von ihr gegebenen Pflichten soll erfüllen können, zugleich den Sinn seines Einsatzes für die Vernunftzwecke bietet: durch diese Weltperspektiven soll in ihm die Überzeugung bekräftigt werden, daß seine Arbeit für die Verwirklichung der Vernunftzwecke nicht umsonst, sondern daß „am Ende" für ein Gelingen gesorgt ist. Der Handelnde muß darauf vertrauen, hoffen und glauben können, daß die Folgen seines Tuns nicht durch widrige Entwicklungen zunichte gemacht werden: daß vielmehr seine Handlungen einen Beitrag zur Verwirklichung der Herrschaft der Vernunft über die Wirklichkeit geben können. Dazu bedarf er des Glaubens an eine von seiner praktischen Vernunft entworfenen Welt, die so beschaffen ist, daß er sich an ihr orientieren und auf ihrem Grund Sinn für sein Handeln zu finden vermag. Die Annahme dieser Welt ist nicht beliebig und willkürlich, sondern untersteht der Verpflichtung einer Motivation durch experimentelle Prüfung. Vermag der Handelnde auf Grund der Annahme der Welt, in welcher er die endgültige Herrschaft der Vernunft am Ende denken darf, Vertrauen und Zuversicht für den Erfolg seines Einsatzes zu fassen, so spricht das Experiment für das zur Prüfung gestellte Weltpostulat.

Die Frage ist: Welchen Weltcharakter braucht der Handelnde und welche Folgen hat der Gebrauch der dieser Welt entsprechenden Perspektive für die Verfassung des Handelnden? Erweist sich z. B. die metaphysische Annahme einer Entsprechung von Vernunft und Wirklichkeit, Freiheit und Natur als geeignet, das Sinnbedürfnis des praktischen Bewußtseins zu befriedigen, so spricht das Experiment für diese Annahme. Dann ist Grund für Überzeugung von dieser Annahme gegeben und die Gewißheit eines Glaubens stellt sich her, der „... reiner Vernunftglaube heißen kann, weil bloß reine Vernunft ... die Quelle ist, daraus er entspringt."[22] Aus diesen Äußerungen wird erkennbar, daß die grundsätzliche Bedeutung der Experimentalmethode von Kant in deren Eignung gesehen wird, die Selbstbegründung einer Philosophie zu leisten, die sich dem Programm einer sich selbst kritisierenden und Einheit mit sich verbürgenden reinen Vernunft verschreibt. Denn wenn das Prinzip des Experimentes der Vernunft mit sich selbst den Maßstab liefert, an dem Aussagen gemessen werden, dann braucht dieser weder in der Erfahrung noch in der Anschauung (wie in der Mathematik) noch in eingeborenen Ideen (wie in der unkritischen Metaphysik) gesucht zu werden. Von der Basis unserer praktischen, von reiner Vernunft gestellten Aufgaben aus entwerfen wir eine Welt von der Art, daß sie uns bei der Erfüllung dieser Aufgaben Orientierung und Sinn zu geben vermag. Sie bewirkt in uns eine praktische Verfassung des Überzeugtseins vom Sinn des Einsatzes für die Verwirklichung unserer Pflichten.

Seit Kant besteht für jedes philosophische Denken die Verpflichtung, den experimentellen Charakter eines Weltentwurfes bewußtzumachen. Es gilt einzusehen, daß dieser nicht objektive Erkenntnis von Dingen an sich bedeuten kann, sondern als der dem Vernunftbedürfnis dienende Entwurf einer Welt begriffen werden muß, in die ich mich denkend hineinzuversetzen, „hineinzudenken" (Kant) habe. Wenn man hier von Metaphysik spricht, so kann diese nur in kritischer, ihren eigenen Experimentalcharakter durchschauender und ihm Rechnung tragender Form legitimierbar sein. Als experimentelle „Theorie", die für den Haushalt der praktischen Vernunft notwendig ist, aber keine objektiven und dogmatischen Aussagen in eigentlich „theoretischer" Absicht leisten will und darf, ist sie gerechtfertigt, nicht als Theorie von einer Welt, die hinter der sichtbaren steht. Die von der praktischen Vernunft entworfene, den Aspekt unserer Pflichten ergänzende Welt ist

---

[22] AA Bd. 5, S. 126.

nicht in jenseitiger Ferne, sondern auf dem Grunde unseres Handlungsbewußtseins zu suchen[23].

Auch ein verborgener Weg führt zur Einsicht in die Bedeutsamkeit der experimentellen Methode bei Kant: dabei ist zu sagen, daß er oft den Namen des Experimentes nicht gebraucht, wo von der Sache her Anlaß dazu wäre. Während bisher vom Vernunftexperiment gesprochen wurde, welches diese am Maßstab der Einheit mit sich selbst durchführt, gewinnt bei Kant das Experiment des philosophischen Denkens auch in der Hinsicht Bedeutung, die in die Richtung Nietzsches weist: eine Perspektive wird am Maßstab ihrer Bedeutsamkeit für die Erfüllung des Sinnbedürfnisses geprüft. Erweist das Experiment ihre Annehmbarkeit und „Glaub"-würdigkeit, so entsteht Gewißheit: diese ist nicht objektiver, sondern „subjektiver" Natur. Sie bedeutet nicht Gewißheit eines Sachverhaltes, sondern Unzweifelbarkeit der Bedeutsamkeit eines Satzes für meine Existenz. Dieser Art von Gewißheit wird die Sprache dadurch gerecht, daß sie, um sie zu kennzeichnen, nicht die Wendung „Es ist gewiß, daß..." gebraucht: stattdessen sagt sie in diesem Falle: „Ich bin gewiß, daß..." Damit kennzeichnet sie die „subjektive" Gewißheit des „Glaubens". [24] Es geht hierbei um die Gewißheit solcher Aussagen, in denen nicht ein Sach-verhalt, sondern ein Sinnverhalt ausgesagt wird, der Antwort auf die Frage nach dem „Wozu" und „Weshalb" gibt. Nicht sachliche, objektive Logik entscheidet hier über Gültigkeit oder Ungültigkeit, sondern das subjektive Bewußtsein macht seinen Maßstab geltend, an welchem es entscheidet, ob der Inhalt eines „Glaubens" eine befriedigende Erfüllung des Sinnbedürfnisses zu geben vermag oder nicht. Subjektive Gewißheit im Sinn des Überzeugtseins gründet sich nicht auf objektive Wahrheit, sondern auf Bedeutsamkeit und Angemessenheit eines Konzepts für Sinnmotivierung: auf Sinn-notwendigkeit. Nicht ein sachlicher Maßstab entscheidet in diesem Falle über Glaubwürdigkeit oder Unglaubwürdigkeit, sondern mein eigener Zustand ist der Indikator bei der experimentellen Prüfung, ob ich vom Sinnangebot einer Weltperspektive überzeugt sein kann und darf oder nicht.

Die Gewißheit, die einer Weltinterpretation beigemessen werden kann, prüfe ich auf Grund eines Experimentes, welches sich daran entscheidet, ob ich selbst im Stande bin, ihr Bedeutsamkeit für mein Sinn-

---

[23] Vgl. auch mein Buch: Das Prinzip Handlung in der Philosophie Kants. Berlin 1978.
[24] Kant, Kritik der reinen Vernunft B 857 (AA Bd. 3, S. 536/37).

bedürfnis beizulegen: d. h. ob ihr Kraft der Überzeugung vom Sinn meines Handelns zu eigen ist. Das Experiment, welches ich mit einer Weltinterpretation in der Absicht einer Prüfung ihrer sinngebenden Kraft für mich durchführe, kann die Form der Wette annehmen. Hier kommt es auf den Einsatz an: der Glaubensgewißheit wird nicht der Einsatz einer einzelnen Sache, eines Dinges, eines Besitzes gerecht, sondern derjenige meiner selbst, meines Lebens. Vermag ich in einer Wette mich selbst, mein Glück, mein Leben als Einsatz für die Gewißheit eines Glaubens zu bieten, dann hat sich mir durch Experiment gezeigt, daß ich des betreffenden Glaubensinhaltes wirklich gewiß bin. Es handelt sich dann um einen notwendigen Glauben. Man bringt Experimentieren in Gestalt der Wette zunächst nur mit dem „pragmatischen Glauben" in Zusammenhang, bei dem es nicht um die Gewißheit philosophischer Sätze und um Sinn-notwendigkeit geht: aber der Gebrauch des Experimentalverfahrens durch die Wette ist in noch höherem Grade im Bereich des Glaubens gerechtfertigt: geht es z. B. um die Prüfung der Annehmbarkeit der These des Weiterlebens nach dem Tode, so ist es sinnvoll, die Überzeugungskraft dieser These für mich durch das Experiment in der Form einer Frage zu prüfen, die ich so an mich stelle: ob ich für diese Behauptung mein Leben einsetzen könnte oder nicht[25].

Auch Nietzsche geht es in seiner Experimentalmethode um die Prüfung philosophischer Weltperspektiven in sinnmotivierender Absicht. Das Experiment hat nicht deren theoretische Wahrheit, sondern ihre Bedeutsamkeit, Angemessenheit und Eignung für die Erfüllung je meines Sinnbedürfnisses zu erweisen.

3. Experimentelle Sinnmotivation bei Nietzsche: nicht Wahrheit, sondern Bedeutsamkeit

Auch bei Nietzsche übernimmt das Experiment des philosophischen Denkens eine entscheidende Rolle im Programm der Selbstmotivation. Er versetzt sich in eine gedankliche Situation, in welcher dem Experiment ein vergleichbarer Stellenwert zukommt wie im Aufbau der kantischen Metaphysik. Bei beiden Denkern wird eine experimentelle Methode gefordert, in welcher jeweils ein Weltentwurf auf seine Bedeutsamkeit und Brauchbarkeit für die Sinnmotivierung des Denkens und

---

[25] Kant, Kritik der reinen Vernunft. B 852 (ibidem S. 534).

Handelns geprüft wird. Während es bei Kant darauf ankommt, daß die zu prüfende Weltperspektive am Ende eine Bestätigung des Sinnes theoretischen und praktischen Handelns der Vernunft leistet, soll das Experiment des philosophischen Denkens mit sich bei Nietzsche erweisen, ob eine der Prüfung unterworfene Perspektive die Fähigkeit hat, einem bestimmt gearteten Willen zum Leben und zur Macht als Sinnmotivation zu dienen. Die Einstimmung zwischen dem Wollenden bzw. Handelnden und seiner „Welt" ist der Maßstab, dessen sich das Experimentieren bedient, um schließlich einen Entwurf als geglückt und gerechtfertigt, demnach als bedeutsam für den Willen oder im andern Fall als unbrauchbar hervorgehen zu lassen. Nietzsche experimentiert mit seinem eigenen Weltentwurf, dem der ewigen Wiederkehr des Gleichen, in der Weise, daß er dessen „Wirkung" auf den Denkenden, Wollenden, Handelnden erprobt und fragt, ob der jasagende Wille, der von der Welt her keine gegebene Sinngebung erwartet, mit sich selbst übereinstimmt, wenn er die ewige Wiederkehr behauptet.

Diese Übereinstimmung kann sich z. B. darin zeigen, daß die in einer Interpretation zur Darstellung gebrachte Welt Orientierungshilfe für Handeln zu bieten vermag. Auf die mögliche Orientierungskraft als Rechtfertigung einer Weltperspektive kommt Nietzsche in folgenden Worten zu sprechen: „wir sind zu gut gewitzigt, um nicht den tiefsten Zweifel an der **Möglichkeit** eines solchen Ganzen" — wie einer dogmatisch vertretenen Weltdoktrin (Anm. d. Verf.) — „in uns tragen. Es ist genug, wenn wir über ein Ganzes von **Voraussetzungen der Methode** übereinkommen, – über ‚vorläufige Wahrheiten', nach deren Leitfaden wir arbeiten wollen: so wie der Schiffahrer im Weltmeer eine gewisse Richtung festhält."[26] Bemerkenswert ist hier der Gebrauch der Schiffahrer-Metapher und der begleitende Hinweis auf den Abenteuercharakter philosophischen Denkens, den auch Kant in seiner Rede vom Ozean der Metaphysik andeutet, den zu befahren einen in der Navigationsmethode geübten Piloten voraussetzt[27]. Aus den Worten Nietzsches geht hervor, daß das Bild, welches sich der Schiffahrer von seiner Situation macht, nicht wegen seiner theoretischen Wahrheit, sondern vielmehr wegen seiner Fähigkeit wichtig ist, Orientierungsfunktion zu übernehmen.

---

[26] XIII, S. 73.
[27] vgl. Kant, Prolegomena. Vorrede.

Nietzsche erklärt, Erfahrungen im Experimentieren mit Weltperspektiven gemacht zu haben und zu weiteren Experimenten bereit zu sein wie ein Arzt, der Kuren im Selbstversuch ausprobiert. Er charakterisiert die „Experimentalphilosophie" von der Art, wie er sie lebt, folgendermaßen: sie „nimmt versuchsweise selbst die Möglichkeiten des grundsätzlichen Nihilismus vorweg: ohne daß damit gesagt wäre, daß sie bei einer Negation, beim Nein, bei einem Willen zum Nein stehen bliebe. Sie will vielmehr bis zum Umgekehrten hindurch – bis zu einem dionysischen Ja-sagen zur Welt wie sie ist, ohne Abzug, Ausnahme und Auswahl –, sie will den ewigen Kreislauf: – dieselben Dinge, dieselbe Logik und Unlogik der Verknotung."[28]. Allgemein erklärt er: „Wir selber wollen unsere Experimente und Versuchs-Tiere sein!"[29] Damit ist gefordert, wir sollen Weltperspektiven, Glaubensinhalte auf ihre Wirkungen auf uns erproben und dabei zusehen, ob sie mit dem Charakter unseres Willens in Einklang zu bringen sind. Nietzsche bringt mit dieser Methode des Experimentierens auch einen entsprechenden Begriff von Erfahrung in den Blick.

Zur Erfahrung gehört allgemein, daß man sie selbst in unvertretbarer Weise durch Einsatz seines eigenen Wahrnehmungs- und Denkvermögens und, wenn sie sich auf das Experiment des philosophischen Denkens mit sich selbst gründen soll, seines eigenen Lebens gewinnt. Erfahrung ist das Resultat all jener Reaktionen, in denen wir selbst auf etwas außer uns oder in uns reagiert haben. Wir sind hineingezogen worden in die Bewegung und Logik der Geschehnisse und haben unsere Reaktion mit dem Ding verschmolzen, welches auf uns agierte.[30]

Zugleich aber schließt die auf der Methode des Experimentierens begründete Erfahrung auch die Distanzierung zu dem ein, womit man Erfahrungen macht, so daß am Ende der Erfahrene zugleich auch der „freie Geist" ist. Das „Meisterschaftsvorrecht des freien Geistes" zeigt sich in der souveränen Fähigkeit, alle möglichen Standpunkte zu erproben und auf den „Versuch hin zu leben und sich dem Abenteuer anbieten zu dürfen."

Für Nietzsche stellt sich im Hinblick auf die Geschichte seiner eigenen Denkerfahrungen die Frage, wodurch sich der Wille zum Experimentieren motiviert. Wie will man z. B. den Versuch mit einer Weltperspektive motivieren, wenn man sich nicht in der Weise eines Philo-

---
[28] W. z. M. Aph. 1041 (XVI, S. 383).
[29] V, S. 243.
[30] vgl. XIII, S. 265.

sophen der Vernunft als auf einem Punkt der geschichtlichen Linie der Vernunft stehend begreift und sich dadurch auf eine Logik der Vernunft berufen kann, der man selbst mit seinem eigenen Experimentieren untersteht? Wie will man den Gedanken der willkürfreien Methode des Experimentierens gerecht werden, wenn man sich nicht auf eine Logik der sich geschichtlich entwickelnden Vernunft beruft? Wie in der späten Vorrede zu „Menschliches – Allzumenschliches" ausgesprochen wird[31], begann Nietzsche seine Befreiung von tradierten Weltkonzepten nicht auf die Herausforderung durch die geschichtliche Entwicklung der philosophischen Vernunft, in der er in seiner Gegenwart Aporien oder Widersprüche oder Widerstreitsituationen festgestellt hätte: vielmehr motivierte er seine „große Loslösung"[32] durch das Verlangen nach Freiheit zu einem neuen, einem Gegenwart und Zukunft adäquaten Schaffen. Er hat diese Loslösung nahezu in der Sprache und Bildlogik des platonischen Höhlengleichnisses beschrieben: „Man darf vermuten, daß ein Geist, in dem der Typus ‚freier Geist' einmal bis zur Vollkommenheit reif und süß werden soll, sein entscheidendes Ereignis in einer großen Loslösung gehabt hat, und daß er vorher um so mehr ein gebundener Geist war und für immer an seine Ecke und Säule gefesselt schien. Was bindet am festesten? welche Stricke sind beinahe unzerreißbar? Bei Menschen einer hohen und ausgesuchten Art werden es die Pflichten sein: jene Ehrfurcht, wie sie der Jugend eignet, jene Scheu und Zartheit vor allem Altverehrten und Würdigen, jene Dankbarkeit für den Boden, aus dem sie wuchsen, für die Hand, die sie führte, für das Heiligtum, wo sie anbeten lernten, – ihre höchsten Augenblicke selbst werden sie am festesten binden, am dauerndsten verpflichten. Die große Loslösung kommt für solchermaßen Gebundene plötzlich, wie ein Erdstoß..."

Den Typus: „freier Geist" hat Nietzsche, wie er selbst sagt, nicht als geschichtliche Gestalt vorgefunden, sondern er-funden. Es ist der Typus, in welchem die zunehmende Befreiung durch ein Programm bestimmt wird, sich von tradierten Glaubensinhalten, Weltperspektiven, philosophischen Konzepten zu distanzieren, um souverän darüber verfügen zu können. Bevor dieser Stand aber erreicht ist, ist der dunkle Drang lebendig, „fortzugehen, irgendwohin, um jeden Preis; eine heftige gefährliche Neugierde nach einer unentdeckten Welt flammt

---

[31] Nizza, Im Frühling 1886 (II, S. 3–14).
[32] M. A. (II, S. 6).

und flackert in all ihren Sinnen". Für diesen Zustand findet Nietzsche Wendungen wie: ,,Verlangen nach Wanderschaft, Fremde, Entfremdung, Erkältung, Ernüchterung, Vereisung, ein Haß auf die Liebe, vielleicht ein tempelschänderischer Griff und Blick rückwärts, dorthin, wo sie bis dahin anbetete und liebte, vielleicht eine Glut der Scham über das, was sie eben tat und ein Frohlocken zugleich, daß sie es tat..." Ein Zustand krankhafter Vereinsamung kommt über den, der so den Weg der Entfremdung geht. Es ist noch ein weiter Weg hin bis zu jener ,,reifen Freiheit des Geistes, welche ebensosehr Selbstbeherrschung und Zucht des Herzens ist und die Wege zu vielen und entgegengesetzten Denkweisen erlaubt –, bis zu jener inneren Umfänglichkeit und Verwöhnung des Überreichtums, welche die Gefahr ausschließt, daß der Geist sich etwa selbst in die eigenen Wege verlöre und verliebte und in irgend einem Winkel berauscht sitzen bliebe...." Loslösung als Verneinung bedeutet noch nicht Freiheit: diese ist erst gewonnen, wenn der Weg nach ,,aufwärts" begangen wurde, der die weiten Perspektiven eröffnet und zu Standpunkten freien Über-schauens, Erklärens, der Kritik und der Rechtfertigung führt. Dem Zustand der reifen Freiheit eignet die ,,große Gesundheit", in welcher sich ein ,,Überschuß an plastischen, ausheilenden, nachbildenden und wiederherstellenden Kräften" findet. Die einmal überholten, verabschiedeten und über-wundenen Weltinterpretationen werden jetzt rehabilitiert und jede auf ihre Möglichkeit für Sinnmotivation hin gewürdigt. Man könnte gegebenenfalls mit jeder wieder einen Versuch machen, wenn man im Zustande der großen Gesundheit seiner so sicher ist, daß man sich auch Gefährdungen auszusetzen vermag. Der ihr eigentümliche Überschuß gibt dem freien Geiste das ,,gefährliche Vorrecht... auf den Versuch hin zu leben und sich dem Abenteuer anbieten zu dürfen: das Meisterschafts--Vorrecht des freien Geistes!"

Hier ist ausgesprochen, daß die Handhabung der Methode des Experimentierens mit dem eigenen denkenden Standnehmen auf dem Boden versuchsweise entworfener Welten eine Kunst ist, die nur der freie Geist im Stande seiner Reife und großen Gesundheit beherrscht. Er ist zu diesem Stand auf einem Weg gelangt, der mit der Befreiung von Fesseln beginnt, in denen sich der Geist anfangs befindet. Der Weg führt aufwärts zu einem Stande, in welchem die Befreiung von jedem Glaubensinhalt erreicht ist. Damit der Geist aber nicht nur beim Negieren stehen bleibt und in den Stand der Reife, Souveränität und gekonnten Verfügung über Weltinterpretationen kommt, muß er seinen Weg weitergehen, der ihn schließlich auch zu der Fähigkeit führt, das bisher Negierte zu rechtfertigen und mit ihm jederzeit aufs neue experimentieren zu können. Auf diese Weise faßt Nietzsche die Geschichte des Denkens als Fortschreiten auf einem Wege auf, der zu dem Stande hinführen soll, auf welchem es möglich ist, die Kunst und Methode des Experimentierens zu handhaben. Die dabei zu vollziehenden Schritte über Über-gänge müssen über bloßes Negieren, Entfremdung und Loslösung hinausgehen, um zum Jasagen zu gelangen und schon überholte und entfremdete Weltperspektiven und Glaubensinhalte gelassen in ihren Grenzen zu rechtfertigen. Nachdem der Weg der Befreiung bis zu einer gewissen Höhe durchlaufen ist, wird ein Stand des Denkens erreicht, von dem aus die Vielheit der überwundenen Positionen in Gelassenheit vergegenwärtigt und als Reservoir möglicher künftiger Bedeutsamkeiten für das Leben aufgefaßt wird. Sie werden präsent gehalten, um unter Umständen dem Leben in einer neuen Phase seiner Geschichte eine brauchbare Weltperspektive bieten zu können. Allerdings werden sie niemals mehr eine beherrschende und bestimmende Rolle demgegenüber spielen können, der mit ihnen umgeht: denn jetzt hat sich der Denkende ein für allemal zu ihrem Herrn gemacht. In diesem Sinne können sie dem Experimentator des Denkens und Lebens als „Werkzeuge" für einen methodisch bewußten Gebrauch zu Gebote stehen.

Folgende Bewegung zwischen dem denkenden „Subjekt" und einer Weltperspektive wird erkennbar, mit welchem jenes experimentiert. Zunächst findet Entfremdung und Distanzierung gegenüber jeglichem Glaubensanspruch statt: diese distanzierte Haltung, die Nietzsche als Radikalisierung des Cartesischen Zweifels versteht, muß dem Bewußtsein eigentümlich sein, wenn es für das Experiment befähigt sein will. Gleichwohl aber gehört zu diesem Experiment auch der zweite Schritt: in ihm setzt sich der Experimentierende in Freiheit mit dem Glaubensinhalt bzw. dem Weltkonzept identisch, welches geprüft werden soll: das Experiment erweist sich daher im Grunde als ein Versuch des Denkenden mit sich selbst.

Die „Experimentalphilosophie" Nietzsches wählt den Weg der Entfremdung und des radikalen Zweifels, um aus der Einsamkeit und Abgeschlossenheit sowie der radikalen Weltlosigkeit zurück zu einer gemeinsamen, im Experiment bewährten Weltinterpretation zu finden. Dabei wird eine Bewegung vollzogen, deren Rhythmus aus den entgegengesetzten Momenten des Rückzugs auf sich selbst und der dionysischen Ausweitung des engen Ich-Horizontes in den der Gemeinsamkeit besteht. Das Dionysische zeigt sich auch hier als Überschreitung der Grenzen der Subjektivität und als Eins-werden: an ihm finden sich die Züge der „Umfänglichkeit" und des „Überreichtums".[33]

Der Wiedergewinn der Gemeinsamkeit, des Reichtums, des Überschusses durch eine Gegenbewegung zu derjenigen der Entfremdung und der Loslösung wird von Nietzsche als „Genesung" angesprochen. Der freie Geist „nähert sich wieder dem Leben, langsam freilich, fast widerspenstig, fast mißtrauisch... Gefühl und Mitgefühl bekommen Tiefe, Tauwinde aller Art gehen über ihn weg." Vorher war er „außer sich: es ist kein Zweifel. Jetzt erst sieht er sich selbst –..." Jetzt erst wird dem „freien, immer freieren Geiste" das Rätsel der großen ehemaligen Loslösung durchsichtig, welches bis daher „dunkel, fragwürdig, fast unberührbar in seinem Gedächtnisse gewartet hatte."[34] Jetzt versteht er das Grundprinzip der Befreiung, welche Voraussetzung des Experimentierens ist. Er sieht ein, daß er Herr über sich selbst und über seine eigenen „Tugenden", d. i. über seine Glaubensgewißheiten, Weltperspektiven, Wertauffassungen sein sollte. „Früher waren sie deine Herrn; aber sie dürfen nur deine Werkzeuge neben andren sein. Du solltest Gewalt über dein Für und Wider bekommen und es verstehen lernen, sie aus- und wieder einzuhängen, je nach deinem höheren Zwecke."

Experimentierverfahren und Ausweitung des perspektivischen Horizontes gehen hierbei Hand in Hand. Der methodisch geleitete Zugang zu anderen Weltperspektiven und Wertordnungen bedeutet einerseits Herrschaft über diese, andererseits auch die Möglichkeit, sie in den Dienst der Kommunikation mit denen zu stellen, die sie behaupten. Wenn es zum Programm des Experimentierens gehört, es mit anderen und immer neuen Perspektiven und Standpunkten zu versuchen, dann ist in ihm auch der Anspruch zu finden, jeweils über die Grenzen der eigenen Denk- und Lebensformen hinauszugehen und sich selbst zu überschreiten. „Es genügt nicht, ein Mensch zu sein... Es müssen sich neue Wesen bilden."[35] In diesem Zusammenhang begegnet auch der Begriff der „Gerechtigkeit", hier verstanden in dem Sinn, jeder Weltperspektive das ihrige zu geben und sie aus kritischer Distanz zu ihr zu rechtfertigen. Gerechtigkeit erfordert, daß man durch „viele Indi-

---

[33] ibidem S. 8.
[34] ibidem S. 11.
[35] XII, S. 14.

viduen" gegangen ist. Das dionysische Prinzip der Ausweitung hat in diesem Zusammenhang das Gesicht der Gerechtigkeit angenommen[36]. Es fordert uns auf, die andern nicht nur zu ver stehen, sondern versuchsweise ihre Welt- und Wertinterpretation zur unsrigen zu machen. Will Nietzsche, so muß man hier fragen, auf diese Weise eine dionysische Version von „Vernunft" zur Geltung bringen? Die Überlegungen, welche durch philosophische Parolen wie die des methodischen Experimentierens, der Gerechtigkeit, der Ausweitung, der dionysischen Kommunikation bezeichnet werden, weisen den Denkenden auf die Möglichkeit und Notwendigkeit hin, auf dem Wege des Erprobens bisher fremder Weltperspektiven zu einem Stande zu kommen, auf dem er mit Hölderlin sagen kann:
Alles prüfe der Mensch, sagen die Himmlischen,
Daß er, kräftig genährt, danken für Alles lern,
Und verstehe die Freiheit,
Aufzubrechen, wohin er will.

Zu Nietzsches experimentalmethodischem Konzept gehört es, daß man in freier Verfügung über Weltperspektiven keine vom Versuche ausschließt, damit sich erweise, zu welchen Lebens-, Denk- und Erkenntnismöglichkeiten diese gebraucht werden kann. Nicht um ihre objektive „Wahrheit", sondern um ihre „Bedeutsamkeit" für das Leben eines Willenstypus geht es. Anders gesagt: ihre „Angemessenheit" an einen einer geschichtlichen Gegenwart angehörenden Willenstypus steht zur Prüfung an. Entsprechend seiner Forderung, den Zweifel noch über Descartes hinaus zu radikalisieren, sagt Nietzsche: „Die bisherigen Ethiker haben keine Vorstellung, wie sie unter ganz bestimmten Vorurteilen der Moral stehn: sie meinen alle schon zu wissen, was gut und böse ist. Sokrates wußte es nicht: aber alle seine Schüler definierten es, d. h. sie nahmen an, es sei da und es handle sich darum, es gründlich zu beschreiben. Wie! wenn ich sagte: ist es denn da? Hat man

---

[36] K. Jaspers hebt an der Methode des Experimentierens in: Nietzsche. Einführung in das Verständnis seines Philosophierens, Berlin/Leipzig 1936, S. 341, zu sehr die hermeneutische Seite an der Bewegung der Ausweitung des Horizontes hervor, die zwar auch zu beachten ist, aber nicht dem Gedanken Nietzsches genügt, daß auf diese Weise das Individuum sich nicht liebend in den andern versenkt, sondern das Allgemeine einer Art von dionysischer Vernunft herstellt, dessen er zu seinem Leben bedarf; vgl. XII, S. 13: „Aufgabe: die Dinge sehen, wie sie sind! Mittel: aus hundert Augen auf sie sehen können, aus vielen Personen!" Jaspers sagt S. 341 mit Recht, „daß Nietzsche seine Versuche als grenzenlose Selbstverwandlung seines Erlebnisses durch absichtliche Lenkung versteht". Das habe er selbst rückhaltlos bekannt.

schon überlegt, wonach hier zu messen ist? Und andererseits: vielleicht wissen wir überhaupt nicht genug, um den Wert der Handlungen abschätzen zu können! Genug, daß wir versuchsweise für lange Zeiten nach Einer Moral leben!"[37] Aber diese eine Moral hat ihre Zeit: es gehört zur Reifung des Menschen, daß er, wenn die Zeit erfüllt ist, auf andere Weltinterpretationen ausblickt. Dann über-holen wir die Welt, in der wir uns bisher eingerichtet haben und „schaffen" uns durch den Entwurf neuer Perspektiven eine zeitgemäßere. „So leben wir denn ein vorläufiges Dasein oder ein nachläufiges Dasein, je nach Geschmack und Begabung, und tun am besten, in diesem Interregnum, so sehr als nur möglich, unsre eigenen reges zu sein und kleine Versuchsstaaten zu gründen. Wir sind Experimente: wollen es auch sein!"[38] So tragen wir auch überwundene Weltkonzepte in uns, aber ebenso künftige, die noch in keinem geschichtlichen Augenblick behauptet worden sind.

Experimentelle Bewegung im Sinne der Ausweitung geschieht auch dann, wenn wir uns vornehmen, es mit neuen, noch nicht zur Geltung gekommenen und vielleicht bisher verfehlten Perspektiven und Wertschätzungen zu versuchen. Die Brauchbarkeit der im Experiment probeweise durchgespielten Welt- und Wertperspektive entscheidet sich an der Frage, ob sie zu unserer Verfassung des Denkens und Willens paßt. Können wir in der von ihr entworfenen Welt zu uns selber finden und gibt sie die Möglichkeit der Verwirklichung unseres Willens ab?[39]

Als Kriterien des Gelingens der experimentellen Prüfung einer Weltperspektive hat die Erfüllung folgender Erwartungen zu gelten: sie soll orientieren, dem sie Wählenden die Möglichkeit der Selbstfindung und Einrichtung in seiner Welt geben, sie soll es dem Menschen ermöglichen, seinem Denken und Tun einen Sinn zu geben. Die Frage, welche Weltperspektive dem jasagenden Willen angemessen sei, wird experimentell dadurch beantwortet werden können, daß ein probeweise gewähltes Weltkonzept daraufhin geprüft wird, ob es diesem Willen Handlungsorientierung zu geben vermag oder nicht und ob sie ihm eine

---

[37] XIII, S. 96/97.
[38] M. Aph. 453 (IV, S. 308).
[39] „Anstatt des Glaubens, der uns nicht mehr möglich ist, stellen wir einen starken Willen über uns, der eine vorläufige Reihe von Grundschätzungen festhält, als heuristisches Prinzip: um zu sehen, wie weit man damit kommt. Gleich dem Schiffer auf unbekanntem Meere. In Wahrheit war auch all jener ‚Glaube' nichts Anderes: nur war ehemals die Zucht des Geistes zu gering, um unsere großartige Vorsicht aushalten zu können." (XIV, S. 319 (geschrieben im Sommer 1884)).

Überzeugung vom Sinn seines Handelns begründet, also ihm eine Antwort auf die Frage nach dem „Weswegen" und „Wozu" zu geben vermag.

Dazu kommt ein weiterer Test für die Bedeutsamkeit und Angemessenheit einer Weltperspektive. Sie muß sich, soll sie Geltung beanspruchen können, auch als Auswahlverfahren erweisen können. Sie muß dann, wenn sie ernsthaft in Geltung gesetzt ist, zu einer deutlichen Unterscheidung zwischen denen führen, welche es mit ihr aushalten und denen, die ihr nicht gewachsen sind. Das gilt im besondern im Hinblick auf die Perspektive der ewigen Wiederkehr. Sie soll ihre Angemessenheit dadurch erweisen, daß sie die „Schwachen", welche die Sinngebung des Daseins nicht aus sich selbst hervorzubringen imstande sind, mutloser und schwächer macht und die Starken zu einer Steigerung ihres Schaffenswillens herausfordert.

Experimentieren mit Weltperspektiven geschieht nicht in subjektivem Eigensinn, vielmehr wird deren Prüfung im Hinblick auf ihre Bedeutsamkeit für das gemeinsame Leben, für „den" Menschen unternommen. Der Experimentierende erweist auch seine Fähigkeit des Verstehens, sofern sie andere „Welten" als Lebensmöglichkeiten präsent hält, die immer wieder aktuell werden können. Das geschieht nicht in der Weise eines objektiven historischen Wissens von ihnen. Verstehen ist als Ausweitung des jeweils gegenwärtigen Horizontes immer eine Wandlung des Verstehenden: er nimmt sich die Freiheit, ungewohnte und den geltenden Maßstäben entgegengesetzte Perspektiven „einzuhängen" und ihre Wirkung auf die Sinnverfassung des eigenen Bewußtseins zu prüfen. Dabei wird eine Vielheit von Perspektiven vergegenwärtigt, und in dem Falle, in welchem die Entscheidung für eine von diesen fällt, wird ihr die Herrschaft über die anderen übertragen.

Derjenige, der experimentierend eine seinem Sinnbedürfnis entsprechende Welt gefunden hat, verfügt über die Fähigkeit des Verstehens, sofern er sich von seinem Stand aus über einen geschichtlichen Abstand hinweg eine Weltinterpretation anzueignen vermag, die längst Vergangenheit zu sein schien. Aber das „Verhältnis" zu solchen Weltperspektiven wie etwa der ewigen Wiederkehr Heraklits ist jetzt radikal anders als es zu seiner Zeit war. Jetzt liegt die „große Loslösung" dazwischen. Es ist nicht nur ein zeitlicher Abstand, welcher zu überspringen ist: vielmehr schafft das jetzt maßgebende experimentelle Bewußtsein auch einen dialektischen Abstand von dem damaligen Weltkonzept, sofern der Denkende sich jetzt als dessen Herr erweist, statt von ihm beherrscht zu werden: er verfügt in Freiheit über dieses und prüft es auf seine gegenwärtigen und künftigen Sinnmöglichkeiten.

Die Distanz, die der Denkende jeder Weltperspektive und ihrem Sinnkonzept gegenüber geschaffen hat, setzt ihn in den Stand, deren Motivationen und Hintergründe zu überschauen und sie dort als „Symptom" einer ihrer bedürftigen Willensverfassung zu „erklären", wo sie einmal geschichtliche Gestalt angenommen hat. Findet er sie in der Vergangenheit vertreten, so wird er aus dem Stande seiner Freiheit die Notwendigkeit erkennen können, mit der sie jeweils von einer Denk- und Willensverfassung als die ihr angemessene Sinnmöglichkeit gebraucht worden ist.

Experimentelle Methode ermöglicht es demgemäß, ein zurückliegendes Zeitalter zu diagnostizieren, indem sie dessen Glaubenssätze als Symptome einer entsprechenden und angemessenen Willensverfassung und deren Sinnbedürfnis betrachtet. Verstehen gelingt nur dem Bewußtsein, welches durch Experimentieren „am eigenen Leibe" Erfahrungen über die Sinnmöglichkeiten einer Weltperspektive gewonnen hat, die dem Verstehenden, wo er sie in der Vergangenheit feststellen kann, als Symptom dient, an welchem er einen bestimmt gearteten Willenscharakter zu erkennen vermag. Freilich sind die Symptome nicht eindeutig: „der gesamte Moral-Codex einer Zeit ist ein Symptom z. B. als Mittel der Selbst-Bewunderung oder Unzufriedenheit oder Tartüfferie: es ist also noch außer der Feststellung des gegenwärtigen Charakters der Moral zweitens die Deutung und Auslegung dieses Charakters zu geben. Denn an sich ist sie vieldeutig."[40]. Derjenige, der in Freiheit mit einer Weltperspektive zu experimentieren vermag, steht nicht mehr, wie deren Vertreter in der Vergangenheit, unter ihrem Zwang. „Die Basis, die für die bisherige unfreie Wahl einer Weltauslegung verantwortlich war, war immer durch ein Verhältnis der Triebe untereinander bestimmt. Unterscheidung zwischen artistischer, wissenschaftlicher, religiöser, moralischer Weltbetrachtung."[41]

Was die Vieldeutigkeit der Symptome angeht, so kann der Platonismus als Beispiel dienen: er kann als Symptom der Verneinung des Lebens gelten: man kann in ihm aber auch ein Anzeichen für den konsequenten Willen zur Macht erblicken, der sich eine zwar jenseits von Leib, Erscheinung und Erde befindliche, aber sinn-volle Welt entwirft,

---

[40] KGW. Abtlg. VIII, Bd. 1, S. 19.
[41] W. z. M. Aph. 677 (XVI, S. 142).

um als der charakteristische Typus, der er ist, existieren und handeln zu können. Der den Platonismus Verstehende und experimentell seine Zugehörigkeit zu dem neinsagenden Willen, der ihn vertritt, Erkennende hat an sich selbst seine Zugehörigkeit zu diesem Willenscharakter erprobt. So würde Nietzsche die Bedeutung des Fichteschen Satzes, daß es von der Seinsart des Menschen abhängt, welche Philosophie er vertritt, über die von Fichte selbst in Aussicht genommene Möglichkeiten ausweiten. Während Fichte nur die Alternative zwischen der Philosophie der Notwendigkeit (Spinoza) und derjenigen der Freiheit einkalkulierte, die er selbst vertrat, hat Nietzsche vor allem den Unterschied zwischen den Weltperspektiven der Lebensverneinung und denjenigen des Jasagens im Auge. Der Verneinende b r a u c h t z. B. die platonische Weltinterpretation, um mit ihr und in ihr einen dem „Kraftgrad"[42] seiner Natur entsprechenden Weltboden für Denken und Handeln zu haben. Aber es ist immer noch ein Wille zur Macht, der auch den Verneiner des Lebens dazu motiviert, sich eine derartige idealistische Weltinterpretation zu ver-schaffen.

Auch der Nihilismus ist als mehrdeutiges Symptom anzusehen. Er charakterisiert nicht eindeutig die Verfassung des „Nihilisten". Sinnresignation einerseits und Befreiung für künftiges Sinn-schaffen andererseits sind Möglichkeiten, die im Nihilismus enthalten sind. Der Nihilist, der von der Welt, wie sie ist, urteilt, sie solle nicht sein und von der Welt, wie sie sein sollte, sagt, daß sie nicht existiere, kann dem Dasein keinen Sinn geben. Das Pathos des „Umsonst" ist das Nihilistenpathos, „zugleich noch als Pathos eine I n k o n s e q u e n z des Nihilisten." Das platonische Denken fingiert wenigstens noch eine Welt der Wahrheit und des beständigen Seins. Zwar vermag es sich nicht als Sinnquelle selbst zu verstehen, aber es legt wenigstens doch einen Sinn hinein, „d. h. den Glauben, daß schon ein Wille darin sei." Der platonische Denk- und Seinscharakter hält es nicht aus, in einer sinnlosen Welt zu leben, da er Sinn selbst nicht zu schaffen vermag.

Die Amphibolie im Nihilismus wird in dem Gedanken erfaßbar, daß er „ein Symptom wachsender S t ä r k e ... oder wachsender S c h w ä c h e" sein kann[43]. Entweder kann die Kraft zu schaffen und demgemäß die Unbedürftigkeit an einem in das Jenseits der Erscheinungswelt verlegten Sinn so stark sein, daß die „Sinneinlegungen" der Platonisten

---

[42] W. z. M. Aph. 585 (ibidem S. 84).
[43] ibidem

nicht mehr „nötig" sind, oder das Gegenteil ist der Fall: daß „die schöpferische Kraft, Sinn zu schaffen, nachläßt und die Enttäuschung der herrschende Zustand wird."⁴⁴ Nihilismus kann entweder Symptom für den Willen sein, äußerste Kräfte zum Sinnschaffen und zum Entwurf von Weltperspektiven einzusetzen; er kann aber auch Symptom der Unfähigkeit sein, überhaupt noch irgendwo einen Sinn zu suchen und zu finden, sei er von uns hervorgebracht oder werde er aus der Richtung einer jenseitigen Welt her erwartet.

Wenn man im Hinblick auf den Charakter „einer" Philosophie die Frage stellt, „was für eine Art Mensch reflektiert so?", so kann die Antwort zweideutig sein. Die Logik der Sinn-leistung, die einer Weltperspektive für eine ihr bedürftige Willensverfassung eigentümlich ist, kann mehreren Willenscharakteren eine einzige Philosophie zuordnen: so kann der „Nihilist" mehrere Gesichter haben. Der Philosoph, dem es darum geht, die Logik der Motivation für die Annahme einer Weltinterpretation bestimmter Art zu durchschauen, muß hier dadurch Eindeutigkeit herstellen, daß er im Hinblick auf die betreffende Willensverfassung Fragen wie diese stellt: „Woher nimmt hier der Mensch den Begriff der Realität? – Warum leitet er gerade das Leiden von Wechsel, Täuschung, Widerspruch ab? und warum nicht vielmehr sein Glück?...– ...woher diese Wertung des Bleibenden?"⁴⁵ Wie steht diese Art von Seins- und Denkcharakter zum Leben, sofern für ihn die Notwendigkeit besteht, eine platonistische Weltinterpretation zu wählen, der die Welt des Bleibenden als die „wahre" Welt gilt, weil der Wille und das Verlangen zum Bleibenden zugrunde liegt? Die Zuordnung zwischen Seinsverfassung und Weltinterpretation wird eindeutig, wenn man sie im Lichte der zuletzt maßgebenden Unterscheidung betrachtet, ob ein Wille das Leben bejaht oder es verneint. Für einen verneinenden Willen gibt es nur die Notwendigkeit einer Logik, aus der sich eine Weltperspektive ergibt, derzufolge die Sinne täuschen und die Vernunft die Irrtümer korrigiert: „Folglich, schloß man, ist die Vernunft der Weg zum Bleibenden; die unsinnlichsten Ideen müssen der ‚wahren Welt' am nächsten sein. – Von den Sinnen her kommen die meisten Unglücksschläge, – sie sind Betrüger, Betörer, Vernichter. –

Das Glück kann nur im Seienden verbürgt sein: Wechsel und Glück schließen sich aus. Der höchste Wunsch hat demnach die Einswerdung

---

⁴⁴ ibidem S. 86.
⁴⁵ ibidem S. 83.

mit dem Seienden im Auge. Das ist die Formel für: Weg zum höchsten Glück.

In summa: Die Welt, wie sie sein sollte, existiert; diese Welt, in der wir leben, ist ein Irrtum, – diese unsere Welt sollte nicht existieren."[46]

Solche Überlegungen dienen bei Nietzsche nicht primär einer hermeneutischen Philosophie des Verstehens: in ihnen ist vielmehr eine Theorie über die Motivation für die sinnotwendige Wahl jeweils einer Philosophie beabsichtigt. Er stellt die Frage, was z. B. den platonischen Menschen zu seinem „Platonismus" motiviert. Um diese philosophische Motivationslehre aufzubauen, bedarf es der Experimente gleichsam am eigenen Leib, aus denen sich Erfahrungen des notwendigen Zusammenhanges zwischen einer Seinsverfassung und je ihrer Weltperspektive ergeben. Vom Blickpunkt solch einer Motivationstheorie aus kann der Philosoph auch gerade dann, wenn er die Vieldeutigkeit einkalkuliert, das Auftreten einer Weltinterpretation als Symptom für einen zu ihr gehörigen Seinscharakter begreifen und erklären. Die Beherrschung der Logik der Sinnmotivation einer Philosophie ist ein Ergebnis der Handhabung der experimentellen Methode. Im Lichte dieser Motivationstheorie vermag Nietzsche den Nihilisten zu „verstehen", die Gründe für die Notwendigkeit des Nihilismus zu durchschauen und schließlich zu begründen, weshalb die Lehre von der ewigen Wiederkunft die in der Gegenwart einzig mögliche Sinnmotivierung für einen jasagenden Willen darstellt. Am jasagenden Willen wird erkennbar, daß er den „Glauben an das Seiende nicht nötig" hat, weil er sich die Hände frei halten will, um selbst für Seiendes einen Sinn zu schaffen. Er distanziert sich von dem Wunsch, sich an einem Sein festhalten zu können, das einen schon immer gegebenen Sinn präsentiert, den Nietzsche mit Prädikaten wie „tot, langweilig, indifferent..." charakterisiert.

Die Experimentalmethode der Handhabung von Weltperspektiven wurde bisher vorwiegend unter dem Gesichtspunkt der Fähigkeit betrachtet, eine bedeutsame und brauchbare Sinnmotivation für die Selbstverwirklichung eines bestimmten Typus menschlichen Seins zu leisten. Durch das Experiment wird es möglich, die diesem Sein angemessene „richtige" Weltinterpretation zu finden und zu rechtfertigen. Diese wird demzufolge von Nietzsche auch gelegentlich als „Folge" jeweils einer bestimmten Verfassung des Denkenden angesprochen.

---

[46] ibidem.

Im folgenden ist auf den Zug des Experimentalprogramms zurückzukommen, demgemäß die Weltperspektive nicht nur Ausdruck eines bestimmten Denkcharakters ist, sondern daß in ihr auch eine Rückwirkung auf diesen geschieht.

4. Schein und Realität: Das Experiment mit der „züchtenden" Wirkung der Weltperspektive

Die „Kritik" hat ergeben, daß philosophische Aussagen nicht als objektive Feststellungen über „Realität" in Frage kommen: vielmehr sind sie als Sinn-bedeutsamkeiten zu deuten und zu bewerten. Sie sagen zwar scheinbar über eine objektive Welt etwas aus: aber diese Objektivität ist eben nur „Schein", wenn man sie vom Standpunkt eines theoretischen Interesses aus beurteilt. Eine Weltperspektive bedient sich einer scheinbaren Objektivität, auch wenn sie allein als Sinn-bedeutsamkeit, nicht als objektive Wahrheit in Frage kommt. Das kommt auch sprachlich dadurch zum Ausdruck, daß der Philosoph z. B. die ewige Wiederkehr so zur Sprache bringt, als ob er den Weltprozeß „objektiv" beschreiben wolle.

Aus der Denk- und Sprachkritik Nietzsches ist nicht nur eine Anweisung darüber zu entnehmen, wie man den Bezug philosophischer Aussagen zur „Realität" zu verstehen hat: vielmehr bietet sie zugleich die Möglichkeit einer Kritik derjenigen Typen des Denkens, die unter der Sinnotwendigkeit stehen – Nietzsche sagt: sie haben es „nötig", philosophische Aussagen auf ein „Sein", eine objektive Realität zu beziehen. Welche Art von Denktypus, von Mensch ist es, der so denken muß wie Plato, der den Anspruch absoluter Seinserkenntnis gemacht hat? „Woher nimmt hier der Mensch den Begriff der Realität? – Warum leitet er gerade das Leiden von Wechsel, Täuschung, Widerspruch ab?..."[47] Ein Philosoph dieser Art sucht die Realität in einem objektiven Sein, auf das hin die philosophischen Aussagen bezogen sind. In der Sprache dieser Auffassung von Realität gesprochen ist die Weltbedeutung derjenigen Sätze, bei denen es nur auf Sinnbedeutsamkeit ankommt, als „Schein" zu bezeichnen. Nietzsche gebraucht den Namen: „Schein" zugleich als Symbol für sein kritisches Programm: wenn er von der Scheinbarkeit der philosophischen Aussagen spricht, so deutet er damit die Kritik an dem Anspruch der Philosophie an, Wahr-

---

[47] W. z. M. Aph. 585 (XVI, S. 83).

heit über Seins-realität auszusagen. Zugleich aber legt er diesem Wort eine positive Bedeutung bei: der Gebrauch einer Weltperspektive und das Reden in ihrem Bezugssystem ist nicht „bloßer" Schein im Sinne unverbindlicher Phantasievorstellung. Vielmehr ist dieser „Schein" in anderer Hinsicht, als sie dem wissenschaftlichen, kognitiven Bewußtsein angemessen ist, Realität: nicht sofern über „reales" Sein Gültiges ausgesagt wird, sondern im Hinblick auf die reale Bedeutsamkeit der Weltperspektive für den, der sich für ihren Gebrauch entschieden hat. Gerade wenn die bedeutsame Weltinterpretation dieser Perspektive nicht im Hinblick auf ihre objektive Realität, sondern als Sinnotwendigkeit ins Gewicht fällt, gewinnt sie Realität für den, der sie annimmt und behauptet. Sein Ver-hältnis zur Welt, den Dingen und Personen wird durch sie bestimmt. Der Charakter seines Denkens und Handelns, seines „Seins" ergibt sich aus der Konstellation, in die er sich selbst durch diese Weltinterpretation zu Personen und Sachen stellt. So wird der „Schein", dieses Wort als kritisches Symbol im Hinblick auf die kognitive Realitätsauffassung verstanden, zur eigentlichen Realität, welche auf Grund ihrer Rolle als Sinnotwendigkeit die Wirklichkeit unseres Seins, unseres Denkens, Handelns begründet. Die in Gebrauch genommene Weltperspektive gibt den Inbegriff der Weltverhältnisse, die unser Ver-halten bestimmen.

Von hier aus gesehen kann Nietzsche sagen, daß der „Schein", wie er ihn versteht, die „wirkliche und einzige Realität" ist[48]. Mit diesem Worte will er die „Unzulänglichkeit" der durch eine Weltperspektive zustandekommenden Interpretation für jeden Versuch kognitiven Aussagens über „Wahrheit" bezeichnen: also „Schein" im Verhältnis zur „logischen Wahrheit." Das Wort: „Schein" in dem kritischen, aufgewerteten Sinne Nietzsches bedeutet demgemäß nicht den Gegensatz zur „Realität", wenn man dieses Wort auf demselben gedanklichen Niveau versteht: nämlich als Realität im Sinne der Auswirkungen einer Weltkonzeption für mein Sein.

Die Um-wertung, die Nietzsche vollzieht, ist zugleich eine semantische Um-deutung solcher Termini wie Realität, Schein, Sein, Wirklichkeit. Realität versteht er nicht als objektives Sein, sondern er legt sie dem Wirkungszusammenhang bei, der zwischen dem Sein des Denkenden und Handelnden und seinen Weltperspektiven sich vollzieht. „Die Welt, die uns etwas angeht, ist nur scheinbar, ist unwirklich.

---

[48] XIII, S. 50.

– Aber den Begriff „wirklich", „wahrhaft vorhanden" haben wir erst gezogen aus dem „unsangehn"; je mehr wir in unserem Interesse berührt werden, umsomehr glauben wir an die „Realität" eines Dinges oder Wesens. „Es existiert" heißt: ich fühle mich an ihm als existent. – Antinomie. So viel Leben aus jenem Gefühl kommt, so viel Sinn setzen wir in Das, was wir als Ursache dieser Erregung glauben. Das „Seiende" wird also von uns gefaßt als das auf uns Wirkende, das durch sein Wirken Sich – Beweisende. – „Unwirklich", „scheinbar" wäre Das, was nicht Wirkungen hervorzubringen vermag, aber sie hervorzubringen scheint –..."⁴⁹ „Real", „wirklich seiend" sind demgemäß Prädikate, die nicht primär Dingen oder dinglichen Verhältnissen, sondern Weltperspektiven, Philosophien zukommen. „Reales" entfaltet Wirkungskräfte auf uns und beweist in dem Maße Realität, in welchem wir ihm durch unsere Interpretation Gewicht verliehen haben. Je nach dem Ver-hältnis, in welches wir uns durch unsere Weltinterpretation zu den Dingen setzen, ist der Realitätscharakter beschaffen, der den Dingen eignet. „Gesetzt aber, wir legen in die Dinge gewisse Werte hinein, so wirken diese Werte dann auf uns zurück, nachdem wir vergessen haben, daß wir die Geber waren. Gesetzt, ich halte Jemanden für meinen Vater, so folgt daraus Vielerlei für jede seiner Äußerungen gegen mich: sie werden anders interpretiert.'"⁵⁰
Die auf dem Experiment des Bewußtseins mit sich selbst aufbauende Erkenntnis der „Rückwirkung" ermöglicht es, den Gebrauch einer Weltperspektive zu einer Methode pädagogischer Lenkung auszubauen. Dieser pädagogische Einschlag des Experimentalprinzips zeigt zwei Seiten: eine formale und eine inhaltliche. Die formale Betrachtung wird durch den Gedanken geleitet, daß schon durch das Verfahren des Experimentierens als solchem allein, nicht nur durch den Inhalt einer zu prüfenden Weltperspektive erzieherische oder, mit den Worten Nietzsches gesagt, „züchtende" Wirkungen erzielt werden.

Wenn Nietzsche sagt, daß wir „neuen Philosophen, wir Versuchenden" freier als die uns Vorhergehenden denken, dann hat er im Blick,

---

[49] ibidem, S. 50, 51.
[50] ibidem S. 51. Von diesen Überlegungen aus könnte auch der Begriff der gesellschaftlichen Realität jenseits von materialistischer wie auch von idealistischer Auffassung in der Bedeutung eines Wirkungszusammenhanges verstanden werden, der durch eine herrschend gewordene Interpretation der Ver-hältnisse zwischen den Mitgliedern der Gesellschaft und ihrer Stellung zu den gesellschaftlichen Gütern ver-wirklicht wurde. Der marxistische Begriff des „Produktions-verhältnisses" würde in diesen Wirkungszusammenhang einbezogen werden können.

daß wir über eine Experimentalmethode verfügen, also uns nicht an eine einzige Weltinterpretation binden, sondern den methodisch gelenkten Versuch mit allen möglichen Perspektiven machen. Aufgabe ist es, experimentell diejenige Weltperspektive zu finden, die in einer geschichtlichen Gegenwart ein Höchstmaß an Kraft dazu verleiht, weitere perspektivische Möglichkeiten unter ein einziges Weltkonzept zu bringen und sie zu beherrschen[51]. Die erzieherische, eine freie und stärkere Verfassung des menschlichen Seins herbeiführende Wirkung jeweils einer Weltperspektive sieht Nietzsche schon im Falle der Moral gegeben, die er einerseits als Symptom für Lebensverneinung entlarvt und der Kritik unterwirft, andererseits aber auch im Hinblick auf ihre disziplinierende und züchtende Wirkung würdigt. ,,Moral als Illusion der Gattung, um den Einzelnen anzutreiben, sich der Zukunft zu opfern: scheinbar ihm selbst einen unendlichen Wert zugestehend, sodaß er mit diesem Selbstbewußtsein andere Seiten seiner Natur tyrannisiert und niederhält und schwer mit sich zufrieden ist."[52] Daher ist ,,tiefste Dankbarkeit" für das am Platze, was die Moral bisher geleistet hat. Jetzt, in dieser unserer geschichtlichen Gegenwart, ist sie freilich immer noch ein ,,Druck, der zum Verhängnis werden würde! Sie selbst zwingt als Redlichkeit zur Moralverneinung." An ihr ist nachzuweisen, daß sie nicht nur Symptom eines bestimmten in enge Grenzen eingeschlossenen Typus von Mensch, sondern auch Mittel der ,,Züchtung einer bestimmten Rasse und Art" darstellt. Als großartigstes Beispiel hierfür erwähnt Nietzsche die indische Moral[53].

Die Höherzüchtung der Menschheit, die als größte Aufgabe anzusehen ist, findet in formaler Hinsicht vor allem dadurch statt, daß der Mensch souveräne Verfügungsgewalt über eine Weltinterpretation wie die moralische gewonnen hat. Er hat einen Stand der Freiheit erreicht, der zugleich Weite und Reichtum bedeutet, weil ihm die Kraft der Organisation vieler Weltperspektiven durch eine einzige herrschende, gestalt- und maßgebende eigentümlich ist. Züchtung ist ein Mittel der ,,ungeheuren Kraft-Aufspeicherung der Menschheit..."[54]

Kraft ist hier nicht nur ,,äußerlich" zu verstehen, sondern als Bildungskraft: ,,innerlich, organisch aus ihnen herauswachsend ins Stärke-

---

[51] vgl. KGW. Abtlg. VIII, Bd. 1, S. 7: ,,Die Synthese der Gegensätze und Gegentriebe ein Zeichen von der Gesamtkraft eines Menschen: wie viel kann sie bändigen?"
[52] W. z. M. Aph. 404 (XV, S. 434).
[53] vgl. G. (VIII, S. 104).
[54] W. z. M. Aph. 398 (XV, S. 429).

re..." Das Aufsteigen auf höhere Stufen des Seins ist zugleich Gewinn an Weite, Macht und Freiheit der experimentellen Verfügung über Glaubensinhalte, Kunststile, politische Handlungsformen. Von hier aus gesehen gilt derjenige Maßstab für die experimentelle Prüfung von Weltperspektiven, der die größte erzieherische Kraft für die Herausbildung des starken, weiten und zugleich freien Typus leistet. ,,Es bedarf einer Lehre, stark genug, um züchtend zu wirken: stärkend für die Starken, lähmend und zerbrechend für die Weltmüden."[55]

Nietzsche will es mit der ,,Lehre" von der ewigen Wiederkunft versuchen. Erreicht soll eine Stellung des Menschen zur Welt werden, in welcher er sich der Erde, dem Leib zuwendet und den Dies-seitsformen des Seins den ihnen eigenen Sinn verschafft. Der hervorzubringende ,,starke" Typus ist auch der freie und souveräne, der sein Dasein als Experiment versteht: in diesem rehabilitiert er die bisher verfehmten Werte; er kann mit den ,,umgekehrten Wertschätzungen leben" und will das von diesen beherrschte Dasein ewig wieder[56]. Die Programme des Zweifels, der ,,largeur de cœur", des Experiments und der ,,Independenz" wirken sich verstärkend auf die starken Naturen aus; sie befähigen diese zu ,,großen Unternehmungen", während sie die ,,mittelmäßigen" zerbrechen und verkümmern lassen[57]. Durch die Methode des Experiments wird die Selbstzüchtung des Menschen zu einem Typus bewirkt, welcher am Ende ,,wenige", aber ,,sehr starke und immer gleiche Züge" trägt. ,,Es gehört zur erlangten Männlichkeit, daß wir uns nicht über unsre menschliche Stellung betrügen: wir wollen vielmehr unser Maß streng durchführen und das größte Maß von Macht über die Dinge anstreben."[58]

Zur Erziehung des künftigen Typus sind neue Wertetafeln nötig, die an die Stelle derer zu treten haben, die den Schwachen zu ihrer Selbstbestätigung gedient haben. Das experimentelle Programm zeigt demnach nicht nur den Weg zu der angemessenen Weltinterpretation, sondern es stellt selbst schon die Methode des befreiten, zum eigenen Sinnschaffen Jasagenden dar. Es ist das Programm des ,,freien Geistes" und bewirkt immer weitere Befreiung. Es macht von der Gebundenheit an jede Weltinterpretation unabhängig und verleiht Unbefangenheit und ,,Unschuld" im Willen, so zu sein, wie man ist.

---

[55] W. z. M. Aph. 862 (XVI, S. 279).
[56] W. z. M. Aph. 903 (ibidem S. 308/09).
[57] W. z. M. Aph. 904 (S. 309).
[58] XIV, S. 320.

Aus diesem Grunde können „wir" uns nicht mehr am gegenwärtigen Menschen genügen lassen: vielmehr gilt es, ihn zu über-winden und einen neuen Menschentypus zu bilden. Dazu soll die geeignete Weltperspektive als Mittel der Auswahl und der Erziehung eingesetzt werden. Den würdigsten Zielen und Hoffnungen des gegenwärtigen Menschen können wir nur mit einem „übel aufrecht erhaltenen Ernste zusehn und vielleicht nicht einmal mehr zusehn." Ein andres Ideal läuft vor uns her, ein „wunderliches, versucherisches, gefahrenreiches Ideal ... das Ideal eines Geistes, der naiv, das heißt ungewollt und aus überströmender Fülle und Mächtigkeit mit Allem spielt (gesp. v. Verf.), was bisher heilig, gut, unberührbar, göttlich hieß..."[59] Die Rede vom Spiel deutet die freie souveräne Verfassung des Seins an, die dem Programm des Experimentierens gewachsen ist. Dem „spielenden" Geiste ist der große Ernst eigentümlich, mit dem das Kind spielt. Dieser ist nicht mit dem „ganzen bisherigen Erdenernst und mit aller Art „Feierlichkeit in Gebärde, Wort, Klang, Blick, Moral und Aufgabe" zu verwechseln. Zu ihm gehört auch das Scherzo des Dionysischen, welches zum Rhythmus dessen paßt, der zum Experiment und ernsthaften Spiel mit den Weltperspektiven aufgelegt ist.

Es zeigt sich bei einem Blick auf die von Nietzsche selbst behauptete und angebotene Weltperspektive der ewigen Wiederkehr, daß ihre inhaltliche Bedeutung mit dem formalen Zug im pädagogischen Programm des experimentellen Verfahrens in Einklang steht. Die Vorstellung der ewigen Wiederkehr alles Gleichen erweckt den Gedanken der Zustimmung zu allem Gewesenen und Werdenden und der Bereitschaft, auch überholte Weltinterpretationen dann wieder anzunehmen und anzueignen, wenn es dem Sinnbedürfnis des Willens angemessen wäre. „‚Und lieber noch einen einfältigen bäurischen Dudelsack als solche geheimnisvolle Laute, solche Unkenrufe, Grabesstimmen und Murmeltierpfiffe, mit denen Sie uns in Ihrer Wildnis bisher regaliert haben, mein Herr Einsiedler und Zukunftsmusikant! Nein! Nicht solche Töne! Sondern laßt uns angenehmere anstimmen und freudenvollere!' – Gefällt es Euch so, meine ungeduldigen Freunde? Wohlan! Wer wäre Euch nicht gern zu Willen? Mein Dudelsack wartet schon, meine Kehle auch..."[60]

---

[59] F. W. Nr. 382 (V, S. 343).
[60] ibidem, S. 345. Man achte in dem Zitat auf die Anspielung auf die Eingangsworte zum Chortext der 9. Symphonie Beethovens. Hierzu ist zu sagen: Das Moment der tänzerischen Leichtigkeit in der Behandlung der Weltperspektiven bei Nietzsche fehlt in denjenigen Auslegungen seiner Philosophie, in denen auch seine „Lehre" der ewigen

Der dionysische Zug in der Physiognomie des von Nietzsche vergegenwärtigten Denktypus wird auch an solchen Stellen seines Werkes in das Gesicht dieses Typus eingezeichnet, in denen er, etwa im Zarathustra, gegen den „Geist der Schwere" polemisiert und stattdessen den Zug der Leichtigkeit betont, der nichts mit Zwang, Sollen, Verpflichtung zu tun hat.

Noch einmal mag der Blick auf den Bezug zwischen dem experimentellen Umgang mit Weltperspektiven und den Tugenden der Skepsis und Kritik gelenkt werden, die zur Erziehung des freien und starken Menschen Voraussetzung sind. Vom Historismus sagt Nietzsche, daß sein „Umspähen" nach geschichtlichen Tatsachen mehr Skepsis enthalte als man zunächst sehe. Der Historist versenke sich in alle vertretenen Formen der Weltinterpretation in gleicher Weise und mit gleicher Liebe, ohne sein eigenes, seiner Gegenwart eigentümliches Sinnbedürfnis zur Geltung zu bringen. Weil er in der Vielfalt des ihm aus der Vergangenheit her Entgegenkommenden keine Stellung nimmt, so vermag er auch nicht die Rangverhältnisse, die hier herrschen, zu bemerken. Er behandelt alles gleich, statt Über- und Unterordnungen zu bedenken. Die vergleichende Methode des Historismus, die ein Gleichmachen bewirkt, ist Ausdruck „beleidigender" Skepsis gegenüber Wertgefällen. Von der Skepsis dieser Art sagt sich Nietzsche los: „Wir aber sind keine Skeptiker, –... wir glauben noch an eine Rangordnung der Menschen und Probleme..."[61]

Die Frage ist: „Sind wir vielleicht, wenn wir keine Skeptiker sind, Kritiker oder „Kritizisten"? Und wenn wir den Versuch und die Lust am Versuche durch unseren Namen noch besonders unterstrichen haben, geschieht das etwa deshalb, weil wir uns des Experimentes (gesp. v. Verf.) in einem weiten und gefährlichen Sinne, aber zum Behufe einer tiefer verstandenen Kritik, zu bedienen lieben? Sind wir vielleicht, im geheimen, zum Besten unserer Erkenntnis, als Experimen-

---

Wiederkunft als eine mit priesterlichem Ernst und mit Grabesstimme vorgetragene Prophetie hingestellt wird. Ich vermisse den Blick auf den dionysischen Einschlag im Denken Nietzsches auch in solchen bedeutenden Interpretationen wie denen von Heidegger und Löwith. Der Zug der Leichtigkeit des Denkens ist dem „Geist der Schwere" entgegengesetzt. Leichtigkeit paßt nicht zu irgendeiner dogmatischen Aussageabsicht. Sie findet sich überraschenderweise viel eher in der Sprache, die der Vernunftphilosophie eigentümlich ist, die sich von ihrem Gegenstand ebensowohl zu distanzieren vermag wie auch die Identisierung mit ihm versteht. Die Sprache der Vernunft ist zu Ironie und Satire aufgelegt, worüber auch ein Blick auf die Kantische Sprache belehrt.
[61] KGW. Abtlg. VII, Bd. 3, S. 251/52.

tierende gezwungen weiter zu gehen als es der weichmütige und verzärtelte Geschmack des Jahrhunderts gutheißen kann? In der Tat, wir möchten nicht alle jene Eigenschaften entbehren, welche den Kritiker vom Skeptiker abheben: die Sicherheit der Wertmaße, die bewußte Handhabung einer Einheit von Methode, der gewitzte Mut, das Alleinstehen – und sich verantworten können; ja wir gestehen eine Lust am Neinsagen und Zergliedern, eine gewisse Grausamkeit der Hand zu, welche das Messer sicher führt, auch wenn das Herz dabei blutet. Wir sind härter –, und vielleicht nicht nur gegen uns, – als ‚humane' Menschen wünschen mögen; wir lassen uns nicht mit der ‚Wahrheit' ein, weil sie uns ‚gefällt' oder ‚erhebt' oder ‚begeistert' – unser Glaube ist vielmehr gering, daß die Wahrheit je solche angenehme Gefühle mit sich bringen könnte..."[61a] Bedeutsam ist an diesem Passus, daß Nietzsche die Methode des Experimentierens am eigenen Leibe mit derjenigen einer „tiefer verstandenen Kritik" in Zusammenhang bringt. Der Kritiker hat auf dem Wege seines Durchgangs durch experimentelle Erfahrungen einen Stand gewonnen, von dem aus er beurteilen kann, welche Möglichkeiten der Sinnmotivation in einer Philosophie enthalten sind, für welche Art von Denkcharakter sie als Symptom anzusehen ist und welche Stelle ihr in der Rangordnung der andern Philosophen anzuweisen ist. Die „Einheit von Methode", die diesem Stand zu Gebote steht, vereinigt folgende methodische Konzepte: in ihr ist das Verfahren des experimentellen Erprobens der Weltperspektiven enthalten, die in den geschichtlichen Blick treten. Weiterhin gehört das Diagnostizieren dazu, bei dem eine Philosophie als Symptom für die Verfassung dessen beurteilt wird, der sie vertritt: so ist es möglich, ihre Sprache zu entlarven, ihre Ansprüche auf „Wahrheit" zu entkräften dadurch, daß man sie als Ausdruck eines Sinnbedürfnisses des betreffenden Philosophen e r k l ä r t und schließlich ihr „Gutes", ihre Möglichkeiten der Sinnmotivation zu erkennen. Der auf Grund dieser Einheit von Methode Erkennende hat einen Blick, der dem des diagnostizierenden Arztes gleicht: er weiß, daß er sich keinen Illusionen hingeben darf.

Diese Überlegungen dienten als Vorbereitung für die Darstellung gedanklicher Versuche die Nietzsche mit der pädagogischen Fähigkeit des kosmischen Konzeptes von der ewigen Wiederkunft in i n h a l t l i c h e r Beziehung anstellt.

[61a] KGW, Abtlg. VII, Bd. 3, S. 251/52.

5. Das Experiment mit dem „Inhalt" der ewigen Wiederkehr: der Begriff der Ewigkeit

Zu diesem Zwecke ist zunächst sein Begriff der Ewigkeit zu erörtern. Es ist von vornherein nicht zu erwarten, daß bei Nietzsche eine Bedeutung der Ewigkeitsidee in Frage kommt, die auf ein Jenseits des Lebens und seiner Geschichte hinweist. Andererseits aber ist diese Idee auch nicht im Sinne des bloßen Nichtaufhörens des zeitlichen Prozesses, im Sinne der „schlechten Unendlichkeit" (Hegel) zu verstehen. Ewigkeit, gedacht am Leitfaden der ewigen Wiederkehr, bedeutet vielmehr den Bezug jedes Augenblicks zum ganzen, totalen Ablauf der Zeit. Das ist so gemeint, daß in jedem Augenblick, der als ein Punkt auf der Peripherie des Kreises zu denken ist, der die ewige Wiederkehr symbolisiert, Anfang und Ende des gesamten Prozesses vergegenwärtigt ist. Man denkt an die aristotelische Rede von der Kreisbewegung als der vollendetsten Bewegung, da jeder Punkt auf der Peripherie des Kreises das Ergebnis des ganzen Umlaufs und den Anfang dieses Umlaufs vergegenwärtigt.

Auf Grund der kosmologischen Perspektive der ewigen Wiederkehr versucht das philosophische Denken, die Ewigkeit als Gegenwart des Ganzen, Weltartigen in jedem Augenblick zu vergegenwärtigen. Entsprechend wird auch die räumliche Unendlichkeit in der Weise gedacht werden müssen, daß das „Hier", welches den Ort eines individuellen Ereignisses bezeichnet, zugleich an die Anwesenheit des Weltganzen denken läßt.

Der den Nihilismus überholende jasagende Wille muß sich in einer am Modell der ewigen Wiederkehr orientierten Welt einrichten und an ihr ausrichten, weil ihm dieses Weltmodell die Möglichkeit gibt, eine diesseitige, vom Leben selbst, vom Augenblick und vom Hier repräsentierte Ewigkeit und Unendlichkeit zu denken. Diese Welt gibt dem Denken eine Handhabe dafür, der irdischen, leiblichen Gegenwart dadurch Sinn zu geben, daß sie es erlaubt, die Totalität alles Geschehens im angeblich endlichen „Augenblick" zu vergegenwärtigen. Die diesseitige Ewigkeit und Unendlichkeit „rettet" das Erscheinende vor der Vergänglichkeit jener Art, die Verlorenheit und Nichtigkeit bedeutet. Der Wille, der die irdische und leibliche Gegenwart in der Geschichte des Menschen bejaht, nimmt zugleich dessen ganze Geschichte an, die auch als Stück kosmischer Geschichte zu denken ist. In dieser Bejahung drückt sich ein Wille zur „Verewigung" aus, er will dem Augenblick Ewigkeit verleihen. „Du fühlst, daß du Abschied nehmen mußt, bald vielleicht

– und die Abendröte dieses Gefühls leuchtet in dein Glück hinein. Achte auf dieses Zeugnis: es bedeutet, daß du das Leben und dich selber liebst, und zwar das Leben, so wie es bisher dich getroffen und dich gestaltet hat, – und daß du nach Verewigung desselben trachtest. – Non alia sed haec vita sempiterna!"[62]

An dieser Stelle wird noch einmal die Notwendigkeit erkennbar, den Gedanken der ewigen Wiederkehr als bedeutsame, für Sinnmotivierung brauchbare Perspektive zu deuten und keinen Anspruch auf kosmologische „Wahrheit" zu erheben. Sie dient der Verewigung des Augenblicks, wobei auch ein orientierender Effekt für das Handeln gewonnen wird, dem man in Erinnerung an den kategorischen Imperativ die Formel geben könnte: Dein Handeln orientiere sich am Gedanken der ewigen Wiederkehr; handle so, „als ob" Du in einem ewig wiederkehrenden Turnus immer wieder so handeln müßtest wie Du jetzt zu handeln vorhast. Eine dogmatische Deutung des Satzes von der ewigen Wiederkehr würde zu dieser orientierenden Funktion nicht passen, ja geradezu zu einer Paradoxie führen. Denn welchen Sinn sollte im System des absoluten Determinismus, der ja im Falle einer Dogmatisierung des Satzes von der ewigen Wiederkehr behauptet würde, eine Handlungsorientierung überhaupt haben können? Von demjenigen, der die handlungsorientierende Kraft der Vorstellung von der ewigen Wiederkehr auf sich wirken läßt, kann man sagen, daß er „sub specie aeternitatis" (Spinoza) handelt. „Drücken wir das Abbild der Ewigkeit auf unser Leben! Dieser Gedanke enthält mehr als alle Religionen, welche dies Leben als flüchtiges verachteten und nach einem unbestimmten anderen Leben hinblicken lehrten. Nicht nach fernen, unbekannten Seligkeiten und Segnungen und Begnadigungen ausschauen, sondern so leben, daß wir nochmals leben wollen und in Ewigkeit so leben wollen! – Unsere Aufgabe tritt in jedem Augenblick an uns heran".[63]

---

[62] XII, S. 66.
[63] XII, S. 66/67. In Jaspers, Nietzsche: Einführung in das Verständnis seines Philosophierens, Berlin/Leipzig 1936, S. 397, wird der Experimentalcharakter des Philosophierens bei Nietzsche damit begründet, daß dieser für sein Denken das „gefährliche Vielleicht", wie es Nietzsche in VII, S. 11, selbst formuliert, in Anspruch nehme. Aber Jaspers geht fehl, wenn er in der Sprache der christlichen Theologie die Berufung Nietzsches auf den Denkversuch dadurch motiviert, daß ihm „vor dem letzten Horizont des Unendlichen alles zum Vorläufigen" werde. Wenn auf diese Weise das experimentelle Verfahren in das Feld der Vorläufigkeit verwiesen wird, so wird sein unmittelbarer Bezug zur Ewigkeit und Unendlichkeit, wie ihn Nietzsche sieht, preisgegeben. Es gibt für Nietzsche

In diesen Worten wird auch ein Hinweis auf die geschichtliche Situation gegeben, die Nietzsche als für sein Denken wirksam erkennt. Er begreift sie als Situation, in welcher für den jasagenden Denker die Aufgabe gegeben ist, den Nihilismus bis zu seiner extremsten Gestalt weiterzuentwickeln, um gerade dadurch eine Situation herzustellen, in welcher die stärkste Herausforderung zum Sinnschaffen gegeben ist, das sich der Methode des Experimentierens bedient.

In diesem Zusammenhang ist folgende Frage zu stellen: Muß man nicht bei dem, der sich für die Annahme der ewigen Wiederkehr entschieden hat und sich für sein Handeln an ihr orientiert, schon immer voraussetzen, daß ihm eine dementsprechende Verfassung seines Seins eigentümlich ist, die nach der Theorie der pädagogischen Wirkung dieser Weltperspektive erst herzustellen wäre? Denn es gilt: Sollte es noch keinen Menschen geben, dem diese Weltperspektive adäquat ist, dann ergibt sich die Aufgabe, das Wesen zu schaffen, welches die ewige Wiederkehr will[64]. Es ist nicht genug, eine Lehre zu formulieren und mitzuteilen: man muß auch die Menschen schaffen, die sich dieser Lehre als gewachsen zeigen.

Von der Macht des Gedankens von der ewigen Wiederkehr erwartet Nietzsche Auslese-wirkung. Er glaubt zu wissen, daß sie zu einer Haltung des Schaffens und Jasagens zu allem herausfordert, wie es von Ewigkeit ist und sein wird. Aber Auswahl wird dadurch bewirkt, daß diese Herausforderung nur von denen angenommen wird, die stark genug sind, um das Bild einer Welt auszuhalten, welche sich nicht auf einen jenseitigen end-gültigen Zustand der Sinnerfüllung und des Glücks hin entwickelt, sondern ewig in sich selbst kreist, ohne „Zweck" und „Ziel" und künftige Erlösung. Derjenige, der sich den Gedanken der ewigen Wiederkehr durch Experimentieren gewißgemacht hat, weiß: wenn dieses Glück nicht schon in der Gegenwart im Angesicht der kosmischen Perspektive der ewigen Wiederkehr gewonnen wurde, dann ist es auch nicht in Zukunft zu erwarten. Die ewige Wiederkehr ist eine Zumutung für den, der noch in irgendeiner Weise darauf hofft, daß ihm ein Sinn aus der Welt oder jenseits von ihr entgegenkommt. „. . . dies mein

---

keinen „letzten Horizont des Unendlichen" und auch nichts Vorläufiges und Nachläufiges .Die Methode des Experimentierens repräsentiert eine Rationalität spezifischer Art: ihr gemäß wird im Falle des kosmischen Modells von der ewigen Wiederkehr geprüft, ob dieses dazu tauglich ist, dem jasagenden Willen als Weltorientierung zu dienen und dem Augenblick den Stempel der Ewigkeit aufzudrücken.
[64] vgl. ibidem S. 400.

„Jenseits von Gut und Böse" ohne Ziel, wenn nicht im Glück des Kreises ein Ziel liegt ohne Willen, wenn nicht ein Ring zu sich selber guten Willen hat, – wollt ihr einen Namen für diese Welt? Eine **Lösung** für alle ihre Rätsel? Ein Licht auch für euch, ihr Verborgensten, Stärksten, Unerschrockensten, Mitternächtlichsten? – **Diese Welt ist der Wille zur Macht – und Nichts außerdem!** Und auch ihr selber seid dieser Wille zur Macht – und Nichts außerdem!"[65]

Im Gegensatz zum Programm der Theodizee, welche unsere Welt als die beste aller Welten zu erweisen sucht, mutet diese kosmische Perspektive dem Menschen zu, die geschichtliche Situation, in welcher er in der Gegenwart steht, bis zu ihrem nihilistischen Extrem zu radikalisieren, um aus eigener Kraft den Umschlag zu einem jasagenden Willen herbeizuführen. Ewige Wiederkehr wird dadurch sinn-bedeutsam, daß sie gewollt wird: durch die An-nahme der ewigen Wiederkehr verschaffe ich jedem Augenblick seinen Sinn, sein „Wozu?" dadurch, daß ich ihn zum Ewigen, das Ganze Vergegenwärtigenden werden lasse. Sein Sinn findet sich in ihm selbst. „Extreme Positionen werden nicht durch ermäßigte abgelöst, sondern wiederum durch extreme, aber **umgekehrte**. Und so ist der Glaube an die absolute Immoralität der Natur, an die Zweck- und Sinnlosigkeit der psychologisch-notwendige **Affekt**, wenn der Glaube an Gott und eine essentiell moralische Ordnung nicht mehr zu halten ist."[66] Die im Abendland bisher herrschende Auffassung von einer sinnerfüllten Welt ist kraftlos geworden, und es scheint, „als ob es gar keinen Sinn im Dasein gebe, als ob Alles umsonst sei."[67] Durch das Experiment muß erwiesen werden, daß die Perspektive der ewigen Wiederkehr in dieser Krisis eine auswählende Funktion in dem Sinne hat, daß sie diejenigen vernichtet, die am Sinn überhaupt verzweifeln, wenn sie ihn nicht mehr in der Welt vorfinden können.

Das Thema des Nihilismus ist das „Umsonst".[68] Auch die ewige Wiederkehr bedient sich der im gedanklichen Inventar des Nihilismus sich findenden Vorstellung, daß das kosmische Geschehen ohne Ziel und Zweck sei. Das experimentierende Denken Nietzsches versucht es mit einer Perspektive, die sich dieser Vorstellung bedient, um den Versuch

---

[65] W. z. M. Aph. 1067 (XVI, S. 402).
[66] W. z. M. Aph. 55 (XV, S. 181).
[67] ibidem S. 182.
[68] ibidem.

ihrer Überwindung zu machen. Für den Handelnden ist das Umsonst, das „ohne Ziel und Zweck" der „lähmendste Gedanke, namentlich noch, wenn man begreift, daß man gefoppt wird und doch ohne Macht ist, sich nicht foppen zu lassen." Das Dasein, so wie es ist, ohne Sinn und Ziel, aber unvermeidlich wiederkehrend, ohne ein Finale ins Nichts zu denken: das ist die extremste Form des Nihilismus, nämlich des Nichts als ein sinnloses Ewig. Die Handhabung dieser Perspektive mit nihilistischer Bedeutung soll gemäß der Absicht, die im Experimentieren mit ihr liegt, gerade zur Überwindung des Nihilismus dienen. Das bedeutet, daß sie die Aufgabe der Auswahl der Starken und ihrer Scheidung von den Schwachen zu erfüllen hat. Die Vorstellung Nietzsches ist, daß die Zumutung der ewigen Wiederkehr, deren entmutigende Wirkung im Experiment erfahrbar ist, den Starken, Beherzten zu der Re-aktion herausfordert, in welcher er die nihilistische Wirkung dieses Gedankens in Sinn-positivität verwandelt. Das geschieht dadurch, daß er es vermag, durch diesen Gedanken zu jedem Hier und Jetzt in seiner Diesseitigkeit, Irdisch-keit, Leiblichkeit und Phänomenalität sein „Wozu?" in ihm selbst zu finden. Es kommt darauf an, den „Gedanken" der ewigen Wiederkehr im Zuge einer re-aktiven Verwandlung seiner nihilistischen Wirkung als Werkzeug zur Über-windung des Nihilismus zu gebrauchen: durch seine Bejahung und seinen Gebrauch als Weltperspektive jedem Augenblick einen ihm immanenten Sinn, d. h. die ihm das Ganze des Seins repräsentierende Bedeutsamkeit zu verschaffen. Diese Wendung zum Diesseits bezeichnet er als Abkehr von der „moralischen" Auffassung des Seins, wobei er unter Moral die Verpflichtung gegenüber einer über deren Diesseits stehenden Instanz versteht.

Von Interesse ist die Frage, die sich Nietzsche in diesem Zusammenhang selbst vorlegt: was es zu bedeuten habe, wenn auch ein Pantheist vom Schlage Spinozas die ewige Wiederkehr behaupten kann, sofern er mit der Voraussetzung arbeitet, daß die Welt sich auf keine Ziele und Zwecke hin entwickelt und daß Gott nicht nach Absichten, sondern der Notwendigkeit seines Wesens gemäß handelt. Das entspricht der Vorstellung eines Gottes „jenseits von Gut und Böse". Hat es einen Sinn, sich solch einen Gott zu denken? Bringen wir die Zweckvorstellungen aus dem Prozesse weg und bejahen wir trotzdem den Prozeß? Gibt es eine pantheistische Ja-stellung zu allen Dingen auch dann, wenn die Moral verneint wird? Spinoza habe solch eine bejahende Stellung eingenommen, sofern nach ihm „jeder Moment eine logische Notwendigkeit hat: und er triumphierte mit seinem logischen Grundinstinkte über eine solche Weltbeschaffenheit."[69]

Aber das Jasagen Spinozas ist am Ende als Jasagen Gottes zu sich selber zu begreifen. Dazu steht Nietzsche im extremen Gegensatz, der die ewige Wiederkehr als Perspektive in der Absicht gebraucht, um den Menschen der Gegenwart dazu herauszufordern, die in ihr vorgestellte Sinnarmut der Welt durch eigenes Sinnschaffen zu überwinden.

Die Perspektive der ewigen Wiederkehr erweist ihre auslesende und auswählende Wirkung dadurch, daß sie den Nihilismus radikalisiert und eine Situation herstellt, in der es sich zeigt, ob ein Mensch über die Stärke des Sinnschaffens aus eigener Kraft verfügt oder ob er kapituliert. Der Gedanke Nietzsches ist, den Nihilismus in der Form des Wiederkehrgedankens selbst als Perspektive dazu zu gebrauchen, um ihn durch Re-aktion zu überwinden.

Die Moral hat die schlecht Weggekommenen vor dem Nihilismus behütet, indem sie „Jedem einen unendlichen Wert, einen metaphysischen Wert beimaß und in eine Ordnung einreihte, die mit der der weltlichen Macht und Rangordnung nicht stimmt: sie lehrte Ergebung, Demut usw. ..."[70] Sollte der Glaube an diese Moral nicht mehr bestehen, so gäbe es für sie keinen Trost mehr und sie würden zugrunde gehen. Die ewige Wiederkehr hat die Mission, als Gedanke diese Entwicklung zu befördern. Das Zugrundegehen nimmt die Form eines Zugrundegerichtetwerdens an: der Gedanke der ewigen Wiederkehr hat die Aufgabe, eine darwinistische Situation herzustellen, in der nur das Starke sich erhält. Folgende Symptome für die Schwäche der Schwachen glaubt Nietzsche zu erkennen: das Übermaß der Reflexion, die zur Selbstvivisektion ausartet, die Neigung zur Romantik, zum Illusionismus, zum Gebrauch künstlerischer und weltanschaulicher Narkotika und Reizmittel. Diese „ungesundeste Art Mensch in Europa (in allen Ständen)" wird das Aufkommen des Gedankens der ewigen Wiederkehr als einen „Fluch empfinden, von dem getroffen man vor keiner Handlung mehr zurückscheut..."[71]

Der sich der Experimentalmethode bedienende Philosoph schafft durch seinen Versuch mit der ewigen Wiederkehr die darwinistische Situation, in welcher durch diese Weltperspektive der Starke noch gestärkt und der Schwache geschwächt wird. „Ich mache die große Probe:

---

[69] ibidem S. 183.
[70] ibidem S. 184.
[71] ibidem S. 186.

wer hält den Gedanken der ewigen Wiederkunft aus? – Wer zu vernichten ist mit dem Satze ‚es gibt keine Erlösung', der soll aussterben."[72]

Welcher Typus soll durch den so geschaffenen Selektionsdruck gezüchtet werden? Nietzsche gibt seinem „Ideal" verschiedene Züge: einmal ist es der Typus des schaffenden Kindes, das in Unschuld und Unbefangenheit seine innere Notwendigkeit entfaltet; dann wieder wird das Bild des Starken vor den Blick gebracht, der selbst die Sinnquelle in sich trägt und nicht auf Sinngebung von anderer Seite hofft und wartet. Er sagt zum Sein als solchem ja, weil es ihm niemals eine Last und Fessel ist, sofern er über jede einmal hergestellte Situation wieder hinausgeht und sich von ihr befreit, um freie Hand für immer neues Interpretieren der Welt zu behalten. Weil der Starke den Willen zum selbständigen Sinnschaffen und zur Unabhängigkeit von jeder Sinngegebenheit hat, kann er auch nicht enttäuscht werden, wenn ihm von „draußen her" kein Sinn entgegengebracht wird. Zum Charakter seines Willens, Sinn selbst zu schaffen, gehört demgemäß die liebende Zustimmung zur sinnlosen Notwendigkeit des Fatums. „Meine Formel für die Größe am Menschen ist amor fati: daß man Nichts anders haben will, vorwärts nicht, rückwärts nicht, in alle Ewigkeit nicht. Das Notwendige nicht bloß ertragen, noch weniger verhehlen – aller Idealismus ist Verlogenheit vor dem Notwendigen –, sondern es lieben..."[73]

Als Stärkste werden sich die erweisen, die am wenigsten von außen her erwarten und die dem Experiment der ewigen Wiederkehr gewachsen sind. Sie ziehen aus der Vorstellung der sinnlosen, ohne Zweck und Ziel in sich kreisenden Welt-geschichte die Konsequenz, daß es in ihnen allein liegt, dem irdischen, leiblichen Leben, das sie sind, einen immanenten Sinn zu geben und ihm seine Würde zurückzugewinnen, die es in der Wertordnung des Idealismus, des Platonismus und des Christentums verloren hatte. Nicht die Freiheit des Ich-will bzw. des Ich-denke kommt jetzt in der Wertschätzung am höchsten zu stehen, sondern die Notwendigkeit des „Ich-bin". Da man dieser Notwendigkeit sicher ist, kann man gelassen auch ein Stück Zufall in Kauf nehmen, der von hieraus gesehen wie eine spielerische Variante der Notwendigkeit zu bewerten ist. „Welche werden sich als die Stärksten... erweisen? Die Mäßigsten, Die, welche keine extremen Glaubenssätze nötig haben,

---

[72] XII, S. 409.
[73] E. H. (XV, S. 48).

Die, welche einen guten Teil Zufall, Unsinn nicht nur zugestehn, sondern lieben, Die, welche vom Menschen mit einer bedeutenden Ermäßigung seines Wertes denken können, ohne dadurch klein und schwach zu werden: die Reichsten an Gesundheit, die den meisten Malheurs gewachsen sind und deshalb sich vor den Malheurs nicht so fürchten – Menschen, die ihrer Macht sicher sind und die die erreichte Kraft des Menschen mit bewußtem Stolze repräsentieren. – Wie dächte ein solcher Mensch an die ewige Wiederkunft? –"[74]

Diese letzte Bemerkung befremdet. Denn bisher schien doch gerade die kosmische Perspektive der ewigen Wiederkehr zur Verfassung der Stärke zu gehören. Entweder sollte der Starke diese Perspektive wählen oder, so war der Gedanke, sollte sie die Züchtung des Starken bewirken. Aber der Satz befaßt sich mit dem Zustand, der durch die Wirkung des Gedankens der ewigen Wiederkehr erreicht ist. Hat dieser Zustand diesen Gedanken, der ihn herbeigeführt hat, noch weiter nötig? Wenn die ewige Wiederkehr eine „Krisis" herbeiführt, in welcher die Spreu vom Weizen geschieden und eine „Rangordnung der Kräfte" zustande gebracht wird, dann kommt ein Auswahlprozeß in Gang, aus welchem sich am Ende der starke und freie Mensch herausbildet. Ist dieser Gestalt geworden, dann hat der Gedanke der Wiederkehr seine Mission der Züchtung des starken Typus erfüllt. Welcher kosmischen Perspektiven sich dieser Menschentypus bedienen wird? Er wird sich in seinem Schaffen jeweils auf sein gegenwärtiges Bedürfnis einstellen.[75]

Aufs neue bestätigt sich hier eine These dieses Buches: die Bedeutsamkeit der Perspektive der ewigen Wiederkehr ist nicht zu allen Zeiten in gleicher Weise gegeben als ob es ein unveränderliches Wesen des Menschen geben würde, für das sie immerwährend in derselben Weise angemessen und brauchbar wäre. Ihre „Wahrheit", d. h. ihre Bedeutsamkeit gilt nur jeweils für eine geschichtliche Gegenwart, wie z. B. für die gegenwärtige Lage, in der es darum geht, den heutigen Nihilismus zu überwinden. Dadurch zeigt sich deutlich der geschichtliche Charakter des Experimentes mit dem Gedanken der ewigen Wiederkehr ebenso wie mit jeder andern Weltinterpretation. In jedem geschichtlichen Augenblick mag eine Welt- und Wertperspektive angemessen sein, die in einer andern Gegenwart ihre Bedeutsamkeit für das Leben verloren haben mag.

---

[74] W. z. M. Aph. 55 (XV, S. 186/87).
[75] vgl. ibidem.

So ist zur historischen Mission der „Moral" zu sagen, daß sie in ihren verschiedenen Varianten bisher zumeist Ausdruck eines „konservativen Willens zur Züchtung einer gleichen Art" gewesen ist. Die Devise der Festlegung und Erhaltung der gewohnten Lebensformen ist maßgebend gewesen. Von der Moral ist eine züchtende Wirkung ausgegangen, deren Resultat Menschen mit wenigen, aber mit sehr starken und immer gleichen Zügen gewesen ist.

Der Mensch, auf dessen Herausbildung es Nietzsche abgesehen hat, verkörpert Züge wie die der Unbefangenheit und Ungebundenheit, der Unbeschwertheit und Leichtigkeit: weil er an eine einzige Weltinterpretation nicht gebunden ist, sonder bereit ist, möglichst viele Versuche am eigenen Leib zu machen, dehnt er seinen Horizont weit aus und zeigt zugleich Ernst und Entschiedenheit bei der Wahl derjenigen Weltperspektive, die er für seine Gegenwart als angemessene Sinnmotivation erachtet.[76] Im Hinblick auf seine geschichtliche Gegenwart sagt Nietzsche, daß jetzt eine „pessimistische Denkweise und Lehre, ein ekstatischer Nihilismus" dem Philosophen als ein „mächtiger Druck und Hammer" unentbehrlich sein kann, mit dem er denjenigen, die ohne ihre idealistischen Illusionen nicht leben können, das Verlangen eingibt, zugrunde zu gehen.[77] Nietzsche versteht unter dem „ekstatischen Nihilismus" nichts anderes als seine Perspektive der ewigen Wiederkehr. Diese dient dem Starken zur Sinnmotivation: zugleich aber erweist sie sich als Auswahlprinzip, unter dessen Einfluß sich der Starke überhaupt erst herauszubilden vermag. Dieser zeigt sich ihr einerseits wieder in einer Rückwendung auf sie gewachsen und wählt sie als die ihm angemessene Weltperspektive, mit der er zu leben vermag. „Meine Philosophie bringt den siegreichen Gedanken, an welchem zuletzt jede andere Denkweise zu Grunde geht. Es ist der große z ü c h t e n d e Gedanke: die Rassen, welche ihn nicht ertragen, sind verurteilt: die, welche ihn als größte Wohltat empfinden, sind zur Herrschaft ausersehen".[78]

Es ist jetzt an der Zeit, ein Fazit zu ziehen: die vorhergehenden Überlegungen sollten zur Einsicht einerseits in die züchtende und den Starken herausbildende Wirkung des Gedankens der ewigen Wiederkehr führen, andererseits sollte erkennbar werden, daß dieser Willenstypus in dem Augenblick, in welchem er Gestalt geworden ist, zugleich auch über die Weltperspektive in Freiheit von ihr zu verfügen vermag, durch die er entstanden ist.

---

[76] vgl. W. z. M. Aph. 781 (XVI, S. 212).
[77] vgl. W. z. M. Aph. 1055 (ibidem S. 393).
[78] vgl. W. z. M. Aph. 1053 (S. 393).

Auf folgenden Zirkel wurde hingewiesen: einerseits soll die Verfassung des Starken durch den Gebrauch der Wiederkunftsperspektive hergestellt werden, andererseits aber kann diese nur vom starken Typus vertreten werden. Es ist aber zu bemerken, daß es sich nicht um einen Zirkel im Sinne einer Kreisbewegung handelt, sondern um die Bewegung einer Spirale: sie verläuft so, daß der Gebrauch einer Weltperspektive wie derjenigen der ewigen Wiederkehr einen Typus züchtet, der sich einerseits wieder dieser selben Perspektive bedienen kann, um im Sinne dieser Züchtung weiterzuwirken. So hat die Moral konservative Typen gezüchtet, die ihrerseits wieder von der moralischen Weltinterpretation Gebrauch machen, um mit ihr leben zu können: dabei aktivieren sie die züchtende Kraft der Moral immer weiter und erhalten den moralischen Menschentypus an der Herrschaft.[79]

In das Thema: erzieherische Wirkung einer Weltperspektive sind jetzt auch die früheren Überlegungen zur Bewegung des „Aufwärtssteigens" einzuholen. Es war vom Auf-weg des Denkens zu freieren, höheren und reicheren Perspektiven die Rede. Die „Theorie" dieser Bewegung des Über-schreitens führt zur bewußten Handhabung der Methode der Kritik sowie der Entlarvung und der Rechtfertigung des Über-holten: sie läßt weiterhin die Bedeutung der Methode des Experimentierens erkennbar werden. Eine Weltperspektive, die Anspruch auf Anerkanntwerden erhebt, wird experimentell dadurch geprüft, daß ihre Angemessenheit und Eignung für die Selbstrechtfertigung und Selbsterhaltung einer Willensverfassung erwiesen wird. In dem zuletzt betrachteten Zusammenhang aber, in welchem es auf Züchtung, Erziehung und Bildung einer Willensverfassung und eines Denkcharakters ankommt, wird von einer Weltinterpretation, welche die Prüfung im Experiment bestehen will, noch eine andere Leistung verlangt. Sie hat eine Atmosphäre herzustellen, in der sich nur diejenigen zu erhalten vermögen, die den Willen zum Sinn-schaffen aufbringen und daher auch jederzeit bereit sind, über schon erreichte und einmal gewonnene Standpunkte und deren Perspektiven hinauszugehen.

Es ist in diesem Zusammenhang an die schon früher gewonnene Einsicht zu erinnern, daß jede Behauptung eines Standes und die zu ihm ge-

---

[79] W. z. M. Aph. 957 vgl. ibidem (S. 337). „Die gesetzgeberischen Moralen sind das Hauptmittel, mit denen man aus dem Menschen gestalten kann, was einem schöpferischen und tiefen Willen beliebt: vorausgesetzt, daß ein solcher Künstler-Wille höchsten Ranges die Gewalt in den Händen hat und seinen schaffenden Willen über lange Zeiträume durchsetzen kann, in Gestalt von Gesetzgebungen, Religionen und Sitten."

hörende Entscheidung für eine Weltperspektive zwei verschiedenen Motivationskräften ausgesetzt ist, die in der Sprache Nietzsches als apollinisch einerseits und dionysisch andererseits zu bezeichnen sind. Die erste Kraft ist die des Gestaltens, der Individuation und der Ausbildung eines Weltentwurfes. Der Denkende ent-scheidet sich für einen Horizont, der von einem höheren und weiteren Stande aus als „eng" bezeichnet werden mag, aber doch gerade auf Grund seiner Begrenztheit einem Leben Stärke und Entschlossenheit gibt. Das dionysische Prinzip dagegen läßt den Impuls des Ausweitens und Höhersteigens, des Über--schreitens jeder im Schaffen einmal gewonnenen Produktion, jeder Lebensform und Weltinterpretation wirksam werden.

Von hier aus gesehen muß eine der Prüfung unterworfene Weltperspektive im Experiment ihre Fähigkeit erweisen, ob sie diese dionysische Motivation zum Weiterschreiten und Überholen des in einem bestimmten geschichtlichen Augenblick gefestigten Standes zu leisten vermag. Es wird von einer Weltperspektive verlangt, daß von ihr ein dionysischer Impuls ausgeht, auf Grund dessen der Denkende über einen einmal eingenommenen Stand und dessen Perspektive hinausgeht und ihn überschreitet. Die Eigenart dieses Impulses besteht nicht, wie es den dialektischen Gedankengängen etwa Kants und Hegels entsprechen würde, in inneren Spannungen der Vernunft, die sich jeweils durch Widersprüche kundgeben; vielmehr ist hier der Wille maßgebend, dem Diesseits, seinen Augenblicken, dem Leib, der Erde, den Sinnen, Leidenschaften und Affekten einen immanenten Sinn zu verleihen. Die Testfrage an eine Weltperspektive nach ihrer Eignung zur „Züchtung" des starken Menschen ist gleichbedeutend mit der Frage, ob sie fähig ist, eine Situation der Herausforderung zu einem immerwährenden Über--gang von einem Stand zum andern herzustellen. Der „Starke" ist als derjenige anzusehen, welcher seine Identität im Wandel, im Hinausgehen jeweils über eine einmal behauptete Weltperspektive gewinnt. Dieses Über-schreiten des jeweils erreichten Standes bedeutet zugleich Ausweitung des Horizontes auf eine Vielheit von Weltkonzepten, über die der Starke, der über Freiheit und Autarkie verfügt, Herr ist, um aus ihnen jeweils das seiner gegenwärtigen Situation angemessene zu wählen.

Nietzsche erachtet die Idee der ewigen Wiederkehr als für die historische Gegenwart bedeutsam und wirksam. Der Wille, der den Nihilismus überholen will, bedarf ihrer zur Motivation seines eigenen Sinn--willens. Er bestätigt sich selbst durch sie und stellt dadurch seine

Identität mit sich her. Man kann die Situation, in die der Wille zur Macht durch eine von ihm experimentell durchgespielte Weltperspektive gebracht wird, in der Weise beschreiben, daß diese daraufhin geprüft wird, ob sie die Identität dieses Willens mit sich zu stiften vermag oder ob sie ihn in die Lage eines Widerspruchs bzw. Widerstreits mit sich selbst bringt.

Die Experimentalmethode hat die Aufgabe, die Weltinterpretation zu rechtfertigen und sicherzustellen. Sie ist eine Methode der Erkenntnis der jeweils einem Seins- und Willenscharakter angemessenen und für ihn sinnmotivierenden Welt. Eine Perspektive erweist sich als unter der Voraussetzung gültig, daß ihre Weltinterpretation nicht den Stellenwert einer auf objektive Wahrheit ausgehenden Theorie besitzt, sondern Bedeutsamkeit, Angemessenheit und Brauchbarkeit für einen bestimmt gearteten Willen zur Sinngebung zeigt. Die Frage nach der „Abhängigkeit" zwischen je einer Weltinterpretation und dem ihr zuzuordnenden Willen wird dann nicht in der „idealistischen" Manier gestellt werden, in der gefragt wird: Welche theoretischen und praktischen Ziele und Zwecke werden auf der „Grundlage" je einer religiösen, politischen oder andersartigen Weltinterpretation gewählt? Vielmehr wählt der Fragende eine umgekehrte Richtung. Welcher Weltinterpretation bedient sich je ein bestimmt geartetes „Sein" und sein Wille zur Macht, um sich zu rechtfertigen, zu orientieren, seine Identität und seine Welt zu finden, in der er sich einzurichten vermag? Philosophische Erkenntnis ist zugleich Entscheidung für je einen einer bestimmten Denk- und Willensart angemessenen Entwurf der Welt. In der Methode des Experimentierens wird der „Versuch" mit Weltentwürfen bzw. Weltperspektiven gemacht. Die Erkenntnis der Angemessenheit je einer Perspektive für die gegenwärtigen Sinnbedürfnisse bedeutet zugleich Entscheidung für sie. Es kommt zu einem Urteil, welches, wie an die richterliche Urteilsentscheidung, die Frage erlaubt ist: Ist diese Entscheidung gerecht? Dabei kommt auch der Kantische Gedanke an den Gerichtshof der Vernunft in Erinnerung.

IV. Kapitel

GERECHTIGKEIT UND PHILOSOPHISCHE ERKENNTNIS

1. Metakritik der Erkenntniskritik: Auseinandersetzung mit Descartes und der Gerichtshof der Vernunft

Noch einmal mag die Aufmerksamkeit auf Nietzsches methodisches Konzept gelenkt werden, das er als Radikalisierung des Cartesischen Zweifels deklariert. Er verwirklicht es dadurch, daß er die Hintergründe entlarvt, die sich hinter den angeblich der „Wahrheit" verpflichteten Erklärungen des cartesischen Erkenntnisprogramms entdecken lassen. Es geht darum, Descartes noch an Wahrhaftigkeit zu übertreffen: so sieht Nietzsche auch eine moralische Seite an dieser Unternehmung. Es stellt sich heraus, daß die im cartesischen Programm geforderte objektive Wahrheit als Tarnung des dahinterstehenden Willens zur Macht zu begreifen ist. Der Denkende soll sich eine illusionsfreie Einstellung gegenüber den „moralischen" Zumutungen und Ansprüchen geben, die ihm im cartesischen Programm der Wahrheitsfindung entgegentreten. Jetzt bewertet er die Idee der objektiven Wahrheit höchstens als mögliche „Perspektive", über die er im Experiment methodisch zu verfügen vermag und an die die Frage zu stellen ist, ob sie angemessen und brauchbar für das Leben und sinnmotivierend ist oder nicht. Nachdem sich der Denkende freie Verfügungsgewalt über diese Perspektive verschafft hat, vermag er dem Namen „Wahrheit" eine neue Bedeutung zu geben. Einer Philosophie kommt in dieser Bedeutung „Wahrheit" zu, wenn sie von den verschiedensten, methodisch frei gewählten Gesichtspunkten aus betrachtet worden ist, wenn ihre Möglichkeiten und Grenzen, ihre Befähigung zur Sinnmotivation bestätigt wurden. Wahrheit in diesem Sinne ist gleichbedeutend mit „Gerechtigkeit". Wahrheit im Sinne der Gerechtigkeit erfordert es im besonderen auch, daß sich der Erkennende nicht der Einseitigkeit des cartesischen Konzepts der Wahrheit im Sinne objektiver Gültigkeit überantwortet.

Descartes' Theorie und Praxis des Prinzips „Methode" war durch die Devise bestimmt, keine „Vor-urteile" etwa in der Gestalt tradierter Lehrmeinungen gelten zu lassen. Es entspricht dem methodischen Programm des Descartes, die „alte" Stadt, welche das bisherige Wissen verkörpert, niederzureißen, um an ihrer Stelle planvoll und methodisch eine andere von Grund an neu aufzubauen. Solch einen Aufbau des Wissens will Descartes erst dann zulassen, wenn alle unkontrollierten Inhalte der Tradition oder der individuellen Meinungsbildung weggeräumt worden sind. Dem entspricht auch das Programm der neuzeitlichen Erkenntnistheorie, welche sich so verhält, als könne der ganze bisherige Erkenntnisprozeß als ungeschehen betrachtet und eine Nullpunktsituation hergestellt werden, in der vor weiteren kognitiven Versuchen die Erkenntnisorgane, ihre Möglichkeiten und Grenzen untersucht und normiert werden können.

An diesem erkenntnistheoretischen Programm, vom Nullpunkt anzufangen und vorher noch die Werkzeuge des Erkennens vor-zubereiten, hat Hegel im Hinblick auf philosophische Erkenntnis unter Berufung darauf Kritik geübt, daß wir uns immer schon als in einer Erkenntnisgeschichte begriffen zu verstehen haben, so daß wir nicht nur Anfang, sondern auch immer Resultat sind. Wenn sich Hegel fälschlicherweise gegen Kants kritische Philosophie wendet, so ist die eigentliche Adresse seiner Kritik die von Descartes her bestimmte neuzeitliche Idee des Erkennens als eines von einem Nullpunkt an methodisch verfahrenden Aufbauens. Hegel erklärt es als einen „Hauptgesichtspunkt der kritischen Philosophie ..., daß, ehe daran gegangen werde, Gott, das Wesen der Dinge usw. zu erkennen, das Erkenntnisvermögen selbst vorher zu untersuchen sei, ob es solches zu leisten fähig sei; man müsse das Instrument vorher kennenlernen, ehe man die Arbeit unternehme, die vermittelst desselben zustande kommen soll; wenn es unzureichend sei, würde sonst alle Mühe verschwendet sein. – Dieser Gedanke hat so plausibel geschienen, daß er die größte Bewunderung und Zustimmung erweckt und das Erkennen aus seinem Interesse für die Gegenstände und dem Geschäft mit denselben auf sich selbst, auf das Formelle, zurückgeführt hat. Will man sich jedoch nicht mit Worten täuschen, so ist leicht zu sehen, daß wohl andere Instrumente sich auf sonstige Weise etwa untersuchen und beurteilen lassen als durch das Vornehmen der eigentümlichen Arbeit, der sie bestimmt sind. Aber die Untersuchung des Erkennens kann nicht anders als durch Erkennen geschehen; bei diesem sogenannten Werkzeuge heißt dasselbe Untersuchen nichts anderes als es erkennen. Erkennen wollen aber, ehe man erkenne, ist ebenso ungereimt als der weise Vorsatz jenes Scholastikus, Schwimmen zu lernen, ehe er sich ins

Wasserwage."¹ Damit kann nicht gesagt sein, daß die erkenntnistheoretische Aufgabe einer Untersuchung der Erkenntnisquellen und der Erkenntniswerkzeuge auf jeden Fall sinnlos sei: die Kritik Hegels hat nur das Recht, dem Erkenntnistheoretiker aufzutragen, sein eigenes Standnehmen auf dem Wege der Erkenntnisgeschichte im Ganzen zu reflektieren.

In dieselbe Richtung deutet Nietzsche, wenn er in seiner Kritik der Erkenntnistheorie darauf hinweist, daß Erkennen und Denken schon immer im Gange ist, bevor eine methodische Reflexion über die Denkmöglichkeiten und Erkenntnisgrenzen einsetzen kann. Wahrscheinlich im Hinblick auf die erkenntniskritischen Programme der Neukantianer sagt er: „Es ist beinahe komisch, daß unsere Philosophen verlangen, die Philosophie müsse mit einer Kritik des Erkenntnisvermögens beginnen: ist es nicht sehr unwahrscheinlich, daß das Organ der Erkenntnis sich selber ‚kritisieren‘ kann, wenn man mißtrauisch geworden ist über die bisherigen Ergebnisse der Erkenntnis? Die Reduktion der Philosophie auf den ‚Willen zu einer Erkenntnistheorie‘ ist komisch. Als ob sich so Sicherheit finden ließe! –"² Auf diese Art kann sich der neuzeitliche Wille zur Beherrschung der Natur nicht selbst erkennen. Er kann höchstens versuchen, die intellektuellen Werkzeuge, deren er zu diesem Zwecke bedarf, für ihre pragmatische Aufgabe brauchbar zu machen. Die Erkenntnistheorie geht von der falschen Voraussetzung aus, als seien die kategorialen Werkzeuge, die sie als angebliche Bedingungen der Möglichkeit einer Erkenntnis überhaupt charakterisiert, für alle möglichen Erkenntnistypen und Programme konstant und in gleicher Weise bedeutsam. Kritik an der Erkenntnistheorie aber relativiert diese Kategorien und interpretiert sie als Organe jeweils eines bestimmt gearteten, in einer geschichtlichen Epoche maßgebenden Willens, der die Erkenntnis-zwecke und damit auch die Werkzeuge wählt, welche zu deren Verwirklichung dienen. Kritik wird daher ein System von Kategorien

---
[1] Hegel, Einleitung in die Enzyklopädie, § 10.
[2] KGW, Abtlg. VIII, Bd. 1, S. 22. Diese Metaphysik der Erkenntniskritik könnte als passende Polemik gegen Sätze verstanden werden, mit denen Eduard Zeller das Programm der Erkenntnistheorie charakterisiert. Vgl. E. Zeller, Über Bedeutung und Aufgabe der Erkenntnistheorie, in: Vorträge und Abhandlungen, Leipzig 1877, S. 479 ff. Hier heißt es auf S. 481: „Denn da die Ergebnisse jeder Untersuchung wesentlich durch das Verfahren bedingt sind, dessen man sich bei derselben bedient, so ist es unmöglich, die Erforschung des Wirklichen mit wissenschaftlicher Sicherheit in Angriff zu nehmen, wenn nicht zuvor die Bedingungen und Formen des wissenschaftlichen Verfahrens festgestellt sind." Vgl. auch meine „Einführung in die Metaphysik", Darmstadt 1978², S. 141 ff.

auf den Erkenntnistypus relativieren, dem dieses zur Verwirklichung dient. Die von diesem Willen geleiteten Erkenntnishandlungen müssen schon immer geschehen sein, wenn erkenntnistheoretische Reflexionen über das, was hier Faktum ist, unternommen werden. Wollte sich der Erkenntnistheoretiker derselben Methode bedienen, die er mit Descartes den Einzelwissenschaften empfiehlt, dann wäre sein Erkennen dem Streichholz zu vergleichen, das sich selber prüfen will, ob es brennen wird.[3]

Nietzsches erkenntnistheoretisches Interesse gilt dem philosophischen Erkennen, dessen Ziel es jeweils ist, auf dem Wege des Experimentierens die angemessene Weltperspektive zu finden. Im philosophischen Erkennen findet sich ein „moralischer" Zug, der sich in der Gesinnung der Weite und Offenheit gegenüber Perspektiven zeigt, die zur Prüfung anstehen. Diese Erkenntnisgesinnung ist bei dem anzutreffen, der es nicht in der Enge einer einmal gewählten Perspektive aushält, sondern der es auf Reichtum der Perspektiven, auf Weite und daher auf Über-legenheit abgesehen hat.[4]

Den Namen des „Erkennenden" darf daher nicht jeder beanspruchen, der irgendwie wissen will. Vielmehr setzt der Anspruch auf diesen Namen einen gerechten Denkstand voraus: er ist dem zuzubilligen, welcher durch eine Geschichte der Befreiung und des Reifens hindurchgegangen ist und dabei Weltperspektiven versucht hat. Die Erkenntnisgesinnung treibt über jeden Standpunkt und seine Perspektive zu anderen Standpunkten, ihren Perspektiven und Maßstäben hinaus. Ein jeweils behaupteter Stand und sein Maßstab dürfen sich nicht als absolut und ein für allemal gültig verstehen. Gleichwohl gilt: „Alles Erkennen ist ein Messen an einem Maßstabe. Ohne einen Maßstab, d. h. ohne jede Beschränkung, gibt es kein Erkennen. So steht es im Bereiche der intellektuellen Formen ebenso, wie wenn ich nach dem Werte des Erkennens überhaupt frage: ich muß irgend eine Position nehmen, die höher steht oder die wenigstens fest ist, um als Maßstab zu dienen."[5]

Bezogen auf die zur Experimentalmethode gehörenden Gedankengänge heißt das: Ich erkenne z. B. die Bedeutsamkeit und Glaubwürdigkeit einer Weltperspektive dadurch, daß ich sie am Maßstab ihrer Eignung messe, Sinnmotivation zu leisten. Mit der Perspektive, in welche

---

[3] vgl. ibidem S. 33.
[4] „So lange du noch die Sterne fühlst als ein ‚Über-dir', fehlt dir noch der Blick des Erkennenden." VII, S. 94.
[5] X, S. 152.

der Erkennende seinen Gegenstand rückt, hat er sich zugleich auch für einen Maßstab für Gültigkeit oder Ungültigkeit, für Bedeutsamkeit oder Bedeutungslosigkeit eines Maßstabs entschieden. Gleichzeitig fordert die ,,Gerechtigkeit", jeweils über die Enge eines einzigen Maßstabs und der ihm entsprechenden Perspektive hinauszugehen und der Forderung der Weite und des Reichtums zu genügen. Die Tugend der Gerechtigkeit fordert Absage an einseitige und parteiliche Beurteilung. Ihr ist eine ,,tiefe Abneigung" eigentümlich, in ,,irgend einer Gesamt-Betrachtung der Welt ein für alle Mal auszuruhen."[6]

Noch einmal sei in Erinnerung gerufen: Nietzsche wirft dem neuzeitlich-cartesischen Erkenntnistheoretiker vor, er versäume es, über seinen eigenen geschichtlichen Stand und dessen Erkenntnisprogramm zu reflektieren. Im Zusammenhang damit steht ein weiteres kritisches Argument: es hat zum Inhalt, daß der Erkenntnistheoretiker unkritisch Hypostasierungen vornehme: so fingiert er das erkenntnistheoretische Subjekt mit seinen angeblich konstanten Erkenntniskategorien. Der Erkenntnistheoretiker durchschaut nicht, daß ,,einer Fiktion eine falsche Realität untergeschoben wird", wenn er von Kategorien spricht, deren sich der Verstand bedient. In der Kausalität z. B. wird eine ,,künstliche Scheidung im Geschehen" zwischen dem gemacht, was ,,tut" und dem, ,,wonach das Tun sich richtet..." So kann man zwar verfahren: aber man darf nicht vergessen, daß man damit sich nur eines Modells bedient, welches keine reale Gültigkeit beanspruchen darf. Man darf das kritische Bewußtsein nicht verlieren, daß z. B. Kategorien nicht als feste Formen des Verstandes, sondern als zu einer willentlichen Zwecksetzung geeignete und ihr angemessene Werkzeuge zu betrachten sind, die sich der Verstand hergestellt hat. Identität, Substanz, Kausalität, Relation, Quantität sind solche Kategorien, welche für den der neuzeitlichen Naturwissenschaft sich verpflichtenden Willen zur Herrschaft über die Natur geeignet sind und von diesem Willen gebraucht werden müssen. Diese ,,Nötigung" ist von der Philosophie zu durchschauen. Sie zwingt uns dazu, ,,uns eine Welt zurecht zu machen, bei der unsre Existenz ermöglicht wird: — — wir schaffen damit eine Welt, die berechenbar, vereinfacht, verständlich usw. für uns ist."[7] ,,Wir": das sind Wesen, die sich ihres geschichtlichen Charakters bewußt sind.

---

[6] W. z. M. Aph. 470 (XVI, S. 4).
[7] W. z. M. Aph. 520 (ibidem S. 34).

Erkenntnis leistet Auswahl derjenigen Züge des Gegenstandes, die durch den Gebrauch einer zu unserem Willenscharakter passenden Perspektive und deren Kategorien in den Blick gekommen sind und zur Ausgestaltung der Welt gehören, die diesem Willenscharakter not tut. Wenn etwa Aristoteles Aussagen über die „Natur", im Sinne der Physis verstanden, macht, so begreift er sich als ein erkennend an den physischen Formen Teilnehmender. Seine Erkenntnisperspektive und die ihr angemessenen Kategorien zielen auf Begriffe wie: Form, Bewegungsgestalt, Entelechie ab. Anders ist es im Bereich der neuzeitlichen Naturerkenntnis, bei der sich das erkennende Subjekt aus der Natur herausstellt, diese sich gegenüberstellt, um sie übersichtlich, berechenbar, prognostizierbar zu machen. Im Hinblick auf die Art, in welcher der Erkennende sich seinem Gegenstand gegenüber „stellt", kann Nietzsche sagen, daß Erkennen soviel bedeute wie „Sich in Bedingung setzen zu etwas": sich „durch etwas bedingt fühlen und ebenso es selbst unsrerseits bedingen — es ist also unter allen Umständen ein **Feststellen, Bezeichnen, Bewußtmachen von Bedingungen (nicht ein Ergründen** von Wesen, Dingen, ‚An-sichs')."[8] Zugrunde liegt immer die Frage nach der **Bedeutsamkeit** einer Erkenntnis: **was ist das für mich?** Das in der Erkenntnistheorie gewöhnlich gebrauchte Modell von Subjekt und Objekt ist kaum brauchbar, weil es dem Subjekt nur ein reines Erkenntnisinteresse unterstellt, statt in ihm einen Willen und eine „Kraft" zu sehen, „welche setzt, erfindet, denkt". Diese muß als solche bedacht und bezeichnet werden im Unterschied „von allem einzelnen Setzen, Erfinden, Denken selbst".[9]

Ohne sich klar darüber zu werden, begibt sich Nietzsche mit diesen Aussagen in unmittelbare Nachbarschaft zum transzendentalphilosophischen Ansatz Kants, der das erkennende Subjekt als Instanz begreift, welche sich selbst die Rolle des Gesetzgebers „allgemeiner" Gesetze überträgt, denen der Gegenstand möglicher Erfahrung unterworfen ist. Nur wird von Nietzsche die Kraft des Setzens, Erfindens, Entwerfens und Gesetzgebens nicht in die theoretische Vernunft verlegt, sondern in die Triebe und Affekte und ihren Willen zur Macht im Durchsetzen der einem Affekt gemäßen Weltperspektive. Der Wille zur Macht nimmt jeweils die Gestalt der Triebe und Affekte an, die uns leiten. „**Unsere Bedürfnisse sind es, die die Welt auslegen**; unsere Triebe und deren

---

[8] W. z. M. Aph. 555 (ibidem S. 60).
[9] W. z. M. Aph. 556 (ibidem S. 60/61).

Für und Wider."[10] Wenn man schon vom „Subjekt" des Erkennens spricht, so muß man seine Sphäre „als beständig wachsend oder sich vermindernd" auffassen und den „Mittelpunkt des Systems sich beständig" verschieben lassen.

Erkenntnis im neuzeitlichen Sinne vollzieht sich dadurch, daß sich das Denken selbst nicht aus der Welt „Dinge" bzw. „Gegenstände" ausgliedert, die es erkennt. Im Sinne Kants argumentiert Nietzsche, daß es erst vermöge des Denkens Dinge für uns gibt: es ist berechtigt, sie als „Erscheinungen" zu bezeichnen. Wir haben nichts als Denken und Empfinden und daher können wir nicht „hinter" die Empfindungen und die Erscheinungen dringen[11]. Freilich läßt Nietzsche Erkennen und Erkenntnis nicht nur in einem einzigen Typus, etwa in demjenigen der neuzeitlichen Naturwissenschaft aufgehen, sondern rechnet, je nach dem Charakter des erkennenden Willens, auch mit anderen Erkenntnissystemen und ihren Welt- und Seinsperspektiven. Allen aber ist gemeinsam, daß sie jeweils dem Charakter eines bestimmten Willens und dessen kognitiver Zwecksetzung entsprechen[12]. Auf einer höheren Stufe der Entwicklung des Menschen könnten neue Erkenntnisformen auftreten, „welche jetzt noch nicht nötig sind."[13] Das heißt: Erkenntnisformen, die von bestimmten Weltperspektiven gebraucht werden, erfüllen ihre Mission jeweils in einer geschichtlichen Epoche. In dieser Epoche besteht ein notwendiges Bedürfnis nach ihnen.

Um zu begreifen, was es mit der Rede vom Erkenntnistypus auf sich hat, gilt es, wieder den Blick auf die Bewegung des „Aufsteigens" zu werfen. Es ist daran zu erinnern, daß der Denkende und Erkennende in der Geschichte seiner Reifung Positionen behauptet und sich für Perspektiven entscheidet, über die er jedesmal wieder hinausgeht, um neue Entscheidungen zu treffen. Jede „Erhöhung des Menschen" bringt die Überwindung „engerer" perspektivischer Interpretationen mit sich, jede erreichte Verstärkung und Machterweiterung eröffnet neue Perspektiven und heißt an neue Horizonte glauben. Die Welt ist kein Tat-

---

[10] W. z. M. Aph. 481 (ibidem S. 12).
[11] vgl. W. z. M. Aph. 574, (ibidem S. 71/72).
[12] „Was kann allein E r k e n n t n i s sein? – ‚Auslegung', Sinn-hineinlegen, – n i c h t ‚Erklärung' (in den meisten Fällen eine neue Auslegung über eine alte unverständlich gewordne Auslegung, die jetzt selbst nur Zeichen ist.) Es gibt keinen Tatbestand, Alles ist flüssig, unfaßbar, zurückweichend; das Dauerhafteste sind noch unsre Meinungen." (W. z. M. Aph. 604 (ibidem S. 96)).
[13] W. z. M. Aph. 615 (ibidem S. 100).

bestand, nichts Festes, sie ist „im Flusse": sie ist „etwas Werdendes ..., eine sich immer neu verschiebende Falschheit..."[14]

Warum spricht Nietzsche hier von „Falschheit"? Damit will er die illusionäre Unterstellung treffen, als ob philosophisches Erkennen, um welches es ihm primär geht, in „wahren", d. i. das Wesen der Sache ein für allemal feststellenden Sätzen zum Ausdruck komme. Beim Erkennen ist es aber „in Wahrheit" nicht auf „Wahrheit", sondern auf die Erfüllung von Willensbedürfnissen abgesehen, die einem in der Geschichte des Denkens und Wollens erreichten Stande und dessen Perspektive entspricht. Ein jeweiliger Charakter des Denkens und Wollens hat seine eigenen Existenzbedingungen und dadurch seine eigenen „Wahrheiten", d. i. Bedeutsamkeiten und Brauchbarkeiten. „Wie weit auch unser Intellekt eine Folge von Existenzbedingungen ist –: wir hätten ihn nicht, wenn wir ihn nicht nötig hätten, und hätten ihn nicht so, wenn wir ihn nicht so nötig hätten, wenn wir auch anders leben könnten."[15]

Wenn hier von einer „festen Postition" die Rede ist, so fragt es sich, ob nicht doch wieder der Archimedische Punkt gefordert wird, den Descartes zum Ausgangspunkt seiner Methode gemacht hat. Damit stellt sich aufs neue die Frage nach dem philosophischen Anfang. Descartes hat die Gewißheit und Motivation für die Anerkennung eines Fundaments philosophischen Wissens in die Klarheit und Deutlichkeit seines ersten Satzes von der Identität des ego cogito mit dem ego sum gesetzt. Damit hat er einen Maßstab bestimmt, der die Geltung aller weiteren Sätze, die daraus abzuleiten sind, zu rechtfertigen hat. Dem cartesischen Methodenprogramm zufolge wird die Geltung der Meinungen, Überzeugungen und Glaubensinhalte der Überlieferung zunächst außer Kraft gesetzt, damit von einem Nullpunkt an durch methodisch geleitetes und Schritt für Schritt vorgehendes und kontrolliertes Aufbauen ein sicheres Wissenssystem zustande gebracht werden kann. Zu überwinden war der Zustand unsicheren, dunklen und verworrenen Denkens ebenso wie derjenige der Widersprüche, in welche sich die Vernunft verwickelt, wenn sie nicht eine sichere Methode befolgt. Damit war auch der Anspruch einer Kritik der „weltanschaulichen" Positionen verbunden, die zueinander in Konflikt treten und deshalb die Philosophie vor die Aufgabe stellen, eine Methode zur Befriedigung des Streites

---
[14] W. z. M. Aph. 616 (ibidem).
[15] W. z. M. Aph. 498 (ibidem S. 20).

und zur Überwindung der Gegensätze zu finden: wenn Kant seine Kritik der reinen Vernunft als „Traktat von der Methode" bezeichnet, so deutet er damit an, hier das Verfahren bezeichnet zu haben, wie die Antinomie philosophischer Positionen und Weltperspektiven überwunden werden kann.

Descartes ging bei seinem erkenntniskritischen Programm ebenso wie seine empiristischen Antipoden etwa vom Schlage Lockes von der selbstverständlichen und selbst nicht vom Zweifel betroffenen Voraussetzung aus, daß auch die Philosophie ein System von wissenschaftlichen Sätzen sei, die nach einer von der gemeinsamen und allgemeinen wissenschaftlichen Vernunft bestimmten Methode auf ihre Gültigkeit oder Ungültigkeit hin e n t s c h i e d e n werden können. Mit diesem erkenntnistheoretischen Anspruch der Anlegung eines Maßstabs, durch den eine Entscheidung über Wahrheit oder Unwahrheit einer Weltperspektive getroffen werden kann, übernimmt der Philosoph die Rolle eines Richters, der den Streit der Parteien durch Anwendung des Gesetzes möglichst gerecht zu e n t s c h e i d e n hat.

Daß der Erkennende die Rolle des Richters zu übernehmen und Gerechtigkeit zu üben habe, ist ein Hauptgedanke der „Erkenntnistheorie" Nietzsches. Er betont, daß sich der philosophisch Erkennende eines Maßstabs zu bedienen habe, an welchem der Rechtscharakter eines Urteils, seine Legitimität gemessen wird. Erkenne ich z. B. eine Weltperspektive als die mir bedeutsame und angemessene an, so entscheide ich mich für sie in einem möglichst gerechten Urteil, welches ich auf dem Wege des gedanklichen Experimentes gewonnen habe.

Descartes, so kann man den Einwand Nietzsches gegen dessen methodischen Ansatz formulieren, sei der Aufgabe der richterlichen Entscheidung im philosophischen Erkennen nicht gerecht geworden, sofern er den Streit und die Konkurrenz der philosophischen Positionen und Weltperspektiven durch einen am mathematischen Gewißheitsideal orientierten Machtanspruch abgeschnitten und alle Philosophierenden auf die Befolgung einer einheitlichen Erkenntnismethode verpflichtet hat. Dieser Maßstab kann nicht, wie dieses bei Descartes der Fall ist, in der Gewißheit des kontrollierenden und methodisch gelenkten Bewußtseins bestehen. Ein Blick auf die cartesische Situation zeigt, daß auch der in ihr gültige Maßstab in Wahrheit durch einen hinter seinem Bewußtsein stehenden Willen zur Macht diktiert wird. Dieser Wille hat sich durch den ihm dienenden Intellekt eine W e l t verschafft, in der er sich einzurichten vermag und seine „Nester bauen" kann. Nietzsche will durch die Radikalisierung des Cartesischen Zweifels eine „zweite Aufklärung" in Gang setzen, in welcher er auch den methodischen Anfang, den Descartes bei einem Nullpunkt des Erkennens und Wissens wählt, noch einmal überbietet: er distanziert sich von der cartesischen Zielsetzung, „wahre" Sätze zu gewinnen und verlangt stattdessen von den „Erkenntnissen" der Philosophie allein Bedeutsamkeit, Angemessenheit und Brauchbarkeit für Sinnmotivierung. Als „Anfang" des Erkenntnisweges wird die Entscheidung für diesen Maßstab der Bedeutsamkeit einer Weltperspektive für das Leben begriffen. Damit ist nicht der „Anfang" einzelwissenschaftlicher Erkenntnis gemeint, der in dem Augenblick besteht, in welchem der Erkennende beginnt, sein theoretisches Gebäude von Grund aus aufzurichten, indem er in methodischem Verfahren einen Stein auf den andern setzt. Der Anfang des philosophischen Erkennens besteht in der Entscheidung für die Perspektive des umfassenden Ganzen eines Weltgebäudes, in welchem sich der Erkennende einrichtet. Er setzt nicht, wie es etwa in der Mathematik der Fall ist, das theoretische Gebäude durch Aufeinanderfügen einzelner „Steine" zusammen, sondern er ver-setzt sich in den Zusammenhang des Ganzen einer Welt und nimmt auf ihrem Boden Stand. Er entscheidet sich für dieses Ganze: darin besteht seine anfängliche Handlung. Die diesem Anfang entsprechende erste Aussage gilt „absolut": sie ist demgemäß nicht durch wissenschaftliche Begründung zu rechtfertigen, sondern nur durch das Experiment.

Von hier aus ist eine Linie zurück zu Kant zu beachten, der das Verfahren des Beweisens im Bereich der Sätze als unangebracht erklärte, in denen über das Absolute, Umfassende, also über Welt, Freiheit und Gott Aussagen gemacht werden: diese Sätze, die Absolutes bedeuten, haben selbst absolute Geltung in dem Sinne, daß der Aussagende nichts über Objekte, sondern sich selbst aussagt. Es handelt sich hier um Gewißheit des „Glaubens", den man nicht „beweist", sondern für den man höchstens eine Wette mit sehr hohem Einsatz eingeht. Nicht ein „objektiver", sondern höchstens ein „subjektiver" Gewißheitsmodus ist diesen Sätzen zu eigen. Eine Aussage über die Welt sollte sich nicht der Wendung bedienen: „Es ist gewiß, daß...", als ob sie einen wissenschaftlichen Satz über Objekte einzuleiten hätte. Vielmehr gebührt es solch einem Satz des „vernünftigen" Glaubens, durch eine Formel wie die eingeleitet zu werden: „Ich bin gewiß, daß..." In einem Satz von dieser Art kommt die subjektive Gewißheit des vernünftigen Glaubens an Umfassendes und in diesem Sinne Absolutes zum Ausdruck, der sich vom Wissen unterscheidet, durch das die objektive Gewißheit über Gegenstände innerhalb des umfassenden Weltzusammenhanges zur Überzeugung kommt.[16]

Nietzsche hat in seiner Auseinandersetzung mit Descartes diese Eigenart der philosophischen Sätze im Auge. Daher ist seine Inkonsequenz bemerkenswert, mit der er seinen eigenen Hauptsatz von der ewigen Wiederkehr gelegentlich zum Gegenstand eines objektiv-wissenschaftlichen Gewißheitsnachweises macht, statt seine theoriejenseitige Bedeutung zu bedenken, in der es nur um Sinnmotivation für denjenigen geht, der diesen Gedanken ernst nimmt. Der Behauptung der ewigen Wiederkehr kommt eine auf experimentellem Wege gewonnene „subjektive" Gewißheit zu. Diese ergibt sich aus der Notwendigkeit, die diese Weltauslegung für die Erfüllung meines Sinnbedürfnisses hat. Die Frage ist, ob ein Widerstreit zwischen solchen Gewißheiten in irgendeiner Art von Rationalität entschieden werden kann.

Sofern es sich in der Philosophie um absolute „Gegenstände" und dementsprechend um Aussagen mit absolutem Gewißheitsanspruch handelt, ist für sie die mathematische Methode auch in der Version, wie sie von Descartes vorgeschlagen wird, unannehmbar. Der Streit etwa zwischen einer philosophischen Position wie der des Determinismus und derjenigen der Freiheit kann nicht durch Beweis oder Widerlegung entschieden werden. Die Philosophie muß, das hat Kant in seiner transzendentalen Dialektik scharf gesehen, eine spezifisch philosophische Methode ausbilden, dergemäß dieser Widerstreit zwischen absoluten Stellungnahmen und Gewißheiten überwunden wird. Nimmt man für philosophisches Denken in Anspruch, es sei durch „Vernunft" bestimmt, so gerät es jetzt in die Verlegenheit: einerseits muß es die absolute und durch wissenschaftliche Methode nicht relativierbare Gewißheit je einer Weltinterpretation anerkennen, andererseits aber gebietet es der Vernunftcharakter des philosophischen Denkens, Einheit im Streit der Standpunkte herzustellen. Die dadurch bezeichnete Aufgabe führt in den Bereich der Dialektik in dem Sinne, daß zwischen den Gegnern ein vernünftiger Dialog geführt wird, der einem methodischen Verfahren folgt. Die Absicht der Vernunft muß es sein, am Ende durch einen gerechten „Richterspruch" Einheit im Staate der Vernunft zu bewirken.

Es lag in der Absicht Kants, der Philosophie eine ihr eigentümliche und von dem Verfahren der Mathematik unterschiedene Methode der

---

[16] K.r.V., Aufl. B 857 (AA Bd. 3, S. 536/37).

Rechtfertigung philosophischer Sätze und zugleich der gerechten Entscheidung im Streit philosophischer Positionen zu begründen. Diese Aufgabe macht er zum Thema seiner transzendentalen Dialektik. Er interpretiert die Situation, in welcher der Philosoph zwischen widerstreitenden Positionen eine gerechte Entscheidung zu treffen hat, indem er sich des Maßstabs des Gesetzes bedient, gemäß dem Modell des Rechtsprozesses. Es ist bemerkenswert, daß auch Nietzsche in diesem gedanklichen Milieu seinen philosophischen Gerechtigkeitsbegriff konzipiert. In seiner Auseinandersetzung mit Descartes überlegt er, daß der Versuch, die absoluten Unterschiede der Positionen nach dem Vorbild mathematischer Rationalität einzuebnen, um Einheit der Vernunft zu gewinnen, selbst als Ausdruck eines parteilichen Standpunktes durchschaut werden muß, der noch einmal in einer höheren Zweifelsreflexion in Frage zu stellen ist. Auf dem Wege dieses radikaleren Zweifels gewinnt Nietzsche selbst einen Stand, den er mit philosophischem Bewußtsein als den des freien Experimentierens begreift. Er nimmt für diesen Stand das Amt des Richters in Anspruch, der sich allen möglichen Weltperspektiven gegenüber in Freiheit setzt, um ihnen die Rolle der Parteien anzuweisen, über deren Interessengegensätze er eine gerechte Entscheidung zu fällen hat.

Nietzsches Unterschied zu Descartes ist auch darin zu sehen, daß er die Situation des philosophischen Denkens und Erkennens wie Kant nach dem Vorbild des Rechtsprozesses auslegt, während jener seine Aufgabe nach mathematischer Methode zu lösen sucht. Descartes beginnt beim Nullpunkt und konstruiert das Gebäude der philosophischen Erkenntnis in methodisch kontrollierten Schritten, ohne „hinter" sich selbst zu schauen: so stellt er sich außerhalb aller gedanklichen Tradition und Geschichte, um den Rücken frei für den Neuaufbau zu haben. Die Selbstauslegung am Leitfaden des Richtermodells dagegen fordert dazu auf, den selbstgewählten Stand des Denkens nicht nur als Anfang, sondern auch zugleich als Ergebnis einer gedanklichen Geschichte zu begreifen. Unter dieser Voraussetzung versteht der Denkende seinen Denk-stand als den, der sich in einem geschichtlichen Reifungsprozeß hergestellt hat und der die überlegene Position darstellt, von der ein „Anfang" erst möglich ist. Die sich an der richterlichen Entscheidung orientierende „dialektische" Methode wählt einen Anfang, der nicht Nullpunkt ist, sondern ein über-legener Stand, den das Denken im Verlaufe seiner Geschichte gewonnen hat. Das in dieser Weise „anfangende" philosophische Denken erklärt die bisherige Geschichte nicht als ungültig, sondern begreift sich als Resultat dieser Geschichte, die es dadurch über-windet, daß es von seinem über-legenen Stande aus über ihre Denk-gestalten ein gerechtes Urteil fällt. Sein „Anfang" hat die Bedeutung des Überganges über die bisherige Geschichte zu einem Stande, der ein über-legenes Urteil über diese ermöglicht.

Das philosophische Denken, welches seine eigene Situation als die des gerechten Entscheidens interpretiert und diese dadurch erst herstellt, begreift es als seine Aufgabe, zwischen Weltperspektiven und ihren absoluten Ansprüchen gerecht zu entscheiden. Es ist nicht primär die von der Vernunft erhobene Forderung nach Einheit in ihrem eigenen Hause, durch welche diese Aufgabe bei Nietzsche bestimmt wird: hierin distanziert er sich vom dialektischen Programm Kants, Fichtes und Hegels. Es ist vielmehr das Zusammenstimmen je eines Willenscharakters mit der ihm angemessenen und für ihn bedeutsamen Welt, die ihm das philosophische Denken zu verschaffen hat.

Daher ist der Unterschied in der Auffassung, die Nietzsche vom Richteramt des philosophischen Denkens und Entscheidens und von der Gerechtigkeit hat, gegenüber der Kantischen Deutung vom Richterstuhl der Vernunft nicht zu vernachlässigen. Kants Auffassung von Gerechtigkeit sieht vor, daß die Vernunft eine Selbstgesetzgebung leistet, auf Grund deren der Philosophierende in der Rolle des Richters ein gerechtes Urteil im Streit der Parteien, die in Gestalt von Standpunkten und Weltperspektiven auftreten, zu fällen vermag. Die „Parteien" werden angehört, damit am Ende die gerechte Richterin Vernunft jeder das Ihrige in austeilender Gerechtigkeit zu geben vermag. In Nietzsches Gerechtigkeitsbegriff dagegen ist es nicht vorgesehen, jeder Partei das Ihre zu geben, um Einheit, Gleichheit und Frieden in der Pluralität der philosophischen Positionen herzustellen. Vielmehr geht es hier darum, einen „Staat" aufzurichten, in welchem in der Form eines Herrschaftsverhältnisses eine Hierarchie von Weltperspektiven unter der Einheit einer in einer geschichtlichen Gegenwart mächtigen und herrschenden Weltinterpretation hergestellt wird.

Die Aufgabe, um die es hier geht, hat im Grunde die Herstellung der Einheit der Denk-geschichte und damit der Geschichte des Menschen überhaupt zum Inhalt.

Es mag hier darauf aufmerksam gemacht werden, daß die Selbstauslegung des philosophischen Denkens nach dem Modell der richterlichen Entscheidung als in der Tradition des großen Gedankens der sich in ihrer absoluten „Zerrissenheit" (Hegel) über diese hinweg zur Einheit zusammenschließenden Vernunft stehend zu werten ist. Ein großer Markstein in dieser Tradition ist etwa der Gedanke der coincidentia oppositorum des Nikolaus von Cues. Ebenso ist der Leibnizsche Gedanke zu erwähnen, daß jede philosophische Position eine individuelle Art und Weise darstellt, den allen Denkenden identischen Gegenstand: Welt von einem individuellen point de vue aus zu beschreiben und zu begreifen. Was die Bedeutung des Richtermodells für diese gedankliche Tradition angeht, so ist daran zu erinnern, daß Lessing in seiner Ringparabel, die er Nathan den Weisen auf die Frage des Saladin hin vortragen läßt, welcher der Religionen die „Wahrheit" gebühre und welcher der um Wahrheit konkurrierenden Brüder im „Recht" sei, am Ende die Entscheidung einem Richter überträgt. Dieser sucht dadurch der Gerechtigkeit zu genügen, daß er den „wahren" Ring als verloren erklärt und jedem der Brüder sein Recht dadurch zu geben sucht, daß er ihm zugesteht, mit seinem Ring die Aufgaben des Menschseins optimal zu erfüllen. Der Spruch des Richters endet mit der Erklärung, daß der eigentliche, endgültige Richterspruch erst nach einer langen Geschichte der Menschheit gefällt werden kann; dann soll es sich entscheiden, ob das Experiment der gemeinsamen Vernunft, die ihre Einheit in der absoluten Verschiedenheit sucht, als gelungen angesehen werden darf.

2. Der Philosoph als Richter und als Künstler: Die „Tugend" der Gerechtigkeit und der Wille zur Macht

Zu den wichtigsten Ergebnissen der Kritik, welche Kant an der Metaphysik geleistet hat, gehört eine Um-bewertung des Verhältnisses zwischen einer metaphysischen Weltauslegung und dem Willen, der sich in der ihm von der philosophischen Vernunft dargebotenen Welt einrichtet und ausrichtet. Der Sinn seiner Aussage vom „Primat" der praktischen Vernunft vor der theoretischen ist darin zu sehen, daß nicht eine metaphysische Welttheorie vorhergeht, auf Grund deren sich die Pflichten erkennen lassen und sich der Wille auf diese einstellt. Es ist vielmehr umgekehrt: erst kommen ein Willenscharakter und seine Entscheidung für ein Handlungskonzept zustande: dieser Wille fragt dann nach der ihm angemessenen und für ihn bedeutsamen Interpretation der Welt, an der er sich zu orientieren und auf Grund deren er seinem Einsatz für die Pflicht einen Sinn zu geben vermag. Der Wille sucht nach der den Sinn seines Handelns motivierenden Weltinterpretation, die ihm die „Hoffnung" gibt, daß nicht alles umsonst ist. Unter dieser Bedingung sind in

Geltung gesetzte Postulate und den Ideen wie diejenigen der Unsterblichkeit oder des geschichtlichen Fortschritts nicht, das ist der Sinn der Rede des Primats der praktischen Vernunft vor der theoretischen, in theoretischer Hinsicht bedeutsam, sondern nur in praktischer Hinsicht, und zwar in der Bedeutung, daß der Weltentwurf keine objektive „Wahrheit" auszusagen beanspruchen darf: vielmehr kommt ihm nur die Bedeutung der Sinnmotivation für Handeln zu.

Analog sieht auch Nietzsche die Abhängigkeit zwischen dem Willen und der adäquaten Welt. Seine Frage ist analog der Kantischen: wenn ein Wille mit einem bestimmten Charakter vorhanden ist, dann fragt er nach der Weltinterpretation, die diesem angemessen, für ihn brauchbar und bedeutsam ist. Nicht theoretische Welterkenntnis liegt zugrunde, aus der der Wille seinen Charakter, seine Ziele und Zwecke herleiten würde: vielmehr stellt sich der Wille erst her und sucht dann nach dem Weltmodell, das seinem Charakter angemessen ist, an dem er sich zu orientieren vermag und aus dem sich für ihn Einsicht in eine Sinngebung gewinnen läßt.

Von hier ausgehend hat der Richter-philosoph die Aufgabe, jeweils eine Weltinterpretation einerseits der Kritik zu unterwerfen, andererseits ihr aber „Gerechtigkeit" dadurch widerfahren zu lassen, daß er sie als Symptom eines bestimmten Seinscharakters interpretiert und ihre Bedeutsamkeit für dessen Willen würdigt. In diesem Sinne hat Nietzsche auch sogar den Positionen, auf deren Überwindung es ihm vor allem ankommt, „Gerechtigkeit" widerfahren lassen: dem Platonismus, dem Christentum, der Moral, der neuzeitlichen Wissenschaft, dem Idealismus, dem cartesischen Ansatz.

Nietzsche überträgt dem Philosophen die Aufgabe, eine gerechte Entscheidung zwischen den Anerkennung beanspruchenden konkurrierenden Weltperspektiven zu treffen. Philosophisches Erkennen müsse sich immer eines „Maßstabs" bedienen, sofern es z. B. die Bedeutsamkeit und Angemessenheit einer Weltperspektive für einen bestimmten Willenscharakter beurteilt: als Maßstab für gerechtes Urteilen dient dem Richter das Gesetz: auch bei Kant bedient sich die Vernunft in Ausübung ihres Richteramtes einer Gesetzgebung, die zugleich Selbstgesetzgebung ist. Von Nietzsche her gesehen wird ein Wille, der auf Naturbeherrschung ausgeht, einen andern Maßstab für die Beurteilung und Rechtfertigung von Weltperspektiven und Seinsauffassungen anlegen als es in dem Falle geschieht, in welchem sich der Erkennende selbst als zur Welt der Natur gehörig verstehen will, die er erkennt.

Kant stellt in seiner transzendentalen Dialektik an die Rechtsprechung der Vernunft die Aufgabe, den Streit der „Parteien", z. B. in der Form der Positionen der Freiheit und derjenigen der Notwendigkeit durch ein „gerechtes" Urteil zu entscheiden. Dabei bedient er sich der Methode der gezielten Perspektivenwahl, derzufolge jeder der Positionen das ihr nach der Gesetzgebung der Vernunft zukommende Recht, als ihre Recht-fertigung relativ zu den Zwecksetzungen des Erkenntnis- und Handlungswillen, zugemessen wird. Nietzsche dagegen ist es nicht in erster Linie um die Aufgabe zu tun, eine Widerstreitsituation der Vernunft durch eine richterliche Entscheidung zu überwinden, um Frieden im Hause der Vernunft zu stiften, sondern darum, durch Entscheidung für eine der konkurrierenden Weltperspektiven dem Denkenden „Stärke" dadurch zu verleihen, daß er sich nicht in der Pluralität der jeweils gleichen Anspruch auf Anerkennung erhebenden Auffassungen verliert und dadurch handlungs- und lebensunfähig wird. Es ist die Aufgabe, über diese Vielheit Herr zu werden und durch Entscheidung das scharfe Profil der Entschlossenheit für eine bestimmte Weltinterpretation zu gewinnen. Nicht um Herstellung systematischer Einheit der Vernunft mit sich selbst ist es ihm zu tun, sondern um die Ermöglichung einer kraftvollen und zugleich über die Enge eines ihn beherrschenden Glaubens überlegenen Weltorientierung. Daher interpretiert er die Situation des Rechtsprozesses nicht so, daß zwei miteinander streitende Parteien auftreten und einen Richterspruch erwarten, sondern daß viele konkurrierende „Philosophien" zur Beurteilung anstehen, deren „Rechte" durch einen gerechten Spruch des philosophischen Denkens aufeinander so abzustimmen sind, daß zwischen ihnen ein Herrschaftsgefüge entsteht, in welchem einem der konkurrierenden Weltkonzepte die „Herrschaft" über die Vielheit der anderen übertragen wird. Sie entspricht dem „Maßstab" des in der jeweiligen geschichtlichen Gegenwart des Denkenden zugrunde liegenden Willens. Während Kant der Richterin Vernunft die Aufgabe stellt, in einem dialektischen Interessenwiderstreit jeweils zweier Positionen eine gerechte Entscheidung zu finden, geht Nietzsche davon aus, daß sich die philosophische Vernunft bei ihrer Entscheidung jeweils immer ein „Richter-recht" zu schaffen habe, daß sie also durch Präzedenzentscheidungen die Anerkennungsansprüche der Weltperspektiven, die zugleich auch Herrschaftsansprüche sind, rechtlich zu entscheiden hat.

Auch folgender Unterschied im Begriff der Gerechtigkeit ist zu beachten: während Kant die „Parteien" in der Gestalt der miteinander streitenden philosophischen Positionen nach der Devise der Gleichheit vor dem Gesetz der Vernunft behandelt, fordert Nietzsches Begriff der Gerechtigkeit die Anerkennung der individuellen Rechte einer Philosophie je nach ihrer Leistung und ihrem „Verdienst", den sie sich für eine Lebensgestalt erworben hat. Da die Gestalt des jasagenden Willens als stärkste und zugleich wertvollste anzusehen ist, muß der ihr entsprechenden, von ihr geforderten und für sie bedeutsamen Weltperspektive eine Herrscherrolle in dem Staate zukommen, als dessen Bürger die Philosophen um vorrangige Anerkennung konkurrieren.

In der erkenntnistheoretischen Tradition konnte man dem Begriff der Gerechtigkeit die Bedeutung geben, sie stelle dem Erkennenden die Aufgabe, möglichst „objektiv" über den Gegenstand zu urteilen. Zu diesem Zweck durften nicht zufällige und im schlechten Sinne „subjektive", vielleicht von Affekten diktierte Aspekte zur Geltung gebracht werden. Vielmehr wurde gefordert, daß beim Urteilen allgemeine und affektfreie Maßstäbe anzulegen sind. Der „Verstand" wurde insofern als der theoretischen Gerechtigkeit genügend angesehen, als er dem Erkennenden die Aufgabe stellt, den Gegenstand nach einer allgemeinen Erkenntnismethode zu beurteilen. Die Fragwürdigkeit einer Auffassung, welche Gerechtigkeit und „Objektivität" identisch setzt, behandelt Nietzsche frühzeitig in der zweiten unzeitgemäßen Betrachtung. Zu deren Themen gehört der Nachweis, daß historische Objektivität, im Sinne des gleichmäßigen wertfreien Geltenlassens aller Positionen verstanden, nicht, wie beabsichtigt, zur Gerechtigkeit führt, sondern Ungerechtigkeit zur Folge hat.

Der Gestalt des Richters, der den Willen und die „Kraft" zur Gerechtigkeit aufbringt, zollt Nietzsche „höchste Verehrung". In der Gerechtigkeit „vereinigen und verbergen sich die höchsten und seltensten Tugenden wie in einem unergründlichen Meere, das von allen Seiten Ströme empfängt und in sich verschlingt. Die Hand des Gerechten, der Gericht zu halten befugt ist, erzittert nicht mehr, wenn sie die Waage hält; unerbittlich gegen sich selbst legt er Gewicht auf Gewicht, sein Auge trübt sich nicht, wenn die Waagschalen steigen und sinken, und seine Stimme klingt weder hart noch gebrochen, wenn er das Urteil verkündet."[17] Nur sofern der „Wahrhafte" den unbedingten Willen hat, gerecht zu sein, kann an seinem Streben nach Wahrheit etwas Großes gefunden werden.[18] Nur die „überlegne Kraft kann richten, die

[17] I, S. 327/28.
[18] vgl. ibidem, S. 328.

Schwäche muß tolerieren, wenn sie nicht Stärke heucheln und die Gerechtigkeit auf dem Richterstuhle zur Schauspielerin machen will".[19]

Worin besteht das Eigentümliche dieser Kraft? In der zweiten unzeitgemäßen Betrachtung wird sie als Eigenschaft, die dem Historiker zu Gebote stehen sollte, angesprochen. Dessen Aussage muß als Entscheidung begriffen werden, die eine dem richterlichen Urteil analoge Rolle spielt. Die in seinem Urteil wirksame Kraft sollte darin bestehen, die Vielheit der miteinander in Konkurrenz liegenden Anerkennungsansprüche der in der Geschichte auftretenden Welt- und Handlungskonzepte zu vergegenwärtigen und eine gerechte Entscheidung zwischen ihnen zu treffen, in welcher der für die Gegenwart des Historikers bedeutsamen und seiner Willensgestalt förderlichen Weltperspektive die Herrschaft zu übertragen wäre. Die Kraft des Historikers sollte sich darin zeigen, daß er es vermag, die reiche Vergegenwärtigung möglichst vieler geschichtlicher Handlungs- und Lebensgestalten mit der Entscheidung für eine scharf profilierte eigene Weltauffassung zu verbinden, der die anderen untergeordnet werden. Soll geschichtliche Wahrheit das Niveau der Gerechtigkeit erreichen, so muß der Historiker über die strenge und konsequente Handhabung eines Maßstabes verfügen, bei dem ein Höchstmaß an Vielheit mit einem ebenso hohen Maß an Einheit und Entschiedenheit identisch ist.

In diesem Zusammenhang tritt bei Nietzsche außer dem Typus des Richters auch derjenige des Künstlers in den Blick. Dieser bildet und gestaltet: dazu bedarf er der Kraft, seine Vorstellung so zu verwirklichen, daß das Produkt übersichtliche, anschauliche Einheit über unendlich vielen gedanklichen Bezügen darstellt. Insofern ist die Rolle des Künstlers mit derjenigen des Richters im Erkennenden zu vergleichen, als dieser die Kraft der gerechten Entscheidungen aufbringt, bei denen ein großer Reichtum miteinander konkurrierender Weltperspektiven unter die Einheit eines beherrschenden Konzeptes gebracht wird, welches dem Leben und Handeln der Gegenwärtigen angemessen ist. Denjenigen, die kraftlos und passiv dem vom historischen Bewußtsein propagierten Ideal der „Objektivität" dienen und ihren Gegenständen unbeteiligt, bloß zuschauend gegenüberstehen, ohne die Kraft richterlicher Entscheidung und zugleich künstlerischer Gestaltung aufzubringen, wirft er vor, sich nur mit dem „Schein" der Gerechtigkeit zu begnügen.

---

[19] ibidem, S. 331.

Im folgenden Satze wendet er sich an den Historiker und hält ihm in einem Atemzuge das Vorbild des Künstlers wie des Richters vor. ,,Sucht nicht den Schein der künstlerischen Kraft, die wirklich Objektivität zu nennen ist, sucht nicht den Schein der Gerechtigkeit, wenn ihr nicht zu dem furchtbaren Berufe des Gerechten geweiht seid ... Als Richter müßtet ihr höher stehen als der zu Richtende; während ihr nur später gekommen seid. Die Gäste, die zuletzt zur Tafel kommen, sollen mit Recht die letzten Plätze erhalten: und ihr wollt die ersten haben? Nun dann tut wenigstens das Höchste und Größte; vielleicht macht man euch dann wirklich Platz, auch wenn ihr zuletzt kommt. **Nur aus der höchsten Kraft der Gegenwart dürft ihr das Vergangene deuten...**"[20] ,,Eigentliche" Objektivität: das ist demnach die Eigenschaft einer Deutung der Vergangenheit, auf Grund deren diese ein Sinngewicht für das Leben der Gegenwart annimmt. Das Hervorbringen dieser Deutung erfordert ,,künstlerische Kraft", die allein im Stande ist, dem Vergangenen dadurch ,,Gerechtigkeit" widerfahren zu lassen, daß sie aus ihm einen Sinnträger für die Gegenwart und Zukunft macht. Der moderne Historiker dagegen ist unter dem Einfluß des historischen Bewußtseins zum ,,nachtönenden Passivum" geworden. Seine ,,objektiven" Aussagen werden mit dünner, kraftloser Stimme vorgetragen, ,,als ob man die heroische Symphonie für zwei Flöten eingerichtet und zum Gebrauch von träumenden Opiumrauchern bestimmt habe." Wenn man das bedenkt, mag man ermessen, ,,wie es mit dem obersten Anspruche der modernen Menschen auf höhere und reinere Gerechtigkeit bei diesen Virtuosen stehen wird". Ist er wirklich der ,,gerechteste Mann seiner Zeit?"[21] Der ,,Virtuos" des historischen Bewußtseins ist nicht der kraftvolle Künstler, der zugleich gerecht zu sein vermöchte: denn jener befaßt sich mit den Sinngestalten der Vergangenheit nur nachproduzierend, vergleichend und sortierend; er behandelt sie als ein im geschichtlichen Bewußtsein Vor-gestelltes, statt ihnen eine für die Gegenwart bedeutsame Gestalt zu geben. So ist z. B. das Christentum unter der Wirkung historisierender Behandlung, die man als ,,gerecht" ausgegeben hat, in ein bloßes Wissen um das Christentum aufgelöst und dadurch vernichtet worden. Alles, was Leben hat, hört auf zu leben, wenn es ,,zu Ende seziert ist". Es fängt an, schmerzlich und krankhaft zu leben, wenn man darangeht, ,,an ihm die historischen Sezierübungen zu machen."

---

[20] ibidem S. 336.
[21] ibidem S. 330.

Diese in einer frühen Phase der Denkgeschichte Nietzsches hergestellte Verbindung zwischen Erkennen, künstlerischer Gestaltung und Gerechtigkeit entspricht auch seinem späten Begriff von Erkennen. Philosophisches Erkennen wird als richterliche Sentenz im Streit der Weltperspektiven und ihrer Interpretationen aufgefaßt. Es wird primär als Entscheidung durch ein Urteil verstanden, welches sich an einem Maßstab für gültig oder nicht gültig orientiert. Die Maßstäbe der Erkenntnis werden nicht von einem „reinen", interesselosen Denken bestimmt, sondern vom Sinnbedürfnis jeweils eines gegenwärtigen Willens: Nietzsche gebraucht in diesem Zusammenhang auch das Wort: Affekt. Seine Berufung auf Affekte geschieht immer in der Absicht, die Bedürfnisse und Interessen des Willens zur Macht an den ihm angemessenen Perspektiven und Sinndeutungen zur Geltung zu bringen.

In der weiteren Entwicklung des Gerechtigkeitsgedankens Nietzsches wird sichtbar, daß sich seine erkenntnistheoretische Frage so stellt: „Welche Form muß die Erkenntnisgerechtigkeit annehmen, wenn die vom Erkennenden gebrauchten Perspektiven nicht von reiner und neutraler Vernunft getragen und verantwortet werden, sondern ‚affektiven' Ursprungs sind"? Seine Antwort lautet: möglichst alle erreichbaren und Geltung beanspruchenden Affekte – dieses Wort in der Bedeutung des Interesses an sinnrelevanter Weltinterpretation verstanden – müssen angehört werden und zu Worte kommen können. Aber jede Erkenntnisgestalt muß eine Organisation aller sich zu Worte meldenden affektiven Perspektiven und Maßstäbe unter der Herrschaft einer obersten darstellen.

Der Erkennende erfüllt den Anspruch der Gerechtigkeit, sofern er sich in die Polarität zwischen Konzentration, Entscheidung zu einer bestimmten Form und Gestalt der Sinndeutung einerseits und derjenigen der Ausdehnung und Überschreitung von Grenzen andererseits begibt, die den Sinngestalten eigentümlich sind. Die Gefahr der einen Tendenz ist die der Enge, Einseitigkeit und daher Ungerechtigkeit: ihr wirkt die andere Tendenz entgegen, der es darauf ankommt, den Horizont des Denkens auszuweiten und die Urteile allseitig zu fällen: auf diesem Wege soll der Anspruch der Gerechtigkeit erfüllt werden, der in die Richtung der Weite, der Allseitigkeit weist. Aber die Gefahr der Ausdehnung und Ausweitung besteht darin, daß sie in Unfähigkeit der Entscheidung für eine Sinngestalt einmündet, die das Leben nötig hat, auch wenn sie noch so eng sein mag. So wird im Bereich der philosophischen Erkenntnis die in der frühen Schrift über die Geburt der Tragödie verdeutlichte Verbindung des Apollinischen und des dazu polaren Dionysischen bedeutsam, die dort auf die künstlerische Kultur gemünzt war. Auch in der weiteren Durchführung des Gedankens der Einheit von Erkenntnis und Gerechtigkeit bleibt die Aufgabe im Blick, Einheit zwischen der Kraft in der Handhabung je einer Perspektive einerseits und dem Anspruch der Weite und des Hinausgehens über perspektivische Engen andererseits herzustellen. Stärke der Entscheidung für je bedeutsame Perspektiven und Weite und Reichtum perspektivischer Bezüge sind die zwei miteinander in Spannung stehenden Pole, deren kraftvolle Vereinigung gefordert ist.[22]

Der Gedanke liegt nahe, daß Nietzsches Gerechtigkeitsbegriff von griechischen Vorstellungen inspiriert wurde. In der frühen Abhandlung über die „Philosophie im tragischen Zeitalter der Griechen" (1872/73) charakterisiert er die Auffassung Heraklits vom Werden als dem „Krieg des Entgegengesetzten". Alles geschieht „gemäß diesem Streite, und gerade dieser Streit offenbart die ewige Gerechtigkeit. Es ist eine wundervolle, aus dem reinsten Borne des Hellenischen geschöpfte Vorstellung, welche den Streit als das fortwährende Walten einer einheitlichen, strengen, an ewige Gesetze gebundenen Gerechtigkeit betrachtet... es ist die gute Eris Hesiods, zum Weltprinzip verklärt, es ist der Wettkampfgedanke der einzelnen Griechen und des griechischen Staates ... ins Allgemeinste übertragen, so daß jetzt das Räderwerk des Kosmos in ihm sich dreht..." Nach Nietzsche wagt es Heraklit, die noch höhere Ahnung auszusprechen: „Der Streit des Vielen selbst ist die reine Gerechtigkeit!" Aber bei Heraklit kommt es nicht nur auf das Hin- und Herwogen des Kampfes an, sondern auf das in ihm sich verwirklichende „Recht", auf den Maßstab, nach welchem der Streit entschieden wird. Diese Entscheidung spricht Nietzsche hier als den „Sieg" an, der im Streit durch das richterliche Urteil gewonnen wird. Er stellt zugleich auch einen Sieg „über" den Streit selbst dar. Gerechtigkeit ist Herrschaft über die streitenden Kräfte und Sieg über sie. „Wie jeder Grieche kämpft, als ob er allein im Recht sei, und ein

---

[22] Vgl. z. B. Ernst Bertram, Nietzsche – Versuch einer Mythologie. 1921, S. 95. Nietzsches Bestreben geht dahin, ein klares Konzept für den Weg dieser Vereinigung zu gewinnen, so daß Bertrams Berufung auf das „Geheimnis" in dem Satze nicht zutrifft. Bertram sagt aber mit Recht, daß der spätere Gerechtigkeitsbegriff bei Nietzsche schon in der zweiten unzeitgemäßen Betrachtung vorweggenommen sei, besonders in der Überlegung, „daß nämlich Leben, auch in seiner scheinbar ungerechtesten Gestalt, und höchste Gerechtigkeit zuletzt irgendwie geheimnisvoll identisch sein müssen. Dieser Gedanke reift erst allmählich bei Nietzsche heran zu dem amor fati..."

unendlich sicheres Maß des richterlichen Urteils in jedem Augenblick bestimmt, wohin der Sieg sich neigt, so ringen die Qualitäten mit einander, nach unverbrüchlichen, dem Kampfe immanenten Gesetzen und Maßen."[23]

Aus diesen Zusammenhängen fließen in Nietzsches Gerechtigkeitsdenken maßgebende Motive ein. Es wird verständlich, daß Nietzsche nicht der modernen Gerechtigkeitsidee zuneigt, welche Gesetze zugrunde legt, die von einer die Rechtsvernunft repräsentierenden gesetzgebenden Instanz gegeben wurden und an die der Richter bei seiner Rechtsprechung gebunden ist. Demgegenüber sieht er in der richterlichen Entscheidung vorwiegend eine Gerechtigkeits k r a f t am Werke. Sie vermag den ent-scheidenden Richterspruch im Streit der Parteien zu fällen und damit zugleich die Herrschaft über diese zu übernehmen. Gerechtigkeit gewinnt auf diese Weise eine über das Rechtswesen im engeren Sinne hinausgehende Bedeutung für die Gestalt unseres Denkens und Lebens, analog wie bei Plato, der jedem der Lebensbereiche: dem des Einzelmenschen, der Polis und des Kosmos seine „gerechte" Verfassung zugebilligt hat, die er in der richtigen Proportion der jeweiligen Aufbaukräfte sah.

3. Die Aporie der Gerechtigkeit und ihre Überwindung: Vernunft und Gerechtigkeit

Nietzsche denkt seinen Begriff der Gerechtigkeit im Laufe seiner gedanklichen Entwicklung immer entschiedener im Zusammenhang mit dem Gedanken, daß Erkenntnis auf einer Urteilsentscheidung beruhe, in welcher eine jeweils für die Interpretation des zu erkennenden Gegenstandes maßgebende Perspektive zur Herrschaft kommt. Dabei ergibt sich jedoch folgende Aporie: Gerechtigkeit verwandelt sich durch ihre Forderung nach Entscheidung für eine abgegrenzte und profilierte Sinngestalt in ihr Gegenteil, in Ungerechtigkeit. Sie grenzt ein, scheidet aus und vernichtet, indem sie zugleich „aufbaut". Gerechtigkeit „als bauende, ausscheidende, vernichtende Denkweise ... höchster Repräsentant des Lebens selber",[24] sofern sie in Ungerechtigkeit umschlägt. Auf diese Aporie in unserer menschlichen Erkenntnissituation deutet auch der Abschnitt „Ungerechtsein notwendig" in „Mensch-

---

[23] X, S. 35.
[24] XIII, S. 42.

liches – Allzumenschliches" hin[25]. Leben bedeutet Entschiedenheit für ein profiliertes Denk- und Handlungskonzept und dadurch Begrenzung, Einengung, Ausschließung, Ungerechtigkeit. So müssen wir zu Urteilen über Menschen kommen, die wir ungerechterweise fällen **müssen**, bevor wir eigentlich ein logisches Recht dazu haben, da wir nur einen Teil der Erfahrungen über sie gemacht haben, die nötig wären. Alle ,,Schätzungen" sind voreilig und müssen es sein. Abschätzen, eine Entscheidung treffen, Stellungnahmen für eine der Gegenwart des Lebens angemessene und bedeutsame Weltperspektive gehören einerseits zu einem dem Leben gegenüber gerechten Verhalten, andererseits führen sie zu Ungerechtigkeit gegen das dadurch Abgewertete, Verachtete[26]. Da Urteilen immer im Dienste des Lebens steht, ist es von Abneigung und Zuneigung: von ,,Affekten" diktiert. Wir sind von vornherein ,,unlogische und daher ungerechte Wesen, **und können dies erkennen**: dies ist eine der größten und unauflösbarsten Disharmonien des Daseins."[27]

Egoistische Borniertheit und Einseitigkeit des Urteils und Handelns und damit Ungerechtigkeit gehören zu den Notwendigkeiten des Lebens. Gelegentlich führt dieser Gedanke Nietzsches sogar auf die Wege des von ihm sonst kritisierten Gesellschaftsvertrages. Das ist dort der Fall, wo er die Gerechtigkeit aus dem Tausch ableitet, den Gleichmächtige miteinander vollziehen, wobei jeder den andern zufriedenstellt, indem ,,Jeder bekommt, was er mehr schätzt als der Andre."[28] Gerechtigkeit wird von hieraus gesehen als Vergeltung und Austausch ,,unter der Voraussetzung einer ungefähr gleichen Machtstellung" verstanden. So gehört ursprünglich die Rache ,,in den Bereich der Gerechtigkeit, sie ist ein Austausch. Ebenso die Dankbarkeit. – Gerechtigkeit geht natürlich auf den Gesichtspunkt einer einsichtigen Selbsterhaltung zurück, also auf den Egoismus jener Überlegung: ,,wozu sollte ich mich nutzlos schädigen und mein Ziel vielleicht doch nicht erreichen?" – ...Dadurch daß die Menschen, ihrer intellektuellen Gewohnheit gemäß, den ursprünglichen Zweck sogenannter gerechter, billiger Hand-

---

[25] vgl. II, S. 49.
[26] ,,... Vielleicht wird aus alledem folgen, daß man gar nicht urteilen sollte; wenn man aber nur **leben** könnte, ohne abzuschätzen, ohne Abneigung und Zuneigung zu haben! – denn alles Abgeneigtsein hängt mit einer Schätzung zusammen, ebenso alles Geneigtsein." (ibidem).
[27] ibidem.
[28] ibidem S. 93.

lungen vergessen haben und namentlich, weil durch Jahrtausende hindurch die Kinder angelernt worden sind, solche Handlungen zu bewundern und nachzuahmen, ist allmählich der Anschein entstanden, als sei eine gerechte Handlung eine unegoistische: auf diesem Anschein aber beruht die hohe Schätzung derselben ... Wie wenig moralisch sähe die Welt ohne die Vergeßlichkeit aus! Ein Dichter könnte sagen, daß Gott die Vergeßlichkeit als Türhüterin an die Tempelschwelle der Menschenwürde hingelagert habe."[29]

Wenn Gerechtigkeit nicht Ergebnis einer neutralen und rein „sachlichen" Betrachtung ist, sondern das kraftvolle Geltendmachen einer dominierenden, mit Engagement vertretenen Perspektive, dann steht ihr Ungerechtigkeit nicht als das andere gegenüber, sondern ist als Moment in ihr enthalten. Die Situation des menschlichen Seins, Denkens und Handelns ist durch die „Disharmonie" in der in Ungerechtigkeit umschlagenden Gerechtigkeit und durch die Spannung zwischen Verengung und Ausweitung des Horizontes zutiefst bestimmt. Nietzsche findet es zum Verzweifeln, daß ein Blick auf die Geschichte das Urteil nahelegt, daß alle großen Menschen höchst ungerecht gewesen sind und daß „ohne die unbedenkliche Überschätzung ihres Gedankens und Entwurfs, ohne eine tiefe, innerliche, ungebrochene, fraglose U n g e r e c h t i g k e i t (gesp. v. Verf.) sie nicht zu ihrer Größe gekommen wären ..."[30] Das könnte den Gedanken nahelegen, daß Gerechtigkeit mit Mittelmäßigkeit und Ungerechtigkeit mit menschlicher Größe gleichzusetzen sei: wäre es wirklich so, dann müßte man im Interesse der Gerechtigkeit auf den „großartigen Zug und Schwung und beinahe allen Instinkt" verzichten. Aber dazu ist zu bedenken, daß das Vorbild der wahren Gerechtigkeit den Vorzug der Entschiedenheit und Entschlossenheit mit der „Weite" und dem Reichtum verbindet. Ob man ein „großer" oder „kleiner" Mensch genannt zu werden verdient, ist nicht so wichtig wie der Wille, gerecht zu sein. „Es sei, wie es sei: wir wollen gerecht werden und es darin so weit treiben, als es uns irgend möglich ist. Vielleicht auch hat man uns getäuscht, und viele jener großen Männer waren nicht groß, sondern eben nur ungerecht, und andere von ihnen trieben ihre Gerechtigkeit so weit, als ihre Einsicht, ihre Zeit, ihre Erziehung, ihre Gegner es ihnen möglich machten. Sie glaubten an

---

[29] ibidem S. 93/94.
[30] XII, S. 135.

ihre Gerechtigkeit vielleicht sicherer, als wir an ihre Ungerechtigkeit."[31]

Mittelmäßigkeit ist dem historischen Bewußtsein und seiner Auffassung von Gerechtigkeit im Sinne von ,,Objektivität" zu bescheinigen. In Wahrheit verhält es sich zutiefst ungerecht. Die von diesem Bewußtsein beanspruchte Gerechtigkeit zeigt Züge der Toleranz im landläufigen aufklärerischen Sinn der ,,Anerkennung fremder Ideale". Aber ,,Toleranz", ,,historischer Sinn", sogenannte Gerechtigkeit sind als Beweis des Fehlens solch eines Ideals zu beurteilen. Derjenige, der sein eigenes Ideal mit Tiefe und Stärke behauptet, kann in dem passiven Verhalten des bloßen Anerkennens, Geltenlassens und objektiven Vergleichens keine wahre Gerechtigkeit entdecken; denn er stellt sich nicht der Spannung zwischen Enge und Weite, zwischen Standnehmen und immer neuer Überschreitung des Standes. Vielleicht ist das Überzeugtsein vom Gerechtigkeitswert der ,,Objektivität" auf dem irrigen Glauben begründet, ,,hier den Weg zum Absoluten, zum unwidersprechlichen Ideale zu haben: also unter der Voraussetzung, daß man kein Ideal hat und daran leidet!"

Sofern zur Gerechtigkeit die Entscheidung für eine beherrschende Sinngestalt und die Einssetzung mit ihr gehört, ist sie zugleich Liebe. Dieser Zug ist dem historischen Bewußtsein völlig fremd, sofern es seine ,,Gegenstände" von sich als ,,Objekte" distanziert und sie ohne Vorliebe für das Eine oder für das Andere in gleich-gültiger Reihenfolge vor sich aufstellt[32]. Liebe aber ist immer Begleiterin der Vernunft, sofern sich diese mit ihren früheren Epochen auseinandersetzt, sich zu ihnen in kritische Distanz versetzt und sich mit ihnen zugleich von einem Erfahrungsstande mit weitem Horizont aus eins-setzt. ,,Nachdem wir Vernunft und Gerechtigkeit haben, müssen wir die Leitern zerbrechen, die uns dazu führten; es ist die traurige Pflicht, daß diese höchsten Ergebnisse uns zwingen, gleichsam die Eltern und Voreltern vor Gericht zu laden. Gegen die Vergangenheit gerecht sein, sie wissen wollen, in aller Liebe!" An diesen Sätzen ist bemerkenswert, daß Nietzsche das Prinzip: ,,Vernunft" in einem Atem mit dem Ideal der Gerechtigkeit nennt und es dadurch zu hohen Ehren bringt. Daran wird sichtbar, daß er es für möglich hält, die von ihm

---

[31] ibidem S. 135/36.
[32] Mit solchen Überlegungen nähert sich Nietzsche dem Aristotelischen Begriff der ,,Prohairesis", der Entscheidung für ein Handlungskonzept, die auch er als Bevorzugung einer Perspektive vor allen anderen versteht.

bekämpfte Philosophie der „Vernunft" in der Weise zu rechtfertigen, daß er deren großes Prinzip in einem neuen, nicht am traditionellen Wissenschaftsstandard orientierten Sinne interpretiert. Diese neue Interpretation geschieht durch ihre Gleichsetzung mit der Gerechtigkeit, die als Einheit von Standnehmen und Überschreiten des Standes, von Enge und Weite, von Entschlossenheit und Offenheit, von Rationalität und Liebe zu verstehen ist. Diese Selbstinterpretation der philosophischen Vernunft muß ihrerseits als reifer Stand einer Geschichte dieser Vernunft verstanden werden, von dem aus die „Eltern und Voreltern" vor Gericht zu laden sind. Von diesem reifen, überlegenen Stande aus ist es möglich, die von diesen repräsentierten Sinngestalten in freier Souveränität abzuwägen und sich je nach der Angemessenheit, Würde und Bedeutsamkeit je einer dieser Gestalten mit ihr zu verbinden, in Liebe zu vereinigen.

Die Aporie des notwendigen Umschlagens der Gerechtigkeit in Ungerechtigkeit wird auf dem Wege dieser Vereinigung überwunden: Gerechtigkeit überwindet dann ihre eigene Ungerechtigkeit, wenn sich das ihr entsprechende stand-nehmende Bewußtsein auf einem Übergang befindlich begreift, durch den es über diesen Stand und seine Enge hinausgeht, dessen Grenzen überschreitet und seinen Horizont für die Aufnahme eines ganzen Kosmos von Sinngestalten und Weltperspektiven ausweitet. Die „notwendige" Ungerechtigkeit stellt dann immer nur eine vorübergehende Phase in der Geschichte der Verwirklichung der Gerechtigkeit dar, da der Zustand der Befangenheit in einer engen Weltperspektive nur einen Moment in der rhythmischen Bewegung ausmacht, die sich zwischen Konzentration und Ausweitung auf den Kosmos vollzieht.

Die Begegnung des modernen Menschen mit der Vielheit der Kulturen führt zu größerer Ungerechtigkeit, als sie je vorher anzutreffen war.[33] In dieser Situation ist der historische Sinn wenigstens noch eine moralische Gegenkraft. Aber seine Schwäche besteht darin, daß er die mit profilierter Stellungnahme verbundene Bewegung der Ausweitung nicht vollzieht und sich stattdessen auf ein gleichgültiges Geltenlassen aller möglichen geschichtlichen Gestalten verlegt. Es ist der Weg zu suchen, den ein auf entschiedene Stellungnahme ausgehendes Denken zu wählen

---

[33] „Das Wehetun durch Urteile ist jetzt die größte Bestialität, die noch existiert. Es gibt keine allgemeine Moral mehr, wenigstens wird sie immer schwächer, ebenso der Glaube daran unter den Denkern." (XI, S. 196).

hat, wenn es seine Einseitigkeiten im Interesse der Gerechtigkeit durch Überschreiten der Grenzen, durch Ausweitung und Reicherwerden überwinden will.

4. Kritik der Leidenschaft und deren Erhebung zum Niveau der Gerechtigkeit

In einem Rückblick auf seine eigene Denkgeschichte stellt Nietzsche dar, wie er das Prinzip der Gerechtigkeit dadurch gefunden hat, daß er selbst die rhythmische Bewegung zwischen Konzentration und Ausweitung zu vollziehen gelernt hat. ,,Es geschah spät, daß ich dahinterkam, was mir eigentlich noch ganz und gar fehle: nämlich die Gerechtigkeit. ,Was ist Gerechtigkeit? Und ist sie möglich? Und wenn sie nicht möglich sein sollte, wie wäre dann das Leben auszuhalten?' – solchermaßen frage ich mich unablässig. Es beängstigte mich tief, überall, wo ich bei mir selber nachgrub, nur Leidenschaften, nur Winkel-Perspektiven, nur die Unbedenklichkeit dessen zu finden, dem schon die Vorbedingungen zur Gerechtigkeit fehlen: aber wo war die Besonnenheit? – Nämlich Besonnenheit aus umfänglicher Einsicht. Was ich mir allein zugestand, das war der Mut und eine gewisse Härte, welche die Frucht langer Selbstbeherrschung ist. In der Tat gehörte schon Mut und Härte dazu, sich so Vieles und noch dazu so spät einzugestehen."[33a] Besonnenheit aus umfänglicher Einsicht: diese Wendung gibt zu denken. Man erinnert sich hier an die Besonnenheit im Sinne der antiken Sophrosyne, die derjenige zeigt, der sich nicht im Käfig enger leidenschaftlicher Horizonte fangen läßt, sondern den überlegenen, um--sichtigen und überschauenden Standpunkt der Vernunft einnimmt, von dem aus er die Möglichkeit des Denkens und Handelns überblickt und sich für die ,,beste" entscheidet. Sein Urteil zeigt dann Gerechtigkeit, sofern es auf Grund ,,umfänglicher Einsicht" und in souveräner Freiheit die Gewichte richtig verteilt.

Bemerkenswert ist in dieser Passage auch die Kritik an der bloß leidenschaftlichen Mentalität des Denkens und Handelns. Vernünftige Besonnenheit wird gegen die Befangenheit im bloß leidenschaftlichen und damit fanatischen Denken hier nicht auf der Ebene der ,,Moral" zur Geltung gebracht, sondern auf derjenigen der für philosophisches Erkennen zu fordernden Gerechtigkeit. Demnach lautet der Einwand

---

[33a] XIV, S. 385 (Aph. 266 III).

gegen die Leidenschaft, daß sie zu ungerechten und damit zu beschränkten und eingeengten Urteilen verführt, die Ausdruck einer „Winkelperspektive" sind. Wenn hier Besonnenheit im Urteil gegen Leidenschaft ausgespielt wird, so bedeutet das jedoch nicht die Absage an jede Leidenschaftlichkeit. Vielmehr soll die Kritik an der Rolle der Leidenschaft im Denken und im Erkennen von der Befangenheit in ihr und in ihrer „Winkelperspektive" befreien, damit eine eigentliche und wahre Gestalt des leidenschaftlichen Erkennens und der auf ihm beruhenden Gerechtigkeit zur Geltung kommt, deren Charakter zugleich derjenige der Besonnenheit, der Gerechtigkeit und der Verfügung über einen reichen und weiten Horizont ist. Gerechtigkeit fordert Besonnenheit und damit umfängliche Einsicht, sofern sie von der Befangenheit in der Leidenschaft befreit. Damit geschieht eine Befreiung von dem Zwang, hastig und vorschnell einer einzigen leidenschaftlich vertretenen Winkelperspektive sich zu überlassen. Die dadurch gewonnene Freiheit soll es ermöglichen, einen möglichst großen Umfang von Perspektiven zu berücksichtigen und einzuholen. Erst nach einer weit ausholenden Übersicht über viele Sinngestalten und Weltperspektiven erlaubt sich der gerecht und besonnen Denkende, sein Urteil abzugeben. Leidenschaft ohne Besonnenheit bewirkt Enge und Ungerechtigkeit des Urteils. Selbstüberwindung, Hinausgehen über sich selbst und Ausweitung des Horizontes sind berufen, die Gerechtigkeit im Urteil herzustellen. In der Devise der Gerechtigkeit ist die Forderung enthalten, sich nicht um der Kraft der eigenen Entschiedenheit willen voreilig und unbesonnen auf eine durch Leidenschaft diktierte Perspektive zu konzentrieren, sondern diese Kraft mit Besonnenheit zu verbinden: d. h., sie nicht durch Festlegung auf eine einmal gewählte Weltperspektive, die immer Enge und Ungerechtigkeit zeigt, zu gewinnen, sondern sie durch Selbstüberwindung und damit durch Ausweitung des Sinnhorizontes zu bestätigen. Gerechtigkeit bedeutet die Überwindung der notwendig zu durchlaufenden Positionen der Ungerechtigkeit nicht dadurch, daß diese abgetan werden; vielmehr werden sie in einem Kosmos von Sinnmöglichkeiten vergegenwärtigt. Ihre Enge und Ungerechtigkeit wird durch die Bewegung des Denkens über-wunden, das über die Freiheit verfügt, über einmal gewählte Weltperspektiven hinausgehen. Es macht von dieser Freiheit Gebrauch, um die Weite und den Reichtum zu gewinnen, die von der Gerechtigkeit gefordert werden. Auf der anderen Seite führt Leidenschafts-losigkeit nicht zum gerechten Urteil. Kritik der Leidenschaft hat zum Ergebnis die Forderung nach einer Einholung des leidenschaftlichen Denkens in die gedankliche Bewegung der Ausweitung, des Über-

-blickens und der gerechten Herrschaft über die Vielheit der Perspektiven. Noch einmal mag darauf hingewiesen werden, daß Nietzsche mit diesen Gedanken den Wegen der Vernunftphilosophie und ihrer Dialektik begegnet. Nicht unbedacht nennt er Vernunft und Gerechtigkeit in einem Atem. In der Tat kreisen die Überlegungen der vom Prinzip Vernunft bestimmten Philosophie mindestens von Kant bis Hegel um das Thema der Einholung des Kosmos möglicher Weltperspektiven in einen umfassenden philosophischen Zusammenhang. Die damit bezeichnete Aufgabe wird der im präzisen Sinn verstandenen ,,Vernunft" übertragen: sie bestimmt auch das geschichtsphilosophische Programm dieser Philosophie.

Die der Aporie der in Ungerechtigkeit umschlagenden Gerechtigkeit gewidmeten Überlegungen haben zu dem Ergebnis geführt: diese wird dadurch überwunden, daß die Gerechtigkeit den in ihr selbst enthaltenen Zug der Ungerechtigkeit durch den Übergang zu einem Stand des Denkens und Handelns aufhebt, in welchem die Kraft der Entscheidung mit Weite und Reichtum, die Behauptung einer jeweiligen Sinngestalt mit der Bereitschaft, über sie jederzeit hinauszugehen, verbunden wird. Diese Verbindung zweier einander widerstrebender Motive im Begriff der Gerechtigkeit ist Thema z. B. eines Abschnitts, dem Nietzsche den Titel: ,,Die Wege der Freiheit" gibt[34]. Diesem Abschnitt gehört der schon zitierte Satz von der Gerechtigkeit als einer ,,bauenden, ausscheidenden, vernichtenden Denkweise" an: in dieser Wendung wurde eine Andeutung der Aporie der Gerechtigkeit gesehen, sofern der ,,ausscheidende" und ,,vernichtende" Zug in der Gerechtigkeit als zu Ungerechtigkeit führend anzusehen ist. Im gleichen Atem aber kommt auch der Gegenzug zur Geltung: derjenige der Befreiung von der Enge einer Perspektive, der Unbefangenheit gegenüber dem ,,Andersartigen", Ungewohnten, Verbotenen. Die Wege der Freiheit gehen heißt, ,,sich seine Vergangenheit abschneiden (gegen Vaterland, Glaube, Eltern, Genossen); – der Verkehr mit den Ausgestoßenen aller Art (in der Historie und der Gesellschaft); – das Umwerfen des Verehrtesten, das Bejahen des Verbotensten: die Schadenfreude im großen Stile anstelle der Ehrfurcht; – alle Verbrechen tun; – Versuch neuer Schätzungen..."

Mit Recht weist Heidegger darauf hin, daß bei Nietzsche eine strenge Unterscheidung zwischen ,,Affekten" und ,,Leidenschaften" nicht gemacht wird. In einer phänomenologischen Analyse holt er diese Auf-

---

[34] XIII, S. 41/42.

gabe nach und bringt dabei als Beispiel für den Affekt den Zorn, für die Leidenschaft den Haß, für jenen die Verliebtheit, für diese die Liebe in den Blick. Der Zorn ist ein Affekt, ein „blindlings aufregender Anfall". So schnell, wie er gekommen ist, verraucht er auch wieder. „. . . . ein Haß aber dauert länger. Nein; ein Haß oder eine Liebe dauert nicht nur länger, sondern bringt erst wahre Dauer und Beständigkeit in unser Dasein. Ein Affekt dagegen vermag solches nicht."[35] Nietzsche aber, das ist hier zu betonen, sieht schärfer als Heidegger, wenn er in seiner Kritik der Leidenschaft den Übergang zur Besonnenheit und, sit venia verbo, zur besonnenen Leidenschaftlichkeit fordert, damit der Denkende und Erkennende nicht Gefangener enger leidenschaftlicher Perspektiven werde. Heidegger hat von vornherein nur die durch Kritik geläuterte Leidenschaft, welche die Stufe der Besonnenheit erreicht hat, im Blick, wenn er sagt, daß Leidenschaft „Ausgriff in die Weite des Seienden" sei und daß deshalb zu ihr, wenn sie „in großem Format auftritt", das Verschwenderische und Erfinderische, das Abgebenkönnen nicht nur, sondern das „Abgebenmüssen und zugleich jene Unbekümmertheit darum" gehöre, „was mit dem Verschwendeten geschieht, jene in sich ruhende Überlegenheit, die den großen Willen kennzeichnet."[36]

Wenn Nietzsche davon gesprochen hat, daß zur Gerechtigkeit die „Kraft" des Richtens gehöre, so wird jetzt deutlich, worin deren Wesen zu sehen ist: sie besteht in dem Vermögen, der spannungsvollen Einheit gerecht zu werden, welche zwischen dem Geltungsanspruch eines ausschließenden Maßstabs und demjenigen einer Vielzahl solcher Maßstäbe herzustellen ist. Nach dem Vorbild Nietzsches könnte man hier in der Sprache der Musik von einer „Harmonie" sprechen, welche durch die Kraft der Gerechtigkeit zwischen den heterogenen Motiven der Einzigkeit und der Vielheit herzustellen ist. In ihr wird die Kraft der Verbindung zwischen den heterogenen Motiven des Sich-Festlegens auf einen Stand und dessen Weltperspektive einerseits und der Ausweitung und des Hinausgehens über deren Grenzen andererseits wirksam. Die Bewegung des Hinausgehens und Überschreitens zeigt auch den Charakter der Befreiung, der „großen Loslösung" von der Herrschaft bestimmter Glaubensinhalte. Die Verbindung zwischen Freiheit, Kraft und Gerechtigkeit wird in folgender Überlegung erkennbar: der frei gewordene Geist vermag über Weltperspektiven und Glaubensinhalte zu verfügen

---

[35] Heidegger, Nietzsche, Pfullingen 1961, Bd. 1, S. 59.
[36] ibidem S. 59/60.

und, statt von ihnen und ihrer Enge beherrscht zu werden, ihr Herr zu sein. In diesem Status verfügt er auch über die freie, überlegene Kraft des Einsatzes brauchbarer Weltperspektiven, die er durch Experiment findet und rechtfertigt. ,,Die Gerechtigkeit trat vor mich hin: da zerbrach ich meine Götzen und schämte mich. Einer Buße unterwarf ich mich und zwang mein Auge dorthin zu sehen, wohin es ungern sah: und Liebe dorthin zu tragen."[37]

Überwindung kostet es, über gewohnte und bisher geliebte Weltperspektiven hinauszugehen und den Blick auf das bisher Fremde auszuweiten. Im Status der Freiheit, der allein zur reifen Gerechtigkeit befähigt, ist die Kraft und ,,weitumherschauende Macht" gewonnen worden, welche Enge und Einseitigkeit über-wunden hat. ,,Gerechtigkeit, als Funktion einer weitumherschauenden Macht, welche über die kleinen Perspektiven von Gut und Böse hinaussieht," hat einen weiteren Horizont des Urteilens, als er durch die moralischen Maßstäbe gegeben ist, welche den Menschen auf eine einseitige Lebensform festlegen wollen. Dieser Gerechtigkeit in ihrer reifen Gestalt ist es darum zu tun, etwas zu gewinnen, das mehr ist als diese und jene Person."[38] Je größer die Kraft und die Macht einer Person ist, um so gelassener ist ihre Haltung gegenüber dem ihr bisher Fremden, Unbekannten: um so weiter vermag sie ihren Horizont zu ziehen, in den sie den Reichtum ihr bisher entfernter Sinngestalten einzuholen vermag. Sie wagt es auch, weit ausholend ihr neue, bisher ungewohnte Sinngestalten zu verwirklichen und zu vergegenwärtigen: sie ist davon entfernt, für eine jeweils behauptete Weltperspektive absolute Wahrheit zu beanspruchen. Vielmehr zeigt sich ihre Gerechtigkeit in der Bereitschaft, jederzeit immer wieder über eine Urteilsentscheidung hinauszugehen und es mit neuen, immer reicheren und weiteren Perspektiven zu versuchen.

,,Das Erste und Mächtigste ist nämlich gerade der Wille und die Kraft zur Übermacht. Erst der Herrschende stellt nachher ‚Gerechtigkeit' fest, d. h. er mißt die Dinge nach seinem Maße; wenn er sehr mächtig ist, kann er sehr weit gehn im Gewähren-lassen und Anerkennen des versuchenden Individuums."[39] In diesem Passus ist eine bedeutsame Verbindung zwischen Macht und Kraft der Gerechtigkeit im Sinne der Fähigkeit, einen Reichtum von Weltperspektiven messend zu vergegenwärtigen und dem Mut zu Versuch und Experiment hergestellt. Der

---

[37] XII, S. 351.
[38] XIV, S. 80.
[39] ibidem S. 89/90.

Mächtige von hohen Graden vermag auch Gelassenheit in der Anerkennung eines möglichst großen Reichtums von Weltperspektiven zu zeigen und diese gleichwohl zur kraftvollen Einheit einer individuellen Konzeption zusammenzufassen. Je kraftvoller seine eigene Individualität beschaffen ist, um so gelassener kann er es wagen, den Versuch mit anderen Sinn- und Lebensgestalten zu machen, eine andere „Person" zu werden. Aber die Kunst, über die er dabei verfügen muß, fordert selbst Kenntnis und Selbstkritik: er muß wissen, wie weit er über seine eigenen Grenzen hinauszugehen vermag, ohne sich selbst preiszugeben und aufzulösen. Er muß das Maß seiner eigenen Gestaltungskraft kennen, wenn er dem Gebot der Gerechtigkeit folgt, in das weite unbekannte Land der bisher fremden Weltkonzeptionen aufzubrechen, um ein möglichst großes Gebiet unter seine „Herrschaft" zu bringen. Er muß sich als Meister im Gebrauch der Weltperspektiven erweisen und dadurch auch die Herrschaft über sie in der Hand behalten.

In dieser Richtung interpretiert Nietzsche von einer späten Phase seines Denkens aus die „große Loslösung" in seiner Geschichte, von der „Menschliches – Allzumenschliches" ein Zeugnis abgibt. Er habe im Verlauf dieser Befreiung auch „gerechter" denken gelernt, sofern ihm als wünschenswertester Zustand „jenes freie, furchtlose Schweben über Menschen, Sitten, Gesetzen und den herkömmlichen Schätzungen der Dinge" erschien[40]. Die reife Gerechtigkeit, die sich in der Weite des Urteilshorizontes verwirklicht, den ein denkendes Individuum gerade noch erträgt, entspricht dem Stande der Freiheit, aus der Vielfalt der Weltperspektiven und ihrer Maßstäbe diejenige auszuwählen, welche am weitesten umherzuschauen erlaubt. „Genug, ich fand Gründe und immer bessere Gründe, meinem Lobe wie meinem Tadel zu mißtrauen und über die richterliche Würde, die ich mir angemaßt hatte, zu lachen: ja ich verbot mit mit Beschämung endlich jedes Recht auf ein Ja und Nein; zugleich erwachte eine plötzliche und heftige Neugierde nach „der unbekannten Welt" in mir, – kurz, ich beschloß, in eine harte und lange neue Schule zu gehen und möglichst weit weg von meinem Winkel! Vielleicht, daß mir unterwegs wieder die Gerechtigkeit selber (gesp. v. Verf.) begegnen würde."[41]

---

[40] ibidem S. 388.
[41] ibidem S. 389/90.

5. Gerechtigkeit als mittleres Maß und ihre Welt: Das Strafrecht

Die „Gerechtigkeit selber" in ihrer reifen Gestalt erreicht derjenige, der sich auf dem Weg über seinen jeweiligen Stand und dessen „Winkelperspektive" hinaus in bisher unbekannte Bereiche aufmacht. Sie ist als die richtige Proportion zwischen dem Vermögen zu erkennen, die eigene Individualität in der Ausweitung auf andere Lebens- und Sinngestalten kraftvoll festzuhalten und demjenigen der Fähigkeit der Selbst--überwindung, die mit Ausweitung des Horizontes gleichzusetzen ist, in den andere individuelle Lebens- und Sinngestalten eingeholt werden. Es bietet sich der Gedanke an, Gerechtigkeit mit Aristoteles als Mitte anzusprechen, die sich zwischen den Extremen der Konzentration auf die eigene enge Individualität einerseits und des Übermaßes an Ausweitung andererseits ergibt. Dieses Über-maß überfordert die Gestaltungskraft eines Individuums. Im Hinblick darauf gilt: „Sobald wir die Gerechtigkeit zu weit treiben und den Felsen unserer Individualität zerbröckeln, unsern festen ungerechten Ausgangspunkt ganz aufgeben, so geben wir die Möglichkeit der Erkenntnis auf: es fehlt dann das Ding, wozu alles Relation hat (auch gerechte Relation). Es sei denn, daß wir alles nach einem andern Individuum messen, und die Ungerechtigkeit auf diese Weise erneuern, – auch wird sie größer sein (aber die Empfindung vielleicht reiner, weil wir sympathisch geworden sind und im Vergessen von uns schon freier)".[42] Das heißt: Haben wir, um dem Anspruch der Gerechtigkeit auf Weite und Reichtum zu genügen, die Kraft des einigenden Gestaltens und der Entscheidung für eine individuelle Lebens- und Sinngestalt so überfordert, daß wir uns in der Weite der andern Positionen verlieren, so haben wir unsere Welt und die Gegenstände darin verloren: denn Gegenstände unseres Erkennens kommen immer nur als Dinge für uns, als in Relation zu uns stehend in Frage. Ist der Fall eingetreten, daß ich meinen individuellen Stand des Denkens und Urteilens aufgegeben habe, um die Welt von dem eines andern Individuums aus zu interpretieren, dann ist für die Gerechtigkeit wenig gewonnen: es sei denn, daß man die Überwindung der eigenen Enge und ihrer Ungerechtigkeit als Gewinn ansehen würde. Aber der Horizont des andern kann ebenso eng wie der meine sein: die durch „Einfühlung" in den andern gewonnene Perspektive wird sogar noch ein größeres Maß

---
[42] XI, S. 258/59.

von Ungerechtigkeit zeigen, weil ich, mache ich von ihr Gebrauch, nicht ein eigenverantwortliches Urteil über die Sachen ausspreche, sondern wie ein Schauspieler nur in der Rolle eines andern spreche und auf diese Weise keine originale Erkenntnis der ,,Sachen" gewinne. Wollte man die in der Gerechtigkeit enthaltene Forderung nach Selbstüberwindung, Ausdehnung des Horizontes und Weite des Denkens so auslegen, daß man sich in den Stand des Denkens einer andern Person versetzt, um von ihm aus die Welt zu beurteilen, so hätte man die Welt selbst und den eigenen Erkenntnisbezug zu den Sachen verloren. Beharren bei einer engen und eigensinnigen Behauptung der eigenen Perspektive dagegen würde wieder auf andere Weise zu Weltlosigkeit und Unfähigkeit des Erkennens führen. Ich wäre auch in dem Falle ungerecht, wenn ich an einem engen und ,,subjektiven" Horizont des Denkens festhalten würde. Gerechtigkeit ist im Grunde genommen eine Sache für ,,überreichlich angelegte Menschen". Als die rechte Proportion und Mitte zwischen den Extremen ist sie Tugend, welche die ,,Kraft" nötig hat, ,,die in Gefahr ist, sich nicht bändigen zu können".[43] Ebenso ist sie aber auch der Schwäche vonnöten, die es nicht wagt, über eine einmal gewählte Gestalt der Weltauslegung hinauszugehen.

Daß Gerechtigkeit die kraftvolle Durchsetzung einer überlegenen Perspektive ist, welche die Herrschaft über einen möglichst großen Bereich anderer Perspektiven v e r d i e n t und über diese im Wettkampf den ,,Sieg" davontragen darf, welcher die Befolgung von Spielregeln erfordert, ist in folgendem ausgesprochen: ,,Damit einer aufrichtig sich der Gerechtigkeit im Großen, gegen Menschen und Dinge, hingibt, muß in ihm ein prototypischer Vorgang da sein: er muß zwei Gewalten oder mehrere im Kampfe fühlen, den Untergang keiner, ebenso wenig den Fortgang des Kampfes wünschen. So erfährt er in sich die Nötigung zu einem V e r t r a g, mit Rechten der verschiedenen Gewalten gegen einander: und auch eine durch Gewöhnung an die Achtung dieser Rechte begründete L u s t a n d e m G e r e c h t s e i n... Schonung ist die Praxis der Gerechtigkeit: vieles sehen, aber nicht bemerken wollen, vieles ertragen, aber, um des allgemeinen Friedens willen, freudig dazu sehen..."[44]

Wenn Nietzsche den traditionellen Anspruch der ,,Objektivität" des Erkennens mit dem Argument einer Kritik unterwirft, daß durch ihn

---

[43] ibidem S. 293.
[44] ibidem S. 260.

ungerechterweise den Affekten und Leidenschaften eine Stimme bei der Urteilsentscheidung versagt wird, so stellt sich ihm zugleich die Aufgabe, eine seiner Auffassung gemäße Gestalt sachlicher Gerechtigkeit herzustellen. Sie verwirklicht sich durch Über-windung der ,,subjektiven" Enge der einmal behaupteten Weltperspektive und deren Überschreitung sowie durch Erhebung der beim Erkennen wirkenden Leidenschaft auf das Niveau der Besonnenheit. Wir überwinden unsere Subjektivität, dieses Wort im ,,schlechten" Sinne der Einseitigkeit, Zufälligkeit und Enge verstanden, nicht durch Festlegung auf das Programm reiner Vernunft, sondern durch den Versuch mit vielen Perspektiven. Ausweitung bedeutet dann, die Sache so walten zu lassen, daß sie nicht durch Festlegung auf eine von einseitigem Interesse und Leidenschaft verzerrte Perspektive entstellt, sondern mit Gerechtigkeit, d. h. im Rahmen eines weiten und reichen Welthorizontes beurteilt wird, der durch Über-gang über jede mögliche ,,Subjektivität" gewonnen wurde.

Der von der Gerechtigkeit gewiesene Weg der Überwindung enger leidenschaftlicher Perspektiven durch Ausweitung auf umfängliche Einsicht und durch kraftvolle Gestaltung des dabei gewonnenen Reichtums führt zu einer Situation, in welcher die ,,willkürlichen, phantastischen Auslegungen", womit wir ,,den Dingen wehe und Gewalt tun", abgelegt werden und den ,,wirklichen Eigenschaften" ihr Recht zugestanden wird, höher als unsere ,,subjektiven" zufälligen Bilder und Meinungen von uns geehrt zu werden.[45] Zwar beginnt der Weg des Erkennens jeweils bei einer einseitigen, willkürlichen Ausdeutung der Dinge und führt erst durch Ausweitung des Horizontes und Öffnung für einen unbeschränkten Reichtum von Perspektiven zur Erkenntnis des ,,Wirklichen". Diesen Zustand der Erkenntnisreife bezeichnet Nietzsche außer mit dem Wort ,,Gerechtigkeit" auch mit dem der ,,Redlichkeit". Das Problem der Kritik der Leidenschaften und Emotionen besteht für ihn darin, daß einerseits keine leidenschaftslose, indifferente Beurteilung der Dinge möglich ist, daß andererseits aber Affekte, Leidenschaften, Triebe und Interessen die Gefahr der engen Perspektiven und des starren Festhaltens an ihnen mit sich führen. Damit hier eine Bewegung des Überwindens und Über-schreitens der engen Grenzen und der Öffnung der Erkenntnishorizonte in Gang kommt, muß eine Kritik der Leidenschaften und Triebe dazu führen, daß diese auf die Ebene der ,,Vernunft und Gerechtigkeit" gebracht werden. Das Problem einer Gewinnung

---

[45] ibidem S.259.

gerechter und „objektiver", der Sache selbst angemessener Erkenntnis ist von diesem Standpunkt aus nicht so zu stellen, daß man nach einer Überwindung der Emotionen, Affekte und Leidenschaften überhaupt fragt: vielmehr geht es um die Frage, wie es möglich ist, diese mit „Vernunft" zu durchdringen und sie von ihrer Enge, Weltlosigkeit, ihrer Starrheit und Borniertheit zu befreien. „Meine Aufgabe: alle Triebe so zu sublimieren, daß die Wahrnehmung für das Fremde sehr weit geht und doch noch mit Genuß verknüpft ist: der Trieb der Redlichkeit gegen mich, der Gerechtigkeit gegen die Dinge so stark, daß seine Freude den Wert der anderen Lustarten überwiegt und jene ihm nötigenfalls, ganz oder teilweise, geopfert werden. Zwar gibt es kein interesseloses Anschauen, es wäre die volle Langeweile. Aber es genügt die zarteste Emotion!"[46] Wenn Vernunft und Gerechtigkeit die Herrschaft über Erkennen und Urteilen gewinnen sollen, dann kann das nicht durch Eliminierung der Kräfte erreicht werden, die in den Trieben und Leidenschaften liegen; vielmehr muß die Strategie der Verwirklichung von Vernunft und Gerechtigkeit darauf ausgehen, daß diese selbst die Gestalt des stärksten Triebes annehmen, der die Herrschaft über die anderen übernimmt.

Redlichkeit besteht darin, nicht die Aspekte der Sache zu ignorieren oder zu unterdrücken, die vielleicht unangenehm, peinlich oder unerwünscht sind, sondern auch ihnen „Gerechtigkeit" widerfahren zu lassen. Sie besteht zugleich in der Bereitschaft, nicht an den gewohnten Bildern der Sache festzuhalten, sondern diese in immer neue Perspektiven zu stellen und immer wieder umzulernen. „Das Gedächtnis führt uns in Bezug auf ein Ding oder eine Person bei einem neuen Affekt die Vorstellungen zu, die das Ding oder die Person früher, bei einem anderen Affekt, in uns erregte: und da zeigen sich verschiedene Eigenschaften; sie zusammen gelten lassen ist ein Schritt der Redlichkeit, das heißt es dem, welchen wir jetzt hassen, nachtragen, daß wir ihn einst liebten und sein früheres Bild in uns mit dem jetzigen vergleichen, das jetzige mildern, ausgleichen. Dies gebeut die Klugheit: denn ohne dies würden wir, als Hassende, zu weit gehen und uns in Gefahr bringen. Basis der Gerechtigkeit: wir gestehen den Bildern desselben Dinges in uns ein Recht zu!"[47] Wenn betont wird, daß damit nur „ein" Schritt zur Redlichkeit und damit auch zur Gerechtigkeit getan ist, so stellt sich die

---

[46] ibidem S. 262.
[47] ibidem S. 260/61.

Frage, worin die weiteren Schritte bestehen sollen. Die Antwort kann nach dem Bisherigen nur so lauten: in ihnen vollzieht sich die Organisation vieler eingeholter Bilder und Perspektiven unter der Herrschaft eines einzigen dominierenden point de vue. In diesem dokumentiert sich die auslegende Kraft des Denkenden und Urteilenden, die aber zugleich auf der Höhe eines intellektuellen Standes steht, auf der Affekte und Leidenschaften und damit auch das in ihnen noch Unreife, Willkürliche, Einseitige und Zufällige auf die Ebene der Vernunft gehoben werden, welche Weite und zugleich Notwendigkeit bedeutet. Ein Höchtmaß an individueller Kraft des Intellekts zur Durchsetzung eines Maßstabs der Auslegung fällt mit der Einholung eines höchsten Umfanges von Bildern zusammen, die durch den bisherigen Gebrauch der verschiedensten Perspektiven gewonnen wurden.

Redlichkeit und Gerechtigkeit sind Namen, mit denen Nietzsche sein Erkenntnisprogramm charakterisiert, in welchem er sich von der traditionellen Devise der ,,objektiven" Erkenntnis distanziert. In diesem Sinne ist auch die in der Gerechtigkeit des Erkennens liegende Forderung zu verstehen, das Urteilen solle einen ,,allgemeinen" Maßstab zur Geltung bringen: Allgemeinheit heißt soviel wie Offenheit für eine Vielheit von Perspektiven, verbunden mit Entschiedenheit für einen über diese Vielheit herrschenden point de vue. So ist die Devise der Allgemeinheit zu vereinigen mit der Forderung, den Sachen im Prädikat das ,,ihrige" zuzuerkennen. Und weiterhin ist mit dieser Feststellung der scheinbare Gegensatz dazu zu vereinigen: daß der Erkennende und Urteilende dann der Sache gerecht wird, wenn er ihr das ,,seinige" gibt, sofern er sie in der von ihm gewählten Kombination von Perspektiven deutet. Je mehr Perspektiven berücksichtigt werden, in welche die Sache gerückt werden kann, um so höher ist der Grad der Gerechtigkeit und zugleich der Allgemeinheit des Urteils. Das ,,Allgemeine" ist im Sinne der Weite und des Reichtums zu verstehen. Die Partei, welche z. B. vor Gericht ihre Interessen vertritt, wird die gesamte Interessenlage nicht in dem Maße von Gerechtigkeit und Allgemeinheit beurteilen können wie etwa der Richter, der auch die gegnerischen Interessenstandpunkte erwägt und der die Ansprüche der streitenden Parteien gegeneinander abzuwägen vermag, weil er den Sachverhalt im Lichte aller mitspielenden Interessenperspektiven beurteilt.

Erkennen heißt demgemäß über Maßstäbe verfügen, an denen die zu erkennenden Sachen gemessen werden. Eine Sache erkennen heißt, sie durch den Maßstab in Urteilen über sie interpretieren, der durch eine

Perspektive gegeben ist, in die sie gerückt wird. Schon in der Fragestellung kommt die Wahl dieses Maßstabs zum Ausdruck, an welchem die Sache im Urteil über sie gemessen wird. Frage ich z. B. nach dem Sinngewicht, den eine Weltperspektive für einen bestimmten Willen in die Waagschale zu legen vermag, dann habe ich damit den Maßstab festgelegt, an welchem Philosophien gemessen werden können. Dieser Maßstab ermöglicht es, eine kritische Erörterung einer Philosophie über ihre Sinnbedeutsamkeit zu leisten, sie in der rechten, „gerechten" Weise zu beurteilen. Es sind hier verschiedene Perspektiven einzuholen, deren System im Ganzen ein gerechtes Urteil erst ermöglicht: so kommen auch gegensätzliche Urteile über eine „Sache" von der Art des Platonismus, des Idealismus oder der Moral zustande. Beim Erkennen und Urteilen machen wir von interpretierenden Perspektiven Gebrauch, in denen jeweils ein Maßstab zur Geltung gebracht wird, zu dem der Erkennende sich entscheidet: so wie etwa zwischen Käufer und Verkäufer, Gläubiger und Schuldner ein gemeinsam anerkannter Maßstab gilt, an welchem die gegenseitigen Leistungen gemessen werden. Erkennen, den rechten Maßstab anlegen, gerecht urteilen sind verschiedene Aspekte ein und derselben Leistung: des Gewinns der „Wahrheit", verstanden als Bedeutsamkeit für das Sinnbedürfnis. Gerechten Maßstab vermag derjenige zu handhaben, der von einem „allgemeinen" Standpunkte aus zu urteilen vermag, der über eine Vielheit von Perspektiven verfügt. „... Preise machen, Werte abmessen, Äquivalente ausdenken, tauschen – das hat in einem solchen Maße das allererste Denken des Menschen präokkupiert, daß es in einem gewissen Sinne das Denken ist: hier ist die älteste Art Scharfsinn herangezüchtet worden, hier möchte ebenfalls der erste Ansatz des menschlichen Stolzes, seines Vorrangs-Gefühls in Hinsicht auf anderes Getier zu vermuten sein. Vielleicht drückt noch unser Wort ‚Mensch' (manas) gerade etwas von diesem Selbstgefühl aus: der Mensch bezeichnete sich als das Wesen, welches Werte mißt, wertet und mißt, als das ‚abschätzende Tier an sich'."[48]

Will man der Gerechtigkeit selbst „gerecht" werden, in dem man bei ihrer Betrachtung die Vielheit entgegengesetzter Perspektiven zur Geltung bringt, so stellt sich das Problem der Gerechtigkeit etwa gegenüber der Moral oder dem Nihilismus so, daß nach deren genealogischer Entwicklung gefragt wird. Danach ist zunächst das Auge des primitiven Bewußtseins auf die Perspektive des Tausches eingestellt gewesen, und

---
[48] VII, S. 360/61.

nun ist mit der „plumpen Konsequenz", die der „älteren Menschheit eigentümlich ist", die Verallgemeinerung gewonnen worden, daß jedes Ding seinen Preis hat und daß alles abgezahlt werden kann.[49] Darin stellt sich der älteste und naivste Moralkern der Gerechtigkeit dar. Gerechtigkeit auf dieser ersten Stufe ist der „gute Wille unter ungefähr Gleichmächtigen, sich mit einander abzufinden, sich durch einen Ausgleich wieder zu ‚verständigen' – und, in Bezug auf weniger Mächtige, diese unter sich zu einem Ausgleich zu zwingen."[50] Auf der Stufe der höheren, reiferen Form der Gerechtigkeit ist nicht mehr der Zwang maßgebend, sondern diejenige Notwendigkeit, die sich auf Grund der Überzeugungskraft ergibt, die einer Weltperspektive eigentümlich ist für ihre Herrschaftsstellung gegenüber den anderen.

Nietzsche konstruiert die Geschichte des Gerechtigkeitsprinzips im Bereich des Strafrechts. Der Gesetzesbrecher wird als „Vertrags- und Wortbrüchiger gegen das Ganze, in Bezug auf alle Güter und Annehmlichkeiten des Gemeinlebens, an denen er bis dahin Anteil gehabt hat", verstanden.[51] Nach einer anfänglichen Phase in der Geschichte des Strafens, in welchem die Rache dominiert hat, geht man mehr zu einer Rationalisierung in der Behandlung des Verbrechens über. Immer bestimmter tritt der Wille auf, „jedes Vergehn als in irgend einem Sinne abzahlbar zu nehmen..."[52] Das setzt die Festlegung eines eindeutigen Srafmaßes voraus, welches sich als unbrauchbar für den Strafgedanken erweisen kann, demzufolge die Strafe als Wiedergutmachung, als Entschädigung verstanden wird, die der Gesetzesbrecher der Gesellschaft zurückzuerstatten hat.

Aber auch Strafe und Bestrafung gehören zu den guten Dingen, welche sich selbst aufheben. Zeigt nämlich die Anwendung des strikten Strafmaßes den Charakter der Enge, so kommt jetzt die Bewegung der Ausweitung in Gang: in der Form des großmütigen Hinwegsehens über Gesetzwidrigkeiten. Je schwächer, das ist der Gedanke, ein Gemeinwesen ist, um so engherziger und strenger muß es seine strafrechtlichen Gesetze handhaben: umgekehrt kann man dort, wo man das Verhängen unbarmherziger und strenger Strafen beobachtet, auf Schwäche der Gesellschaft schließen. Mit zunehmender Macht wächst die Weitherzigkeit in der Beurteilung von Rechtsbrüchen. „Wächst die Macht und das

---

[49] ibidem S. 361.
[50] ibidem.
[51] ibidem S. 362.
[52] ibidem.

Selbstbewußtsein eines Gemeinwesens, so mildert sich immer auch das Strafrecht; jede Schwächung und tiefere Gefährdung von jenem bringt dessen härtere Formen wieder ans Licht. Der ‚Gläubiger' ist immer in dem Grade menschlicher geworden, als er reicher geworden ist; zuletzt ist es selbst das Maß seines Reichtums, wie viel Beeinträchtigung er aushalten kann, ohne daran zu leiden."[53]. Diese Aussage erinnert wieder an den Begriff der Gerechtigkeit, in welchem diese als rechte Proportion zwischen Enge und Weite, Kraft der Einigung und Gestaltung einerseits und Überwindung der Gestaltungskräfte andererseits verstanden wird. Man könnte sich einen Zustand denken, bei welchem Macht und Machtbewußtsein solch einen hohen Grad angenommen haben, daß die Neigung zur Bestrafung überhaupt nicht mehr besteht. Die Logik der Gerechtigkeit, welche durch den Gedanken der Wiedergutmachung bestimmt ist, führt in diesem Zustande zu einem Verhalten, bei dem man durch ,,die Finger sieht" und den Zahlungsunfähigen laufen läßt. In diesem Falle endet die Bestrafung ,,wie jedes gute Ding auf Erden, **sich selbst aufhebend.**"[54]

Resümierend mag in Erinnerung gerufen werden, daß sich Gerechtigkeit als Gleichgewicht zwischen den Devisen der Enge der ,,notwendigen" Ungerechtigkeit und der Weite bzw. des Reichtums ergeben hat. Gerechtigkeit im Erkennen stellt die rechte Proportion zwischen der individuellen Darstellung des Gegenstandes durch das erkennend-interpretierende ,,Subjekt" und dem Anspruch der Sache dar, als Selbst erkannt und anerkannt zu werden. Es ist ein ,,gerechter" Ausgleich zwischen den Bewegungen des Einstehens für eine das Begreifen der Sachen leitende Weltperspektive und zugleich des Über-schreitens der Grenzen herzustellen, die dieser eigentümlich sind. Letztere Bewegung bedeutet das Hinausgehen über die Borniertheit eines zwar entschiedenen und entschlossenen, aber ungerechten Denkens, um zu einem gerechten Bild von der Sache durch Einholung vieler Perspektiven zu gelangen. Dieses Bild will durch eine Kraft produziert und gestaltet werden, in welcher sich eine überlegene Perspektive zur Herrschaft bringt. Derjenige, der über die ,,Kraft" der Gerechtigkeit verfügt, hat den Stand des Urteilens und der richterlichen Entscheidung gewonnen, auf dem sich die Durchsetzung der eigenen individuellen Perspektive als identisch mit der Gerechtigkeit gegenüber der Sache selbst erweist.

---

[53] ibidem S. 364.
[54] ibidem.

Nietzsches Auffassung von der Gerechtigkeit orientiert sich nicht am „Gesetz" und der von ihm garantierten „distributiven" Gerechtigkeit. Vielmehr beruft sie sich auf den gerechten Spruch der Richterperson, welche über die Kraft verfügen muß, eine profilierte Entscheidung zu treffen, aber derart, daß in sie in einer weit ausholenden Bewegung des richterlichen Denkens der ganze Reichtum aller in Frage kommenden Perspektiven eingeholt wird: nicht das Gesetz, sondern die Kompetenz des Richters gilt hier als maßgebend. In der modernen Rechtssprache würde man den Standpunkt Nietzsches durch eine Gegenüberstellung zwischen einer am Gesetz allein und seinem gleichmachenden Anspruch orientierten Rechtsprechung und einer solchen charakterisieren können, in welcher durch die individuelle Persönlichkeit des Richters, die es auf individuelle Fallgerechtigkeit abgesehen hat, ein schöpferisches Urteil gefällt wird. Wenn man in der Rechtspraxis und Rechtstheorie unseres Jahrhunderts immer mehr gelernt hat, die rechtspositivistische Einseitigkeit der alleinigen Orientierung der Rechtsprechung am Gesetz in Frage zu stellen und demgegenüber ein Prinzip von Gerechtigkeit zur Geltung zu bringen, welches durch die urteilende und ent-scheidende Leistung des über die vielfältigsten Perspektiven und Möglichkeiten des Verstehens verfügenden Denkens einer überlegenen Richterperson verbürgt wird, dann dürfte darin auch eine Wirkung zu sehen sein, die durch die Anstöße Nietzsches auf unser Leben im ganzen hervorgebracht wurde.[56] Die Betonung der Bedeutsamkeit der durch eine überlegene Richterperson verantworteten Rechtsprechung entspricht dem philosophischen Programm Nietzsches und seiner polemischen Wendung gegen das „anonyme" Vernunftprinzip auch in der Gestalt der Rechtsvernunft. Wenn z. B. in Rechtspraxis und Rechtstheorie das Bewußtsein lebendig ist, daß der Richter nicht nur ein vorhandenes Gesetz in einem logischen Subsumtionsverfahren auf den vorliegenden Fall anzuwenden habe, sondern rechtsschöpferisch in Erkenntnis des individuellen Sachverhaltes verfahren müsse, befindet man sich im Fahrwasser Nietzsches.

Nietzsches Erörterungen zur Gerechtigkeit sind vorwiegend auf die Aufgabe gemünzt, gerechte Entscheidungen zwischen widerstreitenden „Denkarten" und Weltperspektiven zu finden. Folgende Aussage in der Genealogie der Moral wirft ein Schlaglicht auf diese Aufgabe: „Gerecht--sein ist immer ein positives Verhalten ... Der aktive, der angreifende, übergreifende Mensch ist immer noch der Gerechtigkeit hundert

---

[56] Vgl. die Intention der sog. „Freirechtsschule".

Schritte näher gestellt als der reaktive... Tatsächlich hat deshalb zu allen Zeiten der aggressive Mensch als der Stärkere, Mutigere, Vornehmere auch das freiere Auge, das bessere Gewissen auf seiner Seite gehabt..."⁵⁷ Der re-aktive Mensch zeigt die Neigung, sich von seinen ihn beengenden emotiven Perspektiven bestimmen zu lassen und sich mit ihrem engen Käfig zu begnügen, in welchem er sich festsetzt. Die Adjektive: aktiv, angreifend, übergreifend – im folgenden Satze kommt auch die ,,Aggressivität" dazu – gehören in diesem Zusammenhang zum Bilde dessen, der sich immer wieder aus der Befangenheit seiner einmal gewählten Weltperspektive gegenüber befreit, die Grenzen ihrer engen Interpretationsmöglichkeit überschreitet, sich nicht bei ihr beruhigt und auf sie festlegt, der immer weitere Horizonte sucht und daher den von der Gerechtigkeit geforderten Aufbruch zu immer überlegeneren Perspektiven vollzieht. In diesem Zusammenhang ist auch die Sprache Nietzsches unermüdlich im Gebrauch von Worten wie: Stärke, Mut, Vornehmheit und Freiheit. Es steht für ihn fest: der ,,aktive" Mensch in dem gekennzeichneten Sinne darf diese Eigenschaften für sich in Anspruch nehmen, weil er das gefährliche Wagnis des Aufbrechens zu neuen Erkenntniszielen immer wieder unternimmt, welches die Gerechtigkeit von ihm verlangt. Das Adjektiv: über-greifend deutet auf die Bewegung des Über-schreitens jeweils der eigenen engen Perspektiven und diejenige der Aus-dehnung auf den Kosmos anderer Standpunkte hin. Dem dabei vollzogenen Über-gang ist der Charakter des Übergreifens ebenso wie derjenige des An-greifens, des Kämpferischen eigentümlich, sofern die Ausweitung auf andere Perspektiven nicht nur bedeutet, daß diese ,,toleriert" werden. Vielmehr ist damit gesagt, daß sie beim Aufbau der eigenen vom Individuum gebrauchten Weltinterpretation in deren Architektur eingefügt werden. Im Gegensatz zu dieser ,,starken" Leistung bringen es die meisten Geschichtsschreiber, wie in der zweiten unzeitgemäßen Betrachtung betont wird, nur zur ,,Toleranz, zum Geltenlassen des einmal nicht Wegzuleugnenden, zum Zurechtlegen und maßvoll-wohlwollenden Beschönigen." Sie handeln ,,in der klugen Annahme, daß der Unerfahrene es als Tugend der Gerechtigkeit auslege, wenn das Vergangene überhaupt ohne harte Akzente und ohne den Ausdruck des Hasses erzählt wird. Aber nur die überlegne Kraft kann richten, die Schwäche muß tolerieren, wenn sie nicht Stärke heucheln und die Gerechtigkeit auf dem

---

⁵⁷ VII, S. 366.

Richterstuhle zur Schauspielerin machen will".[58] In diesem frühen Nietzsche-Text werden die Weichen für die Richtung gestellt, in der auch sein späteres Denken über die Gerechtigkeit verläuft. Gefordert wird hier von unserem Verhalten der Geschichte gegenüber, daß wir eine Entscheidung im Anspruch der Standpunkte und Perspektiven treffen, die miteinander im Kampf liegen. Es mag noch einmal darauf hingewiesen werden, daß das Thema Gerechtigkeit in diesem Zusammenhang in denselben Problemhorizont hineingestellt wird, wie es in Kants transzendentaler Dialektik geschieht, wo es um eine Entscheidung im Geltungsanspruch einander widersprechender Weltperspektiven durch die gerechte Richterin Vernunft geht.

Die Verfolgung der gedanklichen Fäden, die das Geflecht des Begriffes der Gerechtigkeit ausmachen, macht auch den Zusammenhang zwischen Gerechtigkeit und Macht erkennbar. Die „Kraft" des Einigens und Gestaltens der aus der Weite eingeholten Perspektiven begründet die Tugend der Gerechtigkeit. Kraft in diesem Zusammenhang bedeutet die Macht der Entschiedenheit im gerechten Urteil, welches der Vernunftrichter im Streit einer Vielheit von Perspektiven fällt. Sie zeigt sich in der Fähigkeit je einer übergeordneten Perspektive, die Vielheit der anderen zu beherrschen und für sie maßgebend zu sein. Auch an dieser Stelle wird erkennbar, daß Macht mit vernunftloser, brutaler und ungerechtfertigter Durchsetzung einer egoistischen Perspektive nichts zu tun hat: ihre unmittelbare Nähe zur Gerechtigkeit ist Beweis dafür.

Schließlich ist jetzt noch das Thema des Experiments in den Zusammenhang der Gerechtigkeitsproblematik einzuholen. Wenn es zum Charakter des Gerechten gehört, mutig und zugleich über-greifend das Abenteuer der vielen Perspektiven zu bestehen, dann wird die Frage der gerechten Entscheidung in der jeweiligen Gegenwart durch die Wahl einer beherrschenden, übergreifenden und maßgebenden Perspektive dringlich: die Suche nach einer Antwort auf diese Frage führt in den Bereich des vorigen Kapitels: hier wird verdeutlicht, daß diese dominierende, beherrschende Perspektive ihre Überzeugungskraft nur durch die Methode des Experimentierens gewinnen kann. Der durch sie gewiesene Weg führt zu der Erkenntnis der in der jeweiligen Gegenwart für den Willen zur Macht maßgebenden und bedeutsamen Perspektive.

---

[58] I. S. 331.

V. Kapitel

DER WILLE ALS MACHT UND DER WILLE ZUR MACHT

1. Das Lebendige Sein: Nietzsches Theorie des Willens

In den Überlegungen zur Gerechtigkeit machte sich der Gedanke geltend, daß der Urteilend-entscheidende ein System von Perspektiven vergegenwärtigt, die in einem Herrrschaftsverhältnis stehen: er fällt dabei eine gerechte Entscheidung, indem er selbst eine übergeordnete und überlegene Perspektive zur Geltung bringt, durch welche das Recht und die Grenzen der anderen bestimmt werden. Die von ihm im ent--scheidenden Urteil, welches zugleich das maß-gebende ist, zur Geltung gebrachte Perspektive übernimmt die Herrschaft in einem Verband von anderen Perspektiven, den man nach dem Modell eines hierarchisch geordneten Staates zu denken hat. Das idealistische Denken z. B. Kants verschafft der vom vernünftigen „Bewußtsein" getragenen Perspektive eine maß-gebende und damit beherrschende Stellung und gibt ihr Macht, sofern es die Freiheit des „Ich denke" bzw. „Ich will" den Ansprüchen und Interressen der Affekte, Leidenschaften und Triebe über--ordnet und ihr die Herrschaft über diese überträgt.

Nietzsches Gedankenexperiment hat zur Entscheidung für eine andere Perspektive als der idealistischen geführt: ihr zufolge darf das Ich-bewußtsein nicht „idealistisch" als Befehlsstand aufgefaßt werden, von dem aus die angeblich nicht vernünftigen Zonen der lebendigen Einheit eines Individuums beherrscht werden. Das eigentliche „Ich will" ist nicht von der Art des intelligiblen Charakters bzw. des „reinen" Vernunftsubjekts. Vielmehr muß es als Zustand verstanden werden, in welchem auch die Ansprüche der leiblichen „Monaden" und ihre Perspektiven zu einer gerecht verfaßten Einheit unter einer obersten Perspektive zusammengefaßt sind: diese individuelle Einheit mag als „lebendiges Sein" des Individuums bezeichnet werden. Die das lebendige Sein beherrschende Perspektive wechselt ihr Gesicht: je nach den Lebensbedürfnissen einer jeweiligen Gegenwart der Geschichte des lebendigen Seins kann die Perspektive eines Instinktes, einer Leidenschaft oder der „Vernunft" dominieren. Der Anti-idealismus Nietzsches zeigt sich nicht darin, daß er die idealistische Weltinterpretation absolut negiert. Vielmehr übt er an ihr, sie relativierend, Kritik, indem er sie zugleich als zeitweise brauchbar für die Bedürfnisse einer geschichtlich bedingten Lebens- und Willensverfassung ansieht.

Die vom Problem der Gerechtigkeit her gestellte Frage fragt nach dem Zusammenhang zwischen je einer Verfassung des Denkenden und der dazugehörigen Weltperspektive. Das hierfür maßgebende Denken wird als Kampfplatz gedeutet, auf welchem sich die von einem lebendigen Sein, einem Leibsystem, welches als monadologischer Aufbau interpretiert wird, zur Geltung gebrachten Perspektiven auseinandersetzen und um die Herrschaft kämpfen.

Unser Leib ist ein ,,Gesellschaftsbau vieler Seelen". Denken, Wollen, Empfinden, Fühlen usw. sind Bewegungen, die im ,,Grunde" den Leib angehen, der aus vielen Monaden besteht, von denen jede ihre Perspektive, ihre mehr oder weniger freie und souveräne Interpretation der Welt behauptet. In dem durch diese Leibmonaden gebildeten Staate gibt es Über- und Unterordnung: es kommen Herrschaftsverhältnisse zustande, die sich immer wieder verändern, da immer wieder andere perspektivische Einheiten den Sieg über diejenigen davontragen, welche mit ihnen in Konkurrenz liegen. Das Auge will die Welt optisch, das Ohr akustisch interpretieren, und für jedes dieser Organe und seine Perspektive kommt einmal der Augenblick, an welchem es das Bewußtsein des gesamten Organismus beherrscht, so daß er ganz Auge oder ganz Ohr ist.

So ist etwa der Zustand, in welchem ich sage, daß ich ,,will", als etwas ,,Kompliziertes, Etwas, das nur als Wort eine Einheit ist...", zu verstehen[1]. Der Zustand des Wollens ist ebensosehr wie der des Denkens oder Empfindens als ein Befehls- bzw. Herrschaftsverhältnis zu begreifen. Als Wollende stellen wir die Gestalt eines Herrschaftsverhältnisses dar, wir sind zugleich Befehlende und Gehorchende, Herrschende und Beherrschte[2].

Hier wird erkennbar: Nietzsche faßt Wollen nicht als anthropologisches ,,Vermögen" auf, sondern als jeweils aktuellen Zu-stand, den der lebendige Mensch in der Geschichte seiner Handlungen behauptet. Er

---

[1] VII, S. 28.
[2] ,,Das, was ,Freiheit des Willens' genannt wird, ist wesentlich der Überlegenheits-Affekt in Hinsicht auf Den, der gehorchen muß: ,ich bin frei, ,er' muß gehorchen' – dies Bewußtsein steckt in jedem Willen, und ebenso jene Spannung der Aufmerksamkeit, jener gerade Blick, der ausschließlich Eins fixiert, jene unbedingte Wertschätzung ,jetzt tut dies und nichts Anderes not', jene innere Gewißheit darüber, daß gehorcht werden wird, und was Alles noch zum Zustande des Befehlenden gehört." (ibidem S. 29).

setzt den Menschen nicht aus elementaren Vermögen zusammen, sondern betrachtet ihn als Ganzes mitten im Vollzug seines Handelns und sucht den Augenblick in der Handlungsgeschichte als den des Wollens zu begreifen, in welchem der ganze Leib und damit das System der „Monaden", die auch fühlen, denken, empfinden, von der wollenden Intention beherrscht werden.

Der Begriff der Macht ist aus dem der „Kraft" herzuleiten, von der gesagt wurde, daß sie als die Fähigkeit anzusehen sei, die Vergegenwärtigung einer möglichst großen Vielzahl von Perspektiven mit der Konzentration auf eine einzige, dominierende und die anderen regierende zu verbinden. Wie bei der Gerechtigkeit, so kommt auch in dem Bilde, welches Nietzsche von der Physiognomie des Willens zeichnet, das Prinzip der Kraft und der Macht zur Geltung. Das Modell des Herrschaftsverhältnisses, von dem er Gebrauch macht, um den Zustand des Wollens zu begreifen und darzustellen, ist beredtes Zeugnis dafür. Wollen ist, wie auch Denken und Fühlen, ein bestimmt gearteter Herrschaftszustand jeweils in dem Staate, der von der Vielheit der „Monaden" gebildet wird, deren Einheit das „Ich will" ausmacht. Der Wollende wird mit einem politischen Herrschaftszustand verglichen, sofern im Augenblick seines Wollens eine Perspektive maßgebend über andere herrscht. So wird man im Sinne der Auffassung Nietzsches von der Gerechtigkeit sagen können, daß immer ein Wille den höchsten Grad von Gerechtigkeit erreicht, wenn sein herrschender Gedanke eine Höchstzahl von Weltperspektiven zu einer einzigen Entscheidung zusammenzuhalten vermag. Mit dem Grade der dabei ins Werk gesetzten Kraft wächst zugleich auch der Grad der Lust, welche ein wesentlicher Zug im Bewußtsein der Macht ist. „Bei allem Wollen handelt es sich schlechterdings um Befehlen und Gehorchen, auf der Grundlage ... eines Gesellschaftsbaus vieler „Seelen": weshalb ein Philosoph sich das Recht nehmen sollte, Wollen an sich schon unter den Gesichtskreis der Moral zu fassen: Moral nämlich als Lehre von den Herrschaftsverhältnissen verstanden, unter denen das Phänomen „Leben" entsteht."[3] Der Satz überrascht: denn hier wird dem Wort Moral eine andere Bedeutung gegeben als sie ihm in solchen Zusammenhängen verliehen wird, in welchen Nietzsche seine bekannte Kritik an der Moralideologie der Neuzeit leistet. Moral, als „Lehre von den Herrschafts-Verhältnissen" verstanden, ist die Gestalt, in der Nietzsche diese kulturelle Leistung

---

[3] ibidem S. 30/31.

rechtfertigt, nachdem er sie vorher in ihrer christlich-idealistischen Version entkräftet hat.

In der Wendung: ,,Wille zur Macht" kommt ,,Macht" insofern doppelt vor, als der Wille selbst schon Macht und Machterfahrung ist. Die Begriffe Wille und Macht verweisen gegenseitig aufeinander und ergänzen sich zu einem Gesamtbilde des Willens als Macht bzw. Macht als Willen.

Daß Wille selbst schon Macht ist, ist beim Blick auf den ,,monadologischen" Herrschaftsaufbau derjenigen Zustands-gestalt zu erkennen, die man als ,,Ich will" anspricht. Das in mir herrschende und befehlende ,,Ich will" fühlt die Lust der Machterfahrung über die Vielheit der gehorchenden und den Willen ausführenden, ihm dienstbaren ,,Unterwillen" bzw. ,,Unter-seelen". Die Philosophie des Willens als Macht bildet zugleich auch die Grundlage für Nietzsches Bild von der Politik. ,,L'effet c'est moi: es begibt sich hier, was sich in jedem gut gebauten und glücklichen Gemeinwesen begibt, daß die regierende Klasse sich mit den Erfolgen des Gemeinwesens identifiziert."[4] Die ,,Identifizierung" zwischen den Regierenden und den Regierten bewirkt es, daß die Machtausübung nicht in ,,Unterdrückung" ausartet, wenn es sich um ein ,,glückliches Gemeinwesen" handelt: denn hier besteht die Freiheit der Regierten darin, sich mit ihrer Rolle in freier Zustimmung zu identifizieren und ihr Regiertwerden selbst zu wollen. Sie repräsentieren selbst in sich diese regierende Macht und sind dadurch in der Lage, in einer anderen geschichtlichen Phase dieses Gemeinwesens diese Macht selbst auszuüben. Das Herrschaftsverhältnis ist keine ewig feststehende Struktur, sondern eher als Fließgleichgewicht zu betrachten, bei welchem ein dauernder Wechsel der Verhältnisse zwischen Herrschenden und Beherrschten sich vollzieht.

Wenn Nietzsche von der ,,Lust" spricht, die in der Machtausübung liegt, so ist diese durch die Erfahrung der Freiheit begründet, die den Zustand des Mächtigseins und damit zugleich des Wollens bestimmt.

Mächtigsein als Freiheit verstanden ist nicht despotische Unterdrückung des Beherrschten: man erinnere sich an Sätze im Zarathustra wie den, daß Befehlen schwerer sei als Gehorchen und daß der Befehlende erst einmal sich selbst Befehle zu geben gelernt haben muß. Der mächtige Wille ist der freie Wille, weil er nicht willkürlich kommandiert, sondern weil er in der Weise Herrschaft ausübt, wie es das Leben

---

[4] VII, S. 30.

des Ganzen und damit auch der Beherrschten bedarf. Daher hat diese „Lust", die Nietzsche mit der Machterfahrung des Willens verbindet, auch eine ästhetische Seite: wie sich im Kunstwerk alle „Einzelheiten" freiwillig und ohne Zwang in die Gesamtidee des Werkes einfügen und der beherrschende Gedanke eines Kunstwerkes den „Willen" der beherrschten Glieder des Ganzen repräsentiert, so ist auch das politische Gemeinwesen in dem Falle Gegenstand einer ästhetischen Lust, in welchem die Herrschaftsverhältnisse mit Freiheit des Herrschenden und des Beherrschten verbunden sind.

Freiheit im „Staatsgebilde" des individuellen Organismus ist Bewußtsein der Macht je meines „Ich will" über seine eigenen Organe, Affekte, beherrschten Perspektiven und zugleich die Lust in dieser Macht. Macht ist im Grunde genommen aus dem Stoffe der „Freiheit" gewebt. Dadurch kommt auch ein Zug der Macht und des mächtigen Willenszustandes in den Blick, der an früherer Stelle als charakteristisch für die Freiheit erkannt wurde: es ist der Zug der Selbstüberwindung, des immerwährenden Hinausgehens über die Grenzen des einmal behaupteten Standes und dessen Weltperspektive. „In jedem Wollen ist erstens eine Mehrheit von Gefühlen, nämlich das Gefühl des Zustandes, von dem weg, das Gefühl des Zustandes, von dem hin, das Gefühl von diesem ‚weg' und ‚hin' selbst..." enthalten[5]. Ergänzend wäre hierzu noch zu sagen, daß es sich hierbei nicht nur um eine Mehrheit von Gefühlen handelt, sondern daß eine Spannung zwischen zwei Polen ausgetragen wird, von denen der eine die kraftvolle Behauptung eines auf dem Wege der fortschreitenden Entwicklung des ganzen „Staatsgebildes" erreichten Standes und der andere die immerwährende Bewegung des Hinausgehens und Über-windens darstellt. So ist in diesem Satze gesagt, daß jeder Wille nicht nur feste Entschiedenheit für die Verwirklichung eines Gewollten bedeutet, sondern eine Bewegung zwischen den beiden genannten Polen darstellt. Im Willen will ich über den gegenwärtigen Zustand hinaus zu einem neuen gelangen. Der Wille ist die Bewegung vom gegenwärtigen Zustand hin zum künftigen. Er ist mehr als Bewußtsein des Zieles, welches angestrebt wird. Der Wille will primär nicht das Neue, künftig zu Verwirklichende, sondern vielmehr die Bewegung der Befreiung jeweils von einer einmal erreichten und fest behaupteten Gegenwart. Insofern bedeutet der Wille als solcher Bewegung des Über-ganges, Freiheit und „Macht" zugleich. Das

---

[5] ibidem S. 28/29.

entsprechende Bewußtsein des Willens interpretiert dessen Bewegung des Sich-über-schreitens als Streben nach einem Ziele. Es gibt in jedem Willensakt einen ,,kommandierenden Gedanken". Der Wille als ,,Macht" und zugleich als ,,Freiheit" ist nicht primär Bewegung auf ein Ziel hin: Nietzsche übt an der einseitig teleologischen Deutung des Willens Kritik. Vielmehr wird das Ziel erst sekundär aus dem Grunde gewählt, um der Forderung einen Sinn und eine Richtung zu geben, die sich der Wille jederzeit stellt. Sie hat zum Inhalt, auf dem einmal gewählten Stande nicht stehenzubleiben, sondern immerwährend über ihn gemäß der inneren Notwendigkeit eines bewegenden Grundes, im Aristotelischen Verstande genommen, hinauszugehen. Wille ist schon vor der Ausführung der ,,Handlung", zu der er sich entschlossen hat, Macht und zugleich Zustand der ,,Lust" in der Bedeutung, daß er die Erfahrung der Freiheit des Hinausgehens und Hinausseins über einen einmal gewählten Stand ist.

Wollen ist daher auch unabhängig von der in die äußere Wirklichkeit eingreifenden Ausführung schon ,,Handlung": durch diese Auffassung, in welcher sich Nietzsche mit Kant trifft, unterscheidet er sich von Schopenhauer, der Wille und Ausführung gleichgesetzt hat. Auf diesen scheint daher auch die Bemerkung gemünzt zu sein, daß die Gleichsetzung von Willenshandlung und Ausführungs-handlung zu der ,,ganze Kette von irrtümlichen Schlüssen und folglich von falschen Wertschätzungen des Willens selbst" gehöre. Es sei auch ein Irrtum, wenn der Wollende mit gutem Glauben glaubt, Wollen genüge zur Handlung. ,,Weil in den allermeisten Fällen nur gewollt worden ist, wo auch die Wirkung des Befehls, also der Gehorsam, als die Aktion erwartet werden durfte, so hat sich der Anschein in das Gefühl übersetzt, als ob es da eine Notwendigkeit von Wirkung gäbe..."[6] Durch diese optische Täuschung rechnet der Wille Gelingen und Ausführung des Wollens noch sich selbst zu ,,und genießt dabei einen Zuwachs jenes Machtgefühls, welches alles Gelingen mit sich bringt."[7]

Wenn Wille als Macht in seiner Freiheit zu sehen ist, den jeweils einmal eingenommenen Stand zu über-schreiten, dann ist die Aussage Nietzsches in diesen Zusammenhang der Bewegung des Hinausgehens zu bringen, daß die Lust im Zustand des Wollens das Hochgefühl des Über-legenseins darstelle, das dem Befehlenden gegenüber dem Gehorchenden eigentümlich ist. Herr-sein heißt demgemäß in diesem Sinne

---
[6] ibidem, S. 30.
[7] ibidem, S. 30.

Über-legen-sein: dadurch ist eine Stellung des Willens bezeichnet, in der sich dieser nicht primär zum bewirkenden Handeln und Verändern der Wirklichkeit entschließt, sondern zur Einnahme einer Stellung der Über-legenheit. Das zu betonen ist deshalb wichtig, weil es Nietzsche in erster Linie nicht auf den Erfolg der Ausführung ankommt, sondern auf das „Gefühl" der Herrschaft, Macht und Freiheit, welches sich der Wollende kraft seiner Stellung sich selbst und dem Sein gegenüber gibt. Es kommt nicht primär auf die Wirklichkeitszustände an, die erreicht werden: die philosophische Absicht Nietzsches geht nicht dahin, Propaganda für einen Menschentypus zu machen, den man als „energischen" bzw. als einen Willensmenschen kennzeichnet. Auch stellt sich die Machtstellung des Wollenden als des Befehlenden nicht in dem Aussprechen von Kommandos für die Ausführung einzelner Befehle dar: vielmehr geht es hier um eine prinzipielle Stellung des Wollenden sich selbst und der Welt gegenüber. Die Machtstellung des Wollenden stellt sich zuletzt als Geltendmachen von Welt- und Wertperspektiven dar. Der Wille befiehlt eine Weltperspektive in der Weise, daß er dem Aufbruch zur Handlung einen „Sinn" gibt.

Ein Beispiel mag hierfür aus dem Zarathustra vorgestellt werden, welches das Bild eines schwachen, erkrankten Willens bietet, der aber ebenso unter die affektive Theorie des Wollens fällt wie der gesunde, starke und freie Wille. Der Wille des Raubmörders ist im Augenblick seiner Tat ein Zustand, in welchem der Affekt und die ihm gemäße Perspektive herrschend werden, die ihm das „Glück des Messers" suggeriert. „Aber ein Anderes ist der Gedanke, ein Anderes die Tat, ein Anderes das Bild der Tat." In jeder dieser verschiedenen Gegenwarten, in derjenigen vor der Tat, bei ihr und nach ihr ist der „bleiche Verbrecher" in einer anderen Verfassung: er stellt jeweils einen anderen Herrschaftszustand im Staate seiner Affekte dar.

Im „bleichen Verbrecher" zeichnet Nietzsche einen Willenstypus, welcher dem „Ideal" der Einheit zwischen Wille, Freiheit, Macht nicht genügt: es ist ein kranker Wille, der sich hier zeigt, weil seine „Vernunft" nicht imstande ist, ihm das Bewußtsein einer freien, souveränen Stellung sich selbst und der Welt gegenüber zu verschaffen, die zugleich auch den Über-gang zu einer neuen Selbstdeutung und Deutung der Welt vorsieht.

Das zeigt sich an folgendem Geschehen: zwar wandelt sich die Willensverfassung des bleichen Verbrechers von der Phase vor der Tat über die Tat selbst bis zu derjenigen, in der diese getane Tat und

Vergangenheit ist, die der Täter jetzt durch seine Interpretation seiner selbst und der Welt, in der er lebt, zu meistern hätte, um in Freiheit darüber hinaus und weiter schreiten zu können. Aber seine Krankheit besteht darin, vom Bilde seiner Tat gebannt zu sein: ,,Gleichwüchsig war er seiner Tat, als er sie tat: aber ihr Bild ertrug er nicht, als sie getan war." Jetzt sah er sich immer nur als einer einzigen Tat Täter: er begriff sich nur in der Perspektive dieser Tat, statt frei über Perspektiven der Interpretation seiner selbst und der Welt zu verfügen. Er selbst kann sich infolgedessen nicht ,,gerecht" werden und ebensowenig der Richter, der ihn nur in derselben Weise der Abstraktheit sieht. Es fehlt ihm die freie Beweglichkeit, die Macht des Willens, und daher ist er seiner und seiner Welt nicht Herr. ,,Wahnsinn heiße ich dies: die Ausnahme verkehrte sich ihm zum Wesen." In der Folge gebraucht Nietzsche bei der Zeichnung der Willensphysiognomie des bleichen Verbrechers immer wieder Worte, mit denen er die Unfreiheit, Bewegungsunfähigkeit und Machtlosigkeit der Vernunft des Verbrechers kennzeichnet. ,,Der Strich bannt die Henne; der Streich, den er führte, bannte seine arme Vernunft..." Auch während der Tat lag das ,,Blei" der Rede seiner armen Vernunft auf ihm, so daß er raubte, als er mordete: ,,Er wollte sich nicht seines Wahnsinns schämen." Er wagte es nicht, die Perspektive des Selbst- und Weltbewußtseins zu wählen, die seinem Willen wirklich entsprach. Und nach der Tat liegt wieder das Blei seiner Schuld auf ihm, und ,,wieder ist seine arme Vernunft so steif, so gelähmt, so schwer". So sieht das Gegenbild des mächtigen, freien Willens aus.

Noch einmal mag auf die teleologische Deutung des Willens zurückgekommen werden, derzufolge der Wollende primär ein Ziel und einen Zweck ins Auge faßt, auf das er hinarbeiten will. Daß in Wahrheit der Wille vielmehr in erster Linie in Freiheit und Machtentfaltung jeweils über einen behaupteten Stand und dessen Weltperspektive hinausgehen will und sich erst sekundär dazu ein Ziel setzt, kommt etwa in folgender Wendung zur Sprache: ,,Sie wollen alle etwas: aber über allen schwebt nicht der Sinn eines Willens."[8] Das heißt: das Etwas-wollen ist noch nicht Anzeichen für das Vorhandensein eines eigentlichen Willens. An anderer Stelle bezeichnet er es als Unsinn, eine notwendige Verbindung von Willen und Vorstellung zu behaupten, welch letztere dem Willen angeblich ein Etwas, welches er will, als ein Ziel vorausgibt: nicht die Vor-stellung des Zieles ist es, welche den Willen herausfordert, sondern

---

[8] XII, S. 267.

erst verschafft sich der Wille seine Welt und bezieht Stellung in ihr: dann erst setzt er sich ein Ziel. Der Wille bedarf nicht, um seines Wollens bewußt zu werden, des vorstellenden Intellekts, der ihm erst einen Zweck zu präsentieren hätte, damit sich an dieser Vorstellung ein Wille entzünden könnte. Es ist umgekehrt: erst bildet sich die Macht- und Herrschaftsstellung des freien Willens heraus, die dann das ihr adäquate Ziel sucht[9]. Der Wille hat eine vorausgehende Handlung, durch die er die Freiheits- und Machtstellung gegenüber sich selbst und dem Seienden gewonnen hat, vollzogen: der Intellekt des dadurch erreichten Standes erfüllt dann die Aufgabe, das entsprechende Ziel vorzustellen. Die Bildung dieser Vorstellung durch den Intellekt geht somit der bei der Willensbildung zu vollziehenden Handlung nicht vorher, sondern folgt ihr nach: sie erweist sich als „Symbolisierung" des Willens.

So ergibt sich in der Theorie des Willens folgendes Bild: einerseits übt Nietzsche Kritik an einer teleologischen Auffassung des Willens, wie sie von den meisten idealistischen Willenstheorien vertreten wurde. Statt wie diese den Willen dadurch zu begründen, daß ihm der Intellekt ein Ziel vorgibt, auf dessen Realisierung er hinarbeitet, läßt Nietzsche erst die Willensverfassung hergestellt sein, die der Intellekt erst nachträglich dadurch zum Selbstbewußtsein bringt, daß er dem Willen ein Ziel gibt und ihn dadurch „symbolisiert", d. h. ihm eine Auslegung seiner selbst gibt. Andererseits wendet sich Nietzsche auch gegen eine naturalistische Auffassung vom Schlage Schopenhauers, derzufolge der Wille als eine vom „Unterleib" des Universums aus sich auswirkende vernunftlose Kraft aufgefaßt wird. Nietzsche lenkt die Aufmerksamkeit auf eine innere Geschichte der Bildung einer Willensverfassung, die eine vorgängige Handlung darstellt, die der Zweck-setzung sowie der Ausführung und des Veränderns der Wirklichkeit zugrunde liegt.

Gegen den Primat von Bewußtsein und Vor-stellung gibt Nietzsche zu bedenken: „Der Intellekt, die Vorstellung muß unabhängig vom Werden und Wollen sein; das fortwährende Symbolisieren hat einen Willenszweck. Der Wille selbst aber hat keine Vorstellungen nötig, dann hat er auch keinen Zweck: der nichts als eine Reproduktion, als ein Wiederkäuen des Erlebten im bewußten Denken ist. Die Erscheinung ist ein fortwährendes Symbolisieren des Willens."[10] Diese Stelle könnte mißverstanden werden, wenn man nicht bedenken

---
[9] vgl. IX, S. 106.
[10] IX, S. 106/107.

würde, daß Nietzsche unter der „Unabhängigkeit" des Intellekts vom „Werden und Wollen" etwas versteht, was auch umgekehrt zu sagen wäre: das Werden und Wollen ist unabhängig vom Intellekt. Die Wendung: „Werden und Wollen" deutet darauf hin, daß das Wollen als ein werdender, sich herstellender Zustand begriffen wird, in welchem durch „inneres" Handeln die Stufe der Freiheit und Macht erreicht wird, zu einer neuen Weltinterpretation des Willens hinauszugehen und in ihrem Rahmen für diesen einen Zweck zu benennen. Daher steht die Symbolisierungstätigkeit des Intellekts im Dienste des Willens. Wir interpretieren die erscheinende Wirklichkeit im Lichte einer Weltperspektive, die unserem Willenszustand entspricht und für ihn bedeutsam ist.

Dieser Willenszustand ist ein Herrschaftszustand: die vom point de vue eines Affektes aus zur Geltung gebrachte und für ihn bedeutsame Weltperspektive kommt in dem Augenblick, in dem wir sagen, daß wir einen „Willen" vertreten, über die andern an unserem Gesamtsystem beteiligten Affekte zur Herrschaft. Mit dem so geschaffenen Zustand wird zugleich ein Komplex von Aufträgen an unsern Intellekt herangetragen, „symbolisch" tätig zu werden und eine zu unserem Zustand passende Weltauslegung als Rahmen für die Interpretation unserer Willenszwecke zu schaffen. Nur unter dem Vorbehalt dieser Sprachregelung ist Nietzsche bereit, den vorbelasteten Namen: „Wille" zu übernehmen und weiterzugebrauchen.

2. Gegen die idealistische und naturalistische Interpretation des Willens: Motivation des Denkens

Demgemäß ist das „Bewußtsein" nicht Fundament, auf dem der Denkprozeß sich aufbaut, der schließlich zur Willensentscheidung führen würde. Im Gegenteil ist der „Wille", im Sinne Nietzsches verstanden, als Gesamtzustand zu begreifen, der die Basis darstellt, auf der auch das nachträglich symbolisierende Bewußtsein ruht. Alles, was ins Bewußtsein tritt, „ist das letzte Glied einer Kette, ein Abschluß. ... Das eigentliche verknüpfte Geschehen spielt sich ab **unterhalb** unsres Bewußtseins: die auftretenden Reihen und Nacheinander von Gefühlen, Gedanken usw. sind **Symptome** des eigentlichen Geschehens! – Unter jedem Gedanken steckt ein Affekt. Jeder Gedanke, jedes Gefühl, jeder Wille ist **nicht** geboren aus Einem bestimmten Triebe, sondern er ist ein **Gesamtzustand**, eine ganze Oberfläche des ganzen Bewußtseins und resultiert aus der augenblicklichen Macht-Feststellung **aller** der uns konstituierenden Triebe, – also des eben herrschenden Triebes sowohl, als der ihm gehorchenden und widerstrebenden. Der nächste Gedanke ist ein Zeichen davon, wie sich die gesamte Macht-Lage inzwischen verschoben hat."[11] Hier wird deutlich: erst stellt sich die Verfassung des Willens als Herrschaftszustand zwischen verschiedenen affektiven Standpunkten und ihren Perspektiven im Gesamtorganismus her. Dann wird dem Intellekt der Auftrag erteilt, eine jeweils dazu passende „Ideologie", eine diesem Willenszustand entsprechende Sinnperspektive und Welt zu verschaffen: dadurch ist die Logik bestimmt, nach der die Gedanken als Zeichen und Symptome jeweils einer Station in dieser Geschichte der Willensbildung auftreten. Die Gedanken sind „Zeichen vor dem Spiel und Kampf der Affekte: sie hängen immer mit ihren verborgenen Wurzeln zusammen."[12]

„Ich bin" stellt die Geschichte eines „Gemeinwesens" vieler im Zustand des Herrschens und Beherrschtwerdens befindlicher und organisierter points de vue mit ihren Perspektiven dar, von denen jeder mit den andern um die „Macht" kämpft. Das „Sein" des „Ich bin" ist nicht festgelegt, sondern in dauernder innerer Bewegung der Umbildung der Herrschaftsverhältnisse: wir bezeichnen es als „lebendiges Sein". Das lebendige Sein stellt ein System dar, durch welches die Gesamtheit aller Möglichkeiten des Interpretierens der Welt von je einem point de vue aus zur Einheit gebracht ist, in welcher die Leistungen, die von der traditionellen Erkenntnistheorie und Psychologie mit den Namen Wahrnehmen, Empfinden, Denken, Fühlen, Anschauen, Wollen usf. bezeichnet werden, jeweils verschiedenen affektiven Zuständen und ihren points de vue entsprechen, von denen jeder mit seiner Perspektive die Möglichkeit hat, einmal das Gesamt der übrigen zu beherrschen. Wenn die Gedanken Zeichen von einem Spiel und Kampf der Affekte sind, dann ist jede aktuelle Perspektive des Bewußtseins, jeder Gedanke, jedes Gefühl, jeder Wille ein Herrschaftszustand, in welchem ein ganzes Geflecht von Bewußtseinsmöglichkeiten unter der Macht jeweils einer Perspektive des Wahrnehmens oder des Empfindens oder des Denkens, Fühlens, Anschauens oder Wollens vereinigt wird. Ein Gedanke ist Zeichen dafür, daß in dem Augenblick, in welchem er gedacht wird, eine ihm entsprechende Perspektive im Gemeinwesen des lebendigen Seins zur Herrschaft gelangt ist. Der Zusammenhang der Gedanken ist daher

---
[11] XIII, S. 65.
[12] ibidem.

nicht nur als ,,logische" Beziehung zu verstehen, sondern ergibt sich aus dem ,,monadischen" Aufbau des Gemeinwesens, welches als ,,lebendiges Sein" bezeichnet wurde. Jeder Gedanke symbolisiert daher einen ,,Gesamtzustand, eine ganze Oberfläche des ganzen Bewußtseins." Auf dem Grunde dieses Bewußtseins vollzieht sich das als Kampf um die Macht zu verstehende Geschehen, dessen Resultat jeweils ein entsprechender ,,Gedanke" ist, der den gegenwärtigen Zustand des lebendigen Seins beherrscht. Die Gedanken unter sich bilden ein ,,Gesamtgeflecht", welches die Logik zwar in ihrem Sinne als logischen Zusammenhang der Über- und Unterordnung, Gleichordnung, Ableitung oder dergleichen deuten kann, den aber Nietzsches Lehre von der Motivation der Gedankenbildung und Willensbildung nach dem monadischen Modell des Herrschaftsgefüges begreift. Das Eintreten eines Gedankens in das helle Bewußtseinslicht ist dann immer Zeichen für die Herstellung eines Herrschaftsgebildes ,,in der Tiefe": und der Zusammenhang zwischen den Gedanken spiegelt die Geschichte der Veränderung der Herrschaftsverhältnisse unterhalb der Schwelle des Bewußtseins.

Der Zusammenhang der Gedanken stellt eine logisch greifbare Einheit dar, die ihrerseits Symptom und Zeichen für die die Gedanken tragende Ganzheit des lebendigen Seins ist. Dieses Ganze besteht in dem Gefüge über- und untergeordneter, befehlender und gehorchender monadischer Affekte und ihrer Perspektiven. Die ,,ganze Oberfläche des ganzen Bewußtseins... resultiert aus der augenblicklichen Macht-Feststellung aller der uns konstituierenden Triebe, – ..."[13] Der Herrschaftskomplex der vielen jeweils von einem Triebe vertretenen points de vue und ihrer Perspektiven ist eine Geschichte, in welcher sich die Machtverhältnisse von einer Gegenwart zu einer andern verändern. Durch dieses Modell kann Nietzsche die Erfahrung deuten, daß wir zwischen den Zuständen des Wachseins und Träumens, Überlegens und Phantasierens, Agierens und Regierens abwechseln. Die in jedem dieser Zustände unseres Bewußtseins auftretenden Inhalte sind ihrerseits hierarchisch geordnet, so daß ein herausgehobener Gedanke oder ein Gefühl immer als zusammenhängend mit dem Komplex der anderen Bewußtseinsinhalte zu deuten ist. Er ist nicht nur ,,Zeichen" für den auf der Oberfläche des Bewußtseins sich ausbreitenden Komplex der Gedanken, sondern auch Symptom, welches in die Tiefendimension ,,unterhalb" des

---

[13] ibidem. Das Wort ,,Trieb" wird von Nietzsche synonym mit ,,Affekt" und ,,Leidenschaft" gebraucht.

Bewußtseins zeigt. Sofern die Inhalte des „Denkens" und des „Willens" gemeinsam in dem Geflecht des Gesamtzustandes des Bewußtseins, also auf der „Oberfläche" vorkommen, haben sie auch eine gemeinsame Wurzel in der Herrschaftsordnung der Affekte und ihrer Perspektiven in der „Tiefe".

Ein „Ganzes" von Bewußtseinsinhalten, deren jedem die Bedeutung des Symptom- bzw. Zeichenseins zukommt, deutet auf ein Ganzes „in der Tiefe" hin, welches in einer jeweiligen Gegenwart seiner Geschichte eine bestimmte Herrschaftsverfassung darstellt, welche sich in entsprechender Weise im Bewußtsein repräsentiert. Die „ganze Oberfläche des ganzen Bewußtseins" resultiert aus der „augenblicklichen Macht-feststellung aller der uns konstituierenden Triebe, – also des eben herrschenden Triebes sowohl, als der ihm gehorchenden oder widerstrebenden". Geschieht im Bewußtsein ein Wechsel der gedanklichen Szenerie, so muß darin ein Symptom für eine Veränderung in der Tiefe gesehen werden: ein Herrschafts- und Machtverhältnis zwischen den Affekten und ihren Perspektiven, welches in einer Gegenwart durch die Machtstellung eines im Augenblick herrschenden Affektes bestimmt ist, wird sich selbst in einem vom intellektuellen Bewußtsein entworfenen Weltmodell bewußt und bringt sich auf diese Weise darstellend und „symbolisierend" zur Sprache. Wechselt im Bewußtsein das Bühnenbild der Gedanken und tritt ein neuer Gedanke auf, so kündigt dieser an, wie sich die „gesamte Machtlage inzwischen verschoben hat."

Nietzsche begründet eine Theorie der Motivation des Denkens mit den Mitteln einer Philosophie, welche den Gedanken des lebendigen Seins zugrunde legt und ihn am Leitfaden eines monadologischen Modells deutet. Es geht hier nicht um eine Theorie der logischen Ordnung der Gedankeninhalte: vielmehr ist hier die Frage maßgebend, wodurch die Denkhandlung motiviert ist, welche im Fassen eines Gedankens in einer jeweiligen Denkgegenwart besteht. Die Fragestellung ist nicht psychologisch, weil es hier nicht darum geht, seelische Vorgänge zu beschreiben. Vielmehr ist die Absicht leitend, Denken als Orientierung in einer für mich bedeutsamen Welt zu begreifen und zu erkennen, wodurch die Dominanz jeweils eines Gedankens über andere motiviert ist. Diese Motivation wird im Rahmen eines monadologischen Aufbaues begriffen, innerhalb dessen sich die von den Affekten getragenen points de vue und ihre Perspektiven miteinander in Konkurrenzhandlung befinden. Der Komplex der Affekte, der wir sind, macht eine Geschichte durch, in welcher die Herrschaftsverhältnisse und Machtzustände einander abwechseln und deren jeweilige Gegenwart ein Gesicht zeigt, welches je durch den affektiven Stand und dessen Perspektive bestimmt ist, der gerade die Machtstellung über die andern einnimmt. Um diese Machtstellung wird dauernd gekämpft. Weniger ist dabei an einen Krieg zu denken, in welchem die Gegner einander zu vernichten trachten. Vielmehr geht es hier um einen Wettkampf, in dessen Verlauf der Sieger sein Hoch- und Machtgefühl, um dessen Erreichung willen er kämpft, nur im Gegenverhältnis zu den Besiegten und nun Beherrschten, ihm jetzt Gehorchenden auszubilden vermag. Jeder Gedanke ist ein Zeichen bzw. das Ergebnis einer Symbolisierung für einen Herrschaftszustand, der in diesem Kampfe erreicht worden ist: die Gedanken sind Zeichen von einem „Spiel und Kampf der Affekte". Daher hängen sie immer mit ihren „verborgenen Wurzeln" zusammen, die affektiver Natur sind. Diese Wurzeln sind „verborgen" in dem Sinne, daß sie nur die ihnen entsprechenden und sie symbolisierenden Gedanken in das Licht des Bewußtseins treten lassen, selbst aber als deren Grundlage und Sub-sistenz nur die Vorgänge im lebendigen Sein bestimmen, ohne bewußt zu werden.

Diese Motivationslehre des Denkens gilt auch für diejenige Gedankenbildung, die dem „Ich will" eigentümlich ist. Aber der Wille erstreckt sich nicht nur in die Richtung des bestimmte Zwecke wollenden Denkens, sondern auch in diejenige der Bewegungen, die sich „in der Tiefe" ereignen. Was diese Richtung des Willens angeht, so bildet sich in ihr dessen Charakter heraus, der die Gesinnung des lebendigen Seins dem Leben, dem Leib und der Erde gegenüber bestimmt und von dem abhängt, ob es sich dazu bejahend oder verneinend verhält. Je nach der sich auf diese Weise herstellenden „Basis" bildet der Wille auf der Ebene seines Denkens eine Sinn- und Weltperspektive aus, die „Symptom" für seine Verfassung ist. Auf dieser Ebene beauftragt der Wille seinen Intellekt, dem von ihm bestimmten lebendigen Sein ein ihm angemessenes Weltmodell zu entwerfen und die dazugehörenden Zwecke vorzustellen. Dominieren die bejahenden Affekte und ihre Perspektiven im Gesamthaushalt des lebendigen Seins, so stellt sich im Willen eine Verfassung her, der er durch den Auftrag an den Intellekt eine entsprechende Sinn- und Weltperspektive verschafft: diejenige der ewigen Wiederkehr. Die Motivationstheorie des Denkens im Rahmen des monadologischen Modells hat Nietzsche nicht auf eine Interpretation des Willens ausgedehnt: aber die hier über das von Nietzsche selbst Gesagte hinausgehende Deutung, in der eine Verbindung zwischen dem monadologischen Modell und der Herstellung einer Willensverfassung geleistet wird, ist in seinem Ansatz angelegt.

Versteht man das Modell des Aufbaues des lebendigen Seins aus Tiefe und Oberfläche, aus affektivem Fundament und intellektuellem Überbau in falscher mechanischer Bedeutung, dann verliert man aus dem Gesichtskreis, was durch dieses Modell eingeholt werden sollte. Solche falsche und einseitige Deutung könnte auch auf die Frage keine Antwort geben, ob die Affekte und Triebe mit ihren Perspektiven der Tiefe „unterhalb" des Bewußtseins nicht selbst jeder s e i n e n Willen und seine Intelligenz haben. Vom Denken Nietzsches aus muß man diese Frage bejahen. Das hat aber zur Konsequenz, daß man die Unterscheidung zwischen Oberfläche und Tiefe nicht begrifflich fixieren darf. Man ist, um den Bewegungscharakter des lebendigen Seins und seines Denkens und Wollens zu erhalten, gehalten, sie nur perspektivisch in der Bedeutung zu verstehen, daß ein und dasselbe Sein und sein monadisches „System" von zwei verschiedenen Seiten her betrachtet werden, wobei das eine Mal die affektive Grundlage des Denkens, das andere Mal die Handlungen des „oberen" Bereiches des Bewußtseins in den Blick treten.

Die Unterscheidung zwischen Wille und Intellekt ist ebenso schließlich nur als methodisches Hilfsmittel anzusehen, durch welches verschiedene Seiten ein und derselben Bewegung der „Vernunft" des lebendigen Seins in verschiedenen Denk-stellungen betrachtet werden. In Wahrheit ist der Wille zugleich Intellekt und der Intellekt zugleich Wille in der Bedeutung, daß der als monadischer Herrschaftszustand zu interpretierende Wille jeweils s e i n e n Intellekt in Tätigkeit setzt, der ihm seine entsprechende Sinn- und Weltperspektive zu verschaffen hat. Ein Wille mit jasagendem Charakter darf als Zustand eines Herrschaftsverhältnisses angesprochen werden, dessen „Charakter" durch s e i n e n Intellekt sowie durch die von diesem entworfene Weltperspektive zum Bewußtsein kommt. Das entsprechende Herrschaftsverhältnis wäre dann von dem Charakter, daß die unbefangen das leibliche Leben, die Freiheit und Leichtigkeit, die schenkende Tugend, die Überlegenheit über den Zwang repräsentierenden Affekte den Ton angeben und die Herrschaft führen.

Der Wille ist Macht, sofern er einen Zustand der Freiheit und des Überlegenseins über eine einmal gewählte Weltinterpretation darstellt. Er ist aber auch Wille z u r Macht: „Ich will" meint erstens, daß ich den erreichten Zustand der „Macht" behaupte und zweitens, daß ich einen immer höheren Machtzustand anstrebe.

Es ist in Erinnerung zu rufen, daß Nietzsche die Abhängigkeit zwischen der Vorstellung des Zweckes und dem Wollen, die in der idealistischen Deutung des freien Willens behauptet wird, u m k e h r t : erst bildet sich ein Willenszustand, der sich die zu ihm passende Zweckvorstellung verschafft. Spricht man überhaupt von „Zweck", so fordert Nietzsche, daß man mit diesem Namen nicht den Begriff eines „freien", von der theoretischen Ich-Intelligenz her bewußt wählenden Willens verbindet, der sich für den Zweck entscheidet, sondern darunter einen Namen versteht, welchen der Intellekt des Willens selber gebraucht, um diesem und seiner immanenten Notwendigkeit eine Deutung zu geben. „Meine Forderung ist... daß man das E t w a s – tun, das ‚Ziel', die ‚Absicht', daß man den ‚Zweck' wieder in das Tun zurücknimmt, nachdem man ihn künstlich aus ihm herausgezogen und damit das Tun entleert hat. Alle ‚Zwecke', ‚Ziele', ‚Sinne' sind nur Ausdrucksweisen und Metamorphosen des Einen Willens, der allem Geschehen inhäriert: des Willens zur Macht. Zwecke –, Ziele –, Absichten – haben, W o l l e n überhaupt, ist soviel wie S t ä r k e r – werden wollen, Wachsen-wollen – und d a z u auch die Mittel wollen. Der allgemeinste und unterste Instinkt in allem Tun und Wollen ist eben deshalb der unerkannteste und verborgenste geblieben, weil in praxi wir immer seinem Gebote folgen, weil wir das Gebot s i n d ... Alle Wertschätzungen sind nur Folgen und engere Perspektiven im Dienste dieses Einen Willens: das Wertschätzen s e l b s t ist nur dieser W i l l e z u r M a c h t."[14]

Auch hier ist wieder ausgesagt, daß Wollen primär ein Über-schreitenwollen, ein Hinausgehenwollen über den gegenwärtigen Stand ist. Die Motivation für ein demgemäßes Streben ist es, die im Wollen immanente Freiheit und Macht zu erhalten und sogar zu verstärken. Wollen bedeutet also nicht primär, e i n z e l n e Zwecke, welche die Vorstellung als erstrebenswert hat erkennen lassen, zu wollen, sondern den Willen zu sich selbst und daher zur Macht und zum Mächtigerwerden zu aktivieren. Einzelne Zwecke können im Hinblick auf diese allgemeine Absicht des Willens als Wille zu sich selber und daher als Wille zur Macht nur die Funktion des Mittel-seins übernehmen. Die Welt- und Wertauslegungen sind „Folgen und engere Perspektiven" im Dienste dieses Einen Willens, „der sich selber und damit die Macht will".

Die idealistische wie auch naturalistische Trennung zwischen Wille und Intellekt ist für Nietzsche nicht annehmbar. Wenn man als

---

[14] W.z.M. Aph. 675 (XVI, S. 137/38).

„idealistisch" dasjenige Konzept versteht, nach welchem das Bewußtsein mit seinen Zweckvorstellungen für den Willen maßgebend sein soll, als „naturalistisch" aber dasjenige, nach welchem sich ein vernunftloser, triebhafter Wille ein Vorstellungsvermögen verschafft, mit Hilfe dessen er sich auslegt und realisiert, so gibt es eine klare und unmißverständliche Absage Nietzsches an beide Positionen, die im Rahmen einer Auseinandersetzung mit Schopenhauer ausgesprochen wird. Schopenhauers Lehre, so heißt es hier, sei verkappte Teleologie, nämlich „die eines bösen und blinden Wesens, welches Zwecke erstrebt, die nicht zu bewundern und nicht zu lieben sind". Schopenhauers Konzept sei eine Umkehrung der früheren, idealistischen Teleologie, nach welcher der „Kopf des Universums und die hellste, gerechteste Einsicht in ihm die Welt und die Menschen gemacht" hat und wo man „nicht begreifen konnte, warum beide nicht um etwas vernünftiger und gerechter ausgefallen sind". Bei Schopenhauer aber scheint der „Unterleib des Universums die Wurzel der Dinge zu sein: und die Begierden desselben erfinden sich erst einen Intellekt, um sich mit seiner Hilfe besser Nester zu bauen. Eins ist so falsch wie das Andere: aber das Letztere ist unklarer, weil es vom Wollen redet, ohne von vornherein einen Intellekt anzunehmen, der sich vorstellen konnte, was er will: einen solchen Willen ins Blaue (oder ins Dasein!) gibt es nicht, es ist ein leeres Wort."[15] Der Intellekt, den Nietzsche im Willensbegriff Schopenhauers vermißt, spielt in seinem eigenen Denken eine maßgebende Rolle: er ist dem Wollen immanent und hat die Aufgabe, das Sinnbedürfnis durch die Schaffung einer angemessenen Weltperspektive zu erfüllen, welches dem Willen innewohnt.

Es ist wichtig, die Kritik der idealistischen wie auch der naturalistischen Trennung von Leib und Geist, Wille und Vorstellung und eine jeder der beiden Anschauungen entsprechende Theorie der Abhängigkeit im Auge zu behalten, um die Aussage richtig zu verstehen, daß es „nur leibliche Zustände" gibt und daß die geistigen Zustände „Folgen und Symbolik" sind. Diese Aussage ist nicht Ausdruck einer naturalistischen Deutung des Denkens und Wollens. Die „leiblichen" Zustände sind nämlich derart, daß ihnen immer ihre spezifische, leibliche Intellektualität innewohnt. Das monadologische Modell gibt Anleitung zu folgender Deutung der Aussage von dem leiblichen Zustand: er ist als „Stand" einer herrschenden „Monade" zu verstehen, der eine Welt-

---

[15] XI, S. 161/62.

perspektive und die ihr zugehörige Sinn- und Wertinterpretation eigentümlich ist. Der leibliche Zustand ist immer zugleich Basis für ein in gewisser Weise bestimmtes Welt-denken. ,,Zorn (und alle Affekte) zuerst ein Zustand des Körpers: der interpretiert wird. Später erzeugt die Interpretation den Zustand."[16] Was wir, das will damit gesagt sein, als ,,Zorn" im Sinne einer seelischen Verfassung bezeichnen, ist durch eine Interpretation entstanden, die sich der in einer entsprechenden Verfassung befindliche Leib gibt. Diese Verfassung besteht in der Herrschaft derjenigen Affekt-perspektive, aus welcher das lebendige Sein besteht, welche eine Auslegung der Welt vom Standpunkt des Zornigseins aus bewirkt.

Nietzsches Urteil über die ,,bisherige" Philosophie des organischen Lebens hat Bedeutsamkeit auch in diesem Zusammenhang. ,,Bisher sind beide Erklärungen des organischen Lebens nicht gelungen: weder die aus der Mechanik, noch die aus dem Geiste. Ich betone Letzteres. Der Geist ist oberflächlicher, als man glaubt. Die Regierung des Organismus geschieht in einer Weise, für welche sowohl die mechanische Welt, als die geistige nur symbolisch zur Erklärung herangezogen werden kann."[17] Nietzsche selbst entscheidet sich daher für einen anderen Weg der ,,Erklärung", der nicht nur durch die Aufgabe einer Philosophie des ,,organischen Lebens" bezeichnet ist, sondern weit über diese hinausgeht, sofern er zum Begreifen des Aufbaues des ,,lebendigen Seins" führen soll. In den Umkreis dieser Aufgabe gehören auch Aussagen zu dem Problem, das in der traditionellen Philosophie als dasjenige des ,,Verhältnisses" zwischen Leib und Seele bezeichnet worden ist. Da die Formulierung des Problems im traditionellen Sinne für Nietzsche keinen Sinn hat, ersetzt er sie durch die andere: er fragt, wie der Aufbau eines Zustandes des lebendigen Seins zu geschehen habe: in seiner biologisch klingenden Sprache fragt er nach dem Aufbau des ,,organischen Lebens".

Wie unterdessen immer wieder zu sehen war, versucht er, das Wesen des lebendigen Seins am Leitfaden eines monadologischen Modells zu begreifen: er versteht dieses Sein als Geschichte, die in der Abfolge von Augenblicken und Gegenwarten besteht, von denen jede als Machtverhältnis zwischen den Weltperspektiven zu begreifen ist, deren System das lebendige Sein des ,,Ich bin" ausmacht. Als Mächte in diesem System

---

[16] XIII, S. 252.
[17] ibidem S. 242/43.

sind die vielen Affektstandpunkte in ihrem gegenseitigen Herrschaftsverhältnis zu denken, von denen jeder s e i n e Perspektive in einem Wettkampf mit den anderen durchsetzen will und so die Macht über die andern erstrebt. Die in einem Augenblick der Geschichte gegebene Willensverfassung ist durch die Herrschaftssituation innerhalb dieser affektiven Standpunkte und ihrer Perspektiven bestimmt. Jeder Augenblick in der Geschichte des lebendigen Seins ist als Moment zu begreifen, wobei jeweils die herrschende Perspektive die Anerkennung ihrer Normen von seiten der andern durchsetzt. Die in diesem Augenblick gebrauchten Wertmaßstäbe kommen in der Sprache, in der Denkart und im Modus der Beurteilungen zum Ausdruck, die dieser „Epoche" der Geschichte des lebendigen Seins und ihrer Willensverfassungen eigentümlich sind. Die von ihr in Kurs gesetzten Meinungen, Weltinterpretationen und Bewußtseinsformen geben eine „symbolische" Auskunft über den Charakter des Herrschaftsgebildes, in welchem die Affekte und ihre Perspektiven auftreten. „Der Mensch als Vielheit: die Physiologie gibt nur die Andeutung eines wunderbaren Verkehrs zwischen dieser Vielheit und der Unter- und Einordnung der Teile zu einem Ganzen. Aber es wäre falsch, aus einem Staate notwendig auf einen absoluten Monarchen zu schließen (die Einheit des Subjekts)."[18]

Im Wortgebrauch der Tradition gesprochen, gehören diese Aussagen nicht in den Bereich einer Philosophie des organischen Lebens, sondern in den der „Ontologie". Das von Nietzsche so genannte „organische Leben" ist der ganze Bereich des Seienden, auch das, was er gelegentlich als Welt bezeichnet. Nietzsches Experiment besteht in dem Erklärungsversuch des ganzen Aufbaues des Seienden nach dem Modell einer „organischen" Hierarchie von affektiven Standpunkten und ihren Willens- und Machtverfassungen sowie des aus ihnen bestehenden Herrschaftsgebildes, das von Augenblick zu Augenblick in der Geschichte des lebendigen Seins wechselt. In diesem Experiment ist daher auch keine Grenze zwischen dem bloß „Organischen" und dem sogenannten „Geistigen" oder „Seelischen" vorgesehen, ebensowenig wie zwischen „Leib" und „Geist". Demgemäß werden auch die leiblichen Vorgänge nicht anders als die sogenannten „geistigen" erklärt: in den Prozessen unserer Verdauung vollziehen sich z. B. Leistungen der Intelligenz in nicht geringerer Weise als sie auf anderer Stufe im „Denken" geschehen. „Unser Intellekt kann durchaus nicht die Mannigfaltigkeit eines klugen

---

[18] XIII, S. 243.

Zusammenspiels fassen, geschweige hervorbringen, das z. B. der Verdauungsprozeß ist. Es ist das Zusammenspiel **sehr vieler Intellekte**! Überall, wo ich Leben finde, finde ich schon dies Zusammenspielen! Und auch ein Herrscher ist in den vielen Intellekten da. – Sobald wir aber uns die organischen Handlungen als **mit Hilfe unseres Intellekts** ausgeführt denken: werden sie uns ganz unverständlich. Vielmehr müssen wir den Intellekt selber als eine letzte Konsequenz jenes Organischen denken."[19]. Jeder der „vielen Intellekte" hat seine Weltperspektive. Leibniz hatte von der prästabilierten Harmonie Gebrauch gemacht, mit Hilfe deren er die Abstimmung dieser Vielheit im Sinne einer Herrschaftshierarchie spekulativ zu garantieren versuchte. Er hat auch gelegentlich vom „Akkord" gesprochen, den jeder Augenblick des Weltalls ergibt. Nietzsche spricht vom „Zusammenspielen" der vielen Blickpunkte und ihrer Perspektiven.

Wenn man das hierarchisch verfaßte Ganze der Standpunkte und ihrer Weltperspektiven als Herrschafts- und Machtverhältnis begreift, so ergibt sich, daß den einzelnen points de vue verschiedene Grade von Macht eigentümlich sind. Die Macht eines Zu-standes ist um so größer, je umfangreicher der Bereich der Standpunkte ist, den er seinerseits umgreift, über-greift und damit beherrscht. Er benötigt dann diese Macht, um die kraftvolle Einheit eines einzigen „Gemeinwesens" herzustellen. In jedem Machtzustand ist zugleich auch der Impuls zur Vergrößerung der Macht wirksam, was zugleich das Streben nach Über-gang und Über-schreitung der gegenwärtigen Machtgrenzen bedeutet. Überschreiten ist mit **Erweiterung** des Horizontes gleichbedeutend, der eine möglichst große Vielzahl von Perspektiven einschließt und in seinem gesellschaftlichen Gebilde „organisiert". Der Schritt jeweils zu einer neuen Organisation, in der neue Standpunkte und Perspektiven eingeholt werden, ist zugleich Übergang zu einer neuen Machtstufe. Eine neue und umfassendere Einheit wird dabei hergestellt, in der eine jeweils mächtigere Perspektive und ihre Welt- und Wertinterpretation zur Geltung kommt: sie ist Ergebnis des „Schaffens".

3. **Der Wille zur Macht als Wille zum Schaffen**

Die bisherige Arbeit dieses Kapitels war der Aufgabe gewidmet, das Bild des Willens als Macht zu entwerfen. Dabei wurde deutlich, daß

---

[19] ibidem S. 243/44.

Nietzsche den Charakter des Standes, den wir in je einer Gegenwart in der Geschichte unseres Denkens einnehmen – bei Nietzsche ist von „Zu-stand" die Rede – als Herrschaftsverhältnis begriffen, demgemäß eine maßgebende und bedeutsame Weltperspektive eine möglichst große Vielheit anderer Perspektiven beherrscht und sie zu einem gemeinschaftlichen Gebilde zusammenfaßt. Für den „Zustand" wurde auch, ohne daß man sich auf eine wörtliche Wendung Nietzsches berufen konnte, der Terminus „lebendiges Sein" gebraucht. Im folgenden ist es die Aufgabe, dem Gedanken noch weiter nachzugehen, daß der Wille in diesem Sein zugleich über sich selbst und seinen Zustand hinaus will und daß er als Wille zur Macht zu verstehen ist.

Wenn Nietzsche im Zusammenhang mit dem Willens-Thema von „Befehlen" spricht, von dem er sagt, daß es schwerer sei als gehorchen und daß der Befehlende zuerst einmal gelernt haben müsse zu Gehorchen, so ist zu bedenken, daß nicht einzelne Befehle eines Machthabers gemeint sind: Nietzsche denkt vielmehr an ein Setzen von Normen im Sinne eines Schaffens von „Werttafeln". Um sich in den Willens-stand des so verstandenen Befehlens zu setzen, bedarf es der Freiheit und des Über-legenseins über schon gegebene Welt- und Wertinterpretationen. Daraus folgt, daß Wille als Befehl immer ein Über-gang zu einer neuen und weiteren, umfassenderen perspektivischen Einheit bedeutet: dieser Übergang ist zugleich auch als Schaffen zu bezeichnen, da er Entwurf und Hervorbringen einer überlegenen Weltperspektive bedeutet. Diese Perspektive wird nicht nur unverbindlich angeboten, sondern der Schaffende will sie zur Geltung und zur Herrschaft bringen: Schaffen ist in diesem Sinne zugleich Wille zur Macht. Und dieser seinerseits ist jeweils Wille zum Hinausgehen über den gegenwärtigen Zustand zu einem neuen umfassenderen und noch mächtigeren: Schaffen bedeutet also immer zugleich auch ein Hinausschaffen über sich selbst und ein Übergang zu immer mehr Macht und Übersicht.

Daß für den Willen der Impuls wesentlich ist, eine Gestalt der Weltinterpretation zu schaffen, sie in der Gegenwart zu behaupten und zugleich auch wieder diese im Zuge einer Vermehrung der Macht Neues schaffend zu überschreiten, kommt vor allem dort zur Sprache, wo Nietzsche den „Willen zur Wahrheit" der Kritik unterwirft und ihn als in sich widersprüchlich charakterisiert. Dieser sucht eine Wahrheit, die schon gegeben ist, und handelt dadurch seinem Wesen entgegen, welches sich nicht an Gegebenes bindet, sondern darauf aus ist, selbst zu schaffen.

„Wer seinen Willen nicht in die Dinge zu legen vermag, der Willens- und Kraftlose, der legt wenigstens noch einen Sinn hinein, d. h. den Glauben, daß schon ein Wille darin sei."[20] Aber der Freie und zugleich Starke verzichtet auf diesen Glauben und entwirft sich eine Welt, in der er selbst zum Sinn-schaffen gezwungen ist. Je höher der Grad einer Willenskraft, um so stärker das Verlangen, über Gegebenes hinauszuschaffen. Daher ist es ein „Gradmesser von Willenskraft", wie weit man den Gedanken verträgt, in einer sinnlosen Welt zu leben. Denn der Gedanke der Sinnlosigkeit der Welt fordert die höchste Kraft und Anstrengung heraus, selbst sinnschaffend zu sein. Die sinnlose Welt: sie ist gerade die, welcher der dem Programm des Schaffens und über sich Hinausschaffen gewachsene, „starke" Mensch als Stachel für sein Sinnschaffen bedarf: er entscheidet sich aus Gründen seiner Sinnmotivation für eine sinnlose Welt der ewigen Wiederkehr alles Gleichen.

Daß der Wille zur Macht zugleich Wille zum Schaffen und damit zu mehr Macht ist, wird in folgendem Satze ausgesagt, der auch eine Apologie des Prinzips der Herrschaft ausspricht, dessen Verleumdung durch Anarchisten wie etwa Bakunin Nietzsche vor Augen hatte. „Die demokratische Idiosynkrasie gegen Alles, was herrscht und herrschen will, der moderne Misarchismus (um ein schlechtes Wort für eine schlechte Sache zu bilden) hat sich allmählich dermaßen ins Geistige, Geistigste umgesetzt und verkleidet, daß er heute Schritt für Schritt bereits in die strengsten, anscheinend objektivsten Wissenschaften eindringt, eindringen darf..."[21] Nietzsche denkt hier nicht nur an die Geschichtsschreibung. Er nennt in diesem Zusammenhang auch Physiologie und Biologie, aus denen man einen für das Leben selbst unentbehrlichen und charakteristischen Grundbegriff eskamotiert habe, den der „eigentlichen Aktivität". Man spricht stattdessen von „Anpassung" und führt dadurch eine „Aktivität zweiten Ranges", die in Wahrheit bloße Reaktivität ist, ein. „Damit ist aber das Wesen des Lebens verkannt, sein Wille zur Macht; damit ist der prinzipielle Vorrang übersehn, den die spontanen, angreifenden, übergreifenden, neu-auslegenden, neu-richtenden und gestaltenden Kräfte haben, auf deren Wirkung erst die ‚Anpassung' folgt; damit ist im Organismus selbst die herrschaftliche Rolle der höchsten Funktionäre abgeleugnet, in denen der Lebenswille aktiv und formgebend erscheint..."[22]

---

[20] W.z.M. Aph. 585 (XVI, S. 84).
[21] VII, S. 371/72.
[22] ibidem S. 372.

In diesen Sätzen wird der Wille zur Macht, der als Wesen des Lebens erklärt wird, indirekt durch Prädikate charakterisiert, die jetzt einzeln und in ihrem Zusammenhang zugleich näher zu betrachten sind. Der Wille zur Macht wird als Prototyp alles Willens im Sinne eines Komplexes von monadischen Einheiten im Organismus begriffen, von denen jede ihre „Welt" zur Herrschaft bringen will. Nietzsche spricht von einer Vielheit von Kräften, von Machtquanten, die sich in Über- und Unterordnung befinden. Jede zeigt Spontaneität und hat das Bestreben, „angreifend" zur Herrschaft über die anderen zu kommen, indem sie diese über-holt und entkräftet. Der dabei sich ereignende Wettkampf findet zwischen Standpunkten und ihren Weltperspektiven statt: daher zeigen die miteinander im Kampfe liegenden „Kräfte" Eigenschaften, die nur in der dialektischen Auseinandersetzung zwischen Weltauslegungen bedeutsam sind. Jedes der Macht- bzw. Willenszentren erweist sich als Kraft, die einerseits ihr egoistisches Ziel der Durchsetzung ihrer Weltperspektive mit engstirniger Entschlossenheit verfolgt, andererseits aber im Gegensatz zu dieser Enge ihren Horizont auszuweiten bestrebt sein muß, weil ein Machtgewinn nur durch „Über--greifen" über die andern Willens- und Machtzentren möglich ist. Der über-greifende Zug ist daher der die Macht über die andern anstrebenden Kraft eigentümlich, weil nur durch Übergreifen über diese eine souveräne Stellung ihnen gegenüber erreichbar ist. Die Auseinandersetzung, die hier stattfindet, ist dialogisch-dialektischer Art und findet im Bereich des Behauptens, experimentellen Begründens, des Zur-überzeugung--bringens, des Entkräftens der gegnerischen Positionen, ihres Über--holens durch Schaffen neuer Weltperspektiven statt. Spontaneität und angreifendes Verhalten sind daher auch immer zugleich über-greifendes Verhalten. Indem eine monadisch gedachte Krafteinheit über ihren gegenwärtigen Machtzustand ausgreifend und übergreifend hinauszugehen versucht, geschieht diese Bewegung durch den Einsatz einer überlegenen, von der herrschenden Kraft geschaffenen neu-auslegenden Perspektive. Deren Überlegenheit zeigt sich in ihrer Fähigkeit einer Weltauslegung, derzufolge jede der andern Kraftzentren und ihrer Perspektiven den ihr zukommenden Platz im Ganzen des „Gemeinwesens", das als lebendiges Sein bezeichnet wurde, zugewiesen bekommt.

Über-greifen bedeutet zugleich auch Schaffen und Produzieren einer Weltinterpretation, in der alle in Frage kommenden Willens- und Machtzentren zu einem Gesellschaftsganzen vereinigt sind. Die überlegene

„Monade" erweist sich mit ihrer Leistung des Auslegens auch als „gestaltend". Sie richtet die von ihr über-griffenen und damit beherrschten „Monaden" auf eine neue, ihrer individuellen Interpretation entsprechenden Weise aus. Dadurch wird eine neue Lebensform zur Gestalt gebracht: die Wahl von Weltperspektiven mit ihren interpretativen Möglichkeiten ist auch immer Herstellung je einer Lebensgestalt.

Im Einklang damit charakterisiert Nietzsche in der „Genealogie der Moral" seinen „Haupt-Gesichtspunkt der historischen Methodik" durch die Überlegung, daß mit jedem wesentlichen Wachstum des Ganzen sich auch der „Sinn" der einzelnen „Organe", also ihr Wert und ihre Bedeutsamkeit für dieses Ganze verschiebe[23]. Als „Organ" in philosophischer Bedeutung ist jeweils eine affektive monadische Einheit zu verstehen, aus denen das Ganze eines lebendigen Seins besteht. Jedes der „Organe" steuert seine Auslegung der Welt, die es von seinem Standpunkt aus leistet, zum Ganzen bei: die Bedeutsamkeit jeder der behaupteten Perspektiven verschiebt sich jeweils im Zuge des Wachstums des Ganzen. Die Geschichte dieses Wachstums weist einen „Fortschritt" in der Gestalt eines Gewinnes größerer Macht auf. Der Fortschritt wird auf „Unkosten zahlreicher kleinerer Mächte" durchgesetzt, welche im Zuge von Herrschaftsbildungen über-holt, entkräftet, in ihrer Bedeutsamkeit und in ihrem „Sinn" für das Ganze zurückgesetzt werden. Die Größe eines Fortschritts bemißt sich nach der „Masse dessen, was ihm alles geopfert werden mußte; die Menschheit als Masse im Gedeihen einer einzelnen **stärkeren** Spezies Mensch geopfert – das **wäre** ein Fortschritt..." Das Wort: „Opfer" ist in diesem Zusammenhang nicht mit der Vorstellung von Abschlachten und Blut zu verbinden: wenn hier davon die Rede ist, daß eine Spezies Mensch geopfert wird, dann ist darunter zu verstehen, daß sie ihre bisher innegehabte Bedeutsamkeit und Machtstellung einbüßt und in die Rolle der Bedeutungslosigkeit und Machtlosigkeit zurückgesetzt wird. Der Name: Opfer gehört in den Bedeutungszusammenhang der durch den Namen: Macht und Entmachtung bestimmt ist. Die „eigentliche" Bedeutung von Macht ist bei Nietzsche die der Überlegenheitsstellung von Personen und Denk- und Handlungscharakteren.

Auch die „Person" im Sinne der traditionellen Terminologie ist nach Nietzsche ein Machtgebilde, welches aus einer Vielheit von perspektivischen Zentren besteht, die zu einer hierarchischen Einheit zusammen-

---

[23] ibidem, S. 371.

gefaßt sind. Jedes dieser Zentren will die Macht über die übrigen gewinnen: in jedem Augenblick der Geschichte der Person hat sich eine bestimmte Machtkonstellation hergestellt, in welcher jeweils der Wille eines perspektivischen Zentrums bzw. eines „Affekts" kommandiert.

Macht wird von Nietzsche „politisch" im weitesten Sinne verstanden: das Machtgebilde des Staates, begriffen als Herrschaftsordnung überhaupt, ist maßgebendes Modell auch für die Interpretation des „personalen" lebendigen Seins und seiner Willens- und Denkzustände. Wenn die Aussagen Nietzsches über derartige Machteinheiten in Zusammenhang mit Herrschaft, Befehl, Überlegenheit gemacht werden, dann klingen sie für unkundige Ohren nach Diktatur, nach Verletzung der Menschenrechte, Zwang und Unterdrückung. Um der Gefahr einer solchen Fehldeutung entgegenzuwirken, ist es gut, sich an die von Nietzsche dem Begriff der Macht beigelegten Züge zu erinnern und sie zum Gesamtbilde der Macht zu vereinigen. Es ist daran zu erinnern, daß das Thema: Macht vorzüglich in dem Umkreis erörtert wird, in welchem es darum geht, den hierarchischen Aufbau des lebendigen Seins aus Standpunkten, welche als Machtzentren ausgelegt werden, und deren Perspektiven zu begreifen. Der Wille, im Kampfe mit den andern perspektivischen Zentren die Macht zu gewinnen, ist in diesem Zusammenhang nicht als Wille zur Unterdrückung der anderen, sondern als Wille zur Vergegenwärtigung möglichst vieler Weltperspektiven unter einem beherrschenden und machtvollen Konzept zu deuten. Das Gesicht der Macht wird durch die Weite und den Reichtum des dabei gewählten Horizontes bestimmt. Wesentlich ist, um das Bild der Macht zu vervollständigen, noch ein weiterer Zug: derjenige des in seiner einigenden und übergreifenden und umfassenden Stellung Anerkanntwerdens. Dieser Zug der Macht besteht in der von den beherrschten Standpunkten und ihren Perspektiven frei gewährten Zustimmung zu dem Anspruch des beherrschenden Standpunktes, sie in seine Einheit über-greifend einzuholen. „Unser Ideal durchsetzen: – Ringen um die Macht auf die W e i s e , wie es aus dem Ideale folgt."[24]

Um einer Mißdeutung des Begriffes Macht entgegenzuwirken, ist auch die Bedeutung biologisch klingender Aussagen Nietzsches in ihrem wahren Sinn klarzustellen. Es ist zu beachten, daß Nietzsches Rede vom „Leben", von der „Physiologie", vom „Organismus" usw. in einem ursprünglich philosophischen, nicht im biologischen Sinne zu verstehen

---

[24] XIV, S. 274.

ist. Wenn es z. B. bei ihm heißt, daß jeder „kleinste Teil eines lebenden Organismus" ein Plus von „Macht" wolle, dann ist aus dem Bisherigen klar, daß dieser Wille zur Machtsteigerung im Sinne eines Willens zum Schaffen neuer Weltperspektiven zu verstehen ist, die ihren Machtzuwachs gegenüber dem vorhergehenden Zustand durch das Wachstum ihrer Fähigkeit zum Über-greifen dokumentieren. In dieselbe Richtung philosophischer Interpretation scheinbar biologischer Aussagen über das „Organische" wird man bei der Interpretation des Satzes verwiesen, daß die Verachtung des Machtgewinnes und -einflusses „wider das Prinzip des Organischen" sei[25]. Auch wenn Nietzsche in der Sprache Darwins vom „Kampf ums Dasein" spricht, dann verbindet er damit einen spezifisch philosophischen Sinn. Er deutet diese Wendung vom Gedanken des Kampfes um Macht in dem erörterten spezifisch philosophischen Sinne. So betont er, daß der „Kampf ums Dasein" einen Ausnahmezustand bedeute: von ihm kann nur in den Situationen die Rede sein, in welchen die Existenz eines Organismus so reduziert ist, daß er nur noch um das Überleben kämpft. „Die Regel ist vielmehr der Kampf um Macht, um ‚Mehr' und ‚Besser' und ‚Schneller' und ‚Öfter'.[26] Die spezifisch philosophische Bedeutung des Wortes Macht, die hier allein zutrifft, verrät sich an dem Prinzip, welches durch die dem Kampf um Macht charakterisierenden Vokabeln: mehr, besser, schneller, öfter angezielt wird: gemeinsam ist diesen Namen das Prinzip „Steigerung". Der Kampf um Macht wird durch den Impuls des Höhersteigens, des Über-holens geltender Weltperspektiven bestimmt. Im Kampf um Macht wird der Wille des Überschreitens jeweils eines gegenwärtigen Zustandes und seiner Maßstäbe wirksam. Was in der Sprache in der Gestalt der Komparative auftritt, stellt sich dem philosophischen Begreifen als eine Bewegung der Ausweitung des Horizontes, des immer Umfassender-, Weitergreifend- und Über-legenwerdens dar.

Es sind viele Namen, welche Nietzsche für die Benennung eines affektiven Willenszentrums wählt, das mit anderen zusammen die lebendige Einheit, die sich „Ich bin" nennt, konstituiert: Willensquantum, Monade, perspektivisches Zentrum, Kraft und Krafteinheit: Nietzsche macht, wie zu erwarten ist, gelegentlich auch von dem primär biologisch verstandenen Namen „Zelle" Gebrauch, dem er philosophische Bedeutung gibt.

---

[25] XIII, S. 176.
[26] ibidem S. 231.

So ist unter dem Thema: „Der Leib als Herrschaftsgebilde" stichwortartig von der „Aristokratie im Leibe", der „Mehrheit der Herrschenden (Kampf der Zellen und Gewebe)" die Rede. Sicher nimmt Nietzsche hiermit die Sprache der Biologen auf. Aber primär liegt der philosophische Bedeutungszusammenhang vor. Auch die biologischen Phänomene werden von diesem her gedeutet und um seinetwillen angedeutet[27]. Ein lebendiges Sein von der Art des Ich-Leibes aber ist primär nicht als bleibende Substanz, sondern als in sich bewegte Einheit zu begreifen: die Züge und Aspekte dieser Bewegung werden durch Namen wie: angreifen, übergreifen, zeugen, gestalten, schaffen, organisieren bezeichnet. Solche Namen sind im Sprachgebrauch Nietzsches in der philosophischen Bedeutung zu verstehen, die dem gedanklichen Zusammenhang der Geschichte je eines individuellen lebendigen Seins und seines gesellschaftlichen Gemeinwesens, dem Sinn-schaffen des Willens zur Macht, der sich in der Bewegung des Über-sich-hinauswachsens, des Sich-erweiterns und -ausdehnens, Schaffens, Über-schreitens befindet, angehört. Der Zustand der Lust, von dem in diesem Zusammenhang die Rede ist, kommt nicht in psychologischer Bedeutung in Betracht: Lust wird vielmehr rein philosophisch als Selbstgefühl der Bewegung des Mächtigwerdens verstanden. „Warum alle **Tätigkeit**, auch die eines **Sinnes**, mit Lust verknüpft ist? Weil vorher eine Hemmung, ein Druck bestand? Oder vielmehr weil alles Tun ein Überwinden, ein Herrwerden ist und **Vermehrung des Machtgefühls** gibt? – Die Lust im Denken. – Zuletzt ist es nicht nur das Gefühl der Macht, sondern die Lust an dem Schaffen und am **Geschaffenen**: denn alle Tätigkeit kommt uns ins Bewußtsein als Bewußtsein eines „Werks"."[28] Gleichwohl ist unmittelbar hinzuzufügen, daß die Devise, in der Bewegung des Über-schreitens und immerwährenden Schaffens nicht müde zu werden, damit der Schaffende seines Werkes sich immer gewachsen zeigt, die Forderung einschließt, über das Werk hinauszuschaffen. Das bedeutet, einem neuen Stand und dessen Weltperspektive die Macht zu verschaffen: denn Schaffen ist „Auswählen und Fertig-machen des Gewählten".[29]

Nietzsches Philosophie verstehen heißt, seine philosophische Sprache angemessen zu deuten: das wiederum schließt die Forderung ein, bei der Interpretation einzelner fragmentarischer Aussagen immer das Ganze

---

[27] W. z. M. Aph. 660 (XVI, S. 126/27).
[28] W. z. M. Aph. 661 (ibidem S. 127/28).
[29] W. z. M. Aph. 662 (ibidem S. 128).

einer gedanklichen „Welt" zu vergegenwärtigen. Diese Aufgabe ist dadurch erschwert, daß er sich nicht auf eine Terminologie festlegt: vielmehr er-geben sich bei ihm die jeweils gebrauchten philosophischen Namen je aus dem augenblicklichen Sinnbedürfnis einer jeweiligen Denk-gegenwart: sein Denken und Sprechen ist ein Handeln, welches einer jeweiligen Wort-aktualität des gedanklichen Augenblicks gerecht werden will. Seine „Erkenntnistheorie" beschreibt die gedanklichen Momente, aus denen sich dieses Handeln ergibt. So fließen immer neue Bilder und dementsprechend neue Wendungen ein, die einen besonderen point de vue und dessen Perspektive ergeben, in welche eine von einer anderen Hinsicht her schon angesprochene philosophische „Sache" gerückt wird. Es ist eine Aufgabe der Interpretation, die verschiedenen Perspektiven und ihre sprachlichen Gestalten auf die gemeinsame philosophische Gedankenwelt Nietzsches zu beziehen.

Vom primären philosophischen Standpunkt aus ergeben sich auch Aspekte, die ein anderes Bild als das von Biologen etwa vom Schlage Darwins gezeichnete entstehen lassen. Es tritt in der Geschichtsphilosophie entgegen, in der sich zeigt, daß die Starken und Vollkommenen faktisch nicht die Herrschaft über die Schwachen zu übernehmen vermochten: vielmehr war das Umgekehrte der Fall, wie ein Blick auf die maßgebende Bedeutung des platonisch-christlichen Konzeptes in den letzten zwei Jahrtausenden gezeigt hat.

4. Das Paradox der abendländischen Geschichte: die „Stärke" der Schwachen und die „Schwäche" der Starken: Vergleich mit Hegels Herr-Knecht-Dialektik

Nietzsche sieht als Hauptthema der Geschichte den Kampf der miteinander ringenden Weltperspektiven. In scheinbar darwinistischer Sprache redet er von der Konkurrenz der Standpunkte und ihrer Weltperspektiven und vom Mächtigwerden jeweils einer von diesen, die über der Vielheit der anderen zur Herrschaft kommt. Dabei einigt sie die überwundenen, übergreift ihre Verschiedenheiten und gestaltet sie zum Ganzen eines gegliederten „Gemeinwesens". Die Bewegung zu mehr Macht und damit zu gehaltvollerer Einheit und größerem Umfang wird als lustvoll erlebt. Alles „Sich-ausbreiten, Einverleiben, Wachsen ist ein Anstreben gegen Widerstehendes; Bewegung ist essentiell etwas mit Unlustzuständen Verbundenes: es muß Das, was hier treibt, jedenfalls etwas

Anderes wollen, wenn es dergestalt die Unlust will und fortwährend aufsucht. –"[30]

Die hier genannten Züge gehören zur Physiognomie des „starken" Seins, als dessen Charakteristikum auch die Einstellung auf Schaffen, auf dauernde Bewegung jeweils über den gegenwärtigen Zustand hinaus festgestellt wurde. Zudem wurde für Stärke und Macht noch die Fähigkeit in Anspruch genommen, den Charakter des Standes und seines Weltdenkens, für den man sich entschieden hat, zur Anerkennung und zur „Herrschaft" zu bringen. Das Paradox, welches die Geschichte zeigt, besteht darin, daß genau diejenigen, die von den Maßstäben Nietzsches aus als die „Schwachen" zu beurteilen sind, einen wichtigen und auffallenden Zug der Stärke bewiesen haben: den des Überzeugendmachens und des Durchsetzens der eigenen Weltinterpretation. Sie haben ihre idealistisch-christliche Welt- und Wertperspektive zur Herrschaft gebracht und sind dadurch im Kampf um die Macht gegenüber den „Starken" zum Erfolg gelangt. Sie haben sich gegenüber den „Starken" als Schaffende erwiesen, welche die in der bisherigen abendländischen Geschichte maß-gebenden Wertsysteme zur Geltung gebracht haben.

Warum gelingt es den eigentlich „Starken" nicht, sich vollkommen stark zu zeigen, da sie den für die eigentliche Stärke maßgebenden Zug der Durchsetzung und der Herrschaft gerade an die „Schwachen" abgegeben haben? Sind sie nicht dadurch Schwache geworden, während die Schwachen stark geworden sind? Verbirgt sich hinter dieser geschichtlichen Bewegung der Umschlag, den Hegel unter dem Namen: Herr und Knecht dialektisch reproduziert hat?

Nietzsche sieht geradezu eine notwendige Logik in dieser paradoxen Entwicklung: Sie ist in dem gegenseitigen Verhältnis zwischen den von Natur aus „Starken" und den „Schwachen" angelegt. Stärke darf man nicht nur darwinistisch als „Vollkommenheit" der „biologischen" Konstruktion interpretieren, denn sie besteht in der Fähigkeit der jeweils sinn-vollen Weltinterpretation und Welt-stellung. Wenn aber dem so ist, dann darf man in ihr im Gegensatz zu Darwin nicht eine Eigenschaft sehen, welche im Auslesekampf des Lebens einen Vorteil bringen würde. Nietzsches Anti-Darwin-Behauptung lautet: „Die Gattungen wachsen nicht in der Vollkommenheit: die Schwachen werden immer wieder über die Starken Herr, – das macht, sie sind die große Zahl, sie

---

[30] W. z. M. Aph. 704 (ibidem S. 164).

sind auch klüger... Darwin hat den Geist vergessen (– das ist englisch!), die Schwachen haben mehr Geist... Man muß Geist nötig haben, um Geist zu bekommen, – man verliert ihn, wenn man ihn nicht mehr nötig hat. Wer die Stärke hat, entschlägt sich des Geistes..."[31]

Das wichtigere Argument für den Sieg der Schwachen als das der großen Zahl beruft sich auf das „Klüger-sein" und darauf, daß diese mehr „Geist" haben. Was will Nietzsches Satz besagen, daß man den Geist verliert, wenn man ihn nicht mehr nötig hat und daß derjenige sich des Geistes entschlägt, der die Stärke hat? Warum ist auf der Seite der Starken zugleich die „Dummheit"?

Um diese Frage zu beantworten, ist es gut, auf die „Definition" Nietzsches vom „Geist" zu achten: „Ich verstehe unter Geist... die Vorsicht, die Geduld, die List, die Verstellung, die große Selbstbeherrschung und Alles, was mimikrie ist (zu letzterem gehört ein großer Teil der sogenannten Tugend)."[32] Die Verbindung von Krankheit bzw. Schwäche und Geist kann auf die Logik zurückgeführt werden, die im Willen zur Macht auch der Schwachen wirksam ist: diese haben ein Interesse daran, ihr Defizit an ursprünglichem Selbstvertrauen, Überschuß an Leben, Reichtum an Schaffensmöglichkeiten durch „Geist" auszugleichen. Während es zu einem entscheidenden Charakterzug der Starken gehört, sich gehen zu lassen und sich gerade so darzustellen, wie sie sind, haben es die Schwachen nötig, sich selbst zu „beherrschen", sich zu disziplinieren, sich viel Wissen anzueignen, Kenntnisse und Fertigkeiten zu gewinnen, zu denen besonders auch Lust und die Beherrschung psychologischer Künste des Gewinns von Vorteilen im Lebenskampf gehören. Nicht gemeint ist die „List der Vernunft", von der Hegel spricht, sondern die erworbene Durchtriebenheit und das Raffinement der Schwachen, die diese in den Stand setzen, den Sieg über die „Starken" davonzutragen. Dazu ist im Sinne Nietzsches noch der Gedanke hinzuzufügen, daß es die „Schwachen" nötiger haben als die Starken, ihren Intellekt dazu anzustrengen, um eine Sinnperspektive für ihr Denken und Tun zu finden.

Die Überlegungen Nietzsches zum Verhältnis zwischen den Starken und den Schwachen fordern zu einem Vergleich mit Hegels dialek-

---

[31] VIII, S. 128; ebenso W. z. M. Aph. 864 (XVI, S. 280): „Warum die Schwachen siegen. In summa: die Kranken und Schwachen haben mehr Mitgefühl, sind „menschlicher" –: die Kranken und Schwachen haben mehr Geist, sind wechselnder, vielfacher, unterhaltender, – boshafter: die Kranken allein haben die Bosheit erfunden."

[32] G. VIII, S. 128.

tischem Lehrstück von Herr und Knecht heraus. Zunächst mag die Aufmerksamkeit darauf gelenkt werden, daß es sich bei beiden Denkern im Grunde um ein und dasselbe Thema handelt: es geht um ein philosophisches Begreifen der Logik, die in der Auseinandersetzung und im „Kampfe" um die Herrschaft wirksam ist. Hegel geht von der Anfangssituation aus, in der sich ein Herr-Knecht-Verhältnis dadurch herausgebildet hat, daß sich im Kampfe auf Leben und Tod der eine entschlossen hat, von nun an nicht mehr den ganzen absoluten Einsatz seines Lebens zu wagen. Das führte notwendig dazu, daß er dem andern gegenüber, der weiterhin den Kampf um das „Ganze" zu bestehen bereit ist, nicht mehr die Rolle des ebenbürtigen freien Gegners spielen kann: vielmehr hat er sich durch diese Entscheidung notwendig der Herrschaft und dem Willen des andern unterworfen.

Die Rolle des Knechtes, die er damit übernimmt, bildet an seiner Physiognomie Züge heraus, die denen gleichen, die Nietzsche am Typus des Schwachen zeichnet: auch der „Schwache" im Sinne Nietzsches weigert sich, „aufs Ganze zu gehen" und um Tod und Leben zu kämpfen. In seiner „idealistischen" Welt- und Wertinterpretation nimmt die Devise der „friedlichen" Überwindung der Konflikte durch vernünftige Regelung einen maßgebenden Rang ein. Die Gemeinsamkeit der Charakterzüge zwischen dem „Knecht" Hegels und Nietzsches Typus des Schwachen zeigt sich weiterhin noch deutlicher, wenn man die auf die Anfangssituation der dialektischen Bewegung, die zwischen Herr und Knecht in Gang kommt, folgende Geschichte bedenkt: die Rolle des Knechtes verlangt es, sich vermittelnd zwischen den Herrn und die Sachen einzuschalten und diese für den Herrn und die Erfüllung seiner Bedürfnisse zu „bearbeiten". Um den dabei sich stellenden Aufgaben gerecht werden zu können, muß sich der Knecht disziplinieren, er muß sich Fertigkeiten aneignen, muß die Sachen gestalten, formen und „bilden" lernen. Arbeitend baut der Knecht Wissenschaft, Technik, Recht und Wirtschaft auf. Arbeit bildet gestaltend und schafft Bildung für den Arbeitenden. Der Knecht setzt sich durch geschickten Gebrauch von Strategien, Methoden und Fertigkeiten in den Stand, am Ende die Herrschaft über den Herrn zu erringen, der in Abhängigkeit vom Knecht geraten ist, weil seine Rolle von ihm nicht mehr gefordert hat, als die vom Knecht gebotenen Arbeitsprodukte zu verbrauchen und zu genießen. So kann der Knecht s e i n e Welt- und Wertordnung gegenüber derjenigen des Herrn durchsetzen. Während der Herr „dumm" geblieben ist, hat sich der Knecht, um in der Sprache Nietzsches zu reden,

,,Geist" angeeignet. Er hat Moral und Recht geschaffen, verfügt über ,,Tugenden" wie Anpassung, Einordnung, Vorsicht und Geduld und die ,,große Selbstbeherrschung": aber auch über List und Verstellung. Das sind ,,Tugenden", die Nietzsche als charakteristisch für den ,,Schwachen" erklärt: als ,,schwach" im Sinne Nietzsches hat sich der Knecht schon von Beginn dieser Geschichte an gezeigt, als er sich dem Herrn ausgeliefert hat: er hat den Kampf auf Leben und Tod der Sicherheit der rechtlich geordneten Arbeit gegenüber hintangestellt.

Natürlich ist auch der Unterschied zwischen dem Typus des Hegelschen Knechtes und des Schwachen, wie ihn Nietzsche versteht, zu berücksichtigen: die dialektische Bewegung, die am Ende zu einem Umschlag des Herr-Knecht-Verhältnisses führt, ist von der Vernunft und ihrer ,,List" geleitet. Für Nietzsche gibt es keine über die Köpfe der Personen hinweg planende und arbeitende Vernunft: die Auseinandersetzung zwischen den Starken und den Schwachen versteht er im Sinne einer Geschichte, welche durch den in den Individuen wirkenden Willen zur Macht in Gang gesetzt und durch ihn bestimmt wird. Wenn es einen Sinn hat, von Nietzsche aus von ,,Vernunft" zu sprechen, dann tritt bei ihm diese in der Interpretation der Logik auf, die als Wille zur Macht bzw. als Kampf um die Macht Gestalt gewinnt. Der Kampf zwischen den Starken und den Schwachen wird von Nietzsche nicht wie die dialektische Bewegung zwischen Herr und Knecht unter dem Aspekt der Arbeit und der Erfüllung von Bedürfnissen, also im Hinblick auf die Entstehung der bürgerlichen Gesellschaft gesehen, sondern unter dem Aspekt des Schaffens und der Durchsetzung je einer Welt- und Wertinterpretation: Nietzsche deutet diesen Kampf primär im Zusammenhang des geschichtsphilosophischen Gedankens, daß die ,,Politik" der Schwachen am Ende zum Nihilismus führt, der durch eine Sinn-philosophie allein überwunden werden kann, welche die Stärke schafft. Bei Nietzsche geht es nicht wie bei Hegel um eine dialektische Rekonstruktion der bürgerlichen Revolution, sondern um die Frage, durch welche philosophische Wendung die nihilistische Situation gemeistert werden kann, zu der die Herrschaft der Schwachen auch im Zuge der Revolution geführt hat.

Nietzsches Denk-willen richtet sich nicht, wie der Hegels, auf Reproduktion der politischen Entfaltung des Bewußtseins der Freiheit, die als ,,Vernunft" interpretiert wird: seine primäre Aufmerksamkeit gilt der Freiheit in einem andern Sinne: in demjenigen der absoluten Autarkie des Sinnschaffens durch den von Natur aus ,,Starken". Sein Interesse ist auch nicht allein auf Kulturanalyse und geschichtsphilosophische Beschreibung des Kampfes zwischen den Starken und den Schwachen um die Herrschaft gerichtet, sondern es geht darauf aus, den Starken und seine Weltinterpretation zur Herrschaft zu bringen. Auch seine Geschichtsphilosophie und seine „Kulturkritik" sind vom Hintergrund dieses Interesses aus zu verstehen. Auf diesem Grunde zeichnet er mit Sensibilität in differenzierten Zügen das Bild, welches der die Politik und Kultur des 19. Jahrhunderts beherrschende schwache Typus abgibt, bis in einzelne Nuancen hinein. Er beschreibt die Degeneration, die der zur Herrschaft gelangte Schwache in der Geschichte vor allem des 19. Jahrhunderts im Zuge des nihilistischen Verfalls durchläuft. Dabei kommen an ihm Symptome der Krankheit in den Blick: die vielfach auch in der Literatur des 19. und 20. Jahrhunderts hergestellte Gleichung: Krankheit gleich Geist begegnet auf diesem Wege.

Wenn Nietzsche im großen gesehen durch den Hinweis auf die Herrschaft der idealistischen und christlichen Interpretation des Seins den Sieg der Schwachen über die Starken zu demonstrieren vermag, so werden innerhalb dieser Entwicklung Kämpfe um die Macht im speziellen Sinne erkennbar: sie machen den konkreten Inhalt der abendländischen Geschichte des Willens zur Macht aus. Die Macht tritt in diesem Zusammenhang in ihrer speziellen und engen Bedeutung als politische Macht auf, die von Herrschern, sozialen Gruppen, Völkern, herrschenden Ständen ausgeübt wird. Hierbei bilden sich Herrschaftsverhältnisse, im Hinblick auf die es nicht eindeutig ist, wo man die eigentlich „Starken" zu suchen hat: ob auf der Seite der Herrschenden oder der Beherrschten.

An der Situation, die Nietzsche sich herausbilden sieht, stellt er den „sozialen Mischmasch" fest, der eine „Folge der Revolution" ist und zu dem die Herstellung gleicher Rechte und des „Aberglaubens an ‚gleiche Menschen'" gehört. Maßgebende politische Macht gewinnen die „Träger der Niedergangs-Instinkte (des Ressentiments, der Unzufriedenheit, des Zerstörer-Triebes, des Anarchismus und Nihilismus), eingerechnet der Sklaven-Instinkte, der Feigheits-, Schlauheits- und Kanaillen-Instinkte der lange unten gehaltenen Schichten..."[33] Herrschend wird der Gesamtinstinkt gegen die Ausnahme, die Auswahl und das „Privilegium jeder Art". Die Maßstäbe der Mittelmäßigkeit werden mit einer „Macht und Sicherheit, Härte, Grausamkeit der Praxis"

---

[33] W. z. M., Aph. 864 (XVI, S. 282).

durchgesetzt, daß sich auch die ‚‚Privilegierten", d. i. die bisher Freien, eigentlich Starken und Autarken jedenfalls der politischen Macht unterwerfen, die jetzt viel eher ein Symptom der Schwäche als der eigentlichen Stärke ist. Nietzsche versucht, die Logik in dieser Entwicklung so zu rekonstruieren: wer jetzt noch zur Macht will und sie festhalten will, muß mit dem ‚‚Pöbel" schmeicheln und mit ihm ‚‚arbeiten": er muß ‚‚den Pöbel auf seiner Seite haben, – die ‚Genies' voran: sie werden Herolde der Gefühle, mit denen man Massen begeistert ..."[34]

Auf diese Weise geschieht ein ‚‚ungeheures Wechseln und Mischen von Elementen". Unechte krankhafte Begeisterung und Ekstase der Gefühle wie etwa des Mitleids mit allem, was leidend, niedrig, verachtet, verfolgt gelebt hat, raffinierte Reiz- und Rauschmittel der Kunst, wie etwa bei Richard Wagner, sind jetzt von den Vertretern des krankhaften Bewußtseins der Zeit gefragt und stehen hoch im Kurs.

Auch das Gesicht der jetzt die politische Macht in Händen haltenden ‚‚Schwachheit" ist nicht einheitlich: Züge der Reizbarkeit, der Raffinesse des Phantasie- und Gefühlslebens konkurrieren mit denen der Mittelmäßigkeit: ‚‚ ... gegen die Herrschaft des Pöbels und der Exzentrischen (beide meist verbündet) konsolidiert sich die Mediokrität, als die Bürgschaft und die Trägerin der Zukunft."[35] Diese bekommt Geist, Witz und Genie: sie wird ‚‚unterhaltend, sie verführt ...". Die Mediokrität: sie wird durch die zunehmende Methodisierung der Wissenschaften ebenso gefördert wie durch den Handel. Was die Wissenschaft angeht, so hat sie nichts ‚‚Aristokratisches und noch weniger etwas Anarchistisches in ihren Instinkten ..."

So ist es nicht möglich, die Geschichte in der Manier des Schwarz-Weiß darzustellen. Sie ist nicht als Kampf zwischen zwei ein für allemal getrennten Gruppen, den ‚‚Schwachen und den Starken", um die Herrschaft zu verstehen. Denn auch in den Starken finden sich Züge der Schwachheit und umgekehrt zeigen die Schwachen Stärke. Die Geschichte des Aufstiegs, des Freier- und Mächtigerwerdens geht notwendig durch Stufen der Dekadenz hindurch: wer das Leben versteht, kann auch noch in der Krankheit ein Stimulans sehen.

Das Interesse Nietzsches gilt dem geschichtlichen Augenblick, in welchem die Starken auch zur politischen Herrschaft kommen: denn politische Herrschaft und Macht bzw. Stärke im Sinne der wahren Über-

---

[34] ibidem S. 282/83.
[35] ibidem S. 283.

-legenheit sind nicht dasselbe. Die „Mittelmäßigen" sind freilich eher zur Konsolidierung und Konservierung einer politischen Herrschaftsstellung über die Ausnahmen prädestiniert. Denn das Interesse des Lebens und die Aufrechterhaltung des Typus „Mensch" könnte geradezu die „Überherrschaft der Schwachen und Schlechtweggekommenen..."³⁶ erfordern: weil diese die Verwalter der Klugheit, Diplomatie, des Friedens, der Verständigung, der Rechtsstaatlichkeit sind; kurz: sie verwalten die Idee der bürgerlichen Friedens- und Rechtsgesellschaft unter dem Schilde der „Vernunft" als des erhaltenden, sichernden Prinzips. Die Erfahrungen der Geschichte zeigen, daß sich z. B. die „starken" Rassen durch Krieg, Machtbegierde, Abenteuer" dezimieren. Sie neigen durch ihre starken Tugenden, durch ihre Verschwendung, ihr Übermaß, ihren Mangel an Ökonomie zur Degeneration und Decadence. Kraft wird nicht mehr „kapitalisiert, es entsteht die geistige Störung durch die übertriebene Spannung". Zu dieser Degenerationsgeschichte gehört, daß „Perioden **tiefer Abspannung** und Schlaffheit" eintreten. „...Alle großen Zeiten werden **bezahlt**... Die Starken sind hinterdrein schwächer, willenloser, absurder, als die durchschnittlich – Schwachen." Sie sind verschwenderisch. Im Gegensatz zu ihnen ist der mediokre Mensch haushälterisch mit seinen Kräften: er sieht auf seine Gesundheit in jeder Hinsicht. Dieser Mensch als „Aufsummierung von Kraft gewinnt ein viel höheres Quantum von Herrschaft über die Dinge, wenn es so geht, wie es geht... Wir stehen vor einem Problem der **Ökonomie** – – –"³⁷

Auf diesem geschichtsphilosophischen Hintergrund versteht Nietzsche seine eigene Mission philosophischen Handelns. Man kann sie so charakterisieren: es gilt, durch das Zur-Geltung-Bringen, Überzeugendmachen der Weltperspektive der ewigen Wiederkehr in der Richtung wertschaffend, gestaltend, menschenbildend zu wirken, in der aus dem Stoffe der mittelmäßig und ökonomisch Lebenden ein neuer, „**stärkerer**" Typus von Mensch herausgebildet wird. Die Motivation für die Wahl dieser Weltperspektive hat sich durch das **Experiment** ergeben.

Nietzsche sieht es als seine Aufgabe an, einen intellektuellen Anstoß zu dieser Weiterentwicklung durch ein Bewußtmachen der „Notwendigkeit" zu geben, daß „zu einem immer ökonomischeren Verbrauch von Mensch und Menschheit, zu einer immer fester in einander ver-

---

³⁶ ibidem S. 284/85.
³⁷ ibidem S. 285.

schlungenen ‚Maschinerie' der Interessen und Leistungen eine Ge-gegenbewegung gehört. Ich bezeichne dieselbe als **Ausscheidung eines Luxus-Überschusses der Menschheit**: in ihr soll eine **stärkere Art, ein höherer Typus** ans Licht treten, der andere Entstehungs- und andere Erhaltungsbedingungen hat als der Durchschnitts-Mensch. Mein Begriff, mein **Gleichnis** für diesen Typus ist, wie man weiß, das Wort ‚Übermensch'."[38]

Dieser Typus bedarf aber weiterhin als Voraussetzung für seine Existenz des haushälterischen, ökonomischen Menschen, dessen Bedeutsamkeit und ,,Sinn" seinerseits darin besteht, das ,,Untergestell" zu geben, auf dem der zu erzielende Typus seine ,,höhere Form zu sein sich erfinden kann".

Wenn Nietzsche den Versuch macht, die charakteristischen Züge dieses höheren Typus zu zeichnen, dann kommt kein eindeutiges Bild zustande: er experimentiert mit diesem Bilde. Es ist jedenfalls der Gegentypus des ,,gegenwärtigen" und auch zukünftigen Durchschnittseuropäers, der das ,,intelligenteste Sklaventier" ist, sehr ,,arbeitsam, im Grunde sehr bescheiden, bis zum Exzeß neugierig, vielfach, verzärtelt, willensschwach, – ein kosmopolitisches Affekt- und Intelligenzen-Chaos."[39]

Der am meisten in die Augen springende Zug an diesem Typus des Durchschnitts, aus dessen Untergrund sich eine ,,stärkere Art herausheben" soll, ist die Pluralität: die Unfähigkeit, die Weite des Blickes mit der Entschiedenheit der klaren Linien einer **eigenen Welt- und Wertperspektive** zu verbinden. Nietzsche fragt sich, wie im Gegensatz dazu die Züge des stärkeren Typus auszusehen haben: ,,Wie möchte sich aus ihm eine **stärkere Art herausheben**? Eine solche mit **klassischem Geschmack**? Der klassische Geschmack: das ist der Wille zur Vereinfachung, Verstärkung, zur Sichtbarkeit des Glücks, zur Fruchtbarkeit, der Mut zur psychologischen **Nacktheit** (– die Vereinfachung ist eine Konsequenz des Willens zur Verstärkung; das Sichtbar-werden-lassen des Glücks, insgleichen der Nacktheit, eine Konsequenz des Willens zur Furchtbarkeit...). Um sich aus jenem Chaos zu dieser **Gestaltung** emporzukämpfen – dazu bedarf es einer **Nötigung**: man muß die Wahl haben, entweder zu Grunde zu gehen oder **sich durchzusetzen**."[40]

---

[38] W. z. M. Aph. 866 (ibidem S. 286).
[39] W. z. M. Aph. 868 (ibidem S. 288).
[40] ibidem.

Dieser zu schaffende Typus müßte selbst am Prinzip des Schaffens ausgerichtet sein. Schaffen ist das Hervorbringen eines Horizontes, in den ein Maximum von Weltperspektiven einholbar und zugleich gestaltend zur Einheit gebracht wird. Was bis zum Augenblick dieses Schaffens fremd war und „außerhalb" lag, das wird jetzt zum Eigentum: der Schaffende prägt sein eigenes Bild dem in den erweiterten Horizont Eingeholten auf und macht es sich zu eigen. Das eigentlich Mächtige der Macht und der ihr eigentümliche Zug des Eroberns besteht nicht in der Ausübung eines Zwanges, sondern im schaffenden Bilden und Gestalten sowie in der dabei geleisteten Aneignung des bisher Fremden. Der Wille zur Macht in diesem Sinne findet sich auch im Künstler und Philosophen: sofern sie sich in ihren Produkten mitteilen und auf dem Wege der Mitteilung ihre Denk- und Willensformen herrschend und geltend machen wollen. „Erobern – ist die natürliche Konsequenz einer überschüssigen Macht: es ist dasselbe wie das Schaffen und Zeugen, also das Einverleiben seines eigenen Bildes in fremden Stoff. Deshalb muß der höhere Mensch schaffen..., sei es als Lehrer, sei es auch als Künstler. Denn der Künstler will sich mitteilen, und zwar seinen Geschmack: ein Künstler für sich ist ein Widerspruch. Ebenso steht es mit den Philosophen: sie wollen ihren Geschmack an der Welt herrschend machen, – deshalb lehren und schreiben sie."[41]

Mitteilen, Lehren und Schreiben, einem Stoff die eigene Form des Denkens und Entscheidens aufprägen, die ihrerseits wieder formend wirkt, sind Arten der Bewegung des Ausdehnens und Umfassens, die dem Willen zur Macht im Künstler und Philosophen eigentümlich sind. Natürlich stellt Nietzsche in diesem Zusammenhang auch die Verbindung zwischen Macht, Schaffen und Liebe her: er mag hier an die platonische Eroslehre denken. Der Sinn der Liebe wird als Sehnsucht nach dem Unendlichen und Ewigen aufgefaßt. An der Macht wird der Zug der Liebe sichtbar, wenn man sie auf die Fähigkeit hin betrachtet, die eigene enge Existenz auszuweiten und durch Mitteilung auszudehnen. Für die Macht des Mächtigen ist der Wille zum Schaffen in der Bedeutung des Überzeugendmachens einer Weltperspektive und zur Zeugung eigentümlich. Der Mächtige, Starke teilt sich ganz, d. h. seine Entscheidung für je eine Weltperspektive mit und zeigt in dem Willen des sich mitteilenden Gestaltens, Formens und Überzeugens seine Liebe.

---
[41] XIII, S. 177.

Zu seiner Physiognomie gehören die Züge des ,,Unbedenklichen, Übermütigen, Trotzigen, Unbesorgten, Aufrichtigen, Übereilten, Unvorsichtigen". Hieraus erklärt sich, warum die Klugheitsrücksicht nicht in gutem Rufe bei den starken Naturen steht. Es kann leicht ein Anzeichen von Kraftmangel sein, klug zu sein. Andererseits aber ist die unkluge Handlung unter Umständen nobel: ,,und daher vielleicht auch das Lob des Uneigennützigen. (Der Uneigennützige... handelt... wie Einer, der überströmt...)".[42]

Das allgemeine Bewußtsein hat einen Sinn für diese ,,Macht" und Stärke, sofern es den bloß Berechnenden verachtet, aber denjenigen, der die Fähigkeit des Rechnens im Interesse der Gesellschaft und des Gemeinwohles aufbringt, bewundert und ihm Ansehen zollt. Da Denken allgemein als schwer gilt, nimmt man an, daß derjenige, der im Interesse des Gemeinwohles denkt und entscheidet, seine Kraft für sein ,,uneigennütziges" Handeln aufbieten muß. So entsteht das allgemeine Lob der Weisheit, welches dem gilt, der ,,viel, gut und leicht denkt, rechnet, abwägt, und nicht aus Klugheit und des Nutzens willen, sondern aus Liebe zur Gemeinde, zur Verewigung ihrer Gedanken und Institutionen. Es ist etwas Seltenes!"[43] Die ,,Macht" des ,,Weisen" stellt sich in dessen Fähigkeit dar, kluge Berechnung und damit zusammenfassendes und auf die Enge sich konzentrierendes Denken mit der Ausdehnung auf den Interessenhorizont des Allgemeinen und Gemeinsamen zu verbinden. In einem analogen Sinne ist auch von Macht im Willen zur Mitteilung zu sprechen. Mitteilung ist primär ein sich Öffnen dem andern gegenüber, ein ,,Annehmenwollen, ein Fassen- und Aneignenwollen... Den andern sich einverleiben..." Im Zuge dieser Ausweitung richtet sich der Wille des sich Mitteilenden auf den Willen des anderen, den er formen, zur Anerkennung des ihm zugemuteten Weltdenkens bringen und daher sich ,,aneignen" will. Der so sich darstellende Wille zur Macht nimmt zugleich die Züge der Liebe zum andern an. In dieser Liebe findet sich ein Motiv des Um-schaffens und zugleich des Erkennens. Der andere ist in dem Augenblick er-kannt, in welchem er die Weltperspektive anerkennend übernimmt, die ihm zugemutet wird. Dieser ganze Gedankengang ist unter den Titel zu stellen, für den Nietzsche selbst die Formel gegeben hat: ,,Die Einheit des Schaffenden, Liebenden, Erkennenden in der Macht."[44]

---

[42] ibidem S. 178.
[43] ibidem.
[44] XIV, S. 276.

An dieser Stelle ist es gut, sich den normativen Charakter des Machtbegriffes bei Nietzsche klarzumachen. Der Begriff der Macht ist bei ihm nicht durch Verallgemeinerung einzelner Spielarten von Macht gewonnen worden, die sich aus der Wirklichkeit darbieten: etwa der politischen, der wirtschaftlichen oder der technischen, – oder vielleicht der seelischen Macht, die ein Mensch über den andern hat und ausübt. Vielmehr hat das Bild der Macht, das sich bei Nietzsche abzeichnet, eine normative Bedeutung: zu den Zügen dieses Bildes gehört vor allem die Über-legenheit des Denk- und Willenscharakters, welche die „Umfänglichkeit" einer behaupteten perspektivischen Weltdeutung ermöglicht und in einer dionysischen Bewegung des Über-sich-Hinausschaffens gewonnen wird. Auch der Zug der Gelassenheit gegenüber dem Gegner und der Bereitschaft, diesen anzuerkennen, gehört dazu. Auf jeden Fall nimmt der Begriff der Macht bei Nietzsche Züge an, die dem populären Bilde von der Macht als dem Prinzip der Unterdrückung und Knechtung entgegengesetzt sind. Allerdings deutet er vom Standpunkt seiner Vorstellung von Macht aus auch die sehr bekannten politischen Spielarten von Macht, in denen diese die Gestalt des Zwanges und schlechter, diktatorischer Herrschaft annimmt.

Nietzsche deutet von seinem Maßstab des Machtbegriffes aus die vielfältigsten Erscheinungen in Natur und Geschichte dadurch, daß er sie als Ausdruck je eines Willens zur Macht erklärt, der auch primitive und brutale Formen annehmen kann. Es ist „eigentlich" und in Wahrheit der Wille zur Macht, der in der Tierwelt in den Kämpfen zwischen Rivalen, im menschlichen Bereich im sportlichen Wettkampf, in der kriegerischen Auseinandersetzung, im Streben nach politischer Herrschaft auf zwischenstaatlichem und innerstaatlichem Felde oder auch im ästhetischen Hochgefühl in Erscheinung tritt.

Nietzsche ist kein „naturalistic fallacy" vorzuwerfen, sofern er der Macht in all ihren Formen, auch in den primitivsten, die normative Rolle des maß-gebenden Prinzips im Denken und Handeln übertragen würde: das anzunehmen wäre eine Mißdeutung Nietzsches, dessen Polemik gegen den Darwinismus und gegen dessen fehlerhafte moralische Ausdeutungen im Auge zu behalten ist. Damit aber Macht nicht nur ein Name bleibt, der bei der Beschreibung des Tatsächlichen dienlich ist, sondern einen normativen Zug annehmen kann, muß sie als von einem „Charakter" des Denkens und Wollens getragen und ausgeübt begriffen werden. Wenn Nietzsche feststellt, daß hinter allem Geschehen in Natur und Geschichte der Wille zur Macht steht, dann verbindet er damit den normativen Gedanken, daß nur ein bestimmt gearteter Wille und eine diesem angemessene Macht wertvoll sind: das ist der Wille des „starken" Typus zur Macht, der mit dem „schwachen" Typus und dessen Willen zur Macht in einem weltgeschichtlichen Kampfe liegt und der in dem jetzt untergehenden Zeitalter des Platonismus, des Christentums und der Moral den Schwachen gegenüber unterlegen war. Die Chance des „starken" Typus ist in der jetzigen Phase des Nihilismus gekommen, durch den sich die Herrschaft der Schwachen selbst auflöst.

Daß Nietzsche im Willen zur Macht nicht ein ungeschichtliches und mit der „Natur" des Menschen gegebenes Streben nach Überwältigung oder Vernichtung des andern sieht, sondern seine Charakterzüge jeweils vom Standpunkt des jasagenden „starken" Willens und dessen Machtidee deutet, spricht er deutlich z. B. in folgendem Passus aus: „Ist ‚Wille zur Macht' eine Art ‚Wille' oder identisch mit dem Begriff ‚Wille'? Heißt es so viel als begehren? oder kommandieren? Ist es der ‚Wille', von dem Schopenhauer meint, er sei das „An sich der Dinge'?"[45] Will Nietzsche mit der Wendung „Wille zur Macht" im Zuge einer metaphysischen Theorie des Willens im Anschluß an die bisherige Psychologie, die zwischen Denken, Wollen und Fühlen unterschieden hat, die Welt „voluntaristisch" erklären und alles Seiende auf einen Grundwillen zurückführen? Das ist nicht der Fall, da es ihm um den Charakter des Willens und dessen Macht geht: es gibt keinen „allgemeinen" Willen, sondern immer nur eine in einer geschichtlichen Gegenwart gewonnene Verfassung des Willens, die jeweils die Form zweier verschiedener Grundtypen annehmen kann: den des starken, jasagenden Willens und denjenigen, der Leben, Leib, Erde verneint. „Mein Satz ist: daß Wille der bisherigen Psychologie eine ungerechtfertigte Verallgemeinerung ist, daß es diesen Willen gar nicht gibt, daß, statt die Ausgestaltung Eines bestimmten Willens in viele Formen zu fassen, man den Charakter des Willens weggestrichen hat, indem man den Inhalt, das Wohin? heraus subtrahiert hat –: das ist im höchsten Grade bei Schopenhauer der Fall: das ist ein bloßes leeres Wort, was er ‚Wille' nennt. Es handelt sich noch weniger um einen ‚Willen zum Leben': denn das Leben ist bloß ein Einzelfall des Willens zur Macht; – es ist ganz willkürlich, zu behaupten, daß Alles danach strebe, in diese Form des Willens zur Macht überzutreten."[46]

---

[45] W. z. M. Aph. 692 (XVI, S. 155).
[46] ibidem S. 155/56.

Zwar gibt Nietzsche eine metaphysische Erklärung für das Weltgeschehen, indem er es auf den Willen zur Macht zurückführt: „Der Mensch sucht nicht die Lust und vermeidet nicht die Unlust: man versteht, welchem berühmten Vorurteile ich hiermit widerspreche. Lust und Unlust sind bloße Folge, bloße Begleiterscheinung, – was der Mensch will, was jeder kleinste Teil eines lebenden Organismus will, das ist ein Plus von Macht."[47] Aber es bleibt nicht bei der Wertneutralität von Macht und Wille, da sie nicht nur als Begriffe einer metaphysischen Welttheorie auftreten. Vielmehr nehmen sie insofern Wertcharakter an, als nur derjenige Wille und seine Macht als wertvoll angesprochen werden kann, der jasagenden Charakter hat. Daher folgt auf den soeben zitierten Aphorismus sogleich ein anderer, in welchem Leben, Wille und Macht in Wertbezüge eingeholt werden: „‚Der Wert des Lebens'. – Das Leben ist ein Einzelfall; man muß alles Dasein rechtfertigen und nicht nur das Leben, – das rechtfertigende Prinzip ist ein solches, aus dem sich das Leben erklärt.

Das Leben ist nur Mittel zu etwas: es ist der Ausdruck von Wachstumsformen der Macht."[48]

Die Macht in den Händen des jasagenden, d. i. „starken" Willenstypus nimmt eine andere Form an als in den Händen der Schwachen. Ist sie die Macht des starken Typus, so zeigt sie Züge der Großzügigkeit, des immer wieder über die eigenen Überzeugungen und Glaubensinhalte Hinausschaffens, des „durch-die-Finger-Sehens" bei der Beurteilung von Rechtsbrüchen, der Weite des Horizontes, der Hochachtung des Gegners. Dagegen sind die „unmenschlichen" Züge der Macht dort zu sehen, wo diese am Willen der Schwachen erscheint: er gibt der Macht die Form brutaler Unterdrückung, der Ausbeutung, des Zwanges auch im Sinne des Gewissens- und Gesinnungszwanges.

Schaffen in der Form des Bildens und Gestaltens vollzieht sich primär im Bereich der künstlerischen Produktion. Diese geschieht im „ästhetischen Zustand", auf den jetzt die Aufmerksamkeit gelenkt werden soll.

---

[47] W. z. M. Aph. 702 (ibidem S. 161).
[48] W. z. M. Aph. 706 (ibidem S. 164/65).

5. Macht als Erfahrung der Überlegenheit und der ästhetische Zustand: Der Künstler als Prototyp für den Philosophen

Macht ist nicht eine mit politischen Kategorien in engerer Bedeutung beschreibbare Größe: sie ist ein philosophischer Begriff, der primär einen Zustand des lebendigen Seins und seines Bewußtseins bedeutet. Die Erfahrung der Macht ist in dem über-legenen und seiner Überlegenheit bewußten Stand zugänglich, den der Mächtige gewonnen hat. Diesem ist die Fähigkeit des Über-schauens, Über-blickens und Zusammenfassens eigentümlich. Er verfügt über eine weite und umfassende Perspektive, die der Pluralität der Welt- und Wertinterpretationen gerecht zu werden vermag und gleichwohl das profilierte Gesicht eines entschiedenen und maßgebenden Willens trägt. Diesem Stande ist daher ein Welt-gefühl des Erhobenseins, der Freude, der Lust eigentümlich. Er vermittelt die Erfahrung des Freiseins im Sinne des spielerischen Über-legenseins, der Leichtigkeit und Zwang-losigkeit. Von dieser Auffassung der Macht aus versucht Nietzsche das Phänomen: „Künstler" zu begreifen und im Zusammenhang damit „hinzublicken auf die Grundinstinkte der Macht, der Natur usw.!"[49]

Der ästhetische Zustand ist als „Stand" der Erfahrung von Über--legenheit, Fähigkeit des Umfassens, des Reichtums und zugleich der Autarkie zu verstehen. Von hieraus glaubt es Nietzsche begreifen zu können, daß „gewisse Rauschempfindungen" eine extreme Ruhe zeigen, die sich „gern in der Version der ruhigsten Gebärden und Seelenarten" spiegelt. Dem ästhetischen Zustand ist, wie man von Nietzsche schon in der Geburt der Tragödie gehört hat, etwas Rauschhaftes eigentümlich. Aber im späten Zusammenhang des Gedankens des Willens zur Macht wird der Rausch, sofern er für den ästhetischen Zustand in Frage kommt, mit der ihm eigentümlichen Erfahrung der Macht, des Über-legen-seins, der Leichtigkeit und des Überschauens in Verbindung gebracht. Der ästhetische Zug im Rausch prägt sich dann aus, wenn „ungeheure Fernen überschaut und gleichsam erst wahrnehmbar" werden: wenn die „Ausdehnung des Blicks über größere Mengen und Weiten" ebenso geschieht wie die dazu scheinbar entgegengesetzte „Verfeinerung des Organs für die Wahrnehmung vieles Kleinsten und Flüchtigsten"; wenn die Sinnlichkeit zugleich „Intelli-

---

[49] W. z. M. Aph. 797 (ibidem S. 225/26). Einschlägig ist hier der ganze Abschnitt IV Der Wille zur Macht als Kunst mit den Aphorismen von 794–853.

genz" zeigt, so daß die Mannigfaltigkeit der Farben, der Töne und Gestalten sich durch eine innere Logik systematisiert⁵⁰. Dem entspricht auch die Devise, daß die Künstler nichts so sehen sollen, ,,wie es ist, sondern voller, sondern einfacher, sondern stärker: dazu muß ihnen eine Art Jugend und Frühling, eine Art habitueller Rausch im Leben eigen sein."⁵¹

Nietzsche hat den klassischen Stil der griechischen Antike im Blick. Er sieht in ihm den Seinsrhythmus verkörpert, den er an dem neu zu schaffenden und von ihm ausgelegten starken Typus verwirklicht sehen will: die ,,Ruhe, Vereinfachung, Abkürzung, Konzentration... **das höchste Gefühl der Macht ist konzentriert im klassischen Typus.** Schwer reagieren: ein großes Bewußtsein: kein Gefühl von Kampf."⁵² Dieses ist gesagt im Umkreis des Themas: apollinisch-dionysisch. Die frühe Konzeption Nietzsches von der Einheit des Apollinischen und des Dionysischen wird in der Spätzeit in neuer Deutung für das Konzept des starken Typus, nicht wie damals für die Herstellung einer neuen, die Moderne überwindenden Kunstform als maßgebend erklärt. Der klassische Stil spielt hierbei die Vorbildrolle für die angestrebte Lebensform. ,,Um Klassiker zu sein, muß man **alle** starken, anscheinend widerspruchsvollen Gaben und Begierden haben: aber so, daß sie miteinander unter Einem Joche gehen; zur **rechten** Zeit kommen, um ein **Genus** von Literatur oder Kunst oder Politik auf seine Höhe und Spitze zu bringen (: nicht **nachdem** dies schon geschehen ist...): einen **Gesamtzustand** (sei es eines Volkes, sei es einer Kultur) in seiner tiefsten und innersten Seele widerspiegeln, zu einer Zeit, wo er noch besteht und noch nicht überfärbt ist von der Nachahmung des Fremden (oder noch abhängig ist...); kein reaktiver, sondern ein **schließender** und vorwärts führender Geist sein, Ja sagend in allen Fällen, selbst mit seinem Haß."⁵³

Der klassische Stil vereinigt in sich die Möglichkeiten der Kunst überhaupt, er bringt wegen seiner Kraft und Macht der Einheit in einer möglichst großen Vielheit das ästhetische Vorbild hervor, welches auch für das Sein des ,,starken" Menschentypus maßgebend ist. Klarheit, ein gewisses Maß an Härte und Entschiedenheit, ,,ein Quantum Kälte, Luzidität..." gehört zum klassischen Geschmack ebenso wie Logik,

---

⁵⁰ W. z. M. Aph. 800 (ibidem S. 227).
⁵¹ ibidem S. 228.
⁵² W. z. M. Aph. 799 (ibidem S. 226).
⁵³ W. z. M. Aph. 848 (ibidem S. 264).

"Glück in der Geistigkeit, Konzentration, Haß gegen das Gefühl, Gemüt, esprit, Haß gegen das Vielfache, Unsichere, Schweifende, Ahnende so gut als gegen das Kurze, Spitze, Hübsche, Gültige."

Im „ästhetischen Zustand" hat unser Leib-sein eine Verfassung angenommen, in welcher es ihm möglich ist, mit sinnlicher Intelligenz den Sinn der Erscheinungen als solcher zu verstehen und ihn von uns aus zu bereichern. In ihm legen wir „eine Verklärung und Fülle in die Dinge" und „dichten" an ihnen, bis sie „unsere eigene Fülle und Lebenslust zurückspiegeln: der Geschlechtstrieb; der Rausch; die Mahlzeit; der Frühling; der Sieg über den Feind; der Hohn; das Bravourstück; die Grausamkeit; ..." Im ästhetischen Zustand haben wir den „Stand" des sinnlichen Denkens und der denkenden Sinne gewonnen, von welchem aus uns eine Empfindung der „Höhen-Momente des Lebens" zugänglich ist[54]. In ihm machen wir die Erfahrung des Über-legenseins und Mächtigseins über einen großen Reichtum von Lebensmöglichkeiten, Seins- und Weltauslegungen. In diesem Stande sind wir auch fähig zu spielender, müheloser und zwangloser Formung des „Stoffes", mag es sich um die Aufgabe künstlerischen Gestaltens, philosophischen Interpretierens und Begreifens, erzieherischen Bildens oder politischen Tuns handeln.

Die freie, zwanglose und spielerische Einigung der Vielheit, die dem künstlerischen Gestalten eigentümlich ist, ist vorbildlich für jede Form des Schaffens. „Schönheit" ist für den Künstler etwas außerhalb aller Rangordnung, weil in ihr Gegensätze gebändigt sind, „das höchste Zeichen von Macht, nämlich über Entgegengesetztes; außerdem ohne Spannung: – daß keine Gewalt mehr not tut, daß Alles so leicht folgt, gehorcht, und zum Gehorsam die liebenswürdigste Miene macht – das ergötzt den Machtwillen des Künstlers.[55]

Hier wird erkennbar, daß der Wille zur Macht primär vom ästhetischen Zustand und vom künstlerischen Schaffen her zu interpretieren ist. Macht ist die Erfahrung der freien, mit Leichtigkeit gelingenden und daher lustvollen, das Gefühl der Über-legenheit und des Hochstehens vermittelnden Organisation einer für den methodischen Verstand unüberschaubaren und über-reichen Fülle. Der auf der hochgemuten ästhetischen Verfassung des Willens zur Macht beruhende ästhetische Zustand erzeugt Bilder, mit deren Hilfe die Intelligenz der Einbildungs-

---

[54] W. z. M. Aph. 800 (ibidem S. 228).
[55] W. z. M. Aph. 803 (ibidem S. 230).

kraft die Welt auf sinnliche Weise auslegt. Der ästhetische Zustand bedarf einer schönen, heiteren, beglückenden Welt und schafft sie sich durch ,,Transfiguration". ,,Wir finden hier die Kunst als organische Funktion: wir finden sie eingelegt in den engelhaftesten Instinkt ,Liebe': wir finden sie als größtes Stimulans des Lebens, – Kunst somit als sublim zweckmäßig auch noch darin, daß sie lügt..."[56]

Kunst legt im Medium der sinnlichen Vernunft die Welt aus: und zwar von einem erhöhten Stande aus, dem Überblick, spielende Leichtigkeit, Freiheit, Glück, Verklärung eigentümlich ist. Die sinnliche Weltinterpretation im Medium der Kunst ist zwar, vom Standpunkt einer verstandesmäßigen, nüchternen Auffassung von ,,Wahrheit" aus gesehen, Verfälschung der Realität, sie ist ,,Lüge". Aber sie entspricht der Realität des ästhetischen Zustandes, der sich eine Welt bildet und entwirft, in welcher sich alle Kräfte und Mächte freiwillig, mit ,,guter Miene" und spielend unter die Einheit eines herrschenden Bildgedankens fügen: wie sich der Liebende eine Welt baut, die seinen Wünschen und Hoffnungen angemessen ist.

Daher kann Nietzsche von der Kunst sagen, daß sich ihr Tun nicht im ,,Imaginieren" erschöpft. Sie verändert die Wirklichkeit und somit die Bedeutung und die ,,Werte" ihrer Dinge und Ereignisse. Der Liebende, der vom Blickpunkt seines Zustandes die Welt anschaut und versteht, ,,ist" mehr wert, ist stärker. ,,Bei den Tieren treibt dieser Zustand neue Waffen, Pigmente, Farben und Formen heraus vor Allem neue Bewegungen, neue Rhythmen, neue Locktöne und Verführungen. Beim Menschen ist es nicht anders. Sein Gesamthaushalt ist reicher, als je, mächtiger, ganzer, als im Nichtliebenden. Der Liebende wird Verschwender: er ist reich genug dazu. Er wagt jetzt, wird Abenteurer, wird ein Esel an Großmut und Unschuld; er glaubt wieder an Gott, er glaubt an die Tugend, weil er an die Liebe glaubt: und andererseits wachsen diesem Idioten des Glücks Flügel und neue Fähigkeiten und selbst zur Kunst tut sich ihm die Tür auf. Rechnen wir aus der Lyrik in Ton und Wort die Suggestion jenes intestinalen Fiebers ab: was bleibt von der Lyrik und Musik übrig?"[57]

Was in der Tradition der Philosophie der ,,Sympathie" bei Shaftesbury, Herder u. a. über die Fähigkeit und das Bedürfnis des einander Mitteilens alles kosmischen Lebens gesagt worden ist, wird von

---

[56] W. z. M. Aph. 808 (ibidem S. 235).
[57] ibidem S. 236.

Nietzsche im Zusammenhang mit dem Gedanken des Dionysischen auch in die Erörterungen des ästhetischen Zustandes eingeholt. Dieser wird als Höhepunkt der Mitteilsamkeit und Übertragbarkeit zwischen lebendigen Wesen bezeichnet[58]. Die Gedankenlinien führen zu Herders früher Schrift über den Ursprung der menschlichen Sprache zurück, die dieser auf das kosmische Sympathievermögen einerseits und die für den Menschen charakteristische Besonnenheit (Reflexion) anderseits gründet. Nietzsche seinerseits sucht den Ursprung der Sprache im ästhetischen Zustand. Damit lenkt er zugleich den Blick auf das Zusammenwirken des Apollinischen und des Dionysischen: des Prinzips der Konzentration, Gestaltung und Wortdefinition einerseits und der Ausweitung, Ausdehnung, Mitteilung andererseits. Dabei geschieht die Mitteilung von Bewußtseins-inhalten auf einer Oberfläche, auf deren Untergrund das eigentliche Band in der Form unterbewußter Mitvollzüge mit den leiblich-intellektuellen Bewegungen des andern geknüpft wird.

Es ist nach dem Vorhergehenden nicht verwunderlich, wenn Nietzsche sagt, daß jede „Erhöhung des Lebens" die Kraft des Mitteilens und der gegenseitigen Verständigung der Menschen steigere. Es gibt einen leiblich-intelligenten Mitvollzug des einen mit dem anderen: Nietzsche spricht von einer „physiologischen Reizbarkeit der Suggestion", die er wiederum nicht nur biologisch oder psychologisch oder physiologisch im naturwissenschaftlichen Sinne versteht. „Das Sich-hineinleben in andere Seelen ist ursprünglich nichts Moralisches, sondern eine physiologische Reizbarkeit der Suggestion: die ‚Sympathie' oder was man ‚Altruismus' nennt, sind bloße Ausgestaltungen jenes zur Geistigkeit gerechneten psychomotorischen Rapports ... Man teilt sich nie Gedanken mit: man teilt sich Bewegungen mit, mimische Zeichen, welche von uns auf Gedanken hin zurückgelesen werden."[59] Im „geistigen" Untergrund des von uns als Geist und Bewußtsein Bezeichneten, also im Bereich des nach Herrschaftsverhältnissen gegliederten „Gemeinwesens", Individuum genannt, wird der zunächst in der Kunst und im ästhetischen Zustand beobachtete Rhythmus zwischen den entgegengesetzten Bewegungen der Konzentration und der Ausweitung wiedererkannt. Jetzt erweist er sich als Erklärungsgrund für die Entstehung der Sprache, für Mitteilung, gedankliche Gemeinsamkeit und Mitproduktion.

---

[58] W.z.M. Aph. 809 (ibidem S. 237).
[59] ibidem S. 238.

Nietzsche zufolge wirkt dieser Rhythmus als normative Kraft auf Denken und Tun: wie weit ein Mensch ihm gerecht geworden ist, kann zum Maßstab seines Lebens dienen. Auch der Starke zeigt sich darin, wie weit er diesem Rhythmus gewachsen ist. So wird z. B. Napoleon als Mensch charakterisiert, welcher die „Leidenschaft neuer Möglichkeiten der Seele" verkörpert und damit eine „Raumerweiterung der Seele" vollzogen hat[60]. Die über-greifende, ausholende und einholende Bewegung wird von Nietzsche als Gegenpol gegen diejenige der Konzentration und verstandesmäßigen Einengung auf präzise Einzelheiten als Kraft erkannt, welche die Sprache entspringen läßt. Dabei wird erkennbar, daß deren Mitteilungskraft nicht in der Fähigkeit liegt, fixierte Gedankeninhalte von einem Bewußtsein in das andere zu versetzen und vielleicht einen Austausch von Gedanken herbeizuführen, wie man etwa Waren tauschen würde. Vielmehr begründet sich die Mitteilung auf einer gemeinsamen B e w e g u n g des sich gegenseitigen Verstehens, Durchdringens, Umfassens und Sympathisierens. „Sympathie" ist nicht erst eine Folge des sprachlichen Verstehens, sondern geht als Bedingung für das Miteinandersprechen vorher. Der S i n n , der sich als Ergebnis einer gemeinsamen Bewegung sprachlich fassen läßt, ist der nachträglich gefaßte Gedanke, von dem man sagt, daß man ihn mitgeteilt habe: in Wahrheit hat man eine vollzogene Mitteilung durch ihn i n t e r p r e t i e r t . Es mag daran erinnert werden, daß auch Kant die Möglichkeit der Kommunikation auf eine gemeinsame Bewegung des Produzierens und Konstruierens der gedanklichen Inhalte gegründet hat.[61].

Danach ist der künstlerische Zustand auf Bejahung des Seins, Über--windung des Nichts und Vervollkommnung des Daseins ausgerichtet. Der philosophische Wille, dessen Denken in die Richtung der Überwindung des Nichts weist, ist daher aufgefordert, sich am ästhetischen Zustand und dessen Bewußtsein zu orientieren und zu begreifen, daß Bejahung und Bereitschaft zur selbständigen Sinngebung einen souveränen, erhöhten und weiter umfassender Perspektiven fähigen „Stand" erfordern. Unter diesem Aspekt ist für das philosophische Denken der

---

[60] W. z. M. Aph. 829 (ibidem S. 252).
[61] Vgl. mein Buch: Das Prinzip Handlung in der Philosophie Kants, Berlin 1978, S. 57: „Erweiterung ist es . . . , . . . wenn das denkende und sprechende Subjekt über sich hinausgreift, um eine unter einem gemeinsamen Gesetz der Darstellung und Herstellung stehende Handlung mit anderen zusammen zu vollziehen und so Einheit der Subjekte herzustellen. Schließlich vollzieht auch das philosophische Denken selbst eine ‚Erweiterung', insofern es Einheit zwischen den divergenten Bereichen der Erfahrungsbegriffe und der Ideen herstellt."

Blick auf die künstlerische Intelligenz maßgebend. Künstlerisches Tun wird erkennbar als „Hervorbringen der Vollkommenheit und Fülle; Kunst ist wesentlich Bejahung, Segnung, Vergöttlichung des Daseins..." Der Irrtum in Schopenhauers Philosophie der Kunst besteht nach Nietzsche darin, daß hier Werke der Kunst in den Dienst des Pessimismus gestellt werden. Es gibt keine pessimistische Kunst, da es deren Wesen sei, zu bejahen.[62]

Auch der für das philosophische Denken wünschbare Zug der Leichtigkeit und Freiheit der Verfügung über Weltperspektiven, die dem Geist der Schwere entgegengesetzt ist, hat seinen Ursprung in der Kunst. „Wenn man unter Genie eines Künstlers die höchste Freiheit unter dem Gesetz, die göttliche Leichtigkeit, Leichtfertigkeit im Schwersten versteht, so hat Offenbach noch mehr Anrecht auf den Namen „Genie" als Wagner. Wagner ist schwer, schwerfällig: Nichts ist ihm fremder als Augenblicke übermütigster Vollkommenheit wie sie dieser Hanswurst Offenbach fünf, sechs Mal fast in jeder seiner bouffonneries erreicht."[63]

Nietzsches späte Aussagen über Kunst und den Anteil des Apollinischen und des Dionysischen an ihr sind in der Nachfolge seiner frühen Schrift über die Geburt der Tragödie zu verstehen: gleichwohl aber ist jetzt die Szenerie verändert. Er hat in seiner Denkgeschichte ein anderes Bild vom philosophischen Denken gewonnen, als er es damals hatte: jetzt ist ihm der Philosoph nicht mehr wie damals der vorwiegend „theoretische Mensch", wie er in der Gestalt des Sokrates vor Augen stand. Er versteht unter philosophischem Denken jetzt ein in das „lebendige Sein", dem auch die Leiblichkeit angehört, versenktes Tun, welches im Spannungsfeld zwischen Konzentration und Ausweitung, Entscheidung für jeweils eine Weltperspektive und Einholung der Vielheit und des Reichtums der „anderen" Weltinterpretationen steht. Jetzt hat er seinen an den Begriff des ästhetischen Zustandes und des künstlerischen Produzierens herankommenden Begriff der Freiheit und Macht als Verfügung über Weltperspektiven gewonnen, den er als maßgebend für philospophisches Denken ansieht. Im Zusammenhang damit ist als methodisches Prinzip das Experimentieren des auf Erfüllung des Sinnbedürfnisses ausgehenden Denkens mit entsprechenden Weltkonzepten in den Blick getreten, welches den Denk-stand der Souveränität,

---

[62] W. z. M. Aph. 821 (ibidem S. 247).
[63] W. z. M. Aph. 834 (ibidem S. 254).

der Freiheit, Leichtigkeit erfordert. Schließlich hat er Kunst und philosophisches Denken auch dadurch in unmittelbare Nähe gebracht, daß er den primär am künstlerischen Tun sichtbaren Zug der dionysischen Ausweitung unter dem Titel: Wille zur Macht auch als maßgebend für philosophisches Denken und Mitteilen philosophischer Gedanken erklärt. Und ebenso ist das Prinzip des Schaffens als Gestalten und Standnehmen, welches zugleich auch Über-schreiten und Überwinden des Produzierten und Über-sich-Hinausschaffen ist, für künstlerisches Produzieren ebenso wie für philosophisches Denken maßgebend.

Jetzt setzt Nietzsche den „Rausch" primär nicht mehr wie in der frühen Schrift mit Verschwimmen aller Konturen und Besinnungs--losigkeit gleich; vielmehr deutet er ihn als Höhe-punkt auch des intellektuellen Mächtigseins, in welchem die „Wahrheit" des Scheines deutlich erkennbar wird. Im ästhetischen Zustand ist nicht nur der „Stand" eines „freien Spieles der Erkenntniskräfte" (Kant), sondern ein Höhepunkt der Machterfahrung erreicht, in welchem sich die volle, vollkommene Entfaltung des Lebens der Sinne festlich ereignet. In ihm tritt die „extreme Feinheit und Pracht der Farbe, die Deutlichkeit der Linie, die Nuance des Tons: das Distinkte" hervor, wo sonst, „im Normalen, alle Distinktion fehlt. Alle distinkten Sachen, alle Nuancen, insofern sie an die extremen Kraftsteigerungen erinnern, welche der Rausch erzeugt, wecken rückwärts dieses Gefühl des Rausches; – die Wirkung der Kunstwerke ist die Erregung des kunstschaffenden Zustands, des Rausches."[64] Der Künstler zeigt einen Instinkt der Macht und der „Herrlichkeit" auch dann, wenn er die furchtbaren und fragwürdigen Dinge darstellt, die er nicht fürchtet.

Im ästhetischen Zustand verbinden sich die Charaktere der Festlichkeit, des Erhobenseins im Gefühl der Macht über den Reichtum des Daseins, der Vereinigung von Gestaltungskraft und Ausweitung mit denjenigen der Leichtigkeit und Schwerelosigkeit, wie sie im Tanze zum Ausdruck kommen. Diese Charaktere nimmt Nietzsche auch für das philosophische Denken in Anspruch: er verlangt vom Philosophen, daß er sein Denken nicht in die Fesseln der wissenschaftlichen Methode lege. Hier ergibt sich ein Gegensatz gegenüber der von Vernunftphilosophen wie Kant behaupteten Auffassung vom philosophischen Denken als nüchterner bürgerlicher Arbeit. Nietzsche moniert an den „meisten Denkern und Gelehrten", daß ihnen von ihrer Erfahrung her das „echt

---

[64] W. z. M. Aph. 821 (ibidem S. 247).

philosophische Beieinander einer kühnen ausgelassenen Geistigkeit, welche presto läuft, und einer dialektischen Strenge und Notwendigkeit, die keinen Fehltritt tut", unbekannt sei. Eine derartige Einheit scheinbar heterogener Denkcharaktere sei, wenn man vor Philosophen von ihr reden wollte, unglaubwürdig. Die Philosophen stellen sich „jede Notwendigkeit als Not, als peinliches Folgenmüssen und Gezwungen-werden vor; und das Denken selbst gilt ihnen als etwas Langsames, Zögerndes, beinahe als eine Mühsal und oft genug als ‚des Schweißes der Edlen wert‘, – aber ganz und gar nicht als etwas Leichtes, Göttliches und dem Tanze, dem Übermute Nächst-Verwandtes!"[65] Die geforderte Leichtfüßigkeit des Denkens aber überwindet auch die Schwerkraft einer „Überzeugung" bzw. eines „Glaubens". Die experimentelle Einstellung des Denkens verschafft ihm Freiheit über „Weltanschauungen" und Ideologien, in deren Neigung es liegt, dieses durch schwere Gewichte an einen festen Standort zu fesseln.

Dem Denkstil des an der wissenschaftlichen Methode sich Entlangtastens wird die Intellektualität der Sinnlichkeit des Künstlers als Gegenbild gegenübergestellt, der eine feinere Witterung hat und nur zu gut weiß, daß Notwendigkeit und „Freiheit des Willens" eines sind, daß das Gefühl von „Freiheit, Feinheit, Vollmacht, von schöpferischem Setzen, Verfügen, Gestalten" dann auf seine Höhe kommt, wenn die Sinne die Welt erklären, wenn Denken nicht mehr bedeutet: eine Sache ernst und schwer nehmen. Der Künstler hat die Erfahrung gemacht, daß der Stand der Souveränität über das Sein, dem „Freiheit, Feinheit, Vollmacht" ebenso wie „schöpferisches Setzen, Verfügen, Gestalten" eigentümlich sind, dann erreicht wird, wenn man sich nicht mehr unter die Knechtschaft des Gesetzes und der Regel stellt. In diesem Zusammenhang wird aufs neue der Charakter des „großen, machtvollen" Menschen durch die bekannte Formel beschrieben, er umfasse eine größte Vielheit der Triebe und ihrer Perspektiven in einer entschiedenen, profilierten Einheit[66]. Die dadurch für das philosophische Denken bezeichnete Aufgabe bringen primär die „Künstler noch am besten zu Stande", sofern sie „im Durchsetzen eines (gesp. v. Verf.) Gedankens objektiv, hart, fest und streng" bleiben können[67]. In einem Kontext, in welchem die „jasagenden Affekte" gezeichnet werden, stellt Nietzsche die Charaktere zusammen, die er am Künstler und an seinem Tun als maßgebend sieht:

---
[65] VII, S. 164/65.
[66] vgl. W. z. M. Aph. 966 (XVI, S. 344).
[67] W. z. M. Aph. 975 (ibidem S. 350).

Freude, Gesundheit, Liebe der Geschlechter, starker Wille, die Zucht der hohen Geistigkeit, der Wille zur Macht, die Dankbarkeit gegen Erde und Leben und „Alles, was reich ist und abgeben will und das Leben beschenkt und vergoldet und verewigt und vergöttlicht – die ganze Gewalt verklärender Tugenden, alles Gutheißende, Jasagende, Jatuende –"[68].

Aber die Behauptung eines „Standes", möge der als ästhetischer Zustand oder als philosophischer Denk-stand begriffen werden, wird nur dann der Tugenden der Leichtigkeit und Über-legenheit gerecht und steht auf der Höhe des Augenblicks, wenn er sich als gegenwärtiges Gleichgewicht seines lebendigen Seins versteht, welches immer wieder neu durch Selbst-überwindung hergestellt werden muß. In jeder Gegenwart sind Kräfte wirksam, die ein Über-fließen und Hinausschaffen über sie bewirken. Der leichte Sinn und die Leichtfüßigkeit finden im philosophischen Denken dann ihren Ausdruck, wenn es immer wieder über sich hinausgeht und sich so auf der „Höhe" jeder Gegenwart zu halten versteht.

Demgemäß enthält auch der Begriff der „Vollkommenheit", der für den ästhetischen Zustand ebenso wie für das philosophische Denken als maßgebend anzusehen ist, als wesentliches Moment das des Über-schusses[69]. Der künstlerische Typus zeigt in der Weise Vollkommenheit, daß es ihm um einen Zustand geht, in welchem er ein höchstes Machtgefühl in der Form von Reichtum, von „Über-schäumen über alle Ränder" erfährt. Dieser Über-schuß ist auch im philosophischen Denken dann festzustellen, wenn es über die souveräne Kunst, eine Vielheit von Perspektiven zu gebrauchen und freier Herr über Glaubensinhalte zu sein sowie über alle begrenzenden „absoluten" Aussagen hinauszugehen, verfügt. Was den künstlerischen Typus angeht, so vollzieht sich in ihm ein Aus--strömen auf Grund eines Über-schusses von „blühender Leiblichkeit in die Welt der Bilder und Wünsche."[70] Kunst erhöht das Gefühl des Lebens und der Macht, indem sie jeweils auf bild-hafte Weise einen möglichst großen Reichtum von Weltaspekten souverän einigt und beherrscht.

Das von Nietzsche immer wieder gebrauchte Wort: „Verklärung" will besagen, daß die künstlerische Intelligenz in einem Bilde den unendlichen Reichtum der Welt in klaren Linien überschaubar zu machen vermag. Von der künstlerischen Intelligenz kann philosophisches Den-

---

[68] W. z. M. Aph. 1033 (ibidem S. 379).
[69] W. z. M. Aph. 801 (ibidem S. 228/29).
[70] W. z. M. Aph. 802 (ibidem, S. 229/30).

ken das Jasagen zur Notwendigkeit von Natur und Geschichte, zu Leib und Erde, zur Vernunft des Leibes, die Kunst der leichten Bewegung im Spannungsfeld zwischen gestaltender Konzentration und über-greifender, umfassender, einen Reichtum von Weltperspektiven einholender Ausdehnung lernen. Der Philosoph wird nicht auf den Typus des „theoretischen" Menschen festgelegt, sondern stellt sich ebenso wie der künstlerische Typus in das Spannungsfeld zwischen apollinischer und dionysischer Motivation.

Auch der Gedanke der klassischen deutschen Philosophie von der „Freiheit unter dem Gesetz" wird unter diesem Prinzip gesehen[71]. In einer späten, reifen Charakterisierung des Dionysischen, bei der die Kunst ebenso wie die Philosophie im Blick ist, spricht er von der Bewegung des „Hinausgreifens über Person, Alltag, Gesellschaft, Realität, über den Abgrund des Vergehens". Er nennt weiter das „leidenschaftlich-schmerzliche Überschwellen in dunklere, vollere, schwebendere Zustände". Dazu gehört die vom philosophischen Denken geleistete ausholende Bewegung des Sich-Einigens mit bisher fremden und noch nicht eingeholten Weltperspektiven: zugleich auch das Herr-sein über sie. Die reife Charakterisierung des Dionysischen sieht an diesem zugleich auch ein verzücktes „Jasagen zum Gesamt-Charakter des Lebens, als dem in allem Wechsel Gleichen, Gleich-Mächtigen, Gleich-Seligen; die große pantheistische Mitfreudigkeit und Mitleidigkeit, welche auch die furchtbarsten und fragwürdigsten Eigenschaften des Lebens gutheißt und heiligt; der ewige Wille zur Zeugung, zur Fruchtbarkeit, zur Wiederkehr; das Einheitsgefühl der Notwendigkeit des Schaffens und Vernichtens."[72] Aus dem Worte „apollinisch" hebt er in diesem Zusammenhang die Bedeutungen hervor, in denen es um den Willen zum „typischen Individuum" geht und zu allem, was „vereinfacht, heraushebt, stark, deutlich, unzweideutig, typisch macht: die Freiheit unter dem Gesetz."

Die dionysische Bewegung des Über-schreitens, Ausholens und reichen Umfassens, vereinigt mit dem apollinischen Prinzip des Gestaltens, der Entscheidung für ein profiliertes Weltkonzept macht Nietzsche zum Thema folgender Devise für Denken und Tun: „Schritt vor Schritt umfänglicher werden, übernationaler, europäischer, übereuropäischer, morgenländischer, endlich griechischer – denn das Griechische war

---

[71] vgl. W. z. M. Aph. 1050 (ibidem S. 387).
[72] ibidem.

die erste große Bindung und Synthesis alles Morgenländischen und eben damit der Anfang der europäischen Seele, die Entdeckung unsrer ‚neuen Welt'."[73]

In einem späten Resümee über den Ertrag der „Geburt der Tragödie" bezeichnet es Nietzsche als Hauptgedanken dieser Schrift, daß es sich Metaphysik, Moral und Religion zur Aufgabe stellen, durch angemessene Weltperspektiven ein Weltmilieu zu entwerfen, welches es möglich macht, an das Leben glauben zu können. Diesem Entwurf eignet nicht nur die Funktion theoretischer Wahrheit, sondern allein die im Experiment erwiesene Bedeutsamkeit für die Erfüllung des Sinnbedürfnisses. Um die Aufgabe der metaphysischen Phantasie für die Sinn-motivation zu lösen, muß der Mensch in der Rolle des Philosophen mehr als andere Künstler sein. „Die Liebe, die Begeisterung, ‚Gott' – lauter Feinheiten des letzten Selbstbetrugs, lauter Verführungen zum Leben, lauter Glaube an das Leben! In Augenblicken, wo der Mensch zum Betrognen ward, wo er sich überlistet hat, wo er ans Leben glaubt: oh wie schwillt es da in ihm auf! Welches Entzücken! Welches Gefühl von Macht! Wie viel Künstler-Triumph im Gefühl der Macht!... Der Mensch ward wieder einmal Herr über den ‚Stoff', – Herr über die Wahrheit!... Und wann immer der Mensch sich freut, er ist immer der Gleiche in seiner Freude; er freut sich als Künstler, er genießt sich als Macht, er genießt die Lüge als seine Macht..."[74]

Es ist die Aufgabe des Experimentierens im philosophischen Denken, denjenigen Weltentwurf zu finden, in welchem das über alle theoretische „Wahrheit" hinausgehende Gefühl der Macht möglich wird. Nietzsche wiederholt und bestätigt den in der Vorrede der „Tragödie" geschriebenen Satz: „die Kunst als die eigentliche Aufgabe des Lebens, die Kunst als dessen metaphysische Tätigkeit..."[75]

6. Der „moderne" Künstler:
Polemik gegen die Vernunftphilosophie und
Reformierung der Vernunft

Ist die „Geburt der Tragödie" wesentlich in ihrem pessimistischen Grundton noch von Schopenhauer beeinflußt, so hat sich Nietzsche später von dieser Abhängigkeit befreit: daher deutet er vom späten

---

[73] W. z. M. Aph. 1051 (ibidem S. 390).
[74] W. z. M. Aph. 853 (ibidem S. 271).
[75] ibidem S. 273.

Stande seines Denkens aus den dort zu hörenden pessimistischen Grundton als nihilistisch: „Man sieht, daß in diesem Buche der Pessimismus, sagen wir deutlicher der Nihilismus, als die ‚Wahrheit' gilt."[76] In diesem Zusammenhang stellt er es als die auch seiner späten Auffassung gemäße Ansicht dieses frühen Buches dar, daß es die Kunst als Inbegriff der Möglichkeiten begreift, welche über den „Nihilismus" hinausweisen. Das geschieht dadurch, daß es die Kunst durch einen angemessenen Weltentwurf dem Leben ermöglicht, sich über die schlimme „Wahrheit" hinwegzusetzen und Hoffnung und Lebensmut zu gewinnen. Was in diesem Zusammenhang als „Wahrheit" des Nihilismus angesprochen wird, ist verschieden von derjenigen Wahrheit, die dem Anspruch der vorkantischen Metaphysik entspricht, über die Welt „wahre" Sätze aussprechen zu können. Ebenso ist hier nicht die Wahrheit einer Einzelwissenschaft, etwa der Kultursoziologie, gemeint. Vielmehr wird unter diesem Namen die „wahre" Deutung der Welt im Sinne einer Diagnose der Zeit verstanden: diese Deutung vollzieht Nietzsche vom Standpunkt eines Willens zur Überwindung des Nihilismus aus. Nur für denjenigen, der diesen Standpunkt erreicht hat, der zugleich von den jasagenden Impulsen der Kunst bestimmt und vom Schaffen und Hinausschaffen über sich selbst her motiviert ist, gibt es eine Erkenntnis der „wahren" Züge der Zeit, die das Gesicht des Nihilismus trägt. Aussagen über die „Wahrheit" dieser Zeit können daher nur die Rolle des Ansporns einer Über-windung dieser Wirklichkeit übernehmen, wenn sie nicht nur als wissenschaftliche Feststellung, sondern als Beschreibung einer Situation, in der gehandelt werden soll, verstanden werden. Diese Überwindung kann, wie es der späte Nietzsche auch als die Meinung der frühen Schrift festhalten will, nur primär durch die Kunst und durch ein philosophisches Denken geschehen, welches sich auf dem Niveau der Kunst befindet. So bezeichnet er das Buch als antipessimistisch: nämlich in dem Sinne, daß es etwas lehrt, das stärker ist als der Pessimismus, das „göttlicher" ist als die Wahrheit. Die Kunst ist „mehr wert..., als die Wahrheit." Sie ist die „eigentliche Aufgabe des Lebens, ... als dessen metaphysische Tätigkeit..."[77]

Die pessimistische bzw. nihilistische „Wahrheit" der philosophischen Zeitdiagnose ist das Sprungbrett, von dem aus der Entwurf einer Welt geleistet wird, die der jasagende Wille zu seiner Selbstverwirklichung

---

[76] ibidem S. 270 ff.
[77] ibidem S. 273.

braucht. Weil dieser Wille den philosophischen Intellekt beauftragt, ihm eine ihm angemessene Welt so darzustellen, "als ob" sie Grundlage für objektive Aussagen der Theorie abgeben könnte, deshalb spricht Nietzsche von dem für das Leben notwendigen Willen zum "Schein, zur Illusion, zur Täuschung, zum Werden und Wechseln (zur objektivierten Täuschung)..."[78] Dieser Wille hat seine reale Bedeutsamkeit für das Leben und gilt als "tiefer, ursprünglicher, ,metaphysischer' als der Wille zur Wahrheit, zur Wirklichkeit... – letzterer ist selbst bloß eine Form des Willens zu Illusion." Dieser Wille ist primär in der Kunst wirksam, in welcher die Lust ursprünglicher ist als der Schmerz. Der Schmerz wird von hieraus erst als "bedingt, als eine Folgeerscheinung des Willens zur Lust (des Willens zum Werden, Wachsen, Gestalten, d. h. zum Schaffen: im Schaffen ist aber das Zerstören eingerechnet). Es wird ein höchster Zustand von Bejahung des Daseins konzipiert, aus dem auch der höchste Schmerz nicht abgerechnet werden kann: der tragisch-dionysische Zustand."[79] Hier wird deutlich: die Charaktere des philosophischen Denkens, welches berufen ist, über den Nihilismus hinausführen, werden hier zuerst an der Kunst erkannt. Sie ist die "große Ermöglicherin des Lebens, die große Verführerin zum Leben, das große Stimulans des Lebens. Die Kunst als einzig überlegene Gegenkraft gegen allen Willen zur Verneinung des Lebens, als das Antichristliche, Antibuddhistische, Antinihilistische par excellence."[80]

Im Begriff des Schaffens ist das Zerstören eingerechnet: in dem Sinne, daß der Schaffende zugleich auch immer auf dem Wege ist, über sich hinauszuschaffen und das Geschaffene zu über-winden. Schaffen wurde im Bereich des philosophischen Denkens als die Leistung erkannt, in welcher der Denkende einem bestimmt gearteten Willen die ihm angemessene "Welt" entwirft und ver-schafft. Philosophisches "Erkennen" besteht im Schaffen dieser "Welt", die nicht eine vorgefundene Wirklichkeit ist, sondern den Rang einer Perspektive, einer Interpretation hat. Dieses Schaffen ist aber nicht Verpflichtung zu dem Geschaffenen, sondern dessen immerwährende Über-windung.

Philosophisches Denken ist deshalb an der künstlerischen Intelligenz zu orientieren, weil diese lehrt, die Rolle des Weltentwurfes, der als Ergebnis des Auftrags eines jeweiligen Willens vom Intellekt geleistet wird,

---

[78] ibidem S. 272/73.
[79] ibidem S. 273.
[80] ibidem S. 272.

richtig zu deuten und zu beurteilen: nicht als Inbegriff von Sätzen, die eine Wahrheit über Seiendes aussagen wollen, sondern als System solcher Sätze, die einem bestimmt gearteten Willen die Weltperspektive zum Gebrauch anbieten, die er benötigt, um seine Aufgabe für das Leben erfüllen zu können. Das philosophische Weltdenken trägt infolgedessen Züge der Kunst, sofern es eine Welt gedanklich gestaltet, die den Charakter scheinbarer Objektivität hat, sofern nur ihre Bedeutsamkeit für das Leben, nicht aber ihre kognitive Funktion Gewicht hat. In dieser Bedeutung ist es zu begreifen, wenn Nietzsche in der künstlerischen Intelligenz ebenso wie im philosophischen Weltdenken den Willen zum ,,Schein, zur Illusion, zur Täuschung, zum Werden und Wechseln (zur objektivierten Täuschung)" am Werke sieht. Auf diesem Hintergrund ist auch der Satz zu deuten, daß die Kunst mehr wert sei als die Wahrheit. Sie kann von hieraus gesehen als ,,Erlösung des Erkennenden" insofern angesprochen werden, als dieser an der ,,Wahrheit" seiner nihilistischen Zeitdiagnose nicht zugrunde gehen muß, sondern es vermag, das in dieser schlimmen Wahrheit Erkannte durch Aufnahme in seinen Weltentwurf in einen Sinn-zusammenhang einzubauen, es zu rechtfertigen und auf diese Weise das Leiden zu einer ,,Form der großen Entzückung" werden zu lassen[81]. Die in der Hermeneutik des künstlerischen Bewußtseins gebrauchte Deutung der Rolle der künstlerisch-bildhaften Weltentwürfe ist demgemäß auch lehrreich für das philosophische Denken, welches diese Entwürfe in begrifflicher Form leistet. Folgt das philosophische Denken dem Beispiel der Kunst, dann wird es zu allem Geschehen, auch dem Leidvollen, ja sagen und eine dementsprechende positive Weltperspektive behaupten.

Nietzsche spricht ,,Wahrheiten" über Auf- und Niedergänge der Kultur aus, die primär in entsprechenden Bewegungen der künstlerischen Entwicklung faßbar werden. Aber es ist erstens zu bedenken, daß diese ,,Wahrheiten" nur vom Standpunkt eines Willens aus gefunden werden können, der entschlossen ist, sie nicht in der Rolle der Wahrheit stehen zu lassen, sondern sie in den Zusammenhang eines Welt-sinnes zu integrieren, den der jasagende Wille braucht, um sich verwirklichen zu können. Damit steht zweitens in Verbindung, daß die kultur-, kunst- und wissenschaftskritischen ,,Wahrheiten" Nietzsches schon in sich den Impuls zur Über-windung des Standpunktes der bloßen ,,Wahrheit" enthalten, auf dem stehenzubleiben Verzweiflung

---

[81] vgl. ibidem.

bedeuten müßte. Der Denker Nietzsche will aus der hermeneutischen Praxis der Kunst lernen, welche Rolle weltinterpretativen Aussagen beizumessen ist: die Kunst belehrt darüber, daß ihnen Sinn-bedeutsamkeit für den zum Leben jasagenden Willen, nicht aber „Wahrheit" eigentümlich ist.

Daher begegnet an dieser Stelle wieder das Prinzip des Experimentes. Denn die Rechtfertigung von Aussagen, in denen Weltinterpretation geleistet wird, geschieht nicht in der Weise, in welcher „wahre" Sätze begründet werden: etwa durch Beweis oder durch Konfrontierung mit Objekten, die in der „Erfahrung" gegeben werden. Vielmehr wird die Rechtfertigung für die Annahme und Anerkennung jeweils eines Systems von Sätzen mit weltinterpretativer Funktion durch eine experimentelle Prüfung ihrer Eignung für die Erfüllung des jeweiligen Sinnbedürfnisses durchgeführt. Demgemäß kann die Frage, ob ein Produkt „Kunst" ist oder nicht, nur durch seine „Wirkung auf das Lebensgefühl" entschieden werden, nicht aber durch eine Konfrontierung mit Normen.

Pessimistisch-nihilistische Kulturkritik übt Nietzsche auch an der Kunst der Moderne bzw. am Typus des „modernen" Künstlers. Er sieht die Situation vor sich, daß in der „Gegenwart" nicht eine intakte Kunst einem philosophischen Denken, welches einen zum Leben jasagenden Willen zur Herrschaft bringen will, den Weg zu weisen vermag. Vielmehr hat die gegenwärtige Kunst als Teil der modernen Kultur wesentliche Möglichkeiten des ästhetischen Zustandes wie die der Freiheit, Leichtigkeit, der dionysischen Ausweitung des Bewußtseins und des Schaffens sowie des Über-sich-Hinausschaffens verloren, die erst wieder gefunden werden müssen.

Im modernen geschichtlichen Milieu ist kein Platz für die „große Kunst", von der lebensermöglichende Impulse ausgehen sollen. Wenn der Mensch seine Zeit zwischen Arbeit und Erholung aufteilen muß, dann kann die Kunst nicht maßgebende und dominierende Kraft seines Lebens sein. Er kann ihr nicht die „besten Stunden und Vormittage" geben[82]. Sollte sie an den Menschen ihre „großen Zeit- und Kraftansprüche" machen, so hätte sie das Gewissen der Arbeitsamen und Tüchtigen gegen sich, welche diese Ansprüche als Anmaßung ansehen. Weil Beschäftigung mit Kunst nicht mehr das Leben im Ganzen erfüllen kann, dürfte es „deshalb mit ihr zu Ende sein, weil ihr die Luft und der

---

[82] III, S. 284.

freie Atem fehlt...." Sie wird entweder die Form der „kleinen Kunst",
also derjenigen annehmen, die erholsame und ergötzliche Zerstreuung
bietet, oder aber in der Weise leben wollen, daß sie ihre Mittel vergröbert und in „Verkleidung" auftritt. Die moderne Form der großen
Kunst zeigt eine Anwendung der „gewaltsamsten Erregungsmittel, bei
denen selbst der Halbtote noch zusammenschrecken muß." Die „Betäubungen, Berauschungen, Erschütterungen – Tränenkrämpfe:" mit
diesen überwältigt die große Kunst den Ermüdeten und bringt ihn in
eine übermächtige Überlebendigkeit, in ein Außer-sich-sein des Entzückens und Schreckens[83].

So muß die große Kunst in diesem Zeitalter der Arbeit sich selbst
untreu werden. „Danken wir ihr, daß sie es vorzieht, so zu leben als
davonzufliehen: aber gestehen wir uns auch ein, daß für ein Zeitalter,
welches einmal wieder freie volle Fest- und Freudentage in das Leben
einführt, unsere große Kunst unbrauchbar sein wird."[84] Damit sieht
Nietzsche auch den Charakter des „modernen Künstlers" in Einklang,
der nicht etwa den bedeutsamen Schein zur Vorstellung bringt, dessen
das Leben bedarf, sondern „aus Lust an der Lüge" lügt. Wenn die
„Lüge" wenigstens eine lebensbefördernde Funktion übernehmen
würde, indem sie eine die nihilistischen Züge der Gegenwart kompensierende Welt zur Vorstellung brächte, so hätte sie wenigstens einen
Wert. Aber jetzt dient sie der Eitelkeit, der Verstellung, der
Befriedigung künstlich hervorgebrachter Phantasiebedürfnisse. Der
moderne Künstler ist „bewunderungswürdig in jeder Kunst der Verstellung –, es sei denn, daß seine krankhafte Eitelkeit ihm einen Streich
spielt." Charakteristisch ist die „absurde Erregbarkeit seines Systems,
die aus allen Erlebnissen Krisen macht und das „Dramatische" in die geringsten Zufälle des Lebens einschleppt" und ihm dadurch alles Berechenbare nimmt. Der Künstler wird Schauspieler: er ist nicht eine
Person mehr, „von denen bald diese, bald jene mit unverschämter
Sicherheit herausschießt."[85]

Es ist unübersehbar, wie hier Nietzsche einen Zug am modernen
Künstler hervorhebt, den er sonst immer als Charakter der Schwäche
behandelt: es ist der Zug des Mimikrie, des Verzichtes auf eigentümliche
Profilierung und der Bereitschaft, passiv jede mögliche Lebensform und
Weltinterpretation zu übernehmen. Der moderne Künstler ist eben

---

[83] ibidem S. 284.
[84] ibidem S. 285.
[85] W. z. M. Aph. 813 (XVI, S. 242).

darum groß als „Schauspieler: alle diese armen Willenslosen, welche die Ärzte in der Nähe studieren, setzen in Erstaunen durch ihre Virtuosität der Mimik, der Transfiguration, des Eintretens in fast jeden verlangten Charakter." Er repräsentiert nicht den Künstler als solchen, weil er nicht Kraft genug hat, die vielen von ihm darzustellenden Rollen der gestaltenden Kraft seines individuellen Seins zu unterwerfen. Er verliert sein Selbst in der Vielheit der Rollen, die er zu spielen hat: gemäß der indifferenten Haltung des modernen Menschen der Vielheit der Kulturen gegenüber. Seine Schwäche ist das Übermaß an Reflexion. Er befindet sich in einer analogen Lage wie auch der moderne Historiker, der die Vielheit der geschichtlichen Ereignisse, Individualitäten und Kulturformen wohl vor sich museal aufzustellen vermag, aber sie nicht kraftvoll in die Einheit eines Geamtbildes einordnen kann. Der Künstler soll nicht einem Übermaß von Reflexion zum Opfer fallen: es ehrt geradezu einen Künstler, der Kritik unfähig zu sein. Wenn er anfinge, „sich zu begreifen, würde er sich damit vergreifen..."[86]

Wenn dem modernen Künstler vorzuwerfen ist, daß ihm zu sehr am „Intellektualisieren" liege und daran, sich selbst zu sezieren, so ist in diesem Vorwurf auch die Feststellung enthalten, daß er seiner eigentlichen Mission, die gebändigte Kraft seiner sinnlichen Intelligenz frei walten zu lassen, nicht gerecht wird. Er macht den Fehler, seine sinnliche Intelligenz der Reflexion, der Selbstbespiegelung und Berechnung auf illusionäre Wirkung zu unterwerfen.

Gleichwohl wird auch dem modernen Künstler die Mission zugestanden, die ihm das Wesen der Kunst überträgt: nämlich die „große Spur" nicht zu verlieren, auf der das Leben geht. Der Künstler aller Zeiten hat sich nicht mit den Sinnen überworfen[87]. Er ist am wenigsten durch die idealistische Krankheit gefährdet, „Entsinnlichung" zu erstreben. Daher ist es ihm um eine „immer größere Vergeistigung und Vervielfältigung" seiner Sinne zu tun. Hier an dieser Stelle fährt Nietzsche nicht beschreibend und die Wirklichkeit des modernen Künstlers und seine Möglichkeiten darstellend, sondern gesetzgebend und das Programm seines philosophischen Willens aussprechend fort: „... wir wollen den Sinnen dankbar sein für ihre Feinheit, Fülle und Kraft und ihnen das Beste von Geist, was wir haben, dagegen bieten... Wir haben diese Verketzerung nicht mehr nötig: es ist ein Merkmal der Wohlgeratenheit,

---

[86] W. z. M. Aph. 812 (ibidem S. 240).
[87] W. z. M. Aph. 820 (ibidem S. 246).

wenn Einer, gleich Goethe, mit immer größerer Lust und Herzlichkeit an ‚den Dingen der Welt' hängt: — dergestalt nämlich hält er die große Auffassung des Menschen fest, daß der Mensch der Verklärer des Daseins wird, wenn er sich selbst verklären lernt."[88]

Im Ganzen betrachtet sieht Nietzsche die Entfaltung des künstlerischen Seins und des ihm gemäßen philosophischen Denkens durch das Prinzip: Vernunft beeinträchtigt, welches die neuzeitliche Kultur beherrscht. Sieht er seine Aufgabe darin, das Prinzip Vernunft zu entkräften und eine Alternative dafür zu propagieren oder es zu reformieren? Der Antwort auf diese Frage mögen abschließende Erörterungen gewidmet werden.

Die auf dem Boden der „Vernunft" stehende Philosophie hat es sich, wie Nietzsche scharf erkennt, zur Aufgabe gemacht, die Herrschaft der Vernunft in Natur und Geschichte theoretisch zu erweisen und praktisch zu verwirklichen. Diese Art von Philosophie hat dem Menschen nach der Auffassung Nietzsches die Illusion eines sicheren Aufgehobenseins in der Welt zu vermitteln versucht. So hat sie ihn zum Verzicht auf eigene Sinngebung und auf Über-gang zu immer neuen Sinnentwürfen erzogen. Zugleich aber hat Vernunft auch gegenteilig in der Form der ihr eigentümlichen Skepsis und des auf „Wahrheit" und „Wahrhaftigkeit" pochenden Anspruchs auf Prüfung und kritische Rechtfertigung den in die Welt hineingesteckten Sinn wieder herausgezogen: das Resultat ist der Nihilismus. In den Augen Nietzsches ist das am Prinzip der „Vernunft" orientierte Denken nicht imstande, einen Weg aus dem nihilistischen Zustand zu finden. Nicht vernünftige Regelung unseres Denkens und unserer Entscheidungen kann den Nihilismus überwinden, sondern allein die Kunst und das von ihr inspirierte Denken und Handeln. Als Musterbeispiel des ja-sagenden Denk-standes ist der „ästhetische Zustand" anzusehen, welcher der Intelligenz in den Sinnen, dem Leib, der Erde, dem dionysischen Prinzip in der Bedeutung des Schaffens, Gestaltens, Umfassens, der Leichtigkeit, des Erhobenseins und Frei-seins Gerechtigkeit geschehen läßt. So ergibt es sich, daß der Nihilismus nicht durch den Übergang in eine andere, jenseitige Welt über-wunden wird, sondern dadurch, daß der von Moral, Platonismus, Idealismus usf. verschüttete Sinn in den Sinnen, in Leib und Erde, in den Affekten, Leidenschaften und „Instinkten" neu entdeckt und gedeutet wird.

---

[88] ibidem

Es ist die Frage zu stellen, ob der jetzt in das Blickfeld tretende Sinn der Sinne und der durch dessen Rehabilitierung zur Lebensbejahung ermutigte Wille sowie dessen Denk-stand, die Behauptung des lebendigen Seins und seines dionysischen Charakters, das Programm des Schaffens von Weltinterpretationen und die Methode des Experimentierens und des Auffindens der für eine jeweilige Gegenwart des Lebens bedeutsamen Weltperspektive über den Umkreis der Möglichkeiten der „Vernunft" hinausführen, oder ob in diesen Devisen des Denkens nicht eine neue Entwicklungsstufe der Vernunft erreicht worden ist.

7. Rehabilitierung der Vernunft durch ihre ästhetische Gestalt:
Spätere Auffassung des Dionysischen

In den Gedanken des vorliegenden Buches sind Züge am Denken Nietzsches wie der des Experimentierens als philosophischer Methode, der Kritik und Entlarvung, des Standnehmens auf dem Boden der Freiheit, von dem aus Verfügung über Weltperspektiven möglich ist, hervorgehoben worden. Sie sind auch in dem Bilde wiederzufinden, welches die am Prinzip Vernunft orientierten Philosophen vor allem von Leibniz bis Hegel von dieser gezeichnet haben. Das Denken Nietzsches kann als Fortentwicklung der Philosophie der Vernunft zu einem neuen „Stande" verstanden werden. In seinem Denken und seiner Sprache werden gedankliche Möglichkeiten, von denen die Philosophie der Vernunft immer Gebrauch gemacht hat, wie etwa die des Standnehmens, der Perspektive und der freien Verfügung über sie, der Bedeutsamkeit einer jeweiligen Weltperspektive für die Erfüllung des Sinnbedürfnisses des Lebens statt der „Wahrheit", explizit zum Bewußtsein und zur Sprache gebracht und planvoll methodisch verwertet.

So entsteht das Bild, daß Nietzsche gegen die Vernunft mit den Mitteln der Philosophie der Vernunft polemisiert: auch in seiner Terminologie zeigt er, daß er die Überwindung der traditionellen Interpretation von Vernunft im Zeichen einer andern Form von Vernunft vollzieht. Er unterscheidet z. B. die „Vernunft" der Tradition als die „kleine" von der „großen" Vernunft des Leibes. Das liegt in der Richtung seiner These, daß die traditionell verstandene Vernunft des Ich-Bewußtseins nicht oberste, regierende, gesetzgebende und beherrschende Instanz sei, welche Zwecke setzt und Absichten verwirklicht, sondern daß die bewußten Zwecke nur Interpretationen der Notwendigkeiten sind, die in der Vernunft des Leibes angelegt sind[89]. Hier wird schon an der Sprache Nietzsches erkennbar, daß er den Leib nicht anders zu Ehren bringen will als dadurch, daß er ihm den Namen ‚‚große Vernunft'' gibt. Daran wird erkennbar, daß sich seine Polemik gegen Vernunft selbst die Züge dieser Vernunft gibt. Sie nimmt die Form einer Kritik an, die ihrerseits spezifische Errungenschaft der neuzeitlichen Vernunftphilosophie ist. Es wird sichtbar, daß er selbst seine Polemik gegen das Prinzip Vernunft relativiert und nur die idealistische Version der Vernunftphilosophie bekämpft. Dieser gegenüber will er die ‚‚wahre'' Vernunft zur Geltung bringen, die als diejenige des Leibes und als Inbegriff der Intelligenzleistungen der affektiven ‚‚Monaden'' zu verstehen ist. Nietzsche wendet sich gegen die ‚‚Verkennung von Leidenschaft und Vernunft, wie als ob letztere ein Wesen für sich sei und nicht vielmehr ein Verhältniszustand verschiedener Leidenschaften und Begehrungen, und als ob nicht jede Leidenschaft ihr Quantum Vernunft in sich hätte...''[90] Der ‚‚Verhältniszustand'', dem Nietzsche den Namen Vernunft gibt, wird an anderer Stelle als Herrschaftsverhältnis zwischen den affektiven ‚‚monadischen'' Zentren sowie ihren Perspektiven gedeutet: jedes dieser Zentren macht einen ‚‚vernünftigen'' Gebrauch von seiner Weltperspektive. Vernunft darf nicht idealistisch als Instanz begriffen werden, welche gleichsam von außen her die Leidenschaften zu beherrschen hätte: vielmehr ist sie als Vernunft der affektiven Zentren und ihres Herrschaftsverhältnisses zu verstehen. ‚‚Die ganze Auffassung vom Range der Leidenschaften: wie als ob das Rechte und Normale sei, von der Vernunft geleitet zu werden, – während die Leidenschaften das Unnormale, Gefährliche, Halbtierische seien, überdies, ihrem Ziele nach, nichts Anderes als Lust-Begierden... Die Leidenschaft ist entwürdigt 1) wie als ob sie nur ungeziemender Weise, und nicht notwendig und immer, das mobile sei, 2) insofern sie etwas in Aussicht nimmt, was keinen hohen Wert hat, ein Vergnügen...''[91] Hier wird deutlich, daß es Nietzsche nur um die Ablehnung einer isolierten Vernunft geht, die den Anspruch eines aparten Befehlszentrums erlebt: nicht gegen die Vernunft als solche ist seine Polemik gerichtet, sondern nur gegen die Stellung, die der Vernunft in der idealistischen Vernunftphilosophie gegeben wird. Dagegen plädiert er für die Vernunft in den Affekten, Leidenschaften und Instinkten: in der notwendigen Konsequenz, mit

---

[89] vgl. z. B. X, S. 414; XII, S. 157; XVI, S. 76.
[90] XV, S. 419.
[91] ibidem.

der ein individuelles Sein seine Mission erfüllt und die für es auch Leiden bedeutet, zeigt sich Vernunft.

Daß Nietzsche in seiner Polemik gegen eine idealistische Interpretation der Vernunft beabsichtigt, diese in ihrer wahren Gestalt zu rehabilitieren, wird auch durch folgende Überlegungen erkennbar: einerseits fordert er die Radikalisierung des Cartesischen Zweifels und die Befreiung von der Befangenheit jedem „Glauben" gegenüber: auch gegenüber dem fraglosen Vertrauen auf die Vernunft. Es gibt Aussagen von ihm, in denen er die Frage als berechtigt bezeichnet, warum denn das Vernünftige wertvoll sein soll und nicht das Unvernünftige. Das Vertrauen auf die Vernunft muß als Vorurteil, als interessierte Entscheidung für eine in bestimmter Weise interpretierte Vernunft und damit als ein „moralisches Phänomen" entlarvt werden. „Aber nicht die logischen Werturteile sind die untersten und gründlichsten, zu denen die Tapferkeit unseres Argwohns hinunterkann: das Vertrauen auf die Vernunft, mit dem die Gültigkeit dieser Urteile steht und fällt, ist, als Vertrauen, ein moralisches Phänomen... Vielleicht hat der deutsche Pessimismus seinen letzten Schritt noch zu tun? Vielleicht muß er noch Ein Mal auf eine furchtbare Weise sein credo und sein absurdum neben einander stellen?"[92]

Nietzsche will den letzten Befreiungsschritt tun, der über die Befangenheit gegenüber dem Glauben an die Vernunft in der idealistischen Interpretation hinausführen soll. Er will die Welt- und Wertperspektiven, das „Für und Wider" auch der idealistischen Vernunftinterpretation in seine Gewalt bekommen. Insofern folgt er den Spuren der neuzeitlichen Skepsis und Kritik, auch der Selbstkritik der Vernunft etwa bei Kant. Seine Absicht aber geht dahin, diesen Weg bis zum extremen Punkte eines Zweifels an seiner eigenen Vernunftgestalt, also an der Auffassung von Vernunft überhaupt zu gehen, die dem bisherigen Sprachgebrauch des Wortes Vernunft entsprach.

Wenn Nietzsche einsieht, daß er damit Vernunft gegen Vernunft ausspielt, dann ist er sich der Nähe zu Kant bewußt. – In einem sehr aufschlußreichen Passus bemerkt er, daß man bei Kant der „lüsternen Asketen-Zwiespältigkeit" begegne, die „Vernunft gegen Vernunft zu kehren liebt...". Solche scheinbar freventliche und lustlose Umkehrung der gewohnten Perspektiven und Wertungen soll nicht mit Befremden und „undankbar" aufgenommen werden. Sie befreien Vernunft von

---

[92] IV, S. 8.

der Befangenheit in einseitiger und dogmatischer Gläubigkeit ihren eigenen Produkten gegenüber[93]. Die distanzierte und freier Verfügung fähige Stellung der Vernunft eigenen, angeblich ewigen und konstanten Kategorien gegenüber, Einheit, Identität, Dauer, Substanz, Ursache, Sein folgt für Nietzsche aus der „großen Loslösung" von Glaubenssätzen jeder Art.[94]

Der Weg des zweifelnden Denkens führt zunächst zur Distanzierung der Vernunft sich selbst gegenüber. Weil Nietzsche diesen Weg geht, macht er von den skeptischen und kritischen Möglichkeiten Gebrauch, welche die Vernunft von Kant an erschlossen hat. Auch die „große Loslösung" vom Glauben an die Vernunft ist immer noch ein Werk der Vernunft, sofern nämlich das maßgebende Vernunftprogramm leitend ist: sich von jeder Befangenheit einer bestimmten Perspektive gegenüber zu befreien, ihren Absolutheitsanspruch zurückzuweisen und zu relativieren. Dadurch verschafft sie sich freie Hand für die motivierte und gerechtfertigte Wahl von Weltperspektiven, die sich im Experiment als bedeutsam und angemessen erweisen. Es ist nicht zu überhören, daß Nietzsche die Kündigung des Vertrauens auf die Vernunft als „asketische Selbstverachtung" und „Selbstverhöhnung der Vernunft" bezeichnet. Er sieht die Leistung seines eigenen Denkens darin, daß er Vernunft eine bestimmte Gestalt ihrer selbst überholen und überwinden läßt. Er überwindet die Gestalt der Vernunft, der die Züge des Zwanges, der Festlegung auf Normen und Gesetze, des Anspruchs auf die Herrscherrolle des „Ich denke" und auf Unterwerfung der Affekte und Leidenschaften unter die Pflicht eigentümlich sind. Nietzsches Vernunftideal orientiert sich an einem Typus von „Allgemeinheit", welche nicht auf dem Boden einer Gesetzgebung und der Erweiterung der Subjektivität durch gemeinsame Unterwerfung unter dieses Gesetz, sondern auf demjenigen dionysischer Bewegung begründet ist. Vernunft ist nicht Vorgesetzte der Affekte, sondern ist ihnen sowie den Leidenschaften, den Sinnen, dem Leib immanent und hat ihre Heimat im Bereich des künstlerischen Schaffens und dementsprechend des ästhetischen Zustandes.[95]

---

[93] VII, S. 428.
[94] VIII, S. 79.
[95] „Das einzige Glück liegt in der Vernunft, die ganze übrige Welt ist triste. Die höchste Vernunft sehe ich aber in dem Werk des Künstlers und er kann sie als solche empfinden; es mag etwas geben, das, wenn es mit Bewußtsein hervorgebracht werden könnte, ein noch größeres Gefühl von Vernunft und Glück ergäbe: z. B. der Lauf des Sonnensystems, die Erzeugung und Bildung eines Menschen." (X, S. 415).

In diesem Zusammenhang werden von Nietzsche Vernunft und Glück in einem Atem genannt: Vernunft ist Höhepunkt des Daseins, aber es soll eine glückliche Vernunft sein. Sie ist nicht in der Richtung der neuzeitlich theoretisch-technischen Vernunft zu suchen: vielmehr ergibt sie sich als letzte höchste Ausgestaltung des künstlerischen Schaffens. In dieser Richtung „mag es etwas geben", welches den höchsten für den Menschen erreichbaren Grad von produktiver Aktivität darstellt: Nietzsche deutet es als Verbindung zwischen künstlerischer Produktion und dem Prinzip an, welches ihm in der idealistischen Vernunftphilosophie der Neuzeit als maßgebend und zugleich kritikwürdig aufgefallen ist: es ist das planende, methodisch verfahrende und Theorie und Praxis leitende „Bewußtsein".

Wenn Nietzsche auszieht, um der Vernunft, die er zunächst in ihrer idealistischen Interpretation vor Augen hat, den Krieg anzusagen und ein alternatives Programm zu vertreten, welches sich nicht nur auf philosophisches Denken beschränkt, sondern auf Bedeutsamkeit für Kultur im Ganzen achtet, so ist das Resultat die Herstellung der Vernunft in neuer Gestalt. Das Denken Nietzsches mündet in dem Zusammenhang in den Strom der Geschichte der Vernunft ein, in welchem es mit den in den dialektischen Philosophien von Kant bis Hegel herausgearbeiteten Mitteln der Kritik, der Entlarvung und der Überholung seine Polemik gegen Vernunft vollzogen hat. Ästhetische Vernunft wird gegen theoretische in der Weise des Primats der ästhetischen Vernunft vor der theoretischen zur Geltung gebracht. Ästhetische Vernunft, im weitesten Sinne verstanden, prägt auch den Charakter des philosophischen Denkens. Sie belehrt z. B. das philosophische Denken über den „richtigen" Begriff von der Notwendigkeit. Dieser sieht Freiheit in der Notwendigkeit vor, die sich z. B. darin zeigt, daß ein Bildgedanke die Einzelheiten des Bildes beherrscht, die diesen als das Ganze umfassend von sich aus, d. i. frei vergegenwärtigen. Und ebenso ist in ihm der Gedanke der Notwendigkeit in der Freiheit enthalten, die an dem Beispiel der Kompositionsregeln erkennbar ist, die bei der künstlerischen Produktion maßgebend sind. Der ästhetische Zustand, der sich z. B. bei der Darstellung eines musikalischen Werkes mit den immerwährenden Wiederholungen seiner Themen einstellt, ist zugleich von dem Willen der Zustimmung, des Ja zum Ganzen des Werkes bestimmt: in jedem Augenblick ereignet sich ein Durchblick und Überblick über das Ganze, welches von dem erhobenen Stande dieses Augenblicks aus verklärt wird. Der Wille des philosophischen Denkens sagt, wenn er durch den ästhetischen Zustand inspiriert wird, ein Ja zur Notwendigkeit: er wird vom amor fati bestimmt. Diese Notwendigkeit bedeutet nicht Zwang, sondern ist Freiheit. Der ästhetische Zustand und seine Gestalt als philosophischer Gedanke begründet demgemäß auch das Ja zum Leid. Er verklärt es von dem über-legenen Stande aus, den er gewonnen hat. Die ästhetische Vernunft motiviert das philosophische Denken dazu, die Aufgabe der Rechtfertigung des Sinnes der Welt anzugreifen, welche in der traditionellen Philosophie vor Kant in Überlegungen zur Theodizee gestellt und bearbeitet worden ist.

Im ästhetischen Zustand vermag sich die Vernunft auf einen souveränen Stand zu begeben, von dem aus sie in spielerischer Freiheit zum sinnlichen, leiblichen und affektiven Grunde ihres lebendigen Seins ja sagt: das Ja zu Leib, Erde, zur gesunden Ausgestaltung der in den Sinnen lebendigen Bildungskraft nimmt das philosophische Denken in begrifflicher Weise auf. Es ist sich seiner gedanklichen Bewegung von je einem Stande seines Denkens zu einem ihm überlegenen in der Richtung des „Aufwärts" bewußt. Ebenso weiß es, daß es Über-windungen und Über-gänge über einmal behauptete Standpunkte und Lebensgestalten vollzieht und dabei jeweils neue, überlegene Perspektiven gewinnt. Diese setzen das philosophische Denken in den Stand, sich gegen die überwundenen Weltinterpretationen in Freiheit zu setzen, sie deren Kritik zu unterwerfen und ihre eigentlichen, wahren, ehedem unerkannten Hintergrundsmotivationen zu durchschauen sowie die Notwendigkeit dieser Interpretationen und ihrer „Irrtümer" zu erklären. Von hier aus ist es dem philosophischen Denken möglich, eine Weltperspektive und die in ihrem Rahmen geschaffene Interpretation als Symptom jeweils einer bestimmten Willensverfassung zu erkennen.

Die gedankliche Bewegung des immerwährenden Übergangs wird nicht nur beiläufig und ohne „Bewußtsein" vollzogen, sondern die ästhetische Vernunft belehrt das philosophische Denken, sie als ein Programm zu erkennen und zu handhaben. Es ist das Programm der immerwährenden Selbstüberwindung, welche das Sein auf der Höhe des Augenblicks hält. Sie fordert dazu heraus, über eine erreichte Gestaltung jeweils hinauszugehen, um höhere, reichere und weitere Ausblicke zu finden. Diesem Programm ist die Einheit des Apollinischen und des Dionysischen eigentümlich. Diese beiden zueinander polaren Mächte nehmen, als Triebkräfte des philosophischen Denkens verstanden, die Gestalt der Entscheidung für je eine Weltperspektive einerseits und das Über-schreiten der Grenzen dieser Perspektive sowie die Ausweitung des Denkhorizontes auf den Reichtum der anderen Weltperspektiven an. In diesem Zusammenhang vermag das philosophische Denken dem Gebot der gedanklichen Gerechtigkeit Genüge zu tun.

Wie in einem musikalischen Werke nicht nur die „Ober-stimme" dominiert, sondern diese in jeder Gegenwart zugleich auch mit dem System der „Unter-stimmen" zu einer Einheitswirkung sich verbindet, so ist das lebendige Sein eines Individuums in jedem Augenblick seiner Geschichte als Herrschaftsverhältnis vieler „monadischer" Einheiten zu verstehen. Jede der Stimmen ist als Point de vue mit seiner Weltperspektive zu interpretieren. Die Einheit in der Vielheit stellt sich dadurch her, daß in einem Reichtum von affektiven leiblichen Points des vue und Weltperspektiven eine von diesen dominiert und frei von den andern anerkannt wird, deren sich jede kraft ihrer Natur in das Ganze einfügt. So wird jedem dieser perspektivischen Zentren und ihrer Weltinterpretation vom Standpunkt der philosophischen Gerechtigkeit aus Genüge getan.

Schließlich vermag die ästhetische Vernunft dem philosophischen Denken insofern Lehrmeister zu sein, als sie eine Bedeutungsmöglichkeit der Sprache erschließt, bei der es nicht um theoretische Wahrheit und deren Anerkennung geht, sondern um ihre Bedeutsamkeit für den gedanklichen Aufbau einer „Welt", welche die nihilistische und pessimistische Wahrheit in verklärter Gestalt aufnimmt und in welcher sich infolgedessen das im ästhetischen Zustand befindliche „Ich bin" über die Verzweiflung hinwegzuretten und zu leben vermag. So lernt das philosophische Denken, daß es nicht auf theoretische „Wahrheit" der Sätze, in denen der Weltentwurf der das Sinnbedürfnis befriedigenden Phantasie zur Sprache gebracht wird, sondern auf deren Bedeutsamkeit und Angemessenheit für das Leben ankommt. Die Rechtfertigung der Wahl und der Entscheidung jeweils für eine Weltperspektive ist dann gegeben, wenn sie in einer experimentellen Prüfung ihre Bedeutsamkeit und Angemessenheit jeweils für einen bestimmtgearteten Willen zur Macht erwiesen hat. Das Experiment der philosophischen Vernunft mit sich selbst hat für Nietzsche ergeben, daß derjenige Wille, der vom Standpunkt der Vernunft des Leibes, der Sinne, der Affekte aus denkt und sinnschaffend tätig sein will, der Weltperspektive der ewigen Wiederkehr bedarf und an ihr sein Genügen findet.

8. Die spätere Auffassung vom Dionysischen und die dionysische Vernunft

Wenn gesagt wurde, die ästhetische Vernunft und mit ihr das Dionysische sei für das philosophische Denken vorbildlich, so ist auch der Unterschied der späten Auffassung Nietzsches vom Dionysischen von seiner ersten Konzeption in der Geburt der Tragödie zu bedenken. Während in der Geburt der Tragödie die am Dionysischen orientierte künstlerische Intelligenz gegen diejenige des theoretischen Menschen ausgespielt wird, geht es dem späteren Nietzsche darum, die philosophische Vernunft in voller Wirkungskraft herzustellen und sie zu diesem Zwecke auch vom dionysischen Prinzip durchwalten zu lassen, statt dieses der Kunst allein zu überantworten und es der Theorie gegenüberzustellen. Weil es Nietzsche darum geht, für die ,,Vernunft" überhaupt nicht eine Alternative zu propagieren, sondern ihr eine neue Gestalt zu geben, so verwirklicht er diese Absicht in der Weise, daß er sie mit dem Prinzip des Dionysischen vereinigt, das er nach wie vor im Bereich des künstlerischen Schaffens am reinsten verkörpert sieht. Aber statt jetzt philosophisches Denken und künstlerische Produktion in Gegensatz zu stellen, sieht er in beiden nur verschiedene Gestalten ein und derselben dionysischen Vernunft.

Durch die Wendung: ,,dionysische Vernunft" möge angedeutet werden, daß Nietzsche in seiner Spätzeit das Dionysische als maßgebend für philosophisches Denken verstanden hat. Als dionysisch begreift er diejenige philosphische Vernunft, welche dem jasagenden, zum eigenen Sinnschaffen bereiten Willen die zu ihm gehörige und ihm Sinnmotivation verschaffende Welt entwirft. Das Bild, welches sich der junge Nietzsche in der Geburt der Tragödie vom Dionysischen gezeichnet hat, war durch Züge wie diejenigen der Auflösung aller Grenzen und der Vernichtung der Individualität sowie des wilden, orgiastischen Überflutens aller Gestaltungen bestimmt. Der spätere Begriff Nietzsches sieht nicht Auflösung der Grenzen, sondern ihre ständige Überschreitung vor: nicht die wilde ,,Furie des Verschwindens", von der Hegel spricht, tritt hier entgegen, sondern es kommt das Denken des Lebens in den Blick, das immer wieder über eigene Positionen hinausgeht: die Grenzen werden nicht vernichtet, sondern über-schritten. Diejenige denkerische Weltgestaltung wird als Leistung des Dionysischen angesehen, in welcher die philosophische Vernunft in immer neuen ,,Versuchen" stets weitere Horizonte und ,,höhere" Standpunkte gewinnt. Dieses Bild vom Dionysischen als dem maßgebenden Prinzip philosophischer Vernunft des ,,starken", jasagenden und zum Schaffen bereiten Willens ist durch die Erfüllung der Sinnmotivation bestimmt, die dieses Prinzip dem Willen leistet: das dionysische Denken entwirft die Welt der ewigen Wiederkehr. Der jasagende Wille, der sein Dasein mit diesem Entwurf stehen und fallen läßt, steht dionysisch zu diesem Dasein: ,,dionysisch zum Dasein stehen –: meine Formel dafür ist amor fati."[96]

Der Mensch, der dionysisch zum Dasein steht, kann dessen Sinn nicht in theoretisch gesicherten ,,Wahrheiten" verankern. Seine Weltdeutung, die der ewigen Wiederkunft, gilt ihm als Experiment, das seine innere Notwendigkeit hat.

In der philosophischen Tradition war die Vernunft das große Prinzip der Rechtfertigung: das Dasein mit all seinen Leiden, in seiner Unberechenbarkeit, Zufälligkeit und Abgründigkeit wurde dadurch be-gründet und gerechtfertigt, daß es in eine letzte, von der philosophischen Vernunft zu handhabende Perspektive gestellt wurde, in welcher ein totaler Vernunftzusammenhang denkbar wird, aus dem sich für den scheinbaren Zufall eine Sinnotwendigkeit ergibt, die alles Leiden rechtfertigt. Im Christentum wurde das Leiden durch den göttlichen Heilsplan gerechtfertigt, der die Hoffnung auf ein jenseitiges Glück begründen soll. Die Logik der Rechtfertigung des Menschen aber, der eine dionysische ,,Stellung" zum Sein annimmt, ist anderer Art: diese Stellung ist durch die Dankbarkeit des von ihr bestimmten Willens dafür gekennzeichnet, daß er es sein darf und sein kann, der dem Sein Rechtfertigung und Willen gibt: statt diese in ein Jenseits des Lebens zu verlegen, macht er dieses Leben zum Schauplatz einer Sinnverwirklichung, deren Initiator er selber ist. Das Sein wird nicht dadurch gerechtfertigt, daß es sich, als ,,eigentlich" und von einem höheren Standpunkt aus begriffen, als ,,vernünftig" erweist: vielmehr bleibt es rechtfertigungsbedürftig und wird von dem entsprechenden Willen deshalb geliebt, weil es nach dessen Sinnrechtfertigung verlangt und ihm Gelegenheit gibt, diese im jeweiligen Augenblick des Lebens zu leisten. Daß er Sinn in Überfülle zu schenken vermag, empfindet der jasagende Wille selbst als Geschenk. ,,Dionysos gegen den ,Gekreuzigten': da habt ihr den Gegensatz. Es ist nicht eine Differenz hinsichtlich des Martyriums, – nur hat dasselbe einen anderen Sinn. Das Leben selbst, seine ewige

---

[96] W.z.M. Aph. 1041 (XVI, S. 383).

Fruchtbarkeit und Wiederkehr bedingt die Qual, die Zerstörung, den Willen zur Vernichtung."[97]

Auch im Schaffen selbst ist Schmerz, Untergang und Abschied: Schaffen setzt voraus, daß man sich selbst überwindet und damit von einem bisherigen Glauben Abschied nimmt. Im Falle des Christentums „gilt das Leiden, der ‚Gekreuzigte als der Unschuldige', als Einwand gegen dieses Leben, als Formel seiner Verurteilung". Es muß im Christentum durch Hereinnahme in eine höhere, umfassendere und jenseitige Ordnung in seinem Wert wieder hergestellt, gerechtfertigt werden. In der Deutung der dionysischen Vernunft aber macht der ihr zugehörige Wille das Leben selbst schon wertvoll dadurch, daß er ihm und seiner Notwendigkeit seine Liebe schenkt. „Man errät: das Problem ist das vom Sinn des Leidens: ob ein christlicher Sinn, ob ein tragischer Sinn. Im ersten Falle soll es der Weg sein zu einem heiligen Sein; im letzteren Falle gilt das Sein als heilig genug, um ein Ungeheures von Leid noch zu rechtfertigen. Der tragische Mensch bejaht noch das herbste Leiden: er ist stark, voll, vergöttlichend genug dazu; der christliche verneint noch das glücklichste Los auf Erden: er ist schwach, arm, enterbt genug, um in jeder Form noch am Leben zu leiden."[98] Wenn Nietzsche sagt, daß der „in Stücke geschnittene Dionysos" eine „Verheißung des Lebens sei, denn „es wird ewig wiedergeboren und aus der Zerstörung heimkommen", so ist darin eine dionysische Deutung der „Vernunft" zu sehen, deren Wiedervereinigung mit sich selbst aus dem Zustand absoluter Zerrissenheit und scheinbar ausweglosen Selbstzerwürfnisses zum Wiedergewinn der Einheit mit sich das große Thema dialektischer Vernunftphilosophen war.

---

[97] W. z. M. Aph. 1052 (XVI, S. 391).
[98] ibidem S. 391/92.

PERSONEN- UND SACHREGISTER

amor fati 1, 33 f., 36, 124, 126
apollinisch/dionysisch 72, 184, 271, 274, 276, 280, 294
Aristoteles 22, 191
Aufstieg (aufsteigen) 79 f., 81 f., 85
Ausdehnung 9, 10
Ausweitung 159 f., 212

Bakunin, M. 250
Bedeutsamkeit III, 152, 157, 159, 161, 178, 181, 185, 191
Bertram, E. 206
Bewußtsein 23 f., 27 f., 29, 238, 240 f., 243
Buffon, G. L. L. 51

Copernicus 61, 62, 107, 146
Cues, N. von 199

Darwin, Ch. 9, 254, 256 f.
Denken 26, 28
–, künstlerisches 29
Descartes, R. I, 1, 37 f., 88 ff., 131 ff., 140 f., 143, 159, 186, 193, 196 f
Dubois-Raymond, E. 51

ego cogito 38
Entscheidung 139, 229
Erkennen 26, 100, 136, 205
–, philosophisches 68, 74, 79, 86
Erkenntnis 78, 134, 185, 191 f.
Erkenntnistheorie 15, 66, 88, 134, 136 f., 187 f., 191, 239, 256
–, Kritik an der 188
Erlösung 45 f.
Experiment 147, 152, 154, 157, 160, 165, 168, 174, 177, 181, 228, 263, 281
Experimentalmethode 143, 150, 152, 165, 169, 179, 185, 189

Falschheit 193
Fichte, J. G. 4 ff., 30, 31 f., 50, 58 f., 163, 198

Fischer, K. 51
Freiheit 1, 3, 38 f, 42, 44, 48, 53, 59, 67, 131 f., 147, 156, 233, 234, 249
Galilei 15, 106, 148
Geburt der Tragödie 281, 296
Gedanke 25 ff.
Geist 59, 76, 258
–, freier 39, 65, 68, 71 f., 77, 98, 154 ff., 158, 170
Genealogie der Moral 252
Gerechtigkeit V, 26, 53, 68, 147, 158 ff., 190, 198, 201 ff., 207 f., 211, 213 f., 216 f., 220 ff., 225, 228 ff.
Gerechtigkeitsbegriff 206
Gesetzgeber, Rolle des 191
Gesetzgebung 68
Gewißheit I, 136, 151
Glaube 43 f., 149 f.
Goethe, J. W. 49, 288

Heidegger, M., I, 2, 144, 172, 214 f.
Hegel, G. W. F. V, 2, 7, 9, 34, 49, 78, 82, 86, 88, 110, 117, 127, 174, 184, 187, 198, 214, 256 f., 289, 293, 296
Henle, J. 51
Heraklit 120, 128, 161
Herder, J. G. 25 f., 49, 52, 273 f.
Herr-Knecht-Dialektik (Hegel) 256 ff.
Historismus 86, 93, 108, 172
Höhersteigen 77, 81, 84, 101
Höhlengleichnis, platonisches 79, 119
Hölderlin, F. 159

Intellekt 11 f., 14, 243 f.
Jacobi, F. H. 49
Jaspers, K. 159, 175
Kant, I. II, V, 3 ff., 9, 15 f., 30–34, 46, 52, 58, 60–62, 67 f., 89–91, 93, 94 f., 101, 109, 112 ff., 116 f., 129 f., 136 f., 142–146, 148–151, 153, 184, 191, 194, 196 f., 198 f., 200 f., 214, 228 f., 234, 275, 277, 291 f., 293 f.

Kausalgefühl 28
Konzentration 9f., 212
Kraft 8, 11, 52f., 169f., 231
Kunst V, 273, 276f., 279, 282f.
–, große 285f.
–, kleine 286
Künstler 131, 204, 265, 270f., 278, 287
–, moderne 286f.

Leben 139, 208
Leib 13f., 16f., 18f., 21f., 25, 37, 53, 230f.
Leib-Gewißheit 20
Leibniz, G.W. 2f., 30, 50ff., 54ff., 57, 95, 121, 125, 132, 199, 248, 289
Leidenschaft 212f., 214f.
Lessing, G.E. 49, 199
Liebe 209, 265f.
Löwith, K. 14, 132f., 144, 172

Macht V, 63f., 100f., 123, 228, 231, 253,
–, Begriff der 84, 231, 267
Menschliches-Allzumenschliches (Vorrede) 39f., 155
Metaphysik I, 137
Methode des Experimentierens I, IV, 132, 143, 154, 156f., 173, 176, 183, 185, 289
Monadologie 2, 55, 57f.
monadologisches Modell 13, 242, 245f.
Moral 30, 76, 136f., 169, 178f., 182f., 252, 268
Morgenröte, Vorrede zur 136
Müller G. 22, 51

Napoleon 275
Natur 1f., 6f., 8, 15, 53, 117, 131, 147
–, freie 1, 8, 15f., 34
–, gefesselte 1, 7f, 15f., 33
Newton, I. 2
Nihilismus 107ff., 163, 174, 176ff., 179, 181, 260, 282f., 288
Notwendigkeit 1, 31f., 33f., 36, 278

Objektivität 66
Opfer 252

Pascal, B. 143
Plato IV, 104, 166
Platonismus 105, 162f., 165, 268
point de vue 2, 4, 50, 104, 126, 239f., 256, 295

Programm des Schaffens 47
Ptolemäus 61, 146

Realität 166ff.
Rechtfertigung 46
Redlichkeit 221f.
Richter 197, 204, 226
Richter, Rolle des 142, 194, 198
Richterin Vernunft 33, 68, 91, 142, 147, 201

Schaffen 1, 35, 46, 59, 81, 123, 176, 181, 249, 265, 269, 272, 282f.
–, künstlerisches 292f.
Schaffende 43, 59, 60f., 69, 119f., 121f.
Schelling, F.W. 3ff., 9f., 15, 21, 49
Schiller, F. 171
Schopenhauer, A. 8ff., 11ff., 14, 28, 112f., 234, 237, 245, 268, 276, 281
Schulze, S. 51
Schwann, H. 51
Sein, lebendiges 242, 246f., 249, 253, 276, 289
Selbstüberwindung 213
Shaftesbury, A.A.C. von 273
Sinn-bedeutsamkeit 81
Sinn-erklärung 90, 96, 99, 103f., 136
Sinn-motivation 138
Sinn-notwendigkeit 30, 34f., 39, 89f., 98, 101, 131
Sokrates 87
Spinoza, B. 1f., 4, 7, 34, 50f., 163, 175, 178f.
Strafrecht 218, 224
Subjekt 61f.

Über-schreiten 183f., 227, 248
Über-sich-hinausgehen 79, 84, 87
Über-windung 220
Umwertung der Werte 140
Ungerechtigkeit 209, 211
Unschuld des Werdens 42

Vernunft V, 9, 84, 134, 139, 155, 210f., 212, 214, 221, 260, 288, 289f., 291f., 293
Vernunft, große 14, 289f.
Vernunft, kleine 14, 289
–, praktische (Kant) 149ff.
–, Primat der praktischen 200

Wagner, R. 262

Wahrheit I, 61, 133 ff., 139, 167, 200, 202, 282, 284
Welt 59
Weltinterpretation 199
Wendung, copernicanische 3, 30, 61, 113, 140, 144 f.
Wiederkehr, ewige, des Gleichen 1, 32, 48 f., 51, 116, 122 ff., 132, 143 f., 153, 161, 171, 174–179 f., 182 f., 196, 250, 295, 297
Wille 11 f., 13 f., 44, 48, 60, 67, 98, 143, 184, 199, 233, 234 f., 237 f., 242 f., 249, 253, 283
–, freier, 12, 42

–, jasagender III, 16, 20, 111, 123 f., 132, 153, 160, 165, 174, 177, 269, 284 f., 297
–, zur Macht 13, 15, 64 f., 85, 90, 94 f., 102, 123, 133, 135, 153, 162, 185, 194, 249 f., 251, 258, 260 f., 265, 267 f., 277
Wissenschaftslehre 64

Zarathustra 13, 17 f., 47, 49, 59, 79 f., 83, 118 f., 120, 172, 232, 235
Zustand 249
–, ästhetischer 270 ff., 276 f., 279, 292 f.
Zweifel, cartesischer 132, 134, 137, 291
–, radikaler 136, 139
–, Radikalisierung des Cartesischen 140, 157